"十三五"江苏省高等学校重点教材 （2019-2-237）

科技大讲堂丛书

电子数据取证技术

王 群 倪雪莉 皮 浩 ◎编著

清华大学出版社
北京

内 容 简 介

本书立足于互联网应用环境,以电子数据为重点对象,通过精心设计的电子数据取证技术概述、电子数据取证的基本规则、电子数据取证基础知识、Windows 操作系统取证技术、macOS 取证技术、UNIX/Linux 操作系统取证技术、移动终端取证技术和网络取证技术 8 章内容,系统介绍电子数据取证技术的基本原理和实现方法,其内容基本涵盖目前电子数据取证工作中涉及的领域,力求在有限的篇幅内通过内容的有效组织与安排,培养读者在电子数据取证方面的综合能力。

本书适合作为高等院校信息安全、网络空间安全、网络安全与执法相关专业本科生和研究生的教材,也适合作为从事网络与系统管理相关方向技术人员以及理工科学生学习电子数据取证的参考用书。

本书封面贴有清华大学出版社防伪标签,无标签者不得销售。
版权所有,侵权必究。举报:010-62782989,beiqinquan@tup.tsinghua.edu.cn。

图书在版编目(CIP)数据

电子数据取证技术/王群,倪雪莉,皮浩编著.—北京:清华大学出版社,2022.8(2024.7重印)
(清华科技大讲堂丛书)
ISBN 978-7-302-61161-5

Ⅰ. ①电… Ⅱ. ①王… ②倪… ③皮… Ⅲ. ①计算机犯罪－证据－数据收集－高等学校－教材 Ⅳ. ①D918.4

中国版本图书馆 CIP 数据核字(2022)第 110340 号

责任编辑:赵　凯
封面设计:刘　键
责任校对:胡伟民
责任印制:宋　林

出版发行:清华大学出版社
网　　址:https://www.tup.com.cn,https://www.wqxuetang.com
地　　址:北京清华大学学研大厦 A 座　　邮　编:100084
社 总 机:010-83470000　　邮　购:010-62786544
投稿与读者服务:010-62776969,c-service@tup.tsinghua.edu.cn
质量反馈:010-62772015,zhiliang@tup.tsinghua.edu.cn
课件下载:https://www.tup.com.cn,010-83470236

印 装 者:三河市人民印务有限公司
经　　销:全国新华书店
开　　本:185mm×260mm　　印　张:24.25　　字　数:606 千字
版　　次:2022 年 9 月第 1 版　　印　次:2024 年 7 月第 4 次印刷
印　　数:5001~7000
定　　价:79.00 元

产品编号:094464-01

前言

在互联网环境下,数据(data)既是客观存在的事实,也是用户的观察结果,更体现了客观事件之间的逻辑关系。在人类进入信息社会的今天,传统人类社会空间与网络信息空间深度融合,数据用来表示客观事物原始素材的这一属性显得更为重要,判断数据的真伪成为辨别事物真实性的一个极其重要的依据。然而,哪里有数据,哪里就存在数据被攻击(如篡改、删除、非授权获取等)的可能。电子数据取证的目的就是采用技术手段,在合法合规的前提下,寻找和还原数据真相的过程。

电子数据取证技术的应用较为广泛,目前涉及网络攻击窃密、反欺诈调查、内部审计、失泄密痕迹发现、恶意网站查处、信用盗窃、网络赌博、经济诈骗等事件或案件。从实现技术看,电子数据取证涉及计算机技术、网络技术、法律知识、调查或侦查等领域,是一门综合学科,重点需要掌握电子数据取证的常用技术和规范;从取证范围来看,凡是能够产生、存储和传输电子数据的设备、系统、人员等都是取证的对象;从取证过程来看,涉及电子数据证据的搜集、发现、固定、提取、分析、检验、记录和展示等环节。为此,本书组织了电子数据取证基础知识、Windows 操作系统取证技术、macOS 取证技术、UNIX/Linux 操作系统取证技术、移动终端取证技术和网络取证技术等章节,系统介绍电子数据取证技术的相关内容。

本书介绍的内容,主要强调技术层面。但在具体实践中,作为电子数据证据的合法性同样需要引起读者的重视:一是电子数据证据的来源是合法的,即取得电子数据证据的主体是合法的以及取得电子数据证据的程序是合法的,以侵犯他人合法权益、违反法律禁止性规定或者严重违背公序良俗的方法形成或取得的电子数据证据(例如,通过非法入侵他人手机,盗窃或抢夺他人计算机,偷拍、偷录等方式取得的电子数据等),不能作为认定案件事实的依据;二是电子数据证据呈现的形式是合法的,即当事人提供的证据符合电子数据证据的类型,以及电子数据证据应当提供原始数据或对数据原始性的有效证明(如 SHA 值)。随着《中华人民共和国网络安全法》《中华人民共和国数据安全法》以及个人信息保护等法律法规的实施,对电子数据取证合法性的认识和重视必须引起读者的注意。

在本书的编写过程中得到许多同事和同行的无私帮助和支持,在项目申请和出版过程中得到了清华大学出版社编辑老师的关心和帮助。奇安信科技集团股份有限公司皮浩、杨卓远、李毅、母东升、王晓明等技术人员参与了本书内容的编写,并提供了大量原始资料。

本书的编写参考了大量的文献资料，尤其是国内外技术专家著作、著名安全企业的技术手册等，因工作疏忽有些未能在参考文献中标明，在此一并表示衷心的感谢。同时，向由于疏漏未能在参考文献中列出的文献作者及网站内容版权所有者表示歉意和感谢。

由于作者水平有限，书中难免有不足之处，敬请读者提出宝贵意见。

作　者

2022 年于南京

目 录

第1章 电子数据取证技术概述 … 1

1.1 网络犯罪及其主要特点 … 1
- 1.1.1 计算机犯罪与网络犯罪 … 1
- 1.1.2 常见的网络犯罪的形式 … 3
- 1.1.3 网络犯罪的特点 … 4

1.2 电子数据的概念 … 5
- 1.2.1 电子证据 … 5
- 1.2.2 电子数据 … 6

1.3 电子数据的常见类型 … 6
- 1.3.1 计算机数据类证据 … 6
- 1.3.2 通信数据类证据 … 11
- 1.3.3 静态电子数据证据和动态电子数据证据 … 12
- 1.3.4 电子设备生成的电子数据 … 13
- 1.3.5 数字电文数据 … 13
- 1.3.6 封闭和开放系统中的电子数据 … 14
- 1.3.7 电子数据和再生性电子数据 … 14
- 1.3.8 根据现行法律对电子证据的分类 … 14
- 1.3.9 新型电子数据 … 16

1.4 电子数据的特点 … 18

1.5 电子数据取证 … 20
- 1.5.1 电子数据取证的概念及特点 … 20
- 1.5.2 电子数据取证的对象 … 21

1.6 电子数据取证过程 … 22
- 1.6.1 电子证据的保全 … 22
- 1.6.2 电子数据获取 … 22
- 1.6.3 数据恢复 … 23
- 1.6.4 证据分析 … 23

1.7 电子数据取证的发展 … 24
- 1.7.1 国外电子数据取证发展概况 … 24
- 1.7.2 国内电子数据取证发展概况 … 25

1.7.3　电子数据取证技术的发展 ························· 26
　1.8　电子数据取证的特点 ····································· 29
　1.9　电子数据取证人员的素质要求 ··························· 31
　　　1.9.1　电子数据取证人员应具备的知识 ···················· 31
　　　1.9.2　电子数据取证人员应具备的能力 ···················· 32
　习题 ··· 33

第 2 章　电子数据取证的基本规则 ································ 34

　2.1　电子数据取证的基本原则 ································· 34
　　　2.1.1　IOCE 提出的计算机取证原则 ······················· 34
　　　2.1.2　ACPO 提出的计算机取证原则 ······················ 35
　　　2.1.3　电子数据取证应遵循的原则 ························ 36
　2.2　电子数据取证规则 ······································· 37
　　　2.2.1　电子数据的收集与提取 ··························· 37
　　　2.2.2　电子数据的检查和侦查实验 ························ 41
　　　2.2.3　电子数据真实性的认定 ··························· 43
　2.3　电子数据取证的一般流程 ································· 43
　　　2.3.1　案件受理 ······································ 44
　　　2.3.2　现场保护与外围调查 ···························· 46
　　　2.3.3　电子数据获取与固定 ···························· 46
　　　2.3.4　电子数据分析 ·································· 48
　　　2.3.5　报告和归档 ···································· 50
　习题 ··· 50

第 3 章　电子数据取证基础知识 ································· 52

　3.1　计算机基础知识 ··· 52
　　　3.1.1　计算机系统的组成 ······························ 52
　　　3.1.2　计算机中信息的表示 ···························· 54
　　　3.1.3　虚拟化与云计算 ································ 60
　　　3.1.4　大数据 ·· 61
　　　3.1.5　人工智能 ······································ 64
　　　3.1.6　集成电路技术 ·································· 67
　3.2　计算机硬件 ··· 68
　　　3.2.1　典型计算机系统的硬件组成 ························ 68
　　　3.2.2　中央处理器 ···································· 70
　　　3.2.3　存储器 ·· 73
　　　3.2.4　总线与 I/O 接口 ································ 79
　　　3.2.5　输入/输出设备 ································· 82
　　　3.2.6　智能手机的硬件 ································ 88

3.3 操作系统 ………………………………………………………………………… 89
3.3.1 操作系统概述 ………………………………………………………… 90
3.3.2 操作系统的资源管理 …………………………………………………… 93
3.4 计算机网络 ……………………………………………………………………… 95
3.4.1 计算机网络概述 ………………………………………………………… 96
3.4.2 计算机网络的分层模型及数据单元 …………………………………… 100
3.5 数字媒体 ……………………………………………………………………… 105
3.5.1 文本 ……………………………………………………………………… 106
3.5.2 图形与图像 ……………………………………………………………… 107
3.5.3 数字音频 ………………………………………………………………… 109
3.5.4 数字视频 ………………………………………………………………… 111
3.6 数据库 ………………………………………………………………………… 114
3.6.1 数据库基础 ……………………………………………………………… 114
3.6.2 数据仓库与数据挖掘 …………………………………………………… 118
3.6.3 关系数据库 ……………………………………………………………… 120
习题 ………………………………………………………………………………… 123

第 4 章 Windows 操作系统取证技术 …………………………………………… 125
4.1 Windows 操作系统取证概述 ………………………………………………… 125
4.1.1 Windows 操作系统的发展 …………………………………………… 125
4.1.2 注册表的取证 …………………………………………………………… 127
4.1.3 事件日志的取证 ………………………………………………………… 129
4.1.4 卷影复制的取证 ………………………………………………………… 131
4.1.5 时间信息的取证 ………………………………………………………… 132
4.2 磁盘与文件 …………………………………………………………………… 135
4.2.1 卷与分区 ………………………………………………………………… 135
4.2.2 独立冗余磁盘阵列 ……………………………………………………… 138
4.2.3 文件系统 ………………………………………………………………… 142
4.2.4 EFS 加密 ………………………………………………………………… 144
4.2.5 文件取证 ………………………………………………………………… 146
4.3 数据的提取和固定 …………………………………………………………… 151
4.3.1 前期准备 ………………………………………………………………… 152
4.3.2 在线取证 ………………………………………………………………… 152
4.3.3 离线取证 ………………………………………………………………… 154
4.4 数据恢复 ……………………………………………………………………… 155
4.4.1 数据恢复的原理 ………………………………………………………… 155
4.4.2 常见类型和方法 ………………………………………………………… 155
4.5 数据分析 ……………………………………………………………………… 156
4.5.1 系统痕迹 ………………………………………………………………… 157

    4.5.2 用户痕迹 ⋯⋯⋯⋯⋯⋯⋯⋯⋯⋯⋯⋯⋯⋯⋯⋯⋯⋯⋯⋯⋯⋯⋯⋯⋯⋯⋯⋯⋯⋯⋯ 159
    4.5.3 内存分析 ⋯⋯⋯⋯⋯⋯⋯⋯⋯⋯⋯⋯⋯⋯⋯⋯⋯⋯⋯⋯⋯⋯⋯⋯⋯⋯⋯⋯⋯⋯⋯ 165
    4.5.4 反取证痕迹 ⋯⋯⋯⋯⋯⋯⋯⋯⋯⋯⋯⋯⋯⋯⋯⋯⋯⋯⋯⋯⋯⋯⋯⋯⋯⋯⋯⋯⋯⋯ 167
 习题 ⋯⋯ 169

第 5 章 macOS 取证技术 ⋯⋯⋯⋯⋯⋯⋯⋯⋯⋯⋯⋯⋯⋯⋯⋯⋯⋯⋯⋯⋯⋯⋯⋯⋯⋯⋯⋯ 171

 5.1 macOS 取证概述 ⋯⋯⋯⋯⋯⋯⋯⋯⋯⋯⋯⋯⋯⋯⋯⋯⋯⋯⋯⋯⋯⋯⋯⋯⋯⋯⋯⋯⋯⋯⋯ 171
    5.1.1 Mac 的发展 ⋯⋯⋯⋯⋯⋯⋯⋯⋯⋯⋯⋯⋯⋯⋯⋯⋯⋯⋯⋯⋯⋯⋯⋯⋯⋯⋯⋯⋯⋯ 171
    5.1.2 Apple T2 安全芯片 ⋯⋯⋯⋯⋯⋯⋯⋯⋯⋯⋯⋯⋯⋯⋯⋯⋯⋯⋯⋯⋯⋯⋯⋯⋯⋯⋯ 172
    5.1.3 macOS 的发展 ⋯⋯⋯⋯⋯⋯⋯⋯⋯⋯⋯⋯⋯⋯⋯⋯⋯⋯⋯⋯⋯⋯⋯⋯⋯⋯⋯⋯ 173
 5.2 macOS 的系统特性 ⋯⋯⋯⋯⋯⋯⋯⋯⋯⋯⋯⋯⋯⋯⋯⋯⋯⋯⋯⋯⋯⋯⋯⋯⋯⋯⋯⋯⋯⋯ 174
    5.2.1 系统架构 ⋯⋯⋯⋯⋯⋯⋯⋯⋯⋯⋯⋯⋯⋯⋯⋯⋯⋯⋯⋯⋯⋯⋯⋯⋯⋯⋯⋯⋯⋯⋯ 175
    5.2.2 时间戳 ⋯⋯⋯⋯⋯⋯⋯⋯⋯⋯⋯⋯⋯⋯⋯⋯⋯⋯⋯⋯⋯⋯⋯⋯⋯⋯⋯⋯⋯⋯⋯⋯ 177
 5.3 文件系统 ⋯⋯⋯⋯⋯⋯⋯⋯⋯⋯⋯⋯⋯⋯⋯⋯⋯⋯⋯⋯⋯⋯⋯⋯⋯⋯⋯⋯⋯⋯⋯⋯⋯⋯ 178
    5.3.1 卷与分区 ⋯⋯⋯⋯⋯⋯⋯⋯⋯⋯⋯⋯⋯⋯⋯⋯⋯⋯⋯⋯⋯⋯⋯⋯⋯⋯⋯⋯⋯⋯⋯ 178
    5.3.2 根目录 ⋯⋯⋯⋯⋯⋯⋯⋯⋯⋯⋯⋯⋯⋯⋯⋯⋯⋯⋯⋯⋯⋯⋯⋯⋯⋯⋯⋯⋯⋯⋯⋯ 180
    5.3.3 文件系统的发展 ⋯⋯⋯⋯⋯⋯⋯⋯⋯⋯⋯⋯⋯⋯⋯⋯⋯⋯⋯⋯⋯⋯⋯⋯⋯⋯⋯ 180
    5.3.4 文件保险箱 ⋯⋯⋯⋯⋯⋯⋯⋯⋯⋯⋯⋯⋯⋯⋯⋯⋯⋯⋯⋯⋯⋯⋯⋯⋯⋯⋯⋯⋯⋯ 183
    5.3.5 关键文件格式 ⋯⋯⋯⋯⋯⋯⋯⋯⋯⋯⋯⋯⋯⋯⋯⋯⋯⋯⋯⋯⋯⋯⋯⋯⋯⋯⋯⋯ 186
 5.4 数据的提取与固定 ⋯⋯⋯⋯⋯⋯⋯⋯⋯⋯⋯⋯⋯⋯⋯⋯⋯⋯⋯⋯⋯⋯⋯⋯⋯⋯⋯⋯⋯⋯ 188
    5.4.1 准备工作 ⋯⋯⋯⋯⋯⋯⋯⋯⋯⋯⋯⋯⋯⋯⋯⋯⋯⋯⋯⋯⋯⋯⋯⋯⋯⋯⋯⋯⋯⋯⋯ 188
    5.4.2 在线取证 ⋯⋯⋯⋯⋯⋯⋯⋯⋯⋯⋯⋯⋯⋯⋯⋯⋯⋯⋯⋯⋯⋯⋯⋯⋯⋯⋯⋯⋯⋯⋯ 190
    5.4.3 离线取证 ⋯⋯⋯⋯⋯⋯⋯⋯⋯⋯⋯⋯⋯⋯⋯⋯⋯⋯⋯⋯⋯⋯⋯⋯⋯⋯⋯⋯⋯⋯⋯ 197
 5.5 数据的分析 ⋯⋯⋯⋯⋯⋯⋯⋯⋯⋯⋯⋯⋯⋯⋯⋯⋯⋯⋯⋯⋯⋯⋯⋯⋯⋯⋯⋯⋯⋯⋯⋯⋯ 200
    5.5.1 用户域 ⋯⋯⋯⋯⋯⋯⋯⋯⋯⋯⋯⋯⋯⋯⋯⋯⋯⋯⋯⋯⋯⋯⋯⋯⋯⋯⋯⋯⋯⋯⋯⋯ 200
    5.5.2 用户与群组 ⋯⋯⋯⋯⋯⋯⋯⋯⋯⋯⋯⋯⋯⋯⋯⋯⋯⋯⋯⋯⋯⋯⋯⋯⋯⋯⋯⋯⋯⋯ 200
    5.5.3 主目录 ⋯⋯⋯⋯⋯⋯⋯⋯⋯⋯⋯⋯⋯⋯⋯⋯⋯⋯⋯⋯⋯⋯⋯⋯⋯⋯⋯⋯⋯⋯⋯⋯ 203
    5.5.4 资源库 ⋯⋯⋯⋯⋯⋯⋯⋯⋯⋯⋯⋯⋯⋯⋯⋯⋯⋯⋯⋯⋯⋯⋯⋯⋯⋯⋯⋯⋯⋯⋯⋯ 204
    5.5.5 钥匙串 ⋯⋯⋯⋯⋯⋯⋯⋯⋯⋯⋯⋯⋯⋯⋯⋯⋯⋯⋯⋯⋯⋯⋯⋯⋯⋯⋯⋯⋯⋯⋯⋯ 205
    5.5.6 系统痕迹 ⋯⋯⋯⋯⋯⋯⋯⋯⋯⋯⋯⋯⋯⋯⋯⋯⋯⋯⋯⋯⋯⋯⋯⋯⋯⋯⋯⋯⋯⋯⋯ 207
    5.5.7 用户痕迹 ⋯⋯⋯⋯⋯⋯⋯⋯⋯⋯⋯⋯⋯⋯⋯⋯⋯⋯⋯⋯⋯⋯⋯⋯⋯⋯⋯⋯⋯⋯⋯ 210
    5.5.8 时间机器 ⋯⋯⋯⋯⋯⋯⋯⋯⋯⋯⋯⋯⋯⋯⋯⋯⋯⋯⋯⋯⋯⋯⋯⋯⋯⋯⋯⋯⋯⋯⋯ 217
    5.5.9 常用工具 ⋯⋯⋯⋯⋯⋯⋯⋯⋯⋯⋯⋯⋯⋯⋯⋯⋯⋯⋯⋯⋯⋯⋯⋯⋯⋯⋯⋯⋯⋯⋯ 218
 习题 ⋯⋯ 220

第 6 章 UNIX/Linux 操作系统取证技术 ⋯⋯⋯⋯⋯⋯⋯⋯⋯⋯⋯⋯⋯⋯⋯⋯⋯⋯⋯⋯⋯ 221

 6.1 操作系统发展简介 ⋯⋯⋯⋯⋯⋯⋯⋯⋯⋯⋯⋯⋯⋯⋯⋯⋯⋯⋯⋯⋯⋯⋯⋯⋯⋯⋯⋯⋯⋯ 221
    6.1.1 单机应用时代的操作系统 ⋯⋯⋯⋯⋯⋯⋯⋯⋯⋯⋯⋯⋯⋯⋯⋯⋯⋯⋯⋯⋯⋯⋯ 221
    6.1.2 网络时代的操作系统 ⋯⋯⋯⋯⋯⋯⋯⋯⋯⋯⋯⋯⋯⋯⋯⋯⋯⋯⋯⋯⋯⋯⋯⋯⋯ 222

6.2 UNIX/Linux 操作系统取证概述 ………………………………………………… 223
　　6.2.1 UNIX 操作系统简介 ……………………………………………… 223
　　6.2.2 Linux 操作系统简介 ……………………………………………… 224
6.3 Linux 操作系统特性 …………………………………………………………… 226
　　6.3.1 文件系统 ………………………………………………………… 226
　　6.3.2 重要目录 ………………………………………………………… 230
　　6.3.3 常用命令 ………………………………………………………… 233
　　6.3.4 日志分析 ………………………………………………………… 255
　　6.3.5 Linux 日志分析 …………………………………………………… 258
　　6.3.6 不同类型案件取证 ………………………………………………… 260
习题 ……………………………………………………………………………………… 261

第 7 章　移动终端取证技术 …………………………………………………………… 262

7.1 移动通信概述 …………………………………………………………………… 262
　　7.1.1 运营商的发展 ……………………………………………………… 262
　　7.1.2 智能手机操作系统 ………………………………………………… 264
　　7.1.3 移动终端的发展 …………………………………………………… 265
7.2 取证对象 ………………………………………………………………………… 267
　　7.2.1 用户识别卡 ………………………………………………………… 267
　　7.2.2 鉴权码 …………………………………………………………… 268
　　7.2.3 手机存储卡 ………………………………………………………… 270
　　7.2.4 备份与云服务 ……………………………………………………… 270
　　7.2.5 取证流程 ………………………………………………………… 272
　　7.2.6 取证方法 ………………………………………………………… 274
7.3 iOS 设备取证 …………………………………………………………………… 275
　　7.3.1 iOS 设备取证概述 ………………………………………………… 275
　　7.3.2 文件系统 ………………………………………………………… 278
　　7.3.3 SQLite 数据库 …………………………………………………… 281
　　7.3.4 加密与解密 ………………………………………………………… 283
　　7.3.5 数据的提取与固定 ………………………………………………… 288
　　7.3.6 数据的恢复 ………………………………………………………… 289
　　7.3.7 数据的分析 ………………………………………………………… 290
7.4 Android 设备取证 ……………………………………………………………… 294
　　7.4.1 Android 设备取证概述 …………………………………………… 294
　　7.4.2 文件系统 ………………………………………………………… 297
　　7.4.3 加密与解密 ………………………………………………………… 302
　　7.4.4 数据的提取、固定与分析 …………………………………………… 303
7.5 其他智能设备取证 ……………………………………………………………… 308
　　7.5.1 Apple Watch 取证 ………………………………………………… 308

7.5.2　小米手环取证 ··· 310
习题 ·· 311

第 8 章　网络取证技术 ··· 312

8.1　网络取证定义 ··· 312
　　8.1.1　网络取证的特点 ··· 312
　　8.1.2　网络取证模型 ·· 313
　　8.1.3　网络证据数据源 ··· 317
　　8.1.4　网络证据分析 ·· 318
　　8.1.5　对取证人员的要求 ··· 319

8.2　服务提供端取证 ··· 319
　　8.2.1　日志信息的主要功能 ·· 319
　　8.2.2　Web 服务器日志和配置文件分析 ··· 320
　　8.2.3　Apache 日志的配置文件分析 ··· 324
　　8.2.4　IIS 日志和配置文件分析 ·· 332
　　8.2.5　数据库日志和配置文件分析 ··· 336

8.3　客户端取证 ·· 338
　　8.3.1　注册表分析 ··· 338
　　8.3.2　日志分析 ··· 344
　　8.3.3　浏览器取证 ··· 348

8.4　局域网取证 ·· 351
　　8.4.1　局域网监听的基本原理 ·· 351
　　8.4.2　局域网监听的实现及取证方法 ·· 352

8.5　无线网络取证 ··· 353
　　8.5.1　无线网络取证的基本思路 ··· 353
　　8.5.2　无线网络的取证对象 ·· 354
　　8.5.3　无线网络的取证种类 ·· 354
　　8.5.4　移动客户端的痕迹分析 ·· 355
　　8.5.5　无线网络设备的痕迹分析 ··· 357

8.6　网络数据包分析 ··· 359
　　8.6.1　数据包嗅探器工作原理 ·· 359
　　8.6.2　数据包捕获 ··· 359
　　8.6.3　典型数据包分析 ··· 360

8.7　云端数据取证 ··· 370
　　8.7.1　云取证概述 ··· 370
　　8.7.2　证据来源及重点关注的问题 ··· 371
　　8.7.3　证据源的收集及分析 ·· 372

习题 ·· 374

参考文献 ·· 375

第1章

 电子数据取证技术概述

随着互联网技术的发展及其应用领域的不断拓宽,社会各界对网络安全的重视程度日益提高,电子数据取证作为维护网络空间安全的核心技术越来越受到学术界和产业界的重视。网络环境中的犯罪违规处置离不开电子数据取证,维护网络空间安全秩序、加强网络空间安全治理离不开规范标准的电子数据取证技术。本章首先介绍网络犯罪和网络安全的相关概念,在此基础上较为系统地介绍电子数据和电子数据取证的相关基础知识,介绍国内外电子数据取证的发展概况,并对电子数据取证人员的基本素质提出相应的要求。

1.1 网络犯罪及其主要特点

随着信息技术的快速发展,计算机、智能感知等新型信息设备被广泛应用于科研、国防、生产、教学、医疗卫生以及家庭生活等众多领域。这些代表新技术,具有不同功能的新型设备在为人们生活、工作带来便利的同时,也为违法犯罪分子提供了新的犯罪途径和手段,由此而伴生的网络犯罪也呈现日趋严重的发展态势。

1.1.1 计算机犯罪与网络犯罪

随着以互联网为代表的信息技术的发展,人们传统的工作、交流、生活方式发生了快速变化,信息技术不断影响着人类社会的组织和管理模式,使人类社会在传统的现实世界外,派生出了一个新的与之平行的虚拟世界,即网络空间。随着网络空间的出现,形态多样的网络犯罪相伴而生。在现实世界中存在的各类犯罪行为几乎都可以在由网络构建的虚拟世界中实现。

1. 计算机犯罪的概念

狭义的计算机犯罪指利用计算机操作所实施的危害计算机信息系统(包括内存数据及

程序)安全的犯罪行为。即在计算机犯罪中,计算机本身既是必需的犯罪工具,同时也是犯罪对象。依据狭义的计算机犯罪概念,计算机犯罪仅包括非法侵入计算机信息系统罪和破坏计算机信息系统罪。

广义的计算机犯罪概念可概括为以计算机信息系统为工具或者以计算机信息系统为侵害对象(物理性破坏除外)而实施的危害社会、并应受到刑罚处罚的行为。依据该定义,计算机犯罪既可以是新刑法中规定的非法侵入计算机信息系统罪和破坏计算机信息系统罪,也可以是诈骗罪、贪污罪、盗窃罪等传统罪名。因此,可以将计算机犯罪概括为以计算机资产为攻击对象或利用计算机为工具而实施的危害社会并应处以刑罚处罚的行为。根据广义的计算机犯罪定义,可将计算机犯罪分为两类。

(1) 以计算机为对象的犯罪。该类犯罪具体包括如下内容:
① 非法侵入特定计算机信息系统罪。
② 破坏计算机信息系统罪。
③ 破坏计算机系统数据、应用程序罪。
④ 侵犯计算机软件著作权和假冒硬件的犯罪。
⑤ 毁坏、窃用他人计算机软、硬件技术的犯罪。

(2) 以计算机为工具的犯罪,具体包括如下内容:
① 利用计算机实施金融诈骗、盗窃他人财产的犯罪。
② 利用计算机实施贪污、挪用公款或公司资金的犯罪。
③ 利用计算机系统窃取国家机密,危害国家安全的犯罪。
④ 利用计算机系统传播淫秽物品的犯罪。
⑤ 利用计算机系统伪造公文、证件的犯罪。
⑥ 利用计算机伪造货币、有价证券、金融证券、金融票据和信用证的犯罪。
⑦ 利用计算机进行偷逃税的犯罪。
⑧ 利用计算机系统侵犯公民隐私权和毁坏他人名誉的犯罪。
⑨ 利用计算机系统侵犯商业秘密、电子通信自由的犯罪。
⑩ 利用计算机系统进行电子恐怖、骚扰、扰乱社会公共秩序的犯罪。

2. 网络犯罪的概念

随着互联网的快速发展,立法者开始认识到在互联网上利用计算机专业知识所实施的新型与传统犯罪,在犯罪手段、后果等方面具有共同的特征,有必要将其作为一类犯罪加以研究,以便寻求有效的抗制对策。

网络犯罪始于20世纪60年代末期,70年代迅速增长,到80年代形成威胁。我国自20世纪80年代中期发现首例网络犯罪以来,在短短几年间,案发数不断翻番,个案涉案金额从原来的数万元,发展到数百万、上千万元。对侵吞公私财产的犯罪而言,不管数额多少,在技术操作上并没有什么差异。

早在2000年12月28日第九届全国人民代表大会常务委员会第十九次会议通过的《全国人民代表大会常务委员会关于维护互联网安全的决定》中就以列举方式规范了网络犯罪的形式,主要包括侵入国家事务、国防建设、尖端科学技术领域的计算机信息系统,故意制作、传播计算机病毒等破坏性程序,擅自中断计算机网络或者通信服务等危害互联网的运行安全以及通过互联网窃取、泄露国家秘密、情报或军事秘密,利用互联网煽动民族仇恨、民族歧视，利用互联网组织邪教组织等危害国家安全和社会稳定；利用互联网销售伪劣产品或者对商品、服务做虚假宣传，利用互联网损害他人商业信誉和商品声誉，利用互联网侵犯他人知识产权，利用互联网编造并传播证券、期货交易等虚假信息，在互联网上建立淫秽网站、网页等破坏社会主义市场经济秩序和社会管理秩序；利用互联网侮辱他人或捏造事实诽谤他人，非法截获、篡改、删除他人电子邮件或者其他数据资料，利用互联网进行盗窃、诈骗、敲诈勒索等侵犯个人、法人和其他组织的人身、财产等合法权利等犯罪行为。从而体现了不仅将以计算机系统为犯罪对象的侵入计算机信息系统犯罪、破坏计算机系统犯罪，而且将在互联网上实施的传统犯罪全部囊括在网络犯罪的概念之中的立法宗旨。

近年来，随着互联网技术的快速发展，互联网在为人们提供极大便利的同时，也成为不法分子进行违法犯罪的工具。不法分子借助互联网平台实施犯罪行为，犯罪类型和形式也日趋多样化、隐蔽化、复杂化。网络犯罪持续多发、高发，犯罪形式复杂多变。目前常见的网络犯罪类型主要包括电信诈骗、盗窃、开设赌场、侵犯公民个人信息、传播淫秽物品、非法经营、金融诈骗、生产销售有毒有害食品药品、非法吸收公众存款、贩卖毒品、非法买卖枪支弹药、组织领导传销活动等。

《中华人民共和国刑法》《中华人民共和国网络安全法》及中华人民共和国最高人民法院和最高人民检察院（以下简称"两高"）出台的《最高人民法院、最高人民检察院关于办理侵犯公民个人信息刑事案件适用法律若干问题的解释》明确了网络犯罪的犯罪构成、定罪量刑标准和适用范围，对中国互联网和数据行业乃至全社会产生了深刻影响。

一般意义上的网络犯罪指行为人运用计算机技术，借助于网络对信息系统或信息进行攻击，破坏或利用网络进行其他犯罪的总称。既包括行为人运用其编程、加密、解码技术或工具在网络上实施的犯罪，也包括行为人利用软件指令、网络系统或产品加密等技术及法律规定中的漏洞在网络内外交互实施的犯罪，还包括行为人借助于其居于网络服务提供者特定地位或其他方法在网络系统实施的犯罪。可以将网络犯罪概括为针对和利用网络进行的犯罪，其本质特征是利用网络入侵他人信息系统，对国家、单位和个人的安全和合法权益造成损害。

1.1.2 常见的网络犯罪的形式

网络犯罪主要指运用计算机技术借助于网络实施的具有严重社会危害性的行为，常见的网络犯罪和危害，主要表现为如下几个方面：

（1）窃用计算机系统，散布破坏性病毒、逻辑炸弹或者放置后门程序的犯罪。这种计算机网络犯罪行为以造成最大的破坏性为目的，入侵的后果往往非常严重，轻则造成系统局部功能失灵，重则导致计算机系统全部瘫痪，经济损失较大。

（2）通过入侵、偷窃、复制、更改或者删除计算机信息实施的犯罪。计算机和网络的发展使得用户的信息系统实际上如同向外界敞开了一扇大门，入侵者可以在受害人毫无察觉的情况下侵入信息系统，进行偷窃、复制、更改或者删除计算机信息，从而损害正常使用者的利益。

（3）利用网络诈骗、教唆实施的犯罪。由于网络传播快、散布广、匿名性的特点，所以有关在互联网上传播信息的法规远不如传统媒体监管那么严格与健全，这为虚假信息与误导广告的传播开了方便之门,也为利用网络传授犯罪手法、散发犯罪资料、鼓动犯罪开了方便之门。

(4) 通过网络侮辱、诽谤与恐吓实施的犯罪。出于各种目的,犯罪分子向各电子信箱、电子公告牌发送粘贴大量存在人身攻击性的文章或散布各种谣言,更有恶劣者,利用各种图像处理软件进行人像合成,将攻击目标的头像与某些不健康图片拼合形成所谓的"写真照"加以散发。由于网络具有开放性的特点,发送成千上万封电子邮件是轻而易举的事情,其影响和后果绝非传统手段所能比拟。

(5) 借助网络色情传播实施的犯罪。由于因特网支持图片的传输,于是大量色情资料就横行其中,随着网络速度的提高和多媒体技术的发展及数字压缩技术的完善,色情资料就越来越多地以声音和影片等多媒体方式出现在因特网上。

1.1.3 网络犯罪的特点

网络犯罪和其他犯罪形式相比,最显著的特点是该类犯罪行为所特有的技术性和专业性强,并且极易造成严重的危害后果。针对近年来发生的各类网络犯罪行为,可以将网络犯罪的主要特点概括为以下几点。

(1) 犯罪主体低龄化。

网络犯罪在犯罪主体上呈现橄榄形的年龄特点,属于典型的年轻型犯罪,年龄在18～30岁的占了网络犯罪主体的近80%。这主要是因为年轻人对互联网的了解和依赖度远比其他年龄段的人更深、更高,对互联网的应用、服务及各种技术的获取更加熟悉、便捷。

(2) 犯罪方法智能化。

网络犯罪分子往往熟悉各种操作系统,掌握多种程序语言,熟悉互联网系统存在的缺陷和漏洞,具备绕过防火墙的专业技能。犯罪手段和方法也不断翻新,如黑客入侵、木马植入、病毒传播等。犯罪手段的技术性和专业性,使网络犯罪具有极强的智能性。

(3) 犯罪行为隐蔽化。

网络的开放性和虚拟性使得网络犯罪具有极高的隐蔽性,主要存在两方面:一是犯罪分子往往采取技术手段隐藏自己的真实身份与地址,使身份虚拟化、数字化;二是网络犯罪属于不接触型犯罪,犯罪分子只要通过网络操作,就可以在短时间内完成一系列的操作指令。犯罪分子身份和行为的隐蔽性,给网络犯罪的侦查、取证带来了极大的困难。

(4) 犯罪结果扩散化。

由于互联网具有"时空压缩化"的特点,网络犯罪的跨地域、跨国界特征非常突出。相应的,与传统犯罪往往指向单一个体或小部分群体、危害程度可以预见相比,网络犯罪的危害领域、危害对象、危害后果具有跨区域性,甚至跨国界性。例如,常见的一些电信网络诈骗案件,一般会涉及多个省份甚至是境外,受害人将达到几千甚至是几万人,涉案金额数一般也比较大。

(5) 犯罪目的牟利化。

通过对网络犯罪案件的统计分析表明,利用互联网实施的犯罪,主要目的在于非法敛财,诈骗、盗窃这两类侵财型案件占所有网络犯罪75%以上。其他如非法吸收公众存款、开设赌场、传销等也都是以敛财为目的,且与传统犯罪相比,涉案金额更大。

（6）犯罪组织团伙化。

团伙犯罪是一种犯罪形态，指两人及以上共同故意犯一种或数种罪。网络犯罪呈现出团伙犯罪的特点，网络犯罪案件中，绝大部分为多人参与的团伙犯罪，部分犯罪团伙甚至形成了集团型犯罪和公司化运作模式。例如，有些网络赌博案中，涉案人员达到了几百甚至上千人。

网络安全已成为世界各国共同关注的重要话题，网络安全治理已成为人类共享发展、实现国家安全的内在要求。网络安全治理是国家治理思想在网络空间的提升拓展。在网络时代稳住了网络就稳住了人心、稳定了社会。任何国家都不再简单地将网络视为一种技术现象，探索网络安全治理是国家治理的重要内容。

1.2 电子数据的概念

电子数据是针对传统的数据而言的。与传统数据相比较，电子数据主要指在各种介质上以光、电或磁信号等物理形式存在的数据形式，突出了"电子"一词的特性。

1.2.1 电子证据

提到"电子数据"一词时，不得不提到"电子证据"一词。在2012年修订的《中华人民共和国刑事诉讼法》实施之前，无论是研究者，还是实务部门实践者，大多数人都用"电子证据"一词。在与电子数据取证相关的文献中，"电子证据"一词出现的频率要比"电子数据"一词高。但在2012年修改的《中华人民共和国刑事诉讼法》实施之后，情况发生了变化，"电子数据"一词渐渐多用，而"电子证据"一词使用较少。目前，电子证据与电子数据共用，有时甚至将两个词混用而不加区分。本书主张与现行《中华人民共和国刑事诉讼法》保持一致，用"电子数据"一词，而不用别的词汇或术语。

由于历史原因，在理解"电子数据"的含义时，不得不先了解一下"电子证据"的含义。电子证据这一术语的出现并不久远，于20世纪80年代在西方国家的论著和立法中显现，20世纪90年代末输入我国。在西方国家的证据理论和实践中，电子证据的表述有很多种，如computer forensics，computer evidence，digital evidence，electronic evidence等表述形式。在我国的证据法理论和实践的语境中，电子证据的指称方式也有多种，例如计算机证据、数据证据、网络证据、数据电文证据等。在侦查学领域，还把电子数据称为"电子物证"。

电子证据与传统证据最大的区别在于，电子证据将人们所要表达的意思转化为信号，并通过特定的数字技术呈现在一定的电子设备或电磁介质上。电子证据也可以理解为"打印"或保存在电子设备或介质上的以电子数据形式存在的证据，而这些证据一经从存储系统中删除，便基本上完全"无影无踪"。不过，"打印"或保存在电子设备或介质上的数据因易于伪造或删改而使人们对其收集、保存和运用存在一些顾虑，所以电子证据保全的要求较之普通证据要更为严格。

通常，对电子证据可以定义为：电子证据是经由一定的电子设备和技术生成的、以数字形式经过编码后出现的、用以存储并记载相关信息且可反映特定案情的所有类型的数字化的记录和信息。电子证据通常包含以下三项要素。

（1）电子证据以电子形式表现出来。

(2) 电子证据必须借用特定的电子设备方能展示。

(3) 电子证据是作为证据使用的材料。

1.2.2 电子数据

"电子数据"一词与电子证据、数字证据、网络证据等术语没有本质的不同,它们只是不同时期、不同行业或不同人群对所谓的电子数据类证据的不同称呼。称谓的杂乱,不但没能使电子数据易于理解,反而加大了理解的复杂度,使得取证领域拘泥于概念的论战,陷入单纯的学术之争,这既不利于相关法律法规的实施,也不利于这一领域的发展。

2012年,在我国修订的《中华人民共和国刑事诉讼法》实施之后,尤其是《关于办理刑事案件收集提取和审查判断电子数据若干问题的规定》发布之后,关于电子数据概念的统一已经有了法律依据,从此对电子数据概念的界定也不再需要多方的辨析。2016年9月20日,最高人民法院、最高人民检察院、公安部为规范电子数据的收集提取和审查判断,提高刑事案件办理质量,根据《中华人民共和国刑事诉讼法》等有关法律规定,结合司法实际,制订并发布了《关于办理刑事案件收集提取和审查判断电子数据若干问题的规定》,在该规定的第一条对电子数据进行了明确的界定:电子数据是案件发生过程中形成的,以数字化形式存储、处理、传输的,能够证明案件事实的数据。这是目前较为权威的对电子数据的界定。

本书在介绍电子数据时,对电子数据的理解以《关于办理刑事案件收集提取和审查判断电子数据若干问题的规定》为依据。根据该规定的界定,可以这样理解:只要是在案件发生过程中形成的,以数字化形式存储、处理、传输的,能够证明案件事实的数据都可以称为电子数据。可见,电子数据种类繁多,范围很广。

需要说明的是,在许多情况下,电子证据特指证据类型中以电子形式存在的数据,即以电子数据形式向法庭出示的证据;而电子数据则是一个中性词,在法律中作为证据时称为电子证据(证据的一种类型),而在日常应用中就是普通的存放各类信息的电子文件。为此,读者在学习中可在遵循相关法律法规的前提下,在技术层面去理解电子数据的产生、存储、传输、处理和展现等问题,而不必过于拘泥对概念描述。

1.3 电子数据的常见类型

电子数据与其他证据形式不同,不仅其来源多种多样,存储介质种类繁多,生成机理差异较大,而且其作用也各有不同,因此对电子数据进行分类是一个复杂的问题。从技术本质来讲,电子数据是一种用0和1表示的数字化的记录和信息,电子数据必须通过屏幕、打印、播放等方式,才能转化为人类所能感知的、产生认知意义上的证据。因此,在讨论电子数据类证据范围时,先要考虑排除电磁记录外的打印、播放、投射文件、影像、图片及声音等证据。对具体的电子数据类证据可以从不同的角度对其进行分类。

1.3.1 计算机数据类证据

计算机数据类证据指在电子计算机运行过程中,由系统生成的以及由于写入或接入而产生的记载相关内容的各类数据。

1. 封闭计算机系统中的电子数据

封闭计算机系统中的电子数据指单个标准化计算机系统中的特定电子数据。封闭计算机系统中的电子数据的表现形式主要有以下几种。

1) 文字

文字又称文本文件,是一种由若干字符构成的计算机文件。最常见的文本文件包括纯文本文件和普通文本文件两种类型。其中,纯文本文件(文档)就是没有任何文本修饰(如粗体、下画线、斜体等)的,以及没有图形、符号或特殊字符及特殊打印格式的文本文件,常见的如以.txt 为扩展名的文件;而普通文本文件指在保持过程中存在各类文本修饰,而且文件内容除字符外还包括图形以及特殊字符的文件,常用的以.doc、.wps 等为扩展名的文件都为普通文本文件。

2) 图形和图像

图形,指以几何线条和符号等反映事物各类特征和变化规律的符号。作为电子计算机系统中的图形,则是表现为上述各类符号的计算机文件。图像,指通过各类线条和符号的组合,构成反映一定内容、包含一定信息、可使人直观理解的符号。常见的图形、图像文件格式有:

(1) BMP 格式。BMP(bitmap,位图)是与硬件设备无关的图像文件格式,已被广泛使用。BMP 格式图像文件使用位图存储格式,除了可选的图像深度之外,不使用任何压缩方式,所以 BMP 文件占用存储空间较大。BMP 文件的图像深度一般为 1bit、4bit、8bit 和 24bit。

(2) GIF 格式。GIF(graphics interchange format,图形交换格式)是 Compu Serve 公司在 1987 年开发的图像文件格式。GIF 文件的数据,是一种基于 LZW 算法的连续色调的无损压缩格式的数据,其压缩率一般在 50% 左右。GIF 是一种公用的图像文件格式标准,目前主要用于以超文本标记语言(hyper text markup language,HTML)方式显示索引彩色图像,在互联网和其他在线服务系统上得到广泛应用。

(3) UFO 格式。UFO 是图像编辑软件 Ulead Photolmapct 的一种特殊图像格式,可以完全记录 Photolmapct 处理的所有图像属性。需要说明的是,UFO 文件使用对象而不是图层来记录图像信息。

(4) EXIF 格式。EXIF(exchangeable image file,可交换的图像文件)格式是 1994 年富士公司提出的数码相机图像文件格式,该格式与 JPEG 格式基本相同,区别是 EXIF 格式除保存图像数据外,还能够存储摄影日期、使用光圈、快门、闪光灯数据等曝光资料和附带信息以及小尺寸图像。

(5) RAW 格式。RAW(原意为"原始数据")图像指 CMOS 或 CCD 图像感应器将捕捉到的光源信号转化为数字信号的原始数据,RAW 文件是一种记录了数码相机传感器的原始信息,同时还记录了由相机拍摄所产生的一些元数据(metadata,如 ISO 的设置、快门速度、光圈值、白平衡等)的文件。

(6) JPEG 格式。JPEG(joint photographic experts group,联合图像专家组)是由国际标准化组织(ISO)制订,面向连续色调静止图像的一种压缩标准,文件扩展名为.jpg 或.jpeg,是最常用的图像文件格式。JPEG 格式能够将图像压缩在很小的存储空间,一定程度上会造成图像数据的损伤。尤其是使用过高的压缩比例,将使最终解压缩后恢复的图像质量降低,当追求高品质图像时不宜采用过高的压缩比例。

3) 音频

音频(audio)指存储声音的计算机文件。从技术角度看,音频文件格式可分为有损文件格式和无损文件格式两种类型。其中,有损压缩是以破坏源文件数据方式(直接删除人耳听力范围之外的数字信息,甚至是删除部分人耳听力范围之内的信息,只保留基本声音)来换取小容量文件的一种压缩方式,如常见的 MP2、MP3、WMA 等格式。有损压缩对文件造成的破坏是永久、不可逆的。如果读者稍加比较,就能听出(如 MP3)低于 120kb/s 码率的文件和 320kb/s 码率文件在音质上存在的区别;无损压缩顾名思义就是只改变源文件的数据记录方式,使其体积变小,而对元数据不做任何不可逆性破坏的一种压缩方式,目前常见的无损压缩数字音乐格式有 APE、FLAC 等。常见的音频文件类型有以下几种:

(1) WAV 格式。WAV(或 wave)格式是微软公司和 IMB 公司共同开发的一种声音文件格式,用于保存 Windows 平台的音频信息资源,被 Windows 平台及其应用程序所支持,文件的扩展名为.wav。WAV 格式支持多种音频位数、采样频率和声道,是个人计算机上流行的声音文件格式,其文件尺寸比较大,多用于存储简短的声音片段。

(2) MP3 格式。MP3(moving picture experts group audio layer 3,动态影像专家压缩标准音频层面 3)是 ISO/MPEG 标准的一部分,是一种音频压缩技术,可以将音频文件以 1∶10 甚至 1∶12 的比例进行压缩,压缩成容量较小的文件,以减小存储空间。用 MP3 格式存储的音频就称为 MP3 音乐,最高参数的 MP3(320kb/s)的音质与 CD、FLAC 和 APE 无损压缩格式的差别不多,其优点是压缩后占用空间小,适用于移动设备的存储和使用。

(3) WMA 格式。WMA(Windows media audio,Windows 媒体音频)是微软公司大力推行的一种音频格式。WMA 格式的压缩率一般可以达到 1∶18,生成的文件大小只有相应 MP3 文件的一半。此外,WMA 还可以通过 DRM(digital rights management,数字版权保护)技术防止文件的拷贝,或限制播放时间和播放次数,甚至是限制播放机器,可有效防止盗版。

(4) RealAudio 格式。RealAudio 格式主要适用于网络环境中在线音乐播放,其文件格式主要有 RA(real audio)、RM(real media)、RealAudio G2 等,其相同特点是可以随网络带宽的不同而改变声音的质量。

(5) AAC 格式。AAC(advanced audio coding,高级音频编码)是一种专为声音数据设计的文件压缩格式,AAC 格式出现于 1997 年,是基于 MPEG-2 的音频编码技术,由 Fraunhofer IIS、杜比实验室、AT&T、索尼等公司共同开发。相较于 MP3 格式,AAC 格式的音质更佳,文件更小。AAC 属于有损压缩的格式,与 APE、FLAC 等无损压缩格式相比其音质相对较差。苹果 iPod、早期使用的诺基亚手机支持 AAC 格式的音频文件。

(6) APE 格式。APE 是一种较早出现的流行的数字音乐无损压缩格式,与 MP3 等有损压缩格式不可逆转地删除(人耳听力不敏感的)数据以缩减源文件大小不同,APE 采用无损压缩方式,只压缩不影响音质的部分内容来缩减文件的大小。APE 的压缩原理类似于 WinZip 或 WinRAR 这类数据压缩软件,只是经压缩后的 APE 格式音乐文件是可以直接播放的。

(7) FLAC 格式。FLAC(free lossless audio codec,无损音频压缩编码)格式是一种无损压缩方式,即在生成 FLAC 格式时不会破坏源文件的音频信息。FLAC 格式的文件是对公众完全开放的,所有的源代码都可以在开放源代码的授权方式下得到。同时,FLAC 文件格式和编码/解码的实现方式都不受任何已知专利的限制。

4) 视频

视频(video)指将一系列静态影像以电信号的方式加以捕捉、记录、处理、存储、传送与重现的各种技术的总称。当连续的图像变化每秒超过 24 帧(frame)画面时,根据人类视觉暂留原理,人眼将无法辨别单幅的静态画面,形成的视觉效果是平滑连续的,这样连续的画面叫作视频。视频格式指对视频的编码方式,根据应用环境的不同可以分为适合本地播放的本地影像视频和适合在网络中播放的网络流媒体影像视频两大类,两者相比较,前者在播放的稳定性和播放画面质量上效果更好,而后者可广泛应用于视频点播、网络演示、远程教育、网络视频广告等互联网信息服务领域。常见的视频文件有以下几种。

(1) MPEG 格式。MPEG(moving picture experts group,运动图像专家组)文件格式是运动图像压缩算法的国际标准,它采用了有损压缩方式,从而减少运动图像中的冗余信息,VCD、SVCD、DVD 就采用这种格式。更准确一点讲,MPEG 压缩方式的实现是保留相邻两幅画面相同的部分,而把后续图像中与前面图像有冗余的部分去除,从而达到压缩的目的。目前,MPEG 压缩标准主要有 MPEG-1、MPEG-2、MPEG-4、MPEG-7 和 MPEG-21。其中,MPEG-1 制订于 1992 年,是针对 1.5Mb/s 以下数据传输率的数字存储媒体运动图像及其伴音编码而设计的国际标准,也就是通常所见到的 VCD 制作格式;MPEG-2 制订于 1994 年,是针对 3~10Mb/s 的影音视频数据编码标准,这种格式主要应用在 DVD/SVCD 的制作(压缩);MPEG-4 制订于 1998 年,是面向低传输速率下的影音编码标准,它可利用较窄的带宽,通过帧重建技术压缩和传输数据,以求使用最少的数据获得最佳的图像质量。MPEG-4 最有吸引力的地方在于它能够保存接近于 DVD 画质的小容量视频文件,其文件扩展名包括:.asf、.mov、.Divx、.avi 等。MPEG-4 支持内容的交互性和流媒体特性;MPEG-7 并不是一种压缩编码方法,而是一个多媒体内容描述接口(multimedia content description interface)标准,用于解决日渐庞大的图像、声音信息的管理和迅速搜索,即 MPEG-7 能够快速且有效地搜索出用户所需的不同类型的多媒体材料;MPEG-21 制订于 1999 年,称为多媒体框架(multimedia framework),用于为多媒体传输和使用定义一个标准化的、可互操作的和高度自动化的开放框架,实现分布在不同地点的采用不同的多媒体信息、网络、设备、协议和标准的用户之间多媒体信息交互。

(2) AVI 格式。AVI(audio video interleaved,音频视频交错)视频格式于 1992 年由微软公司随 Windows 3.1 操作系统推出,该格式是将视频和音频封装在同一个文件里,且允许音频同步于视频播放的一种视频格式。AVI 视频格式的优点是图像质量好,可以跨多个平台使用;其缺点是容量过大,且不同版本的压缩标准不统一,媒体播放器对 AVI 格式视频的兼容性较差。

(3) ASF 格式。ASF(advanced streaming format,高级流格式)是微软公司提供的一种可以直接在网上观看视频节目的文件压缩格式,用户可以直接使用 Windows 自带的 Windows Media Player 播放软件对其进行播放。ASF 使用了 MPEG-4 压缩算法,压缩率较高,图像质量较好。

(4) WMV 格式。WMV(Windows media video,Windows 媒体视频)是微软公司推出的一种流媒体格式,它是在 ASF 格式基础上开发的一个视频格式。对于同等质量的视频资源，WMV格式的体积要比ASF格式小，因此很适合在网上播放和传输。

（5）RM格式。RM(real media)是Real Networks公司制订的音频视频压缩规范，用户可以使用RealPlayer或RealOne Player对符合RM技术规范的网络音频/视频资源进行实况转播，并且RM格式可以根据不同的网络传输速率制订出不同的压缩比率，从而实现在低速率的网络上进行影像数据实时传送和播放。

（6）RMVB格式。RMVB格式是在RM视频格式基础上开发的一种升级版的视频格式，RMVB视频格式的优势是不再使用RM格式原先采用的平均压缩采样方式，而是在保证平均压缩比的基础上合理利用比特率资源，从而提高运动图像的画面质量，并实现图像质量和文件大小之间的平衡。

（7）FLV格式。FLV(FLash video)格式是Sorenson公司开发的一种视频格式，通过FLV格式形成的视频文件较小、加载速度较快，便于网络环境中在线观看。

（8）F4V格式。F4V是继FLV格式后由Adobe公司推出的支持H.264编码的高清流媒体格式，它和FLV的主要区别在于，FLV格式采用的是H.263编码，而F4V则支持H.264编码的高清晰视频，码率最高可达50Mb/s。F4V视频文件更小，视频效果更好，更利于网络传播，已逐渐取代了FLV，目前大多数主流播放器兼容F4V格式。

2. 开放计算机系统中的电子数据

通常把开放计算机系统中的电子数据称为网络数据或网络证据。所谓网络数据指计算机终端（个人计算机、智能手机等）之间通过网络获得的电子数据。开放计算机系统中的电子数据种类繁多，常见的有以下几种。

（1）电子邮件。电子邮件(E-mail)即通过网络进行书写、发送和接收的信件，是互联网出现较早、使用最广泛的一种非即时信息交换方式。

（2）电子资金划拨记录。随着计算机在金融领域的应用，银行在一定程度上已能将现钞、票据等实物表示的资金转变成由计算机中存储的数据表示的资金，将现金流动、票据流动转变成计算机网络中的数据流动。这种以数据形式存储在计算机中并能通过计算机网络使用的资金被形象地称为电子货币，其赖以生存的银行计算机网络系统被称为电子资金划拨(electronic funds transfer, EFT)系统。EFT记录指EFT系统中保存的用于记录银行和用户行为的各类信息。

（3）电子数据交换记录。电子数据交换(electronic data interchange, EDI)指采用相应的通用标准格式，通过计算机通信网络，使各有关部门、公司与企业之间进行数据交换与处理，并完成以贸易为中心的全部业务过程。由于使用EDI能有效地减少甚至最终消除贸易过程中的纸面单证，因而EDI也称为"无纸交易"。由于EDI系统中每个环节上信息的出入都有明确的签收、证实的要求，以便于为责任的审计、跟踪、检测提供可靠的保证，所以EDI记录对于EDI系统的安全运行尤为重要。

（4）网页。网页(Web page)是构成网站的基本元素（一个网站一般由相互间存在关联的一组网页组成），是承载各种网站应用的平台。网页是一个包含超文本标记语言(hypertext markup language, HTML)标签的纯文本文件（文件扩展名为.html或.htm），网页所属的网站可以存放在接入互联网的任意一台可被访问的计算机中，供用户通过网页浏览器来访问和阅读。当用户每次访问网站或浏览网页时，都会在历史记录里留下痕迹，并且被保存在浏览器的缓存文件夹或日志文件中。

(5) 电子聊天记录。电子聊天(online chatting)也称为网络聊天,指用户通过专门的网络聊天工具在互联网和移动通信网络上实时发送文本、图像和声音等信息的通信方式。作为即时通信的一种,电子聊天主要有一对一聊天和多人聊天两种。目前国内使用范围最广的电子聊天工具是腾讯 QQ 和微信。聊天过程中会留下电子痕迹,这些所谓的电子痕迹就是电子聊天记录。

(6) 电子公告牌记录。电子公告牌是利用计算机应用程序在网络上共享和交换信息的交流平台。随着网络技术的飞速发展,电子公告牌的形态也转变为网络论坛或网络社群等综合信息平台。电子公告牌是一种用以发布并交流特定信息的在线系统,该系统在运行过程中会留下记录,其相关记录往往可以对特定案件的证明起到重要的作用。

(7) 博客。博客(blog 或 weblog)的正式名称为网络日志,是使用特定的软件,在网络上出版、发表和张贴个人文章的平台,或者是一种通常由个人管理、不定期张贴新的文章的网站。随着人们对信息获取速度要求的提高,更新更为快捷便利的微型网络日志(Microblog,微博)应运而生。微博又称为"微型博客",是一种允许用户及时更新简短文本(通常少于 140 个字符)并可以公开发布的信息分享、传播以及获取平台,这些信息能够以短信、即时通信软件、电子邮件、网页等多种方式发送,用户也可以通过 Web、WAP 以及各种客户端组建个人社区。

(8) 电子签名。电子签名(E-signature)也称为电子签字,指在电子通信过程中,可以用来证明特定当事人身份信息以及该当事人对特定文件的内容予以认可的电子数据签字。在传统商务活动中,为了保证交易的安全与真实,一份书面合同或公文要由当事人或其负责人签字、盖章,以便让交易双方识别是谁签的合同。保证签字或盖章的人认可合同的内容,在法律上才能承认这份合同是有效的。而在电子商务活动中,合同或文件是以电子文件的形式表现和传递的,在电子文件上传统的手写签名和盖章是无法进行的,这就必须依靠技术手段来替代。能够在电子文件中识别双方交易人的真实身份,保证交易的安全性和真实性以及不可抵赖性,起到与手写签名或者盖章同等作用的电子技术手段,称为电子签名。《中华人民共和国电子签名法》对电子签名的定义为:指数据电文中以电子形式所含、所附用于识别签名人身份并表明签名人认可其中内容的数据。需要说明的是,电子签名并非书面签名的数字图像化。

(9) 嵌入式计算机系统证据。嵌入式计算机系统(embedded computer system)证据指在各类电子设备中、在集成电路板或其他类似构件中内嵌的计算机系统在运行中所产生的计算机证据。嵌入式计算机系统通常由嵌入式处理器、相关硬件支持设备和嵌入式软件系统组成。嵌入式计算机系统能够运行于各种不同类型的处理器上,操作系统内核精小、模块化程度高,具有大量的应用程序接口,支持多任务处理,并能进行网络操作。数字电视、移动计算设备、移动电话、汽车、微波炉、数码照相机、数字摄像机、电梯、空调、安全系统、自动售货机、工业自动化仪表及医疗仪器等大多数电气设备均内含嵌入式计算机系统的运行。

1.3.2 通信数据类证据

通信数据类证据是在计算机网络、移动通信网络、有线电视网络等电子通信过程中由通信信息构成的证据形态。常见的通信数据类证据有以下几种:

1. 电报记录

电报(telegraph)就是用电子信号传递的文字信息。电报是19世纪30年代在英国和美国发展起来的一种最早用电子信号方式来传送信息的、可靠的即时远距离通信方式。电报信息通过专用的交换线路以电信号的方式发送和接收,该信号用编码代替文字和数字,通常使用的编码是摩尔斯编码。现在,随着电话、传真以及互联网通信等方式的应用和普及,电报已很少被使用。

2. 传真记录

传真(fax)记录指运用光电扫描及变换等技术,由发送端通过特定设备把各类静止的图像转换为电信号并传送到接收端的相应设备,并以书面记录的形式予以展现的电子通信方式。随着网络技术的发展,借助网络系统收发传真的方式已渐渐成为传真的主流方式,传统的采用电话线路的基于光电技术的传真方式已很少使用。

3. 通话记录

通话记录指固定电话用户、移动电话用户发起的主叫通话、被叫通话、主叫短信、被叫短信、漫游通话等通话行为在运营商交换机里记录的各种信息。通话记录为运营商提供计费依据,同时为用户验证自身通话情况提供依据。在具体取证中所涉及的通话记录包括两层含义:一是固定或移动电话中存储的通话历史记录;二是通过专业录音设备录下的固定或移动电话通话内容。

4. 短信记录

短信(short message)是借助无线通信网络技术在移动网络上存储和转发的简短信息。短信一旦生成,只要不被删除,其即被固定在发送方和接收方的手机上,形成短信记录。按照内容和所使用的技术的不同,短信可分为传统短信、增强信息和多媒体信息三种类型。

1.3.3 静态电子数据证据和动态电子数据证据

依据电子证据存在状态的不同,可以把电子数据分为静态电子数据证据和动态电子数据证据两种类型。

1. 静态电子数据

电子数据取证中的静态电子数据特指计算机处理、存储以及输出设备中存储、处理和输出的数据,这些数据在存在形式上具有相对的静止性,不会频繁地在不同存储位置或节点之间流动。

2. 动态电子数据

动态电子数据特指计算机网络中传输的电子数据,这些电子数据以数据流(由0和1组成的比特流)形式在网络中传输,在不同节点之间进行流动,其存在形式具有动态性。

电子数据的静态和动态是一个相对概念。放大到足够的时空条件下则根本不存在所谓静态的电子数据,而在特定的时空范围内动态的电子数据也会表现出足够的静态稳定性。区分静态电子数据和动态电子数据的意义在于根据这两类电子数据各自的特征,在相关证据收集措施的设立及其适用上予以区别对待。

1.3.4 电子设备生成的电子数据

依据是否存在人为意志的添加,可以将电子数据分成电子设备生成的电子数据、电子设备存储的电子数据和电子设备混成的电子数据三种类型。

1. 电子设备生成的电子数据

电子设备生成的电子数据是由计算机或相关的数字设备自动生成的数据,这些数据完全基于系统的内部指令产生。常见的电子设备生成的电子数据有银行柜台交易记录、各交通路口的道路缴费记录等。

2. 电子设备存储的电子数据

电子设备存储的电子数据是由计算机及相关设备根据存储及录入的信息而获取的数据,这类数据只是对人为意志的客观记录,并没有发生计算机系统的参与及处理,常见的如文本或录音文件等。

3. 电子设备混成的电子数据

电子设备混成的电子数据是在用户录入信息或运行命令后,由计算机内部指令运行而得到的数据,这类数据的产生因为存在人为干预(如进行文件格式转换、进行数学或函数运算等),所以夹杂有用户的人为意志和计算机系统的主动处理功能。

1.3.5 数字电文数据

依据档案学原理和鉴定理论,电子文件的完整性、真实性需要通过元数据加以证明。同时,鉴定理论告诉我们,电子文件的可读性依赖于其原始的系统软硬件环境。根据档案学原理和鉴定理论,可以将电子数据分为数字电文数据、附属信息数据与系统环境数据三类。

1. 数字电文数据

数字电文数据是记载法律关系的发生、变更和灭失的数据,如电子邮件和电子数据交换正文等。在互联网广泛普及的今天,以电子邮件为代表的数字电文数据在人们之间的交往、商务往来等方面的应用极为普遍和重要,数字电文作为证据的重要性也得到重视。

2. 附属信息数据

附属信息数据指数据电文在生成、存储、传输、修改、增删过程中引起的相关记录,如系统日志、文件属性信息等。在针对数字电文数据的取证过程中,通过对附属信息数据的分析,可以为最终结论的确定提供依据。

3. 系统环境数据

系统环境数据指数据电文运行时所处的硬件和软件环境,尤其指相关硬件规格或软件的版本等信息。运行环境的不同,影响着系统的可靠性和稳定性,通过对系统环境数据的分析,可以为数字电文数据所在系统的性能提供相关判断依据。

1.3.6　封闭和开放系统中的电子数据

根据电子数据所处系统的开放程度,可将电子数据分为封闭系统中的电子数据、开放系统中的电子数据与双系统中的电子数据三种类型。

1. 封闭系统中的电子数据

封闭系统是由独立的一台计算机组成的系统,或多台以局域网方式连接的计算机组成的与外界隔离的系统。封闭系统中的电子数据是在封闭系统中生成、传输和存储的数据。封闭系统不对外界开放,用户相对固定,能够迅速跟踪查明电子数据的来源。如银行业、证券业、交通运输业的员工均用自己固定的终端进行内部数据的交换,其中所涉及的数据都属于封闭系统中的电子数据。

2. 开放系统中的电子数据

开放系统是由多台计算机组成的与广域网、城域网、校园网等系统互联的系统,开放系统中的电子数据指在开放系统中生成、传输和存储的数据。由于开放系统数据通信的相对人并不固定,因此数据来源不易确定。

3. 双系统中的电子数据

双系统是封闭系统和开放系统的合称,目前很多单位的系统都属于双系统,即主要业务系统运行在内部局域网上,同时根据工作需要,局域网又接入了开放系统(如 Internet)。双系统中的电子数据指既能够经常出现于封闭系统,又能经常出现于开放系统的电子数据,如 EDI(Electronic Data Interchange,电子数据交换)证据和电子签名等。

1.3.7　电子数据和再生性电子数据

依据数据是否存在复制操作,可以将电子数据分为原生电子数据和再生性电子数据两种类型。这种分类方式的目的在于揭示哪些电子数据在物理世界不存在原件或原物,即一旦丢失是无法再现的。

1. 原生电子数据

原生电子数据指以数字形式创建(如办公系统、传感器、科学仪器)并以数字格式存在的电子数据。如数据库数据、以文字处理软件创建的文本文档数据、以数字媒介记录的音像数据,以及软件数据、网页数据、超文本数据和数码艺术数据等。

2. 再生性电子数据

再生性电子数据也称为数字拷贝,它是物理存在实体的一种数字表现形式。在互联网环境中,再生性电子数据的存在非常普遍。

在取证过程中确定原生电子数据与再生性电子数据非常重要,可以用于确定数据的"原始性"。尤其是对各类数码设备生成文件(如数码相机拍摄的照片、数据摄像机拍摄的视频等),确定文件的"原始性"在取证过程中非常重要。

1.3.8　根据现行法律对电子证据的分类

根据我国现行法律中对证据的分类,电子数据类证据可以分为电子物证、电子书证、电子视听资料、电子证人语言、电子当事人陈述、关于电子数据的鉴定意见、电子勘验检查笔录等类型。

1．电子物证

电子物证是以电子形式存在的"实在证据"，是存储于介质载体中对案件事实起证明作用的电子信息数据及其附属物。电子物证除具有其他物证的客观性和可知性之外，还具有非直观性和多态性、电子物理和诉讼证据的双重属性。电子物证的提取与固定，首先对载有电子物证信息数据的物理实体进行扣押、封存，再采用专门的技术方法对物理实体中的电子信息数据进行提取和固定，形成电子物证。

为了维系电子物证的客观真实性，在获取电子物证时，应采用取证专用的数据拷贝机和电子物证勘验取证技术，附加上时间戳信息数据，一次性提取和固定介质载体中的全部电子物证信息。

2．电子书证

书证是诉讼证据的一种，它以文字或符号将人的思想表示在一定物件上，以其记载的内容证明案件事实。书证的文字和符号可以记载在纸张布帛上，也可以记载在金石竹木上，还可以电子数据的形式存储在计算机介质上。

电子书证指电子形式的"书面证据"，记载了当事人之间的意思表示。典型的如电子邮件、以数字签名方式签订的合同等。

3．电子视听资料

视听资料又称声像资料或直感资料，指以音响、图像等方式记录知识的载体。视听资料一般可分为三种类型。

（1）视觉资料。视觉资料又称为无声录像资料，包括图片、摄影胶卷、幻灯片、投影片、无声录像带、无声影片、无声机读件等。

（2）听觉资料。听觉资料也称为录音资料，包括唱片、录音带、录音笔等。

（3）声像资料。声像资料也称为音像资料或音形资料，包括电影片、电视片、录音录像片、声像光盘等。

视听资料既能使文字记载的文献再现，又能脱离文字形式而直接记录各种声音与图像。同时，视听资料可以运用放大或缩小、加速或减慢、剪辑合成等手法，其作用为一般传统印刷型出版物所无法比拟。视听资料还便于运用现代通信技术及时快速传播。

电子视听资料指借助电磁、光电、电子计算机设备等技术手段所记载和再现的声音、图像、数据等信息资料。在刑事诉讼实践中，特别是在刑事侦查中电子视听资料的运用十分广泛。电子视听资料使用时必须审查信息存储、输出、转换等环节是否存在误差，资料内容有无人为篡改等情况。

4．电子证人证言

证人证言简称为"证言"，指证人就自己所知道的与案件有关的情况向司法机关所做的陈述。证言一般以口头形式表达，由询问人员制作成笔录，必要时，也可以允许证人亲笔书写证言。证言一般应当是证人亲自看到或听到的情况，也可以是别人看到听到而转告他知道的事实。由于受主客观多方面因素的影响，证言可能真实、不完全真实或完全不真实，收集、运用时必须注意对其来源、形成过程及内容，以及结合案件的情况和其他证据进行认真审查。

电子证人证言指以电子方式存在的言辞证据，如网络聊天记录、电话通话录音等。电子证人证言是证据的一种类型。

5. 电子当事人陈述

当事人陈述指诉讼中的原告、被告和第三人就他们对案件事实的感知和认识所发表的陈词及叙述，依靠当事人陈述，可以反映案件事实的全部或部分面貌。

电子当事人陈述与电子证人证言的形成相似，是以电子形式存在的由当事人向办案人员所做的关于案件事实情况的叙述。

6. 关于电子数据的鉴定意见

电子数据鉴定是一种提取、保全、检验分析电子数据证据的专门措施，也是一种审查和判断电子数据证据的专门措施。电子数据鉴定主要包括如下内容：

(1) 电子数据证据内容一致性的认定。
(2) 对各类电子设备或存储介质所存储数据内容的认定。
(3) 对各类电子设备或存储介质已删除数据内容的认定。
(4) 加密文件数据内容的认定。
(5) 计算机程序功能或系统状况的认定。
(6) 电子数据证据的真伪及形成过程的认定等。

关于电子数据的鉴定意见一般指由具有电子数据鉴定资质的专门人员就具体的电子数据鉴定所做出的鉴定意见。

7. 电子勘验检查笔录

勘验笔录指办案人员对于与犯罪有关的场所、物品、痕迹、尸体等勘查、检验中所做的记载，包括文字记录、绘图、照相、录像、模型等材料。勘验笔录可以分为现场勘验笔录、物证检验笔录、尸体检验笔录、侦查实验笔录等。

检查笔录指办案人员为确定被害人、犯罪嫌疑人、被告人的某些特征、伤害情况或生理状态，对其人身进行检验和观察后所做的客观记载。检查笔录以文字记载为主，也可采取拍照等其他有利于准确、客观记录的方法。

电子勘验检查笔录指办案人员在办案过程中以电子形式做出的勘验和检查笔录。

1.3.9 新型电子数据

随着信息技术的发展和迭代升级，出现了一些新型的电子数据，根据新型电子数据的特征，可以归纳为以下几种类型。

1. 存储介质电子数据、电磁辐射电子数据和线路电子数据

根据数据的来源不同，可以将电子数据分为存储介质电子数据、电磁辐射电子数据和线路电子数据三种类型。

(1) 存储介质电子数据。存储介质电子数据指来源于各种存储介质的电子数据。目前使用的存储介质主要包括磁性介质（如硬盘）、光学介质（主要使用激光读盘，最常见的有 CD-ROM）、磁光介质（磁性介质和光学介质的杂合体）和互联网介质（主要包括网盘、云盘等）。电子数据存储介质的种类繁多，这类电子数据主要通过扣押、提存或复制的方式进行收集。

（2）电磁辐射电子数据。电磁辐射电子数据指从电磁辐射中获取的电子数据。计算机电磁辐射主要包括四部分：显示器的辐射、通信线路（连接线）的辐射、主机的辐射、输出设备（打印机）的辐射。电子数据搜集人员只要准备相应的接收设备就可以接收电磁波，进而还原相应的电子数据。

（3）线路电子数据。线路电子数据指从计算机联网后的传输线路（铜缆、光纤、无线介质等）中获取的电子数据。

2. 易失性电子数据和非易失性电子数据

在运行状态下的计算机系统中，各类存储介质中的数据是有时效性的，不同数据的生存期差别较大，短的只有几纳秒，长的有几年。寄存器、外围设备内存、缓存等存储的数据寿命只有几纳秒，主存中的数据有十几纳秒，表示网络状态的数据有几毫秒，表示运行进程的数据寿命为几秒，磁盘和光盘中的数据寿命可达几年或更长时间。

因此，电子数据可按生存寿命的长短进行分类，易失性数据指生存寿命较短的电子数据。非易失性数据指生存寿命较长的电子数据。收集数据的方法最好是按照数据的预计寿命有顺序地进行，先收集易失性数据，后收集非易失性数据。

3. 加密电子数据和非加密电子数据

根据数据是否采用加密方式，可以将电子数据分为加密电子数据和非加密电子数据。加密电子数据是利用各种加密技术对明文数据加密后形成的不可读数据（密文数据），非加密电子数据指没有利用加密技术加密的明文数据。

4. 与网络体系结构分层对应的电子数据

在国际标准化组织（ISO）发布的开放系统互连参考模型（open system interconnection reference model，OSI/RM）中，将互联网体系结构从下至上分为七层，即物理层、数据链路层、网络层、传输层、会话层、表示层和应用层。在另一个广泛使用的传输控制协议/网际协议（transmission control protocol internet protocol，TCP/IP）体系结构中，将其结构定义为4层，即网络接口层、网际层、传输层和应用层，每层分别对应于OSI/RM七层模型的相关层。无论是OSI/RM七层模型，还是TCP/IP体系结构的四层结构，分层思想贯穿其中，而各个层次都存在具有本层功能特点的电子数据。

根据互联网组网特征，可以把网络中的电子数据按层次进行分类，在TCP/IP网络中可以分为网络接口层电子数据（可进一步细分为物理层电子数据和数据链路层电子数据）、网际层电子数据、传输层电子数据和应用层电子数据。其中，应用层电子数据中的类型较多，但容易被破坏；传输层和网络层的电子数据中最有证据价值的是IP地址。网络接口层（包括数据链路层和物理层）中的电子数据最为丰富，也最有价值。数据链路层中的MAC地址要比网络层中的IP地址更精确，可以在互联网环境指向一台特定的计算机。获取物理层的电子数据主要通过网络监听的手段。

5. 看得见的电子数据和看不见的电子数据

取证过程中涉及的电子数据有些是直接存放在介质中，而有些是从介质中已经删除的。根据计算机工作原理，凡进行了删除操作的数据在存储介质上会留存相应的记录，或进行删除操作的标记。

根据是否留存有删除标记,可以将电子数据分为看得见的电子数据和看不见的电子数据。凡是没有删除标记的数据称为看得见的电子数据,凡是已有删除标记的数据称为看不见的电子数据。看得见的电子数据可以利用识别软件直接解读,而看不见的电子数据需要事先使用数据恢复工具进行恢复,在成功恢复后再利用识别软件进行解读。

需要说明的是,由于数据在进行删除操作时,可能采用不同的删除方法(甚至使用一些工具软件进行删除处理),而且被删除后的数据的存在具有脆弱性,一旦在相同介质或分区进行了操作就可能导致永久性失效,所以被删除后的数据并不一定能够恢复,即使可以恢复也可能无法全部恢复,可能会有部分数据丢失。

6. 孤立电子数据和系统电子数据

孤立电子数据指由一方当事人独立制作或掌握,且大多以本地文件形式存在的数据。系统电子数据种类繁多,体系庞杂,难以类型化。通常根据控制主体多少将其分为二维数据和多维数据。二维数据是产生、存储于双方当事人的电子设备或系统中的数据类型。多维数据是由当事人双方和第三方主体共同制作、生成或控制的数据类型,或者由当事人意志之外的其他机制确保其真实性的数据形式。无论是二维数据,还是多维数据,又都可以分为单机数据和联网数据。

1.4 电子数据的特点

从上文对电子数据的分类可以看出,电子数据种类繁多,分散广泛,尤其随着信息技术的快速发展,新型电子数据还会不断出现,电子数据呈现出不断推陈出新的局面。与传统证据一样,电子数据具有客观性、合法性、关联性三个基本特性,但与传统证据手段比,电子数据还有一些自身的特点。

1. 无形性

电子数据具有内在实质上的无形性,也就是说电子数据实质上只是一堆按编码规则处理而成的由 0 和 1 组成的数字代码,看不见、摸不着,只能借助相应设备进行读取和展示。例如,在硬盘中,使用不同的磁方向来表示 0 和 1,借助磁力显微镜可以看到的磁方向线,如图 1-1 所示。

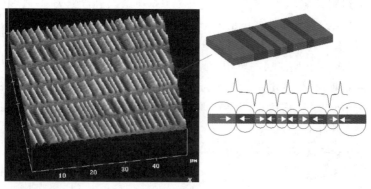

图 1-1 硬盘中的磁方向线

而在光盘中,使用"坑"与"岸"对光的反射来表示0和1,其形式如图1-2所示。

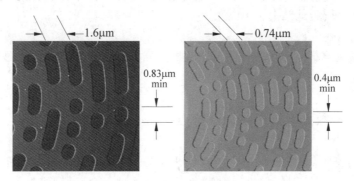

图1-2　光盘中的"坑"与"岸"

图1-3所示的是广泛使用的CD经光学放大到2000倍时的图像。

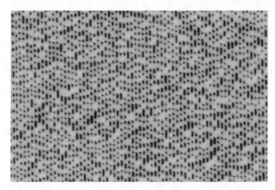

图1-3　CD经光学放大到2000倍时的效果图

2. 多样性

电子数据的外在表现形式具有多样性,不仅可以表现为文本形式存在,还可以图形、图像、动画、音频及视频等多媒体形式出现。由于电子数据的存在和展现需要使用相应设备经过必要的编码、解码处理才能完成,也就是说,不借助相应设备并遵照相应规则,是根本不可能识别这些原始的0和1的,它们所表示的意义更无从谈起。

事实上,这些原始的0和1,不仅需要通过复杂的特殊的方式才能"观察"到,而且在不依照其规则进行解读的情况下,其结果没有任何的实际意义。实际使用的数据,首先需要应用程序进行处理,然后交由操作系统传输给存储介质。存储介质接收到这些信息后,经过复杂的编码过程才能最终写入存储介质。

3. 客观真实性和易破坏性

电子数据的客观真实性指排除人为篡改、差错和故障等因素,电子数据存储方便、表现丰富,可长期无损保存,并根据需要随时反复重现。

由于电子数据是以0和1的组合形式存在,是非连续的,所以数据被人为篡改后,如果没有可供对照的副本、映像文件,就难以查清和判断。在日常应用中,除人为故意篡改外,类似于误操作、病毒、软硬件故障、系统崩溃、突然断电等意志以外的因素也可导致数据失真。

1.5 电子数据取证

在较为系统地掌握了电子数据的概念及相关分类特点后,本节对电子数据取证的概念及特点进行介绍。

1.5.1 电子数据取证的概念及特点

传统证据的获取,即当事人、律师或检察机关为了诉讼目的或查明案件事实真相,按照一定的法律程序与方法,对证据进行发现、收集及提取的过程。"网络电子证据必须通过专门工具和技术来进行正确的提取和分析,使之具备证明案件事实的能力",而在2013年《中华人民共和国刑事诉讼法》将电子数据列入法定证据之前,电子数据的收集需要事先进行向传统证据的转化的过程之后才能被进一步作为证据。

1. 电子数据取证的概念

电子数据取证是一门侧重实践与应用的综合学科,涉及的知识主要包括计算机软硬件技术、网络技术、密码学、通信技术以及法学等,既有保证电子数据证据特性的基础技术,又有电子数据取证过程中广泛使用的密码破解、数据挖掘、数据分析等相关知识。

目前,学术界对电子数据取证还没有一个统一的定义。电子数据取证术语最初被用作计算机取证的同义词,现在已扩展到涵盖所有的能够存储数字数据设备的取证。计算机取证是电子数据取证的重要组成部分,计算机取证主要是将计算机调查和分析技术应用于对潜在的、有法律效力的证据的确定与获取上,是使用软件和工具,按照一些预定义的程序全面地检查计算机系统,以提取和保护有关计算机犯罪的证据,主要包括对以磁介质编码信息方式存储的计算机证据的保护、确认、提取和归档。

电子数据取证技术是经过资格认定的专业人员基于计算机科学原理和技术,按照法律规定的程序发现、固定、提取、分析、检验、记录和展示电子设备中存储的电子证据,找出与案件事实之间的客观关系,确定其证明力并提供鉴定意见的活动。简单讲,任何计算机犯罪都会在计算机或网络中留下踪迹,电子数据取证技术的宗旨就是准确辨别并提取犯罪者留下的痕迹信息,从而揭露其犯罪事实。

基于电子数据有别于传统数据的特殊性等特点,电子数据的取证是特定的人用特定的技术手段将存储于一定介质上的电子数据进行提取、收集的过程。2016年施行的最高人民法院、最高人民检察院、公安部《关于办理刑事案件收集提取和审查判断电子数据若干问题的规定》中明确规定了刑事诉讼中电子数据的取证是侦查机关依据法律规定与法定程序对电子数据进行收集与提取的过程。

2. 电子数据取证的特点

电子数据的介质依赖性、多样性、不稳定性等特征决定了其在取证时也与传统证据区别开来。

(1) 介质依赖性使得电子数据的取证源头增加了不确定性。因为依赖于计算机系统或其他存储系统,在收集存储在这些介质上的电子数据之前,如果犯罪分子提前得知将被取证的消息,会对电子数据进行提前转移、销毁、篡改等操作,这就为之后的侦查活动带来更多的难题。

(2) 高度精确复制性难以确定原件与复件的区别。在司法实践及诉讼活动中,很多时候需要证据原件(即电子数据的"原始性"),电子数据因高精确复制性的特点使得其原件(原生电子数据)与复件(再生性数据)几乎一致,这就为取证带来了难度以及为之后一系列司法活动带来了挑战。

(3) 取证的手段与技术问题。不同于传统证据,电子数据的取证会遇到很多技术上的障碍,比如计算机系统的系统崩溃与病毒侵袭、硬件的损坏以及数据的丢失等很多问题,这就需要有足够专业素质的侦查人员面临复杂环境中遇到的种种问题,也对侦查人员的技术手段提出了更高的要求。

(4) 电子数据在取证时很可能会侵犯公民的隐私。因为大多数电子数据存储于计算机系统或其他存储系统之中,能够证明犯罪事实的电子数据与其他电子数据常常紧密联系。其特殊性决定了电子数据的取证比传统数据的取证更容易侵犯公民隐私,这就需要侦查人员能够将这些数据区分开来并且做到保密的义务。

1.5.2　电子数据取证的对象

2016年施行的最高人民法院、最高人民检察院、公安部《关于办理刑事案件收集提取和审查判断电子数据若干问题的规定》对电子数据的取证对象也做出一般性规定,即在案件过程中形成的能够证明案件事实的电子数据。

电子数据的实质是1与0的二进制代码的组合排列,存储于一定介质上,并通过电子输出设备将其转化为人们可识别的图形、文字、音频、视频等各种信息形式,这也就决定了其取证对象不同于传统证据。

1. 可存储介质内的电子数据

可存储介质内的电子数据包括计算机系统的电子数据,也就是"硬件系统中的审计信息",如系统的存储区文件、备份文件、系统缓存、程序镜像、系统日志、回收站文件等。这些电子数据不局限存在于台式计算机、笔记本电脑等计算机终端,可通过对存储、备份文件的复制,系统缓存数据的提取,程序镜像数据的复制,以及网上浏览数据的分析、整合等手段来进行对关于案件事实的取证。也包括移动存储设备中的电子数据,比如U盘、移动硬盘、闪存卡等。这些存储设备中的电子数据,对于已存在的可以直接进行复制或备份,对于一些已丢失、已删除的信息则需要通过一定的技术手段将电子数据进行恢复后再提取、复制。

2. 云计算环境下在云端存储的电子数据

考虑到存储空间、日常维护与安全管理等方面的需要,基于云计算技术的云存得到广泛应用,大量的单位和个人用户数据开始存储在云端。常见的云端存储有Apple Cloud、Google云、百度云等公有云存储服务器,以及一些单位在内部网络中自建的私有云存储服务器。

几乎所有的云计算都是资源共享和流通的,并且建立在大量服务器集群和IDC数据中心的基础上,这些云端存储的数据不仅不易丢失,而且几乎处于永久保存状态,在关于案件的取证过程中,只要有相应的用户名与对应密码,便可登录上传与下载电子数据;在无法得到用户名和对应密码的情况下,可由云存储服务的提供商从技术上提供所需要的数据。

3. 网络信息交互产生的电子数据

日常生活中最常用的微信、QQ、微博、邮箱等即时通信软件在信息传递过程中产生了大量的文字、图片、音频、视频等电子数据。有些电子数据在交互过程中非常直观反映了犯罪情况及具体细节,比如图片、视频等辨别容易,直观性较强,有的甚至可以直接还原犯罪现场,但是这些电子数据属于传输过程中的数据一旦删除或过期被清除,取证难度较高,对数据的恢复与提取便会给侦查人员带来很大的挑战。作为日常生活最频繁的使用设备,这些设备产生的电子数据具备真实、细节完整等特点,将成为当下及未来取证的一个重点对象。

4. 电子通信设备中的电子数据

电子通信设备中的电子数据既包括移动终端设备中通信录、通话记录、短信、蓝牙连接所产生的电子数据,也包括传真机、打印机、电子监控等电子设备在使用过程中产生的电子数据。这些电子数据取证方便,并且是能够反映案件真实情况的重要线索,对证明案件具有高度的证明力。

科学技术的发展使得电子设备不断更新、电子数据处于快速的发展变化中,电子数据取证的对象也会随着时间推移越来越复杂。

1.6 电子数据取证过程

电子数据取证与鉴定涉及的技术领域广泛,需要综合利用多种技术知识来解决实际问题,同时涉及计算机科学与技术、网络空间安全、公安技术、法学等学科领域。具体来讲,电子数据取证过程通常包括证据保全、证据获取、数据恢复与证据分析。

1.6.1 电子证据的保全

电子证据需要具备完整性、可靠性和不可抵赖性。从技术角度上,需采取磁盘镜像、通过哈希校验或数字签名技术来保证电子证据的完整性和不可抵赖性。电子证据的采集、存储、传输、分析等过程要处于一个完整、可信的证据监督链中,才能说明证据从采集到提交中发生的任何变化。

1.6.2 电子数据获取

对于计算机磁盘、U盘等存储介质,需通过磁盘镜像获取证据。逐比特的复制镜像完整记录了磁盘上删除文件、未分配空间和交换空间的内容。流行的镜像文件格式主要有DD格式(与磁盘完全一致)、E01格式(EnCase自定义格式)和AFF(advanced forensics format)格式。现场处于开机状态的计算机,需要收集内存信息等易失性数据,这对于取证当前进程信息、网络信息、用户账户和密码相当关键。

很多操作系统或商业/开源的取证工具都有获取内存镜像的功能。此外，还可通过计算机总线获取内存数据，这对操作系统依赖较小。Android、iOS 等移动智能终端操作系统为用户提供了一个安全的操作系统环境，同时也限制了用户权限，使其无法访问文件系统的某些区域。为了能完整提取设备存储的镜像，一般需要在取证中获取 ROOT 权限。对 Android 设备的 ROOT 或 iOS 的越狱（jailbreak）是获取管理员权限的手段，然而 ROOT 或越狱会对检材造成少量数据更改，因此必须谨慎小心。智能终端取证中，破解和绕过锁屏密码是获取访问权限的关键。iOS 4 及以下设备，已有较为成熟的技术暴力破解简单密码，之后的 iOS 设备已难以破解，但现在市面上也有专用破解工具，利用了 iOS 设备判断密码错误次数的漏洞对简单密码进行暴力破解。Android 设备的锁屏密码绕过相对简单一些，不少 Android 设备都可以通过进入 Recovery 模式来绕过锁屏密码。

智能终端的提权操作是安全技术社区较为热点的研究，跟进这些研究将为取证技术提供很多思路。对于无法获取访问权限或遭受损坏的智能终端设备，可通过芯片级的数据提取技术来获取电子证据。Android 设备提供了硬件 JTAG"调试接口"获取设备存储芯片中的物理数据。摘取智能终端中的 Flash 存储芯片后通过 PC-3000 等专业工具也可以获取芯片级的物理数据。

然而要将物理数据重组为有价值的、可读的逻辑数据，需要逆向芯片固件中转换算法，在设备被全盘加密的情况下，还需要破解出密钥，而这两项技术仍然是安全研究中的开放问题，没有成熟的方案。

1.6.3 数据恢复

取证过程中被删除的数据、被格式化的分区也是取证的重点。通常删除文件、格式化分区只是重写了文件系统的分区表，没有把数据区域真正清除。只要找到一个文件在磁盘上的起始保存位置，就可以进行删除恢复。

恢复技术主要有基于分区表信息的删除恢复和基于文件特征的删除恢复，目前许多取证软件都具有了删除恢复的功能，由于实现思路和算法不同，不同的取证设备恢复的效果、效率和支持的文件系统有很大差异。

SQLite 在智能终端中有广泛的应用，SQLite 删除数据的恢复自然也是取证技术研究者关心的热点问题。从 2009 年开始，研究者提出从 SQLite 数据库未分配区域中（如空闲块等）恢复被删除记录的方案。SQLite 删除恢复技术已应用于商业电子数据取证工具中。

1.6.4 证据分析

证据分析需要对获取、恢复的数据进行勘查，最终提取出对分析人员有价值的电子证据，例如，通话记录、联系人、短信、GPS 记录等使用痕迹和关键信息，即时通信等 SNS（社交网络服务）应用的聊天记录、电子邮件、浏览器历史信息等关键主流应用程序信息，图像、视频、Office 文档等关键性文件。进一步的需求还有在多来源的取证数据中综合分析出涉案人员联络关系、甚至团伙关系等。

针对应用程序的取证，国内外关注的对象有较大差别。国外主要关注如 Facebook 等

SNS应用的消息解析、分析等研究,国内主要关注QQ、微信、微博等应用的记录解析与分析。电子邮件是现代社会中一种重要的交流方式,是重要的线索和证据来源。电子邮件取证的研究重点主要在真实性鉴定以及通信关系的分析与挖掘。

即时通信、浏览器及电子邮件客户端等主流应用的特点是更新升级快,新的版本中,数据组织方式和应用的加密技术都可能出现较大变化,这就要求取证技术研究者需要不断跟进,及时研究出对应取证技术方案。

1.7 电子数据取证的发展

相对于其他证据形式,电子数据证据是伴随着计算机和互联网的发展而出现的新的证据形式,其应用于司法实践的时间较短,与之相伴的电子数据取证的历史也比较短。虽然电子数据取证是个相对较新领域,但其发展速度可以称为突飞猛进,较之一般的技术发展历史要更为复杂。

1.7.1 国外电子数据取证发展概况

电子数据取证早期称为数字取证(digital evidence),早在20世纪80年代,数字取证的研究就引起了研究机构的重视。在美国,军方与司法部门最早着手数字取证研究。

在1984年FBI(美国联邦调查局)的计算机分析响应组(CART)成立之时,数字取证的思想、理论、技术和方法得以提出。那时,虽然称之为数字取证,但无论从技术发展还是从思维的角度看,数字取证可以等同于计算机取证。

计算机取证是由于司法实践的需要而出现的。1984年,美国联邦调查局的实验室开始对计算机取证进行研究。为了应对计算机犯罪,联邦调查局成立了计算机分析响应组。计算机分析响应组的出现意味着计算机取证机构的诞生。后来,世界上许多国家的执法机构效仿美国联邦调查局的做法,在本国成立了计算机取证组织。

20世纪90年代初,美国联邦调查局又创建了"数字取证科学工作组"(SWGDE),该组织率先提出"计算机潜在证据"的概念,这个概念就是计算机取证概念的雏形。1991年,国际计算机专案联盟在美国波特兰市举行第一次培训会,在此会上提出了计算机取证(computer forensics)概念。20世纪90年代中期,信息技术的渗透加剧,相关技术特别是音视频技术不断由模拟向数字方式转变,在此背景下,"计算机取证"一词在数字化犯罪面前已显出它的局限性。于是,一个新的概念"数字取证"被提了出来。1998年3月2日,在弗吉尼亚州举行的美国联邦调查局实验室研讨会上提出了"数字取证"。

在数字取证领域,20世纪90年代,美国除了有"数字取证科学工作组"外,还有一个"科学工作组"(SWG),该工作组是由各种相关团体组成的一个规模较大的组织,其成员由美国50多个联邦、州的司法机关以及地方团体组成。

1999年,美国联邦调查局主持举行了关于计算机取证的国际司法会议,来自美国各联邦、州及地方司法机构的70多位代表参加了会议,与会代表一致认为有制订计算机取证标准的必要性。在这种需求下,SWGDE在1998年8月举行的年会中讨论了"数字取证"中的相关概念及标准。这些定义和标准最终在1999年10月召开的"国际高技术犯罪与取证会议"上发布。关于数字证据的鉴定,美国罪证化验室主任协会下设的化验室认证委员会制订了鉴定过程,对取证实验操作中必须遵循的标准进行了详细的说明。SWGDE 也公开表示其标准的撰写遵循了 ASCLD/LAB 鉴定指南的要求。为了应对数字证据,美国大量的司法机关建立了自己的数字取证实验室。20 世纪 90 年代中期,司法机关对电子证据的收集技术以及工具的需求愈发强烈,这导致了数字取证科学特别是计算机取证科学的快速发展。此时,信息安全领域对数字取证技术高度关注,在市场需求下,相继上市了以 Encase 为代表的各类计算机取证产品。

Encase 由美国 GUIDANCE 软件公司开发,基于各种平台,可在系统运行的情况下,把系统的全部运行环境及数据生成镜像文件,再对该文件进行分析。DBS 由美国计算机取证公司开发,是对数据进行镜像的备份系统工具。Flight Server I 由美国 Vogons 公司开发,是基于 PC、Mac、UNIX 等系统的数据收集和分析系统工具。这个时期,计算机取证技术主要被商家所应用的技术驱动。

20 世纪 90 年代后期,过分关注应用新产品开发而忽视基础理论和方法研究的问题暴露了出来。由于缺乏理论支持,导致取证缺乏一致性和标准。面对这种情形,业内专家开始对取证程序及标准等进行研究。通过研究,提出了 5 类计算机取证过程模型,即基本过程模型(basic process model)、事件响应过程模型(incident response process model)、法律执行过程模型(law enforcement process model)、抽象过程模型(abstract process model)和其他过程模型。

在计算机程序和标准研究方面,巴西研究人员发表了多篇相关的论文,并于 2002 年 7 月在美国夏威夷召开的第十四届安全事故与响应小组论坛(IRST)技术论坛上提出了计算机取证协议和程序的标准化思想。美国联邦调查局也制订了计算机取证的程序规范和电子证据的标准。学术界每年都有讨论计算机取证的学术会议召开。国际知名的网络安全站点 Security Focus 也开辟了计算机取证专栏。渐渐地,计算机取证成为了信息安全领域的研究热点。

随着信息技术的升级,"计算机取证"一词显现出它的局限性,这一术语渐渐地被数字取证、电子数据取证所取代。近年来,随着移动互联网和大数据等技术的发展,以及各国纷纷立法保护网络隐私,电子数据取证技术迎来巨大挑战。面对加密、云计算、大数据等技术手段,传统电子数据取证技术遭遇巨大困难,传统技术手段无法有效解决新形势下电子数据取证困境,电子数据取证技术亟待升级。

1.7.2 国内电子数据取证发展概况

国内对电子数据取证产品和技术的需求首先产生于执法部门。2001 年,我国从针对黑客入侵取证开始引入计算机取证技术,并逐步发展为针对计算机、网络、移动终端等方面的电子数据的取证。

国内初期的电子数据取证产品主要以计算机取证产品(现场取证和介质分析系统)为主,辅助以各种网络和安全的工具。从 2006 年开始,专门针对手机取证的产品开始在市场上出现,早期的手机取证产品以逻辑获取为主,后期针对中国的山寨机(山寨机也称为山寨手机或高仿手机,一般指高仿手机,是由生产者自己取个品牌名字,模仿品牌手机的功能和样式），内置了山寨机字库提取分析模块，在很多案件的实际应用中发挥了取证功能，成为执法人员标配的设备。

从2008年开始，国内多家电子数据取证产品供应商都开始提供自主研发的电子数据取证产品，呈现百花齐放的态势，国产自主知识产权的产品开始挤占国外进口产品的市场空间，在绝大多数电子数据取证市场上完全替代了国外产品。

我国早期电子数据取证基本上以单兵设备为主，从2004年开始，各地开始从无到有建设电子数据取证实验室，实验室的发展也改变了执法部门的工作方式，从重视侦查环境的"现场勘验"，逐步到重视证据的"检验鉴定"。2008年，公安部网络安全保卫局颁布《公安机关网安部门电子数据检验鉴定实验室能力和装备分级标准》，第一次对各级公安机关的电子数据取证能力提出了分级要求和装备标准。

从2000年开始，我国正式启动了计算机取证的研究，公安部对计算机犯罪案件、电子数据取证、计算机犯罪侦查等方向的技术展开了专项研究。随后几年，科技部就"电子数据取证"方向设立了多个研究项目，进一步推动了我国计算机取证学科的研究发展。2010年以来，实验室装备向着集成化和系统化方向发展，多接口、多功能的一体化取证设备开始应用于实验室。同时，实验室采用集中存储、分布式处理的思想进行升级改造。

2012年以后，刑事诉讼法、民事诉讼法和行政诉讼法均明确电子数据证据作为独立的证据形式。应用电子数据取证技术的执法行业由原先以公安的网安部门为主，演变为各个执法部门都采用电子数据取证技术来为执法保驾护航。

2019年1月2日，公安部发布了《公安机关办理刑事案件电子数据取证规则》，规范公安机关办理刑事案件电子数据取证作用，要求公安机关全面、客观、及时地搜集和提取涉案电子数据，确保电子数据的真实、完整。另外，随着中国电子取证技术和市场的成熟，国家陆续推出相关标准和法规对行业及电子数据进行规范化管理，目前我国电子取证市场处于较成熟阶段。

目前，电子证据已成为我国主流证据类型，随着新一轮信息技术的变更及各执法部门信息化建设的持续推进，电子数据取证需求日益凸显，应用开始从公安机关网安部门拓展至刑侦、检察、工商、海关等甚至是企业内部管理等领域，未来发展前景广阔。

1.7.3 电子数据取证技术的发展

在取证领域，虽然电子数据取证起步较晚，但发展非常迅速。除传统的面向计算机与智能终端的取证技术外，针对云计算、物联网等新应用的取证技术开始出现，并在司法实践中得到应用。

1. 计算机取证技术发展

计算机取证是面向实用的技术学科，目前主要包括针对Windows、Linux和macOS操作系统的取证。随着计算机取证技术的发展，从技术角度，主要的电子数据取证步骤已经固化为固定保全、删除恢复、痕迹分析和数据展现几个步骤。

（1）固定保全。固定保全包括对计算机存储介质进行位对位的只读复制保全，对于正在运行系统的内存易丢失数据进行镜像导出。

（2）删除恢复。删除恢复通常包括根据不同的文件系统对已删除文件进行恢复，以及对存储镜像进行全盘扫描，根据文件类型特征来恢复已删除的文件内容或片段信息。此外还包括对应用程序进行记录级别的数据恢复。

（3）痕迹分析。痕迹分析是计算机取证分析的重要步骤。依据所使用的操作系统不同，通常包括文件下载、程序执行记录、文件使用痕迹、文件删除痕迹、计算机位置信息、外设使用痕迹、账户痕迹信息以及浏览器使用痕迹信息等类别。

（4）数据展现。数据展现通常可采用时间轨迹、地理轨迹、关系网络等多种可视化数据分析手段对计算机取证分析的结果进行更丰富直观的呈现，便于分析人员从中得出数据的内在规律和隐藏信息。

2. 面向新型智能终端的取证技术

目前，智能终端市场份额主要由 Android 操作系统、iOS 操作系统和 Windows Phone 操作系统的移动设备所占据。面向新型智能终端的取证主要包括在线取证、离线取证和芯片级取证三个主要的技术手段。

（1）在线取证。在线取证指通过数据线连接智能终端与取证设备，通过特定的数据读取协议直接从智能终端中获取取证分析人员感兴趣的数据文件。在线取证通常受到了新型智能终端设备自身安全保护机制的制约，对于未越狱的 iOS 设备、未 ROOT 的 Android 设备仅能通过在线取证获取到少量的用户使用痕迹信息。而智能终端的锁屏密码等保护措施也严重阻碍了取证的顺利进行。如何绕过新型智能终端的诸如锁屏密码、数据加密等安全防护机制仍是该领域研究的重要难题之一。

（2）离线取证。离线取证通常包括两种类型：基于智能终端的备份数据进行取证分析和基于智能终端镜像文件进行取证分析。基于备份的离线取证主要利用 iOS 设备的 iTunes Backup 协议和 Android 系统内置的 Backup 协议进行数据获取，这种方法受到了第三方应用 App 对于备份支持情况的限制，部分 App 无法通过备份的手段获取到使用痕迹信息。基于镜像的离线取证可以对智能终端的系统信息、用户信息以及第三方 App 的使用痕迹进行较全面的取证分析，但对于使用了设备加密的智能终端，镜像数据可能受到了高强度的加密算法的加密保护。

（3）芯片级取证。芯片级取证主要用于无法绕过智能终端锁屏密码或者无法获取到智能终端系统权限的情况下，可通过 JTAG 调试接口或者通过硬件设备直接读取智能终端的数据存储芯片，从中提取到智能终端的数据镜像文件。

新型智能终端的数据删除恢复也是取证技术研究的重要方向，主要包括基于镜像的签名恢复，从镜像中恢复出已删除的照片、视频等类型的文件数据。另一方面是针对应用数据的存储容器如 SQLite、EDB 进行记录级的删除数据恢复，恢复已删除的应用数据等。

3. 云存储系统取证

云存储系统具备了随处访问、便于分享等重要特点，近年来得到了快速的发展。国外云存储系统主要有 DropBox、Google Drive、OneDrive，国内的云存储系统主要包括百度云、360 云盘等。云存储的取证分析方法主要包括基于云存储客户端和基于浏览器使用痕迹分析两种方法。

（1）基于云存储客户端的取证。基于云存储客户端的取证手段通过分析客户端同步到本地的用户配置文件，如 DropBox 的 filecache.dbx、GoogleDrive 的 snapshot.db、百度云的

BaiduYunCacheFileV0.db 等,进行数据的分析提取。

（2）基于浏览器使用痕迹的取证。基于浏览器使用痕迹的取证手段则通过分析浏览器的访问历史记录、Cookie 信息以及浏览器保存的登录用户名密码等信息,尝试获取到云存储服务的登录凭据之后再进行在线的云存储内容分析。

4. Xbox、PS4 等游戏主机的取证

Xbox、PS4 这一类游戏主机随着功能和性能的升级,搭配 Xbox live、PSN 等游戏网络的使用,已经不能作为简单的游戏机来看待。已有不少案例表明游戏主机被用于如敲诈勒索、身份盗窃等犯罪活动中。

游戏主机的取证分析方法类似于传统的计算机取证技术,通过拆卸游戏主机获取存储设备并进行电子证据的固定保全。Xbox 的存储设备主要使用 NTFS 文件系统进行数据的存储管理,PS4 则采用了 FAT32 文件系统作为存储管理系统,计算机取证分析软件可直接对获取的游戏机存储镜像进行取证分析。

5. iCloud 取证

iCloud 作为 iOS 设备内置的云存储系统,通常存储了用户的海量个人使用痕迹信息,例如短信、通信录、通话记录、照片、App 数据等,具备了重要的取证分析价值。iCloud 存储的数据采用了 iOS 设备相关的硬件信息进行数据存储加密,具备了很高的加密强度。

通过分析浏览器的使用痕迹信息、Cookie 数据以及浏览器保存的用户名密码,可以尝试获取到 iCloud 的登录凭据。此外,还可以通过分析 iOS 设备的备份数据,从备份文件中尝试提取 iCloud 的登录凭据。之后使用获取到的有效凭据连接到 iCloud 云存储平台,并获取到文件列表信息、tokens 以及其他凭据信息。最后,再利用文件 ID、文件校验以及文件下载凭据下载文件,完成 iCloud 的取证分析。

6. 可穿戴设备取证

可穿戴设备是新型移动智能终端的新类型,通常包括智能手表、智能手环、智能眼镜等设备。在智能手表市场,iWatch 已经占据了较大市场份额,使用 Android 系统的智能手表紧跟其后。可穿戴设备通常与 iOS 智能手机、Android 智能手机配套使用,设备之间通过蓝牙或者 NFC 进行短距离数据通信。可穿戴设备内置了多种类型的传感器,实时监测使用者的状态信息并与智能手机进行数据传输和汇总分析。

可穿戴设备的取证主要通过在线取证和离线取证两种方式进行。基于 Android 系统的可穿戴设备可以通过打开 USB 调试模式通过 ADB 命令进行在线取证。离线取证则通过配套的智能手机软件可以将可穿戴设备的配置信息、App 数据同步到智能手机中,然后再对智能手机进行数据备份即可将可穿戴设备的数据备份到取证设备中。基于 Android 系统的可穿戴设备在获取了 ROOT 权限的情况下还可以提取到可穿戴设备的存储镜像,便于进一步进行文件系统级别的删除恢复取证分析。

同时,随着人工智能、物联网等信息技术的发展,智能设备已经渗透到日常生活的方方面面,这些智能设备通常具备存储、计算、联网等功能,如智能家居、智能交通工具以及其他智能设备。因此,随着智能终端的不断升级换代及规模拓展,电子数据的载体不断向智能化方向更新和发展,执法部门和企事业单位对取证产品的需求也将不断变化,这就迫使取证产品须不断进行智能化升级,以适应市场新需求。

1.8 电子数据取证的特点

任何事物都存在两面性,相比书证、物证等传统证据类型,电子数据这一证据类型还属于新生代证据,在刑事诉讼中出现的时间并不长,又有着其自身诸如不稳定、易更改等不同于传统证据的特点,使其在刑事诉讼运用以及司法实践中存在一些问题。电子数据的取证是网络犯罪案件中整个刑事诉讼程序的核心环节,在整个电子数据运用阶段占据着至关重要的地位。不同于传统证据,电子数据在取证主体、取证技术与设备、取证标准、与公民权利的冲突、电子数据保全以及非法电子数据排除等方面都会存在一些尚待解决的问题。

1. 取证主体的专业性

不同于传统证据的提取,电子数据自身存在的脆弱、不稳定特点使得在网络犯罪案件中对其取证必须专业又及时,这也就对电子数据的取证主体的专业素质提出了较高的专业素质的要求。电子数据取证除一般取证主体外,还必须有一批掌握网络技术的专业人员。传统证据在取证时需要侦查人员严格按照系统专业的取证流程进行,相对难度较小;而电子数据的取证具有技术性与专业性,其收集方法相对烦琐,大多数电子数据很可能在短时间内丢失或被篡改,如果按照一般的取证流程,那么收集到的电子数据很可能不完整或损毁,这对后续司法实践中其证明力大小有很大的影响。取证主体应当不仅仅具备取证资格,还要具备相当水平的计算机类专业知识。

在具体的电子数据取证过程中,如果是一般的电子数据取证比如简单的解密、复制、整理、归档等工作,具有一定专业知识的侦查取证人员尚可应对,但是一些以黑客身份进行的高智商计算机犯罪,遇到的往往是C、C++、Java等编程方面的难题,这样一来不具备相对应计算机知识的侦查人员往往无从下手,甚至一些高级加密文件或者隐藏文件的破解与查找,没有在最短的时间内做出应对便很可能错过取证的最好时机。收集电子数据不仅需要快速做出应对,而且需要严谨、科学、专业的收集方法,如果是不具备专业知识的侦查人员,很可能因为操作技术的不规范而使得电子数据缺乏完整性、客观性从而减弱甚至失去证明力。

《中华人民共和国刑事诉讼法》关于取证主体的法条规定电子数据的收集主体是人民法院、人民检察院和公安机关。如果侦查人员缺乏专业技术,面对一些特殊且难度大的网络犯罪时,在进行电子数据的取证时往往会无法应对,在自身能力范围内无法正常完成电子数据证据的提取工作。与网络犯罪做斗争,不仅需要法律专业方面的人才,更需要网络技术方面的人才,网络犯罪年轻化、科技化的趋势不停地在考验着侦查人员等相关取证主体的信息技术的专业性与先进性。

2. 取证技术与设备的先进性

电子数据的取证不仅对取证主体提出了专业性要求,而且需要先进的取证技术与设备。刑事诉讼中电子数据的取证技术包括入侵检测、痕迹嗅探、关键字搜索、数据挖掘等,但都要通过专门技术与软件设备对其相关信息与记录内容进行分析、整理、归纳,获取与案件有关联的数据以达到取证的目的。

电子数据的复杂性决定了对其取证必须借助一定的技术与设备,其易修改、不稳定的特征也使得甄别其真伪与完整的技术必须与时俱进,设备不断更新。如果技术不到位或者软件设备不及时更新,肯定会被犯罪分子乘虚而入且不利于追查其犯罪痕迹。网络世界日新月异,不管是在硬件还是软件方面都不可同日而语,因而网络犯罪在技术与方法上层出不穷。

关于电子数据取证技术,我国研究起步相比发达国家较晚,但经过不断地摸索,取证技术有了较快发展,用于取证的相关设备也在不断丰富。同时,由于社会各方面对取证的重视,通过加大科学研究和技术研发,解决了电子数据领域出现的一些难题和新问题。目前,国内取证技术与国外水平之间的差距逐渐缩小,而且结合国内信息网络环境特点,相继开发了一些专用的工具。例如,从2006年开始,专门针对山寨手机的取证,开发了内置山寨机字库提取分析模块的取证软件,在司法实践中发挥了重要作用。

值得一提的是,国外的相关取证软件不一定就符合我国网络犯罪的现实情况,而且会因为操作系统版本或者操作环境的不同给取证工作带来诸多不便。电子数据的及时获取及所获电子数据的完整性必须依赖专业的技术设备与操作环境,电子信息技术的高速发展与变化,使得电子数据取证相关工作面临严峻的挑战。

3. 取证标准的统一性

电子数据是证据种类的新成员,其快速发展不仅对取证技术与设备提出了要求,同时还需要统一规范的取证标准。电子数据取证技术既涉及专业技术方面的内容,也需要取证的质量标准、参数标准等一系列取证标准作为参考。

我国目前情况下,尚没明确的法律法规对电子数据的取证标准进行统一规范施行,在国家标准层面上就有三个文件,包括《电子物证数据恢复检验规程》《电子物证文件一致性检验规程》《电子物证数据搜索检验规程》,侦查机关、公安机关、检察院等具有取证资格的相关司法人员关于电子数据取证标准也都是在此规范基础上相互借鉴或者自成一派。仅仅只有少数组织与部门对取证标准做出了适应性规范,例如公安部与司法部先后制订的行业标准包括《数字化设备证据数据发现提取固定方法》《电子物证数据搜索检验技术规范》《即时通信记录检验技术方法》等,其中包含了对计算机检验技术、通信记录检验方法、浏览器历史浏览记录检测方法等相关技术规范。同时也存在规范标准与现实情况的冲突问题,比如《关于办理刑事案件收集提取和审查判断电子数据若干问题的规定》中对计算电子数据完整性校验值做出规定,但有些存储介质比如光盘、软盘等在受到外界环境的腐蚀或自然磨损过程中,计算出的电子数据的校验值并不稳定而且可能会发生变化。这样一来,"国家标准并未有实质性的突破,个别标准内容过于简单,规范过于笼统,缺乏可操作性"。

不一样的取证标准导致电子数据在后续司法实践的审查与判断中有不一样的鉴定意见,不仅会影响证据的证明力,还会直接影响法官对该证据的取舍与案件的定案结论,既加大了冤假错案发生的概率,也损害了公民对司法公正的信任与司法权威。电子数据取证技术的标准体系需要在实践中不断完善,不仅满足快速发展的信息社会与司法实践的需求,也促进规范化的电子数据取证制度的建设。

4. 取证过程中注重公民隐私保护

电子数据的整个取证过程一般由侦查机关进行,但是在这个过程中必然会触及犯罪嫌疑人的计算机、手机等私人物品,其中无关案件事实的隐私数据必然也会遭到侦查人员的盘查,从而造成公权与公民权的冲突。

在司法实践中,如果在没有相关法律明文规定的情况下,取证过程便很有可能侵犯公民的隐私权。例如,侦查机关用秘密手段(如监听)获得所需要的信息,在这个过程中犯罪嫌疑人或其他公民不仅不知情而且会无意识地暴露其个人隐私等与案件本身无关联的数据信息,从而侵犯了公民的隐私权。根据我国宪法规定,即便是犯罪嫌疑人,他的隐私权等人权也应该得到法律保障。现实实践过程中如果类似技术侦查手段被滥用,不仅侵犯公民权利,还会影响程序正义与实质正义,取证的目的是接近真相,如果没有符合我国国情的价值观的正确选择,诉讼的意义将会本末倒置。我国的侦查技术正在不断进步,类似的侦查手段越来越隐蔽,是否侵犯以及具体侵犯公民权利程度内容只有侦查人员知道,倘若侦查人员法律观念薄弱或者受外界要挟、利诱等将获取的隐私数据公布或贩卖,后果不堪设想。

因此,在电子数据取证过程中,必须对作为取证主体的侦查人员进行严格的管理,加强法治理论教育,规范操作流程。作为公安机关的侦查人员,更应始终做到"对党忠诚、服务人民、执法公正、纪律严明",努力锤炼铁一般信仰、铁一般信念、铁一般纪律和铁一般担当。

1.9 电子数据取证人员的素质要求

由于电子数据取证工作的特殊性,总体而言,对电子数据取证人员的基本素质要求较高。一般情况下,电子数据取证人员应该是一种复合型人才,需要同时掌握取证技术、法律法规等方面的知识。

1.9.1 电子数据取证人员应具备的知识

电子数据取证是利用计算机软硬件技术,以符合法律规范的方式对计算机入侵、破坏、欺诈、攻击等违法犯罪行为进行证据获取、保存、分析和展现的过程,需要取证人员具备较为全面的知识。

1. 侦查学知识

在侦查取证工作中,电子数据取证人员首先应该是一名侦查人员。作为一名侦查人员,应具有侦查人员需要具备的侦查学知识,要明确侦查基本原理,熟悉侦查程序、步骤,掌握现场勘查、施用侦查措施、案件侦查方法等内容。

2. 信息技术知识

信息技术是一个较大的范畴,所涉及的知识面较广。作为侦查中的电子数据取证人员,除了需要具有侦查学知识外,还需要熟悉信息技术知识,对与电子数据取证有关的信息技术知识必须掌握,在此基础上还需要对涉及的取证原理和具体取证方法有较深入的了解,而且具备不断学习新知识、运行新应用的能力,以适应快速发展的信息技术对取证工作的要求。

具体来讲,电子数据取证人员必须明确信息技术对侦查工作产生的影响,必须明确电子数据的法律地位,必须明确电子数据的类别、具体形态,必须明确电子数据取证的工具、技术,必须明确电子数据取证的具体方法,还必须明确应用电子数据的程序、方法等。

3. 法律知识

与侦查人员一样,侦查中的电子数据取证人员要掌握相关的法律知识,特别是要掌握刑事法律知识。取证人员必须熟悉《中华人民共和国刑法》《中华人民共和国刑事诉讼法》《公安机关办理刑事案件程序规定》等法律法规中有关电子数据取证的规定,特别要熟悉《关于办理刑事案件收集提取和审查判断电子数据若干问题的规定》以及最新的涉及计算机取证的法律法规。

未来电子数据取证面临着许多挑战,必将向着专业化、自动化、智能化、更加深入、更加综合的方向发展。

1.9.2 电子数据取证人员应具备的能力

电子数据取证人员需要具备综合运用信息技术、法律法规、侦查分析等多领域的能力,还必须熟悉取证技术原理,具备敏锐的洞察力和善于细微之处发现证据的能力。

1. 正确处置涉及电子数据的犯罪现场

正确处置涉及电子数据的犯罪现场能力也称为临场处置能力。由于电子数据取证的特别性,处置涉及电子数据现场与处置传统犯罪现场不同。处置涉及电子数据现场时,侦查取证人员应根据电子数据的特性采取相应的措施才能避免对电子数据造成变动、删除、修改、破坏。关闭电源、关闭存储电子数据的载体、采取具体保护措施时都须考虑能否使电子数据现场及电子数据处于不会被变动的状态。例如,在对计算机取证时,如果计算机处于运行状态,在取证之前不能关机,否则就会破坏电子数据的犯罪现场,运行在内存中的数据就会丢失。

2. 掌握应用电子数据取证技术

数据取证技术涉及的面非常广,而且随着信息技术的发展,电子数据取证技术也在不断发展,尤其是随着新型存储介质的出现以及数据存储技术的发展,相应的电子数据取证技术必须与之同步推进,以适应新技术、新应用的发展需要。

侦查中电子数据取证人员必须具备应用电子数据取证技术的能力。当面对具体涉及电子数据的现场时,取证人员要能够灵活地采用适当的技术对电子数据进行保护,收集提取相关的电子数据,对电子数据做出恰当的审查判断。

3. 正确使用电子数据取证工具

电子数据取证的技术规范化、过程标准化、工具专业化等因素将直接影响到取证结果的有效性和电子数据的证据力。电子数据取证工具是随着电子数据取证工作要求而开发的,由于信息技术呈现出快速发展的态势,所以电子数据技术和方法也在快速发展,与之相适应的取证工具也必须能够适应技术和应用发展的需要,不断推陈出新。

侦查中电子数据取证人员必须具备正确使用电子数据取证工具的能力,能根据不同的环境,针对不同电子数据采用合适的软硬件工具进行收集提取和审查判断,做到收集提取的快捷、高效、稳定,做到审查判断的准确无误。另外,由于取证工具的多样性,针对同一个取证对象,取证人员还应熟悉不同取证工具的应用优势,通过综合考量,从而选择最佳的取证工具,将起到事半功倍的作用。

4. 明确勘验电子数据的程序与步骤

由于信息环境中数据的生成过程和存在方式具有其特殊性,尤其是有些数据类型只能在特定的环境中生成或存在,所以电子数据必须遵循数据产生和存在的特点,取证过程要符合相应的程序和步骤。

侦查工作中,电子数据取证人员应将掌握的电子数据取证知识应用于具体的电子数据勘验中。当收集提取电子数据时,能按照法律、法规所规定的程序、步骤进行,做到有章可循,避免工作程序的违规。

5. 检验常见的电子数据

电子数据的类型繁多,基于不同的环境,电子数据的存在形式不尽相同。为此,在取证过程中,当面对具体的取证现场时,电子数据取证人员必须根据现场特征,正确判断证据类别,并采取正确的方法收集、提取并进行审查。

6. 明确电子数据证据的证据能力和证明力

证据能力和证明力是证据法学中紧密联系而又有着明显区别的两个概念,证据必须既具有证据能力,又具有证明力。证明力是证据的自然属性,取决于证据与待证事实之间的逻辑关系;证据能力是法律属性,取决于证据是否被法律许可用来作为待证事实的依据。所以,证据能力由法律事先规定,而证明力主要由相关人员进行判断。证据能力是"质",是法定的门槛;证明力是"量",是人员裁量的刻度表。

当面对具体的电子数据时,取证人员要能够清晰果断地判断该电子数据是否与犯罪有关,是否可作为证据使用,该电子数据证明力究竟有多大。

7. 正确使用电子数据证据

在具体的侦查工作中,电子数据取证人员要能够正确地对电子数据的真实性、合法性、关联性做出审查判断,并利用该电子数据作为侦查的依据。

习题

1-1 简述网络犯罪的概念,结合当前网络犯罪案件,试分析网络犯罪的常见形式和主要特点。

1-2 结合当前实际,试分析电子证据和电子数据之间的异同。

1-3 什么是计算机数据类证据?封闭计算机系统中的电子数据与开放计算机系统中的电子数据有什么不同?

1-4 常见的电子数据有哪些类型?不同类型的电子数据在产生、存储和使用过程中有哪些特点?

1-5 有哪些新型电子数据类型?试结合实际应用,对不同的新型电子数据的产生环境和应用特点进行分析。

1-6 数据恢复在电子数据取证中有什么应用价值?应注意哪些方面?

1-7 试分析电子数据的特点。

1-8 简述电子数据取证的概念,结合实际,试分析电子数据取证的特点以及对象。

1-9 结合实际,试分析国内外电子数据取证的发展。

1-10 简述电子数据取证的主要过程和应注意的事项。

1-11 在简述国内外电子数据取证发展历程的基础上,结合实际,试分析电子数据取证技术的发展特点。

1-12 结合具体工作需要,试分析电子数据取证人员的素质要求。

第2章

 电子数据取证的基本规则

电子数据的搜集、提取、分析与固定,是本书主要的介绍内容。但是,由于电子数据具有无形性、脆弱性、多样性、易篡改性等特征,在将其作为一类特殊的证据类型时,所涉及的每一个环节都必须在法律规定范围内进行。在电子数据取证过程中,如果忽视基本理论和基本方法的研究,将会导致在案件办理过程中缺乏可依据的执行标准,不规范的操作必然导致电子数据证据的证据力下降或受到质疑。本章主要参照 2019 年 2 月开始实施的《公安机关办理刑事案件电子数据取证规则》(以下简称《规则》)和自 2016 年 10 月 1 日起施行的由最高人民法院、最高人民检察院和公安部颁布的《关于办理刑事案件收集提取和审查判断电子数据若干问题的规定》(以下简称《规定》),介绍电子数据取证的基本流程和规则,强调读者在注重技术实现的同时,更要关注程序的合法性和合规性。

2.1 电子数据取证的基本原则

以美国为代表的一些国家早于 20 世纪 80 年代开始研究计算机取证与司法鉴定原则,在取证与司法鉴定思想、理论、技术、方法等方面取得了不少成果。大多数国家或组织对于计算机取证与司法鉴定法律原则的制订,主要是通过对传统取证与司法鉴定手段的修订中得以实现和不断完善,逐步建立了电子数据证据的搜查、扣押、实时收集等取证与司法鉴定措施。

2.1.1 IOCE 提出的计算机取证原则

1991 年在美国召开的国际计算机专家会议(international association of computer specialists)上首次提出"计算机取证"这一术语,1993 年召开了第一届计算机取证的国际会议(first international conference on computer evidence),1995 年成立了计算机证据国际组织(international organization on computer evidence,IOCE)。此后,每年均有以电子数据取

证为主题的国际会议召开。

IOCE自成立以来一直致力于制订涉及电子数据证据的国际准则。2000年3月,IOCE依据1999年在伦敦召开的国际高技术犯罪和取证大会的内容,向其下属机构提交了一份报告,提出了一系列计算机取证的定义和原则。该报告中指出计算机取证过程中应该遵守的6条基本原则:

(1) 取证过程必须符合规定和标准。

(2) 获取证据时所采用的方法不能改变原始证据。

(3) 与取证相关的人员必须经过专门培训。

(4) 完整地记录对证据的获取、访问、存储或传输的过程,并对这些记录妥善保存以便随时查阅。

(5) 每一名保管电子数据证据的人员必须对其针对该电子数据证据的任何行为负责。

(6) 任何负责获取、访问、存储或传输电子数据证据的机构有责任遵循这些原则。

除了电子数据取证外,2002年,IOCE制订了《电子数据证据取证的最佳实战指南》(guidelines for best practice in the forensic examination of digital technology),该指南对电子数据证据的采集、保存、检验和传送提出了特别要求,并获得八国集团(G8)的认可,即"电子数据证据鉴定的最佳实践""电子取证人员培训、知识、技能与能力""数据图像与声音取证""电子取证的质量体系""实验室管理规范"等有关电子取证与鉴定的规范与标准。

需要说明的是,在本书中除电子数据取证外,还大量涉及计算机取证的概念,这是因为在早期的数字取证中主要的取证对象(设备)是计算机。随着信息技术的发展,传统的模拟设备逐渐被数字化,所以今天的数字设备已不仅仅指计算机,还包括手机、打印机、传真机等众多设备。为此,从狭义的概念来讲,今天的计算机取证所涉及的范围受到很大限制,而电子数据取证所涵盖的对象则更加全面。

虽然电子数据取证已经包含了计算机取证的内容,但计算机取证的理念和原则仍然是电子数据取证的基础,早期制订的计算机取证的基本思想仍然适用于今天的电子数据取证,只是相关的规则因环境的变化和司法实践的需要得到了发展和完善。

2.1.2 ACPO提出的计算机取证原则

英国在电子数据取证标准化研究方面进行了大量的探索与实践,并取得了丰硕的成果。其中,英国标准协会(British standards institution,BSI)、英国首席警官协会(association of chief police officers,ACPO)、英国内政部科学发展处、信息保障咨询委员会和英国数字保存联盟等机构制订了一系列电子数据取证方面的标准规范。

成立于1901年的BSI(当时称为英国工程标准委员会)经过100多年的发展,在电子数据取证领域颁布了一系列国家标准。这些标准都紧跟信息技术的发展,及时发现新技术和应用中涉及电子数据取证的问题,并适时研制相关的取证标准,制订相应的规范。例如,在2014年颁布的BS10008:2014标准中,就增加了针对大数据与云计算等新技术的取证内容。

成立于1948年的ACPO曾参与了计算机证据国际组织(IOCE)的计算机取证原则的制订。ACPO提出了计算机取证的4条基本原则:

（1）执法机构及人员采取的任何举措，均不能导致计算机及其存储介质中的可能向法庭提交的数据发生改变。

（2）在必须接触计算机及其存储介质中的原始数据时，接触人员必须能够胜任，而且能够解释证据的关联性以及取证行为的相关性。

（3）计算机取证的所有过程必须创建审计追溯记录或其他记录，并加以保存，任何独立的第三方机构经过验证都可以得出相同的结果。

（4）负责调查的人员（案件负责人）要对法律和原则的遵行情况全面负责。

2.1.3 电子数据取证应遵循的原则

为了维护法律的权威，体现司法公正，最大限度地保护当事人的权利，通过相应规范有效约束取证人员的行为，结合我国司法实践，提出电子数据取证应遵循的基本原则。

1. 合法性原则

在合法性原则中，一是主体合法，即从事电子数据取证的人员必须得到法律的授权，由具有电子数据取证资质的相关技术人员进行；二是程序合法，即电子数据的收集、存储、传递、展示等过程必须符合法律法规的规定，并详细记录其形成的时间、地点、制作人、制作过程及设备情况等，必要时需配备见证人员，或请公证机构进行公证；三是来源合法，即电子数据所依附的存储介质和设备获取的合法性。

例如，在程序合法方面，《规则》的第 2 条中就明确规定：公安机关办理刑事案件应当遵守法定程序，遵循有关技术标准，全面、客观、及时地收集、提取涉案电子数据，确保电子数据的真实、完整。

2. 及时性原则

由于电子数据具有易失性，一旦灭失便难以恢复，尤其是计算机内存、缓存等空间中存储的数据更是如此。为此，在取证过程中，应按规范及时收集和提取相关介质中的电子数据。

对于网络取证来说，及时性更显得重要。因为在网络环境中所有的数据都以 0 和 1 组成的数据流在网络中动态传输，而且有些数据最终可能不会被存储（例如，针对防火墙的攻击数据，防火墙在检测后会自动丢弃），所以在网络取证中需要特别关注数据的时效性，有些数据错过了获取时机将会永久丢失。

3. 全面性原则

与其他的物证相比，电子数据在存储形式上具有隐蔽性，需要通过技术手段定位其存储位置和形式；电子数据在内容显示上具有非直观性，需要借助相关的软件来显示数据所代表信息的真实含义。

基于电子数据不同于其他证据的特殊属性，电子数据取证过程必须全方位、多角度、多层次地进行，在对象确定、数据获取、数据分析以及最后形成报告的所有环节，不能因疏忽而遗漏任何与案件事实相关联的信息。同时，电子数据作为证据时最后形成的证据链是完整的，而且每一个环节之间都能够进行相互印证，不能出现相互矛盾的地方。作为证据使用的电子数据，必须能够说明数据从获取时的最初状态到法庭上出现之间的任何变化。

4. 专业性原则

刑事侦查中的电子数据取证指执法人员依法收集、固定与违法行为有关的电子数据，并进行检查、分析、调查的执法行为。为了保证电子数据证据的证明力，应在侦查人员主导下，由专业技术人员借助专门设备和技术手段，遵循一系列专业操作规范对相关电子数据进行提取和固定。

根据电子数据取证的专业性原则，从事取证的人员必须经过专业培训，系统掌握取证技术和法律法规，具备电子数据取证能力。同时，取证人员应该配备符合要求的取证工具，任何针对数据的获取、存储、运输、分析检查等活动都必须记录存档。

5. 无损性原则

针对电子数据特有的特征，取证方法必须科学规范，要符合相关技术标准，以保证电子数据的完整性和连续性。

收集和固定电子数据的过程应避免不当操作，始终确保涉案设备和运行环境的一致性，对存储介质的保存应远离磁场、高温、灰尘、潮湿的环境，避免造成电磁介质数据丢失，确保电子数据的无损状态。

2.2 电子数据取证规则

《规则》第 3 条规定，电子数据取证包括但不限于：收集、提取电子数据；电子数据检查和侦查实验；电子数据检验与鉴定。同时第 5 条强调：公安机关接受或者依法调取的其他国家机关在行政执法和查办案件过程中依法收集、提取的电子数据可以作为刑事案件的证据使用。

2.2.1 电子数据的收集与提取

电子数据的收集和提取是整个电子数据取证工作的第一步。电子数据的收集与提取指收集主体（一般为电子数据取证人员）运用各种方式对电子载体中的电子数据进行收集，并提取证据数据的行为。电子数据收集与提取的实质是通过技术方法从众多的电子数据中获取与案件事实相关的信息，并以此来作为证据在诉讼中进行使用。

需要特别注意的是，无论是怎样的证据，在收集时一定要注意法律上要求的合法性、真实性以及关联性，否则收集来的证据很有可能是不具有法律效力的。

1. 电子数据收集与提取的方法

有关电子数据的收集与提取，各国法律都有严格的规定。只有具有收集权限的主体在法律允许的范围内收集和提取电子数据的行为才属于电子数据收集的范畴，所以电子数据的收集并不仅仅涉及技术层面，还包含了对于法律和公民隐私等方面的要求。因为证据在民事诉讼活动中甚至在案件的判决结果中都有着至关重要的作用，所以收集和提取电子数据有着严格的行为约束，只有按照法律规范收集和提取的电子数据证据才能够被依法采信。电子数据一般情况下都存储于相关的电子载体中，其收集和提取方法一般有以下几种类型：

（1）打印。打印是利用打印机将电子载体中的电子数据通过纸质载体显示的一种方式。由于电子数据具有易篡改的特点,导致其打印时极易被修改,所以在取证过程中需要有相关人员在旁进行监督,以此来保证电子数据的原始性。

（2）复制。复制是计算机操作中最常使用的一种方式,是对原始数据进行逐位复制的一种技术手段。在电子数据的收集与提取过程中,为了防止相关的电子数据被删改,取证人员将计算机等存储介质中的电子数据通过复制原样到其他存储介质中,这是一种较为快捷的电子数据收集方式。

（3）拍照或摄像。采取拍照或摄像等方式来收集、固定电子数据,可以更加全面、充分地发挥电子数据的证明作用。此种方式一般适用于具有视听资料等特点的电子数据。目前,拍照和摄像设备越来越丰富和便捷,使用效果也越来越好,所以拍照和摄像已经成为电子数据取证过程中最常采用的一种方式。另外,采用拍照或摄像方式,还可以对证据的收集过程进行记录,保证证据收集的合法性。

（4）查封或扣押。为了防止电子数据被人为破坏,执法者可以将涉案的电子数据进行查封或扣押,并妥善保管。查封是一种临时措施,是执法者根据法律规定对被申请执行人的有关财产贴上封条,就地封存,不准任何人转移和处理的执行措施。扣押指被申请执行人的财产由执法者运送到有关场所加以扣留,不准被执行人占有、使用和处分的执行措施。

（5）数据解密。在收集和提取电子数据时,如果发现当事人已经对该电子数据设置了密码,这时应由取证主体(一般需要专业的技术人员)对电子数据进行解密处理,然后再提取其中的数据。

（6）数据恢复。在收集和提取电子数据时,如果发现电子载体中的数据已被进行了删除操作,这时可以通过数据恢复技术对被删除的数据进行恢复。尤其是当行为人故意破坏电子数据的情况下,取证人员需要利用专门的工具来恢复被删除的数据。

2. 电子数据收集与提取的一般规定

在《规则》和《规定》等法律法规中,对电子数据收集与提取条件、过程和方法都做了严格的规定,以便于电子数据取证工作的顺利开展。

（1）人员要求。收集和提取电子数据,应当由两名以上侦查人员进行。必要时,可以指派或者聘请专业技术人员在侦查人员主持下进行收集与提取电子数据。取证方法应符合相关技术标准。

（2）具体措施。收集、提取电子数据,可以根据案情需要采取以下一种或者几种措施或方法：

① 扣押、封存原始存储介质。

② 现场提取电子数据。

③ 网络在线提取电子数据。

④ 冻结电子数据。

⑤ 调取电子数据。

（3）可以采取打印、拍照或录像的情形。有下列情形之一的,可以采取打印、拍照或者录像等方式固定相关证据：

① 无法扣押原始存储介质并且无法提取电子数据的。

② 存在电子数据自毁功能或装置,需要及时固定相关证据的。

③ 需现场展示、查看相关电子数据的。

采取打印、拍照或者录像方式固定相关证据的,应当清晰反映电子数据的内容,并在相关笔录中注明采取打印、拍照或者录像等方式固定相关证据的原因,电子数据的存储位置、原始存储介质特征和所在位置等情况,由侦查人员、电子数据持有人(提供人)签名或者盖章;电子数据持有人(提供人)无法签名或者拒绝签名的,应当在笔录中注明,由见证人签名或者盖章。

3. 扣押、封存原始存储介质

收集与提取电子数据时,能够扣押电子数据原始存储介质的,应当扣押、封存原始存储介质,并制作笔录,记录原始存储介质的封存状态。对扣押的原始存储介质,应当按照以下要求封存:

(1) 保证在不解除封存状态的情况下,无法使用或者启动被封存的原始存储介质,必要时,具备数据信息存储功能的电子设备和硬盘、存储卡等存储介质可以分别封存。

(2) 封存前后应当拍摄被封存原始存储介质的照片。照片应当反映原始存储介质封存前后的状况,清晰反映封口或者张贴封条处的状况;必要时,照片还要清晰反映电子设备的内部存储介质细节。

(3) 封存手机等具有无线通信功能的原始存储介质,应当采取信号屏蔽、信号阻断或者切断电源等措施。

同时,对扣押的原始存储介质,应当会同在场见证人和原始存储介质持有人(提供人)查点清楚,当场开列《扣押物品清单》,写明原始存储介质名称、编号、数量、特征及其来源等,由侦查人员、持有人(提供人)和见证人签名或者盖章。另外,扣押原始存储介质时,可以向相关人员了解、收集并在有关笔录中注明以下情况:

(1) 原始存储介质及应用系统管理情况,网络拓扑与系统架构情况,是否由多人使用及管理,管理及使用人员的身份情况。

(2) 原始存储介质及应用系统管理的用户名、密码情况。

(3) 原始存储介质的数据备份情况,有无加密磁盘、容器,有无自毁功能,有无其他移动存储介质,是否进行过备份,备份数据的存储位置等情况。

(4) 其他相关的内容。

4. 现场提取电子数据

在电子数据取证过程中,如果无法扣押原始存储介质的,可以现场提取电子数据。在现场提供电子数据时,应当在笔录中注明不能扣押原始存储介质的原因、原始存储介质的存放地点或者电子数据的来源等情况,并计算电子数据的完整性校验值。具有下列无法扣押原始存储介质情形时,可以现场提取电子数据:

(1) 原始存储介质不便封存的。

(2) 提取计算机内存数据、网络传输数据等不是存储在存储介质上的电子数据的。提取计算机内存数据、网络传输数据等电子数据时,由于这些数据不是存储在存储介质上,自然无法封存原始存储介质。另外,这些信息必须在开机运行的状态下获取,一旦关机或者重新启动系统,电子数据就会消失,难以再次获取。

(3) 案件情况紧急,不立即提取电子数据可能会造成电子数据灭失或者其他严重后果的。

(4) 关闭电子设备会导致重要信息系统停止服务的。

(5) 需通过现场提取电子数据排查可疑存储介质的。

(6) 正在运行的计算机信息系统功能或者应用程序关闭后，没有密码无法提取的。

(7) 其他无法扣押原始存储介质的情形。

在现场提取电子数据时，可以采取以下措施保护相关电子设备：

(1) 及时将犯罪嫌疑人或者其他相关人员与电子设备分离。

(2) 在未确定是否易丢失数据的情况下，不能关闭正在运行状态的电子设备。

(3) 对现场计算机信息系统可能被远程控制的，应当及时采取信号屏蔽、信号阻断、断开网络连接等措施。

(4) 保护电源。

(5) 有必要采取的其他保护措施。

现场提取电子数据，应当遵守以下规定：

(1) 不得将提取的数据存储在原始存储介质中。

(2) 不得在目标系统中安装新的应用程序。如果因为特殊原因，需要在目标系统中安装新的应用程序的，应当在笔录中记录所安装的程序及目的。

(3) 应当在有关笔录中详细、准确记录实施的操作。

可以看出，电子数据取证坚持"以扣押原始存储介质为原则，以直接提取电子数据为例外，以打印、拍照、录像等方式固定为补充"的原则。收集和提取电子数据，能够扣押电子数据原始存储介质的，应当扣押、封存原始存储介质，并制作笔录，记录原始存储介质的封存状态，以保证电子数据的完整性和真实性。

5. 网络在线提取电子数据

在互联网环境中，一些信息是公开的，这时便可以通过网络在线提取所需要的数据。在线提取电子数据时，应当计算电子数据的完整性校验值；必要时，可以提取有关电子签名认证证书、数字签名、注册信息等关联性信息。网络在线提取时，对可能无法重复提取或者可能会出现变化的电子数据（如基于动态网站技术发布的信息，如证券信息、航班信息、网络流量等），应当采用录像、拍照、截获计算机屏幕内容等方式记录以下信息：

(1) 远程计算机信息系统的访问方式。

(2) 提取的日期和时间。

(3) 提取使用的工具和方法。

(4) 电子数据的网络地址、存储路径或者数据提取时的详细步骤等。

(5) 计算完整性校验值的过程和结果。

需要注意的是，网络在线提取电子数据应当在有关笔录中注明电子数据的来源、事由和目的、对象，提取电子数据的时间、地点、方法、过程，不能扣押原始存储介质的原因等。另外，对位于境外的服务器在无法直接获取原始存储介质的情况下，一般只能通过网络在线提取电子数据。

6. 网络远程勘验

网络在线提取基本可以理解为是一个下载动作，既包括对公开的门户网站上的网页信息进行下载，也包括经网络远程勘验后下载。网络远程勘验指通过网络对远程计算机信息系统实施勘验，发现、提取与犯罪有关的电子数据，记录计算机信息系统状态，判断案件性质,分析犯罪过程,确定侦查方向和范围,为侦查破案、刑事诉讼提供线索和证据的侦查活动。可以说,网络远程勘验的最终目的也是在线提取电子数据,但它有一个勘验的过程,甚至涉及技术侦查措施的使用。为此,《规定》对通过网络在线提取电子数据和网络远程勘验做了明确规定:

(1) 对于原始存储介质位于境外或者远程计算机信息系统上的电子数据,可以通过网络在线提取。

(2) 为进一步查明有关情况,必要时,可以对远程计算机信息系统进行网络远程勘验。进行网络远程勘验,需要采取技术侦查措施的,应当依法经过严格的批准手续。

由此可以看出,网络远程勘验是网络在线提供的特殊应用,网络远程勘验如涉及技术侦查措施时,必须按照有关规定依法经过严格的批准手续。

7. 冻结电子数据

冻结电子数据,应当按照有关规定依法经过严格的批准手续,对电子数据进行冻结。通常情况下,具有下列情形之一的,可以对电子数据进行冻结:

(1) 数据量大,无法或者不便提取的。

(2) 提取时间长,可能造成电子数据被篡改或者灭失的。

(3) 通过网络应用可以更为直观地展示电子数据的。

(4) 其他需要冻结的情形。

冻结电子数据,应当制作冻结通知书,注明冻结电子数据的网络应用账号等信息,送交电子数据持有人、网络服务提供者或者有关部门协助办理。解除冻结的,应当在三日内制作解除冻结通知书,送交电子数据持有人、网络服务提供者或者有关部门协助办理。

冻结电子数据,应当采取以下一种或者几种方法:

(1) 计算电子数据的完整性校验值。

(2) 锁定网络应用账号。

(3) 采取写保护措施。

(4) 其他防止增加、删除、修改电子数据的措施。

随着云计算等信息技术的发展,越来越多的电子数据存储在云系统中。为适应实践需要,针对云计算、大数据环境下,难以将海量数据封存、扣押,以及数据难以提取的问题,只能采取冻结方式。

8. 调取电子数据

公安机关向有关单位和个人调取电子数据,应当经办案部门负责人批准,开具《调取证据通知书》,注明需要调取电子数据的相关信息,通知电子数据持有人、网络服务提供者或者有关部门执行。被调取单位、个人应当在通知书回执上签名或者盖章,并附完整性校验值等保护电子数据完整性方法的说明,被调取单位、个人拒绝盖章、签名或者附说明的,公安机关应当注明。必要时,应当采用录音或者录像等方式固定证据内容及取证过程。

2.2.2 电子数据的检查和侦查实验

根据案件办理过程中对电子数据证据的要求,以及电子数据取证工作的具体需要,可以进行电子数据检查和侦查实验工作,必要时还需要进行电子数据委托检验和鉴定。

1. 电子数据检查

对扣押的原始存储介质或者提取的电子数据,需要通过数据恢复、破解、搜索、仿真、关联、统计、比对等方式,以进一步发现和提取与案件相关的线索和证据时,可以进行电子数据检查。检查条件和过程需要符合相关的规定和技术标准。检查电子数据应当遵循以下原则:

(1) 通过写保护设备接入检查设备进行检查,或者制作电子数据备份,对备份进行检查。

(2) 无法使用写保护设备且无法制作备份的,应当注明原因,并全程录像。

(3) 检查前解除封存、检查后重新封存前后应当拍摄被封存原始存储介质的照片,清晰反映封口或者张贴封条处的状况。

(4) 检查具有无线通信功能的原始存储介质,应当采取信号屏蔽、信号阻断或者切断电源等措施保护电子数据的完整性。

同时,检查电子数据,应当制作电子数据检查笔录,记录内容主要包括如下:

(1) 基本情况。包括检查的起止时间,负责人、检查人员的姓名、职务,检查的对象,检查的目的等。

(2) 检查过程。包括检查过程使用的工具,检查的方法与步骤等。

(3) 检查结果。包括通过检查发现的案件线索、电子数据等相关信息。

(4) 其他需要记录的内容。

同时,电子数据检查时需要提取电子数据的,应当制作电子数据提取固定清单,记录该电子数据的来源、提取方法和完整性校验值。

2. 电子数据侦查实验

《规则》规定,为了查明案情,必要时,经县级以上公安机关负责人批准可以进行电子数据侦查实验,其任务包括:

(1) 验证一定条件下电子设备发生的某种异常或者电子数据发生的某种变化。

(2) 验证在一定时间内能否完成对电子数据的某种操作行为。

(3) 验证在某种条件下使用特定软件、硬件能否完成某种特定行为、造成特定后果。

(4) 确定一定条件下某种计算机信息系统应用或者网络行为能否修改、删除特定的电子数据。

(5) 其他需要验证的情况。

同时,《规则》规定电子数据侦查实验应当符合以下要求:

(1) 应当采取技术措施保护原始存储介质数据的完整性。

(2) 有条件的,电子数据侦查实验应当进行两次以上。

(3) 侦查实验使用的电子设备、网络环境等应当与案发现场一致或者基本一致;必要时,可以采用相关技术方法对相关环境进行模拟或者进行对照实验。

(4) 禁止可能泄露公民信息或者影响非实验环境计算机信息系统正常运行的行为。

同时,进行电子数据侦查实验,应当使用拍照、录像、录音、通信数据采集等一种或多种方式客观记录实验过程,并制作电子数据侦查实验笔录,记录侦查实验的条件、过程和结果,并由参加侦查实验的人员签名或者盖章。

3. 电子数据委托检验与鉴定

为了查明案情，解决案件中某些专门性问题，应根据相关规定，指派、聘请有专门知识的人员进行鉴定，或者委托国家指定的鉴定机构出具报告。

侦查人员送检时，应当封存原始存储介质、采取相应措施保护电子数据的完整性，并提供必要的案件相关信息。鉴定机构及其承担检验工作的人员应当独立开展业务并承担相应责任，不受其他机构和个人影响。鉴定机构应当按照法律规定和司法审判机关要求承担回避、保密、出庭作证等义务，并对报告的真实性、合法性负责。鉴定机构应当运用科学方法进行检验、检测，并出具报告。

2.2.3 电子数据真实性的认定

电子数据作为社会各项活动的发展过程记录极为重要，但因其具有容易被伪造和篡改的特性，致使如何判断和保证电子数据的原始性、完整性、真实性和有效性是取证工作需要特别关注的一个问题。最高人民法院发布的《最高人民法院关于修改〈关于民事诉讼证据的若干规定〉的决定》中，明确了人民法院认定电子数据证据真实性的判定方法和规则。其中指出，人民法院对于电子数据的真实性，应当结合下列因素综合判断：

（1）电子数据的生成、存储、传输所依赖的计算机系统的硬件、软件环境是否完整、可靠。

（2）电子数据的生成、存储、传输所依赖的计算机系统的硬件、软件环境是否处于正常运行状态，或者不处于正常运行状态时对电子数据的生成、存储、传输是否有影响。

（3）电子数据的生成、存储、传输所依赖的计算机系统的硬件、软件环境是否具备有效的防止出错的监测、核查手段。

（4）电子数据是否被完整地保存、传输、提取，保存、传输、提取的方法是否可靠。

（5）电子数据是否在正常的往来活动中形成和存储。

（6）保存、传输、提取电子数据的主体是否适当。

（7）影响电子数据完整性和可靠性的其他因素。

可以看出，对电子数据真实性的认定，主要从两个方面进行考虑：一方面，是电子数据的生成、存储和传输的计算机系统的硬件和软件环境的完整性与可靠性，以及电子数据的运行状态和采取的监测手段等；另一方面，是电子数据的保存、传输、提取的主体和方法是否可靠。该规定赋予法官自由裁量权，在具体案件中结合电子数据的生成、存储、传输环境，以及取证主体和方法对电子数据真实性作出认定。

2.3 电子数据取证的一般流程

流程指事物进行中的次序或顺序的布置和安排，或指完成一个完整的业务行为过程中各步骤之间的关系。电子数据取证流程，是为通过对电子载体进行获取和分析，从中发现与案件相关的信息，由专业取证人员完成的一系列取证活动。在整个电子数据取证过程中，不同活动之间不仅有严格的先后顺序限定，而且活动的内容、方式、责任等也都必须有明确的安排和界定。

理论模型是具体方法的框架参照。每个电子数据取证模型都会专注于某一领域,目前还没有被普遍接受的任何单一的电子数据取证调查模型供直接使用。根据电子数据取证实践经验和要求,电子数据模型架构必须是灵活的,以便支持遇到的各类事件和新技术。下面是典型的3种取证流程:

1) 四步取证过程模型

四步取证过程模型如图2-1所示,该模型相对比较灵活,其中箭头表示在取证各个过程中需要保存和记录所有的数据,以便形成完成的证据链条,可以在法庭提交。

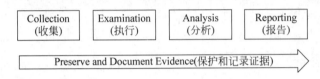

图2-1 四步取证过程模型

2) 全生命周期取证流程

2018年,世界知名取证公司Guidance Software提出了全生命周期取证流程:①完全识别计算机和移动设备中的潜在证据并对其进行优先排序,以确定是否需要进一步调查;②对可能潜在证据的设备中的数据进行收集和分析;③生成一份详细的报告。该取证流程已在其EnCase产品中实现,调查人员可以借助EnCase完成调查。

3) Fireeye公司提出的取证流程

Fireeye公司提出的取证流程主要分为三步。

(1) 优先。确定最重要的事件、能够分辨目标事件和非目标事件之间的差异,不同的目标有不同的策略。

(2) 收集和存储正确的数据。捕获数据包、网络数据流、认证事件日志、企业管理日志等数据中,可以揭示攻击者意图的数据,并选择合理的时长进行存储。

(3) 有效率地分析数据。确定适当的问题可以快速找到答案。例如,在特定时间内,哪台机器发送过数据?进行了哪些DNS解析?哪些机器在什么时候在使用某个IP地址?在某段时间内谁、从什么地方登录过某个系统?等等。收集这些数据,将为取证人员提供完整的基础数据,为后续工作的开展提供保障。

近年来,针对电子数据取证技术和规范的研究非常活跃,并已取得了阶段性成果,为司法实践提供了必要的理论指导和技术支撑。但是,由于不同的取证主体在取证技术、工具以及主导思想等方面存在着较大的差异性,所以针对电子数据取证的流程尚未形成一致的范式。结合近年来司法实践以及技术的发展,可以将电子数据取证的流程划分为案件受理、现场保护与外围调查、电子数据获取与固定、电子数据分析以及报告和归档五个步骤。

2.3.1 案件受理

当电子数据用于证明案件事实时,即为电子数据证据,证据具有法律效力。所以,电子数据取证人员必须在法律授权的情况下,在法律规定的程序范围内进行取证工作。在受理具体的案件之前,电子数据取证人员需要对案件进行全面的了解和评估,以决定后续的工作

步骤和主要方向。电子数据取证人员可以从以下三方面开始前期的工作:

1. 详细的案件信息和嫌疑人信息

要详细了解和记录案情,全面掌握潜在的与案件事实相关的电子数据证据材料,如涉案的计算机系统、打印机、传真机、录音笔、摄像机等电子设备的情况,包括系统日志、IP地址、网络运行状态、日常设备软件使用情况、受害方和犯罪嫌疑人的信息技术水平等。这些信息掌握得越详细,对后续工作的开展越有利。

2. 确定取证范围和目标

明确取证工作是在实验室中进行,还是在现场进行,不同的环境需要制订不同的取证策略。

(1) 确定电子数据的存放位置。电子数据证据主要存在于计算机、移动存储设备、移动通信设备、互联网服务器等电子设备或存储介质中。存放电子数据及相关信息的介质主要包括计算机硬盘、移动硬盘、光盘、U盘、记忆棒、存储卡等。存放在不同位置中的电子数据,在取证时需要采取不同的方法。

(2) 确定电子数据的标准。电子数据证据依据不同标准可以区分为文档文件、图形文件、多媒体文件、程序文件与数据库文件,单机数据与网络数据,静态数据与动态数据,数据内容、附属信息、关联痕迹与系统环境信息等。不同的电子数据类型,要求取证人员掌握相应的取证技术,要能够胜任具体的取证工作。

(3) 确定电子设备。电子设备指由电子元器件组成,且应用一定的处理系统用于生成、修改、删除、存储、传递电子数据的设备,主要包括台式计算机、笔记本电脑、平板电脑、掌上电脑、服务器、手机、数码照相机、数码摄像机、打印机、复印机、传真机、电话机、扫描仪、导航仪、路由器、电视机顶盒、手机基站等。一般情况下,不同设备的功能、操作方式、数据格式等都不同,需要取证人员具备相应的理论知识和操作能力。

(4) 确定电子数据对象。电子数据的具体对象主要包括计算机文档、手机文档、电子邮件、即时通信记录、博客、微博、网页历史记录、IP地址、手机短信、通话记录、传真记录、信令数据、电子签名、电子痕迹等。必须明确取证的具体对象,进而有针对性地采取相应的取证手段和方法。

3. 确定取证人员和取证策略

电子数据取证人员是取证工作的主导者,取证策略是针对具体案件制订的取证流程和预案,取证人员的确定和策略的制订应注意以下的内容:

1) 获得法律授权

取证必须获得相关的审批手续,在符合法律要求的前提下才能进行。例如,律师在办理刑事案件涉及电子数据证据时,应当依法向公安司法机关报案或者报告。另外,应注意取证手段和方式的合法性,不得通过窃取、入侵等非法方法取证。

2) 确定取证人员

根据对案件信息的详细了解,明确取证任务以及取证过程中需要采取的相应技术和规范,以此来确定针对本案件的电子数据取证人员(至少2人),尽量发挥取证人员的不同专长。

3) 确定取证工具

根据具体的取证任务,准备相关的取证工具。尤其进行现场取证时,需要尽可能事先准备齐全的取证工具。

4) 拟定取证策略

根据案件现场的环境、取证任务、人员和工具配备等情况,拟定取证方法、预案、取证顺序。在拟定取证方案与计划时,主要包括如下内容:

(1) 现场获取的主要目的和范围。
(2) 具体锁定的目标设备及其范围。
(3) 现场获取人员的分工与主要责任。
(4) 进行电子数据证据现场获取所需携带的工具(主要有取证设备与取证软件)。
(5) 现场获取采用的技术规范。
(6) 电子数据证据现场获取的具体方案。
(7) 电子数据证据现场获取的应急措施或替代方案。

2.3.2 现场保护与外围调查

由于电子数据具有脆弱性和易破坏性特点,所以电子数据对其进行承载的电子设备具有很强的依赖性。电子数据证据的形成、传输环节容易被破坏,很可能会使电子数据证据遭到破坏,无法反映真实情况。为此,在进行电子数据取证时,需要对取证现场进行保护,并进行详细的外围调查。

1. 现场保护

在进行电子数据取证时,需要对电子设备的场所与环境进行现场保护。电子数据取证人员发现电子设备中可能存在涉案电子数据证据的,应当视不同情况及时采取或者协助、配合采取相关措施,对电子设备所在的场所、所接入的网络环境进行控制与保护,避免或者防止任何人员采取可能导致原始电子数据证据发生改变的任何操作。

电子数据取证人员发现电子设备正在运行且继续运行可能会导致涉案电子数据证据灭失或受损的,应当根据具体情况采取切断电源、断开网络、屏蔽信号等相应的应急措施。必要时,对易丢失电子数据证据进行紧急收集与固定。

电子数据取证人员发现电子设备正在显示或生成涉案电子数据证据的,应当采取拍照、录像等方式,对屏幕显示的内容进行记录,并在记录中签字并注明时间。

2. 外围调查

在对电子设备的场所进行现场控制与保护时,相关人员可以同时开展或者协助、配合开展外围调查,对有关的当事人陈述、证人证言、书证等进行收集、固定;必要时还可以对电子设备的购买记录、领用记录、归还记录以及使用情况等进行收集、固定,并制作相关笔录,请有关人员签字确认。

2.3.3 电子数据获取与固定

电子数据设备的多样性决定电子数据类型的复杂性。反映客观世界信息的电子数据不仅以文件形式存在,而且根据数据生成方式的不同,还广泛存在于系统日志、寄存器、交换区、空闲的磁盘空间、打印机缓存、网络传输介质与设备（主要包括交换机和路由器等）、用户进程存储、堆栈、文件缓冲区等位置，分布在各类电子载体中。

需要注意的是，原则上不允许直接在原始介质上进行电子数据的分析，所以在对电子数据进行分析之前需要进行电子数据的获取。目前，获取电子数据主要采取镜像获取和直接数据获取两种方式。另外，在获取和分析数据时，对操作对象（如硬盘、U盘等）需要进行写保护，防止取证人员有意或无意改变数据，保证所获取数据的真实性和分析结果的可靠性。

1. 镜像获取

传统意义上的镜像（mirroring）指一个磁盘上的数据在另一个磁盘上存在一个完全相同的副本，它是一种文件存储形式，是数据冗余的一种实现类型。而电子数据取证中的镜像获取则有更严格的约束和要求，它需要在对源存储介质进行写保护的前提下，再进行逐位复制，从而生成一个完整的驱动器的镜像，以确保得到所有的数据，包括单一文件复制时无法获取的交换区、未分配空间以及文件松弛区等以非文件形式存在的数据，以及被删除和隐藏的文件等数据。其中，文件占用空间大小与文件实际大小之间的差额通常被称为文件松弛区（slack space）；在计算机系统内，有大量的未分配空间（unallocated space），在这些空间中保存有各种各样的数据，而这些数据很多时候不是人为隐藏的，而是被操作系统"遗弃"的。

镜像获取通常使用专用的镜像工具。利用镜像工具，可以根据需要选取特定磁盘分区或整个磁盘进行逐位复制，确保了数据的完整性。同时，镜像工具一般具有写保护功能，操作者无法修改原始数据或向源盘中写入数据，确保获取和分析的电子数据的可靠性；另外，镜像工具通常还具有压缩、校验、时间戳、日志等功能，确保了镜像数据的真实性。

进行电子数据取证时，具备条件的应当制作原始存储介质的镜像，并对原始存储介质进行封存，避免或者防止原始电子数据证据发生任何改变，确保原始存储介质的安全及其中数据的完整性。

2. 直接数据获取

镜像获取主要针对静态数据的全量获取，在具体的实践中并不是所有的电子数据取证都适宜于镜像获取。例如，在云计算环境中，传统针对物理磁盘介质的镜像取证将不再适用，需要采取直接数据获取方法，对特定文件或数据进行有针对性的获取。

1）文件获取

文件获取是对特定文件的获取，具体可利用文件属性和数字签名等技术，在特定空间（如云网盘）搜索特定的文件，然后通过写保护方式，将文件提取到外部存储介质中。在实践中，有时仅需要获取特定的文件，例如，在涉及非法入侵信息系统的案件取证中，重点需要获取系统访问日志、Web日志和后台数据库等特定文件。

2）易失性数据获取

易失性数据获取是根据取证要求，从特定环境或对象中动态获取特定的数据。在现场取证过程中，经常会遇到嫌疑人使用的计算机还在运行中，为了能够提取到完整的数据，取证人员需要在未关机的情况下进行数据获取，以寻找犯罪证据。因为，有些犯罪证据可能存在于嫌疑人正在使用的计算机的内存、缓存和寄存器中，在联网计算机中，这些证据可能包括正在登录的用户列表、文件系统的时间、当前打开的进程列表、当前打开的套接字列表以及套接字正在监听的程序等，这些数据都属于易失性数据，在关机后将无法恢复。易失性数据获取的步骤主要包括：
（1）运行可信的程序。
（2）记录系统时间和日期。
（3）确定登录信息，包括本地用户和远程用户的登录信息。
（4）记录所有文件创建、修改和访问时间。
（5）确定已经打开的端口。
（6）列出与当前打开端口相关的应用程序。
（7）列出所有正在运行的进程。
（8）列出所有当前和最近的连接。
（9）再次记录系统时间和日期。

需要说明的是，为了便于后续分析工作的开展，还需要对书证、证人证言、勘验笔录等其他证据类型进行获取。同时，可以一并收集并固定与电子数据有关的附属信息、关联痕迹、系统环境信息数据，主要包括：
（1）存储介质的状态，确认是否存在异常状况等。
（2）操作系统信息，包括系统版本号、注册者、安装日期、管理员与用户账号、登录次数、最后一次关机时间等。
（3）共享的网络驱动器、文件夹信息和共享设置选项信息。
（4）网络连接信息，包括拨号信息、VPN、无线网络连接及其连接的名称、网络映射信息等。
（5）保证数据独立于电子数据存储介质的软硬件信息。
（6）备份数据以及所有者、备份时间等相关信息。

2.3.4 电子数据分析

为了查明案件事实的需要，取证人员可以对已获取的电子设备或存储介质中的电子数据证据进行检查、检验和分析。

1. 注意事项

电子数据分析是一项十分严谨的工作，对获取电子数据证据起着关键作用。电子数据分析没有固定的方法，不同的案件所采取的分析方法之间存在着较大的差异，需要取证人员针对具体的案件制订相应的分析方案。一般情况下，电子数据分析需要注意以下几点：
（1）分析之前，需要取证人员（至少2人）共同研究制订分析方案。
（2）分析操作原则上应当在复制件（镜像文件）上进行或者采取写保护方式进行。
（3）可以按照涉案人员、时间顺序、争议事实等要素进行，必要时可以采取数据搜索、数据恢复、数据修复等方法进行技术辅助。
（4）应当注意全面调取数据内容、附属信息、关联痕迹以及系统环境信息，进行综合评价和判断。
（5）发现涉案电子数据证据的，可以此为线索扩大查找其他涉案的电子数据证据和传统证据，以重建虚拟空间的案件事实。

2. 分析过程

电子数据分析是一个相对复杂的过程,不同的案件其分析方法不尽相同。典型的分析过程主要包括以下环节:

1) 获取目标基本信息

通过电子数据收集、获取和固定等环节,已经掌握了所涉及的系统类型、账户信息、安装时间、开/关机时间等基本信息,这些信息可以为分析人员提供较为完整的基本概况,以便于后续取证工作的开展。

2) 文件过滤

文件过滤功能是对特定的文件(如通过 HTTP、FTP、SMTP 及 POP3 协议传输的文件等)进行检测,对符合过滤条件的文件进行控制,例如对符合过滤条件的文件进行阻断传输、记录日志、允许访问等控制动作。文件过滤功能需要通过策略规则与文件过滤规则相结合的方式实现。将文件过滤规则绑定到策略规则后,系统将会对与策略规则相匹配的数据根据文件过滤规则配置进行处理。文件必须符合任意一个过滤规则中所有过滤条件,系统才会执行相应的控制动作。例如,在针对文件属性的过滤规则设置中,过滤条件可以设置 C-M-A(Create-Modify-Access,创建-修改-访问)时间、后缀名、逻辑大小、物理大小等属性。

3) 关键词搜索

关键词搜索功能的使用非常广泛,不但在互联网搜索引擎中大量使用,而且在针对文件以及包括文件中特定内容的搜索中普遍使用。关键词搜索是一个遍历过程,完整的搜索过程最后将会显示所有符合条件的结果。在电子数据取证工作中,可以利用关键词搜索功能直接查找特定的信息。关键词搜索一般可以搜索到被删除的文件以及文件松弛区和未分配空间中的数据。

4) 文件分析

文件分析指对过滤或搜索得到的文件的信息(内容)和元数据进行分析的过程。文件分析的内容主要包括:

(1) 查看文件信息。主要包括查看文件名、文件大小以及该文件与其他文件的关联性等信息,对于关联性文件需要确定文件的类型和数量。例如,通过对某一浏览器(如 IE)历史访问记录的关联分析,可以确定下载的文件类型和数量。

(2) 检查文件内容。在文件中搜索和发现所需要(特定)的内容。

(3) 检查文件元数据(metadata)。通过分析文件数据结构,提取文件中隐含的数据。例如,通过对图像文件的分析,可以发现图像中包括的地理位置信息等。

5) 数据恢复

数据恢复即对已经删除、丢失的数据进行恢复。数据恢复可以恢复被删除文件、文件松弛区和未分配空间中的数据。一般在关键词搜索无法达到目的的情况下,可以尝试性地对可能被删除和丢失的数据进行恢复操作。有些嫌疑人在实施了犯罪后,为了隐藏犯罪行为,往往将涉案计算机中可以反映或证明犯罪行为的数据进行删除操作,甚至会损坏硬盘等硬件,用心毁坏犯罪证据、掩盖犯罪事实。

6) 密码破解

当找到的文件被密码保护时,需要利用密码破解技术破解相应的密码。

7)标记找到的数据

对找到的文件和内容,通过书签进行标记,以记录分析动作,也方便再次分析。

2.3.5 报告和归档

电子数据取证的最后环节就是形成取证报告,并对所有过程和结果材料进行归档,从而形成完整的取证资料。

1. 报告

报告是对电子数据取证分析结果的总结,将其形成"证据链"供法庭作为诉讼证据。取证人员应当根据取证的原始记录,按照司法要求形成鉴定意见或者检验报告。意见或报告中要体现犯罪行为的时间、地点、直接证据信息、系统环境信息,同时要包括取证过程以及对电子数据的分析结果。

2. 归档

及时整理取证与分析鉴定的结果,并进行分类归档保存,主要包括证据收集时对涉及案件的电子设备的检查结果,即调查时间、地点、硬盘分区情况、操作系统版本、设备运行状态等;取证分析阶段的设备备份完整性、用户系统信息、日常软件操作情况以及对电子数据证据的分析结果和评估报告等相关信息。

归档可以让侦查人员、鉴定人员和司法机关在需要查看证据时,迅速找到并了解相关证据资料。相对于报告,归档信息更加具体和全面。

习题

2-1 试分析说明计算机取证与电子数据取证之间的关系。

2-2 简述从 IOCE 到 ACPO 规定的计算机取证原则,分析我国电子数据取证的基本原则。

2-3 电子数据的收集与提取方法主要有哪些?分别应该注意什么?

2-4 结合第 2 章提到的《规则》和《规定》内容,试说明电子数据收集与提取的一般规定。

2-5 在什么情况下可先采取打印、拍照或者录像等方式固定电子数据证据?

2-6 扣押、封存原始存储介质时应注意什么?

2-7 现场提取电子数据时应注意什么?

2-8 哪些情况下需要网络在线提取电子数据?需要注意什么?

2-9 什么是电子数据检查?电子数据检查需要遵循哪些原则并主要记录哪些内容?

2-10 什么是电子数据侦查实验?电子数据侦查实验的主要任务包括哪些内容?电子数据侦查实验需要在什么条件下进行?

2-11 在什么条件下需要进行电子数据鉴定?电子数据鉴定时应该注意什么?

2-12 什么是电子数据的真实性?可以从哪些方面来判定电子数据的真实性?

2-13 在电子数据取证的案件受理阶段,具体应该做哪些工作?

2-14 为什么在电子数据取证时需要进行现场保护和外围调查？具体应该怎么做？

2-15 在获取电子数据时，镜像获取与直接数据获取有何区别？应该分别注意什么？

2-16 在联网计算机中，易失性数据主要包括哪些内容？易失性数据的获取主要包括哪些步骤？

2-17 电子数据分析中应该注意哪些问题？

2-18 电子数据分析具体包括哪些步骤？每一步主要实现哪些功能？应该注意什么？

2-19 电子数据取证过程中，报告和归档的作用是什么？

第3章 电子数据取证基础知识

在有力推进社会信息化进程的同时,计算机技术及其应用的快速发展为各类违法犯罪活动提供了环境和手段,涉及电子数据证据的案件也随着计算机应用的快速普及而日趋增多,电子数据证据逐渐成为被当事人接纳及法庭认可的有效法律证据。作为一项专门技术,电子数据取证涉及哪些主要的技术问题?取证人员需要具备哪些基础知识?本章内容将围绕这些核心问题展开。

3.1 计算机基础知识

计算机又称为电子计算机或电脑,是一种能够按照程序约定,自动、高速、精确地完成各种信息存储、数据处理、数值计算、过程控制和数据传输的电子设备。从1946年2月世界上第一台计算机ENIAC(electronic numerical integrator and computer)在美国宾夕法尼亚大学问世以来,已经历了电子管计算机、晶体管计算机、集成电路计算机、大规模和超大规模集成电路计算机4个阶段(四代),将信息采集、存储处理、通信和人工智能结合在一起的新一代计算机正在研制过程中。

3.1.1 计算机系统的组成

一个完整的计算机系统由硬件和软件两部分组成。其中,硬件指构成计算机的物理设备,而软件指计算机系统中的程序、数据以及开发、使用、维护程序所需文档的集合。通常,将没有配置任何软件的计算机称为裸机。计算机系统的组成如图3-1所示。

1. 计算机硬件的组成

被称为计算机之父的美籍匈牙利数学家冯·诺依曼(von Neumann)在世界上第一台电子计算机ENIAC诞生后便提出了"存储程序和程序控制"的计算机工作原理,奠定了计算

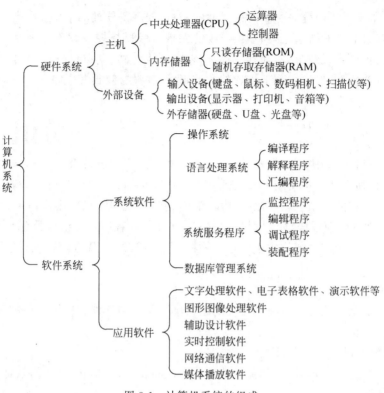

图 3-1　计算机系统的组成

机硬件的基本结构。在冯·诺依曼计算机体系结构中,计算机由运算器、控制器、存储器、输入/输出设备 5 个基本部分组成,不同部分之间通过系统总线互连,传递数据、地址和控制信号。这些系统总线按传输信号类型分为数据总线、地址总线和控制总线 3 种类型。

中央处理单元(central processing unit,CPU)是整个计算机的核心,它由运算器和控制器组成。存储器分为内存储器(简称内存)和外存储器(简称外存)两种类型。CPU、内存储器、总线等构成了计算机的"主机"。输入设备和输出设备统称为 I/O(input/output)设备。I/O 设备和外存储器通常称为计算机的"外部设备"(简称外设)。图 3-2 是计算机硬件系统组成结构示意图。

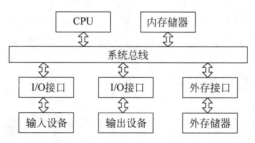

图 3-2　计算机硬件系统组成结构示意图

2. 计算机软件及其分类

广义的软件指程序及其相关数据和文档的集合;狭义的软件则指设计比较规范、功能比较齐全、具有某种使用价值的程序。其中,程序是对计算任务的处理对象和处理规则的描述,文档是为了便于了解程序所需的说明性的资料,程序是软件的主体。

软件是智力活动的结果,受到知识产权的保护。版权是授予软件作者某种独占权利的一种合法的保护形式,版权所有者唯一享有该软件的复制、发布、修改、署名、出售等权利。用户购买了一款软件,仅仅得到了该软件的使用权,并没有获得其版权。

1) 根据功能不同进行分类

根据应用功能的不同,计算机软件分为系统软件和应用软件两大类。

(1) 系统软件。

系统软件指控制和协调计算机及外部设备,并支持应用软件开发和运行的一类特殊的软件,系统软件使得计算机使用者和其他软件将计算机当作一个整体而不需要考虑底层每个硬件是如何工作的。系统软件泛指基本输入/输出系统(BIOS)、操作系统(如 Windows、Linux 等)、数据库管理系统(如 Oracle、Access、DB2 等)、程序设计语言处理系统(如 C 语言编译器)等。其中,操作系统是用于管理计算机硬件与软件资源的计算机程序,是一类特殊的系统软件。

(2) 应用软件。

应用软件泛指那些为了解决某一类问题而单独开发的软件。应用软件的多样性丰富了计算机的功能。

2) 按照软件权益处理方式进行分类

按照软件权益的处理方式,计算机软件分为商品软件、共享软件、自由软件三种类型。

(1) 商品软件。

商品软件指用户需要付费才能使用的软件,它除了受版权保护外,还受到软件许可证的保护。

(2) 共享软件。

共享软件指一种"买前免费试用"的具有版权的软件。它通常允许用户试用一段时间,期间允许用户复制和分发。如果过了试用期还想使用时,就需要进行注册(需要缴纳一定的费用)。共享软件是一种为了节约市场营销费用而采用的软件销售策略。

(3) 自由软件。

自由软件是一类可以不受限制地进行复制、修改、分发、使用和研究的软件,如 TCP/IP 软件、Linux 操作系统等。通常自由软件是以"自由软件授权协议"的方式发布,公开软件源代码。

除此之外,还有一类软件称为免费软件,它指一种不需付费就可取得的软件。但与自由软件不同的是,免费软件用户没有修改权。大多数自由软件是免费的,但免费软件不全是自由软件。

3.1.2　计算机中信息的表示

信息是事物运动状态及状态变化的描述。哪里有运动的事物,哪里就存在反映该事物运动状态及其变化的信息。信息、物质、能源构成了当代社会物质文明的三大要素。如果要让计算机等智能机器能够识别和处理信息,首先必须将信息转换成能够被其识别的符号,即完成信息的符号化过程,其结果称为数据。电子数据取证工作的主要对象是分别以文字、数字、图像等形式表示的数据。所以,数据是信息的具体表现形式,是信息的载体,也是电子数据取证工作的主要对象。

1. 信息的基本单位及其表示

信息在计算机介质中存储或网络中传输时,为了对其进行量化处理,都需要以具体的单位来表示。

1) 比特

比特(bit)是计算机系统处理、存储和传输信息的最小单位,1个比特表示计算机中的一个数字 0 或数字 1,单位用 b 表示。在电子数据取证操作中,一般每个西文字符需要用 8bit 表示,而一个汉字至少需要 16bit 表示,图像、视频等则需要更多的比特才能表示。

2) 字节

字节(Byte)也是一种信息的计量单位,通常用 B 表示,1B=8b。

3) 信息存储容量的表示

在计算机系统中,所有被符号化的数据都保存在存储器中,存储器的容量通常使用 2 的整数次幂字节来表示。信息存储容量的常用表示单位包括如下:

(1) 千字节。千字节(Kilobyte,KB),$1KB=2^{10}B=1024B$。

(2) 兆字节。兆字节(Megabyte,MB),$1MB=2^{20}B=1024KB$。

(3) 吉字节。吉字节(Gigabyte,GB),$1GB=2^{30}B=1024MB$。

(4) 太字节。太字节(Terabyte,TB),$1TB=2^{40}B=1024GB$。

另外,目前在计算存储容量时还用到了 PB(Petabyte)和 EB(Exabyte),其中,$1PB=2^{50}B=1024TB$,$1EB=2^{60}B=1024PB$。

4) 信息传输的表示

在计算机网络中,信息是以比特为单位传输的。由于比特在网络中是以串行方式传输的,所以通常用每秒传输的比特数来表示传输的速率,经常使用的传输单位如下:

(1) 比特/秒。比特/秒(bit/s,b/s,bps)。

(2) 千比特/秒。千比特/秒(kb/s),$1kb/s=10^3b/s=1000b/s$,其中 k 表示 1000。

(3) 兆比特/秒。兆比特/秒(Mb/s),$1Mb/s=10^6b/s=1000kb/s$。

(4) 吉比特/秒。吉比特/秒(Gb/s),$1Gb/s=10^9b/s=1000Mb/s$。

(5) 太比特/秒。太比特/秒(Tb/s),$1Tb/s=10^{12}b/s=1000Gb/s$。

2. 计算机中信息的表示

通常使用()加下角标表示不同的进制数。例如,二进制数使用$()_2$表示,十进制数使用$()_{10}$表示,等等。也可以在数字后面用特定的字母表示该数的进制,例如,B 表示二进制,D 表示十进制,O 表示八进制,H 表示十六进制等。

(1) 二进制。当信息被符号化为数据后存储在计算机中时采用二进制表示,即由 0 和 1 两个不同的数字符号组成来表示一定的数,其特点是"逢二进一"。

(2) 八进制。八进制由 0~7 共 8 个数字符号组成,其基数为 8,特点是"逢八进一"。

(3) 十六进制。十六进制由 0~9 共 10 个数字符号和 A~F 共 6 个英文字母组成,其基数为 16,特点是"逢十六进一"。

3. 不同进制之间的转换

1) 十进制整数转换成二进制整数

将十进制整数转换成二进制整数时采用的方法是"除 2 取余",即用 2 不断地去除被转换的十进制数,直到商为 0 时,将所得的余数从最后向前连接起来便是这个数的二进制表示。例如,将十进制整数$(118)_{10}$转换成为二进制整数,具体过程如下:

```
              余
    2 | 118 ……… 0  ↑
     2 |  59 ……… 1
      2 |  29 ……… 1
       2 |  14 ……… 0
        2 |   7 ……… 1
         2 |   3 ……… 1
          2 |   1 ……… 1
              0
```

所以,$(118)_{10}=(1110110)_2$。

2) 二进制数转换为十进制数

二进制数转换为十进制数的方法为,将二进制数按权展开求和。例如:

$(1110110)_2 = 1\times2^6+1\times2^5+1\times2^4+0\times2^3+1\times2^2+1\times2^1+0\times2^0$

$\qquad\qquad = 64+32+16+0+4+2+0$

$\qquad\qquad = 118$

同理,如果要将一个非十进制数转换成十进制数,只需要把各个非十进制数按权展开求和即可。

3) 二进制数转换成八进制数

由于一个八进制数可以由一个 3 位的二进制数表示,即$8=2^3$,所以在将二进制数转换成八进制数时,具体的转换方法为,以二进制数的小数点为起点,整数部分向左 3 位形成一组,小数部分向右 3 位形成一组,不足 3 位的用 0 补足,然后分组求得二进制数的八进制表示即可。例如,将$(1110110.1101)_2$转换为八进制数,具体方法为:

```
001   110   110 . 110   100
 ↓     ↓     ↓    ↓     ↓
 1     6     6    6     4
```

即$(1110110.1101)_2=(166.64)_8$。

4) 八进制数转换成二进制数

一个八进制数转换为二进制数的方法为,将八进制数的每一位用相应的 3 位二进制数替代,再将两端多余的 0 去掉。例如,将$(166.64)_8$转换为二进制数的方法为:

```
 6     6     6 .  6     4
 ↓     ↓     ↓    ↓     ↓
001   110   110  110   100
```

即$(166.64)_8=(1110110.1101)_2$。

5) 二进制数转换为十六进制数

由于一个 4 位的二进制数可以对应于一个 1 位的十六进制数,所以二进制数转换为十六进制数的方法为,以二进制数的小数点为起点,整数部分向左 4 位形成一组,小数部分向右 4 位形成一组,不足 4 位的用 0 补足,然后分组求得二进制数的十六进制表示即可。例如,将$(1110110.1101)_2$转换为十六进制数,具体方法如下:

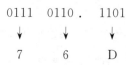

即$(1110110.1101)_2 = (76.D)_{16}$。

6）十六进数转换为二进制数

十六进制数转换为二进制数的方法与八进制数转换为二进制数相似，即：将十六进制数的每一位用相应的 4 位二进制数替代，再将两端多余的 0 去掉。例如：

$$(76.D)_{16} = (01110110.1101)_2 = (1110110.1101)_2$$

7）十进制整数与 N 进制整数之间的转换

掌握了十进制整数与二进制整数之间的转换方法后，很容易理解十进制整数与 N 进制整数之间的转换方法：将一个十进制整数转换为 N 进制整数时采取"除 N 取余"的方法，即用 N 反复去除被转换的十进制整数，直到商为 0，将所得的余数从最后向前连接起来便是这个数的 N 进制表示；将一个 N 进制整数转换为十进制整数时，可将 N 进制数按权展开求和。

4. 西文字符的编码

西文文字是由拉丁字母、数字、标点符号以及一些特殊符号组成的字符集。在计算机系统中，常用的西文字符编码方式有 ASCII 码和 EBCDIC 码。其中，ASCII 码主要用于微型计算机和小型机，EBCDIC 码则主要用于 IBM 大型机。

1）ASCII 码

ASCII（American standard code for information interchange）码是目前计算机系统中普遍使用的一种编码方式，存在 7 位和 8 位两个版本，国际上普遍使用 7 位版本。7 位版本的 ASCII 码称为标准 ASCII 码或基础 ASCII 码，它由 128（2^7）个字符组成，其中包括 33 个控制字符和 95 个可打印字符。由于计算机系统中的存储单位是字节，所以一般使用一字节（8bit）存放一个 ASCII 码，其中最高位为"0"。

8 位版本的 ASCII 码称为扩展 ASCII 码，由 256（2^8）个字符组成，它是在标准 ASCII 码的基础上将最高位（在标准 ASCII 码中为"0"）用于确定附加的 128 个特殊字符、外来语字母和图形符号。许多基于 x86 的系统都支持使用扩展 ASCII 码。

2）EBCDIC 码

EBCDIC（extended binary coded decimal interchange code）是 IBM 公司于 1963 年推出的字符编码，采用 8 位二进制表示，共有 256（2^8）种不同的编码，可表示 256 个字符，主要用于 IBM 大型机中。

5. 汉字的编码

作为一种编码，由于汉字数量庞大、字形复杂，所以汉字在计算机中的存储和处理要比西文字符复杂和困难。为了使原本存储和处理西文字符的计算机系统能够"接受"汉字，需要对汉字设计相应的编码。目前，常用的汉字编码方案有以下几种：

1）GB 2312 编码

为了满足国内在计算机中使用汉字的需要，中国国家标准总局发布了一系列的汉字字符集国家标准编码，其中最有影响的是于 1980 年发布的《信息交换用汉字编码字符集·基本集》,标准号为 GB2312-1980。GB 2312 编码方案共收录了 6763 个常用汉字和 682 个非汉字字符(图形、符号),其中一级汉字 3755 个(以汉语拼音为序排列),二级汉字 3008 个(以偏旁部首进行排列)。

由于字符数量较大,GB2312 采用了二维矩阵编码法对所有汉字字符进行编码。首先构造一个 94×94 的方阵,每一行称为一个"区",每一列称为一个"位",每个汉字在方阵中都有一个唯一的位置,这个位置可以用区号和位号合成表示,称为字符的区位码。

为区别于 ASCII 码,GB2312 编码共占用 2 字节(16bit),每字节的最高位规定为"1",如图 3-3 所示。

2) GBK 汉字内码扩充规范

GB2312 虽然得到了广泛使用,但由于该编码仅包括 6763 个汉字,所以无法满足日常应用要求。为此,1995 年我国又发布了代号为 GBK 的《汉字内码扩展规范》。GBK 一共包含 21003 个汉字和 883 个图形符号,除了 GB2312 中的全部汉字和符号外,还收录了包括繁体字在内的大量汉字和符号。

GBK 汉字编码也使用双字节。由于与 GB2312 保持向下兼容,因此所有与 GB2312 相同的字符,其编码也保持不变,新增加的符号和汉字则另外编码,它们的第 1 字节最高位必须为"1",第 2 字节的最高位没有要求,如图 3-4 所示。

第1字节	第2字节		第1字节	第2字节
1×××××××	1×××××××		1×××××××	××××××××

图 3-3　GB2312 汉字编码方式　　　　图 3-4　GBK 汉字编码方式

3) UCS/Unicode

前文介绍的 ASCII 码、GB2312 编码以及 GBK 汉字编码都是为了解决某一国家或地区语言文字的信息编码而提出的方案,具有应用上的局限性。而 UCS 是由国际标准化组织(ISO)制订的一个可以容纳全世界所有语言文字的编码标准,对应的工业标准称为 Unicode。UCS 只规定如何编码,并没有规定如何传输和保存这个编码,具体实现已经在 UTF-8、UTF-16、UTF-32 等方案中得到了体现。例如,在各类 Web 浏览器中广泛使用 UTF-8、UTF-16 等。

4) GB18030

GB18030 全称为国家标准 GB18030-2005《信息技术 中文编码字符集》,是我国制订和执行的新的汉字编码国家标准,它与 GB2312 和 GBK 保持向下兼容,并扩充了 UCS/Unicode 中的字符。GB18030 采用多字节编码,每个字符可以由 1、2 或 4 字节组成,编码空间较大,支持我国少数民族的文字。

5) 汉字的字形码

汉字的字形即汉字的形状描述,针对某一编码标准(如 GB2132),用于描述所有汉字字形信息的集合称为字库。字库通常分为点阵字库和矢量字库,目前汉字字库多采用点阵字库。点阵字库即用点阵表示汉字的字形代码,根据汉字输出精度要求的不同,有 16×16 点阵、24×24 点阵、32×32 点阵等。点阵中的每一个点用二进制的"0"或"1"来表示,其中"0"表示对应位置处是空白,"1"表示对应位置处是黑点。

点阵字库中每一个汉字字形码所占用的存储空间较大,例如一个 24×24 点阵的汉字字形码需要用到72(24×24÷8=72)字节存储空间。所以,汉字字形点阵只能用来构造存放于硬盘等外部存储介质上的字库,而不能用来替代机内码用于机内存储。一个完整的字库存放着每一个汉字的字形点阵代码,同一汉字的不同字体(如宋体、黑体、仿宋、楷体等)对应着不同的字库。

在输入汉字(屏幕显示或打印)时,计算机要先到字库中查找对应汉字的字形描述信息,然后再把字形送去输出。

6. 二进制数的基本运算

二进制数的基本运算主要包括算术运算和逻辑运算两类。

1) 二进制数的算术运算

二进制数的算术运算包括加、减、乘、除四则运算。

(1) 二进制数的加法。根据"逢二进一"规则,二进制数加法的法则如下:

0+0=0

0+1=1+0=1

1+1=10(进位为1)

(2) 二进制数的减法。根据"借一有二"的规则,二进制数减法的法则如下:

0-0=0

1-1=0

1-0=1

0-1=1(借位为1)

(3) 二进制数的乘法。二进制数乘法过程可仿照十进制数乘法进行。但由于二进制数只有0或1两种可能的乘数位,导致二进制乘法更为简单。二进制数乘法的法则如下:

0×0=0

0×1=1×0=0

1×1=1

(4) 二进制数的除法。二进制数除法与十进制数除法很类似。可先从被除数的最高位开始,将被除数(或中间余数)与除数相比较,如果被除数(或中间余数)大于除数,则用被除数(或中间余数)减去除数,商为1,并得相减之后的中间余数,否则商为0。再将被除数的下一位移下补充到中间余数的末位,重复以上过程,就可得到所要求的各位商数和最终的余数。例如,二进制数$(100110)_2$除以二进制数$(110)_2$:

```
          110    商
     ┌─────────
 110 )100110
       110
       ───
        111
        110
        ───
         10    余数
```

即二进制数100110÷110=110余10。

2) 二进制数的逻辑运算

二进制数的逻辑运算包括逻辑或(也称"加"运算,用符号OR或∨表示)、逻辑与(也称为"乘"运算,用符号AND或∧)以及逻辑非(也称"取反"运算,用符号NOT)。

(1) 逻辑或。逻辑或运算的法则为：0∨0=0,0∨1=1,1∨0=1,1∨1=1。
(2) 逻辑与。逻辑与运算的法则为：0∧1=0,0∧1=0,1∧0=0,1∧1=1。
(3) 逻辑非。逻辑非指将原逻辑变量的状态求反,当逻辑变量为 0 时,其"非"运算的结果为 1;逻辑变量为 1 时,其"非"运算的结果为 0。

3.1.3 虚拟化与云计算

虚拟化技术实现了信息技术资源的逻辑抽象和统一表示,在桌面应用(如桌面虚拟化)、大规模数据中心管理以及解决方案交付等方面发挥着重要支撑作用,是构建云计算最重要的技术基石。

1. 虚拟化技术

虚拟化是一个广义的术语,指计算元件在虚拟的而不是真实的基础上运行,是一个为了简化管理、优化资源的解决方案。从应用的角度,通过虚拟化可以在一台物理设备上虚拟出多个独立的系统,也能够将多台独立的物理设备虚拟成一个逻辑的设备。

1) 虚拟化的概念

无论对虚拟化如何定义,也不管其实现方式如何,就其技术实质来讲,至少包括 3 方面的含义。

(1) 虚拟化的对象是各类资源,这里的资源一般为计算机系统、进程、网络、存储、内存等,分别对应系统虚拟化、进程虚拟化、网络虚拟化、存储虚拟化、内存虚拟化等。

(2) 虚拟化后形成的逻辑资源对用户隐藏了不必要的细节,用户只关心应用,而不必考虑具体的实现细节。

(3) 根据应用需要,用户可以在虚拟环境中几乎实现其在真实环境中全部功能。

2) 虚拟化的分类

根据实现方式的不同,虚拟化技术可以分为硬件虚拟化、操作系统虚拟化、应用程序虚拟化等类型。

(1) 硬件虚拟化。硬件虚拟化是通过软件方式虚拟出一台标准的计算机,虚拟化对用户隐藏了真实的物理计算机。硬件虚拟化的结果是一台虚拟的裸机,使用时就像在物理裸机上安装操作系统一样,同样需要在虚拟的裸机上安装所需要的操作系统。

硬件虚拟化一般有两种方式：一种是在现有操作系统上通过安装虚拟机软件,再由虚拟机软件虚拟出一台虚拟裸机,然后在虚拟裸机上安装新的操作系统,从而形成"系统里有系统"的形式;另一种方式是直接在物理裸机上安装虚拟机,然后通过虚拟机产生虚拟的裸机,再在虚拟的裸机上安装所需要的操作系统。两种方式相比较,后者占用内存、CPU 等资源较少,性能较好。硬件虚拟化的代表产品有 VMware、Virtual PC、VirtualBox 等。

(2) 操作系统虚拟化。操作系统虚拟化指对操作系统的克隆,克隆后的操作系统与原操作系统完全相同,只是操作系统 ID 标识不同。操作系统虚拟化可以根据需要,基于某一原操作系统克隆出多个应用功能完全相同的操作系统,管理较为方便。不过,如果原操作系统出现问题,被克隆后的操作系统也会出现相同的问题。操作系统虚拟化的代表产品有 SWSoft 公司的 Virtuozzo。

(3) 应用程序虚拟化。应用程序虚拟化是将应用程序与操作系统解耦合,为应用程序提供一个虚拟的运行环境。在虚拟化环境中,运行主体是应用程序的可执行文件,运行环境是执行该程序所需要的操作系统环境。从本质上讲,应用程序虚拟化是通过虚拟化技术,把应用程序对所依赖的低层操作系统以及硬件抽象出来,根据应用程序的要求按需配置和调用运行环境,可以解决版本不兼容的问题。

应用程序虚拟化领域的代表性产品主要包括 Microsoft Application Virtualization(App-V)、VMware ThinApp、Symantec Software Virtualization Solution(SVS)、InstallFree、SandBoxie、云端软件平台(softcloud)等。

在三类虚拟化应用中,硬件虚拟化和操作系统虚拟化技术主要应用于专业服务器和企业信息平台的构建,目的是通过虚拟化提供完整且真实的操作系统。而应用程序虚拟化是以应用需求为导向,为不同用户的应用提供所需要的运行环境。

2. 云计算

虚拟化是云计算的一项基础性技术。云计算(cloud computing)是基于分布式计算、网格计算和虚拟化等技术,在信息基础设施和网络应用共同发展到一定阶段时出现的一种新型信息服务方式,它使效用计算(utility computing)逐步变成了现实。云计算通过网络将庞大的计算处理程序自动拆分成无数个较小的子程序,再交由多个服务器所组成的庞大系统经搜寻、计算分析之后将处理结果回传给用户。通过这项技术,网络服务提供者可以在较短时间内处理海量信息,提供具有超级计算机同样强大效能的网络服务。云计算将计算功能分布在大量的分布式计算机上,而非本地计算机或远程服务器上,意味着计算能力可以自由按需获取。

虽然云计算是对已有技术的继承和创新,但其产生和发展适应了当前互联网环境的具体要求,具有如下明显的特点:

(1)弹性服务。服务的规模可快速伸缩,以自动适应业务负载的动态变化。用户使用的资源同业务的需求相一致,避免了因为服务器性能过载或冗余而导致的服务质量下降或资源浪费。

(2)资源池化。资源以共享资源池的方式统一管理。利用虚拟化技术,将资源分享给不同用户,资源的配置、管理与分配策略对用户透明。云计算最关键的特点是计算资源能够被动态地有效分配,消费者(最终用户、组织或者信息技术部门)能够最大限度地使用计算资源但又无须管理底层复杂的技术。

(3)按需服务。以服务的形式为用户提供应用程序、数据存储、基础设施等资源,并可以根据用户需求,自动分配资源,而不需要系统管理员干预。

(4)服务可计费。监控用户的资源使用情况,并据此对服务计费。

(5)泛在接入。用户可以利用各种终端设备(如个人计算机、笔记本电脑、智能手机等)随时随地通过互联网访问云计算服务。

正是因为云计算具有的上述特性,使得用户只需连上网络就可以源源不断地使用计算机资源,实现了"互联网即计算机"的构想。

3.1.4 大数据

大数据(big data)从产生到现在,其概念和外延一直在随着技术和应用的发展而不断拓展,本节主要介绍大数据的基本概念和特征,以使读者对大数据有一个总体的认识。

1. 大数据的概念

大数据的相关技术及其应用是在互联网快速发展中诞生的。随着互联网应用的快速发展,每天新增的网页数量以千万级计算,使用户检索信息越来越不方便。针对互联网信息检索带来的问题,在 2000 年前后,Google(谷歌)等公司率先建立了覆盖数十亿网页的索引库,开始提供较为精确的搜索服务,大大提升了人们使用互联网的效率,这是大数据应用的起点。

当时搜索引擎要存储和处理的数据,不仅数量之大前所未有,而且以非结构化数据为主,传统技术无法应对。为此,Google 提出了一套以分布式为特征的全新技术体系,即后来陆续公开的分布式文件系统(Google file system,GFS)、分布式并行计算(MapReduce)和分布式数据库(BigTable)等技术,以较低的成本实现了之前技术无法达到的规模。这为当前大数据技术奠定了基础,可以认为是大数据技术的源头。

伴随着互联网产业的崛起,这种创新的海量数据处理技术在电子商务、定向广告、智能推荐、社交网络等方面得到应用,并取得巨大的商业成功。这启发了全社会开始重新审视数据所蕴含的巨大价值,于是金融、电信、公共安全等拥有大量数据的行业开始尝试这种新的理念和技术,取得初步成效。与此同时,业界也在不断对 Google 提出的技术体系进行扩展,使之能在更多的场景下使用。2011 年,麦肯锡、世界经济论坛等知名机构对这种数据驱动的创新进行了研究总结,随即在全世界兴起了一股大数据热潮。

虽然大数据已经成为全社会热议的话题,但到目前为止,"大数据"尚无公认的统一定义。本书采用目前业界公认的定义:大数据指无法用现有的软件工具提取、存储、搜索、共享、分析和处理的海量复杂数据集合。同时也指新一代架构和技术,能够更经济、有效地从高频率、大容量、不同结构和不同类型的数据中获取价值。大数据中的数据规模超出传统数据库软件采集、存储、管理和分析等能力的范畴,多种数据源、多种数据种类和格式冲破传统的结构化数据范畴,社会向着数据驱动型的预测、发展和决策方向转变,决策、组织、业务等行为日益基于数据和客观分析来提出结果。

2. 大数据的基本特征

目前,人们对于大数据特征的研究归纳起来可以分为规模、变化频度、种类和价值密度等几个维度,具体从数量(Volume)、多样性(Variety)、速度(Velocity)、价值(Value)以及真实性(Veracity)5 方面(5V)进行认识和理解。

1) 数量

聚合在一起供分析的数据规模非常庞大。Google 执行董事长艾瑞特·施密特曾说,现在全球每两天创造的数据规模等同于从人类文明至 2003 年间产生的数据量总和。"大"是相对而言的概念,对于搜索引擎,EB 级属于比较大的规模,但是对于各类数据库或数据分析软件而言,其规模量级会有比较大的差别。

2) 多样性

数据形态多样,按生成类型的不同可分为交易数据、交互数据、传感数据;按数据来源不同可划分为社交数据、传感器数据、系统数据;按数据格式的不同可分为文本、图片、音频、视频、光谱等;从数据关系的角度可划分为结构化、半结构化、非结构化数据;从数据所有者的角度来划分又可分为公司数据、政府数据、社会数据等。

3）速度

一方面是数据的增长速度快，另一方面是要求数据访问、处理及交付等速度快。美国的马丁·希尔伯特说，数字数据储量每 3 年就会翻 1 倍。人类存储信息的速度比世界经济的增长速度快 4 倍。

4）价值

尽管我们拥有大量数据，但是发挥价值的仅是其中非常小的部分，大数据背后所潜藏的价值巨大。例如，美国社交网站 Facebook 有 10 亿用户，通过对这些用户信息进行分析后，广告商可根据结果精准投放广告。对广告商而言，10 亿用户的数据价值可达到上千亿美元。

5）真实性

一方面，确保虚拟网络环境所产生大量的数据需要的真实性、客观性，是大数据技术及其业务发展的迫切需求；另一方面，通过对大数据的分析，真实地还原并预测事物的本来面目也是大数据未来发展的趋势。

在以上介绍的大数据的 5 个基本特征中，"多样性"和"价值"最被大家所关注。其中"多样性"之所以被关注，在于数据的多样性使得其存储、应用等各方面都发生了变化，针对于多样化数据的处理需求也成为技术重点攻关方向。而"价值"则不言而喻，不论是数据本身的价值还是其中蕴含的价值都是企业、部门、政府机关所重视的。因此，如何将如此多样化的数据转化为有价值的存在，是大数据所要解决的重要问题。目前，大数据正在改变经济社会的管理方式、促进行业整合发展、推动产业转型升级、助力智慧城市建设、提升公安机关防控能力等方面发挥着重要作用。

3. 大数据的技术架构

大数据技术的战略意义不在于拥有海量的数据，而在于能够从这些杂乱的数据中分析挖掘出有价值的信息，即大数据技术的应用是以价值为导向。大数据的研究目标和工作重点是发现有价值的信息，而不是单纯地将数据堆砌起来，简单堆砌后形成的并无利用价值的数据只能称为"电子垃圾"，除浪费存储资源外，别无意义。

大数据很难用单台设备进行处理，需要采用并行计算技术。大数据技术涉及多个技术领域，主要包括数据存储、数据管理、数据挖掘、并行计算、云计算、分布式文件系统、分布式数据库、虚拟化等。从数据在信息系统中的生命周期看，大数据从数据源经过分析挖掘到最终获得价值一般需要经过 5 个主要环节，如图 3-5 所示，包括数据准备、存储管理、计算处理、数据分析和知识展现，每个环节都面临不同程度的技术上的挑战。

1）数据准备环节

在进行存储和处理之前，需要对数据进行清洗、整理，传统数据处理体系中称为 ETL（extracting、transforming、loading，提取、转换、加载）过程。与以往数据分析相比，大数据的来源多种多样，包括企业内部数据库、互联网数据和物联网数据，不仅数量庞大、格式不一，质量也良莠不齐。这就要求数据准备环节既要规范格式，便于后续存储管理，又要在尽可能保留原有语义的情况下去粗取精、消除噪声。

2）存储管理环节

当前全球数据量正以每年超过 50% 的速度增长，数据存储的成本和性能面临非常大的

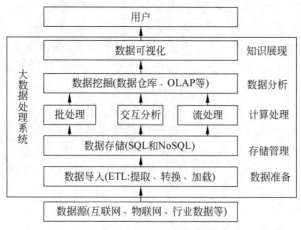

图 3-5 大数据技术框架

压力。大数据存储系统不仅需要以极低的成本存储海量数据,还要适应多样化的非结构化数据管理需求,具备数据格式上的可扩展性。

3) 计算处理环节

需要根据处理的数据类型和分析目标,采用适当的算法模型,快速处理数据。海量数据处理要消耗大量的计算资源,对于传统单机或并行计算技术来说,速度、可扩展性和成本都难以适应大数据计算分析的新需求。分而治之的分布式计算成为大数据的主流计算架构,但在一些特定场景下的实时性还需要大幅提升。

4) 数据分析环节

从纷繁复杂的数据中发现规律并提取新的知识的数据分析环节,是大数据价值挖掘的关键。传统数据挖掘对象多是结构化、单一对象的小数据集,挖掘更侧重根据先验知识预先人工建立模型,然后依据既定模型进行分析。对于非结构化、多源异构的大数据集的分析,往往缺乏先验知识,很难建立显式的数学模型,这就需要发展更加智能的数据挖掘技术。

5) 知识展现环节

在大数据服务于决策支撑场景下,以直观的方式将分析结果呈现给用户,是大数据分析的重要环节。如何让复杂的分析结果易于理解是一个不小的挑战。

3.1.5 人工智能

随着计算机辅助功能的广泛应用,电子数据取证工作也需要人工智能的支撑,尤其在网络动态取证中,人工智能技术能够发挥极其重要的作用。1997 年,IBM 的深蓝(deep blue)机器人战胜国际象棋世界冠军卡斯帕罗夫,引发了人类对于人工智能的思考;2016 年 3 月,基于搜索技术与深度学习方法相结合的人工智能围棋系统 AlphaGo 以 4∶1 的优势战胜了世界围棋高手李世石,再一次使人工智能引发全球的高度关注。

1. 人工智能的概念

人工智能最早起源于 1936 年,英国数学家 A. M. Turing 在论文《理想计算机》中提出了图灵机模型,然后 1956 年在《计算机能思维吗》一文中提出机器能够思维的论述(图灵实验)。之后,计算机的发明和信息论的出现为人工智能发展奠定了良好的基础。1956年在达特茅斯会议上,Marvin Minskey、John McCarthy等科学家围绕"机器模仿人类的学习以及其他方面变得智能"展开讨论,并明确提出了"人工智能"一词。

人工智能(artificial intelligence,AI)指由人类所制造的智能,也就是由机器制造和实现的智能。在理解人工智能之前,先来了解人类所具有的智能。人类的智能指为了不断提升生存发展的水平,人类利用知识去发现问题、定义问题(认识世界)和解决问题(改造世界)的能力。然而,机器没有生命,也没有自身的目的,难以自行建立直觉、想象、灵感、顿悟和审美的能力,必须借助人的智慧来让机器模拟人的思维和行为。

人工智能的研究是让计算机能够模拟人的某些思维过程和智能行为(如学习、推理、分析、判断等)的一门学科,主要研究内容包括计算机实现智能的原理、制造类似于人类的智能的计算机,使计算机能够实现更高层次的应用。人工智能是研究让计算机去完成以往需要人的智能才能胜任的工作,也就是研究如何利用计算机来模拟人类某些行为的技术。

需要说明的是,人工智能不是人类的智能,只是能够让机器像人一样去思维和从事某项工作,机器所具有的智能永远也不会超过人类的智能。

2. 人工智能的主要技术

人工智能技术的发展是与计算机科学技术的发展紧密联系的。人工智能主要研究和解决人类发展过程中某些领域需要由机器代替人类工作的技术问题。除计算机科学外,人工智能还涉及信息论、控制论、自动化、仿生学、生物学、哲学等众多学科,主要技术包括计算机视觉、自然语言处理、智能机器人、模式识别等内容。

1) 计算机视觉

计算机视觉是运用计算机及相关技术,在相关设备的支持下,实现对生物视觉的模拟,其技术手段主要是对采集的图像或视频进行处理以获得图像或视频中的信息。目前,以图像识别和人脸识别为代表的感知技术已经发展成熟并得到广泛应用,并在交通、医疗、安防等领域产生了巨大影响。计算机视觉技术的主要目的是使计算机能同人类一样观察和理解世界,并拥有自主适应环境的能力。

人脸识别是计算机视觉相关技术发展最好、应用最广的领域之一。人脸识别技术是将人脸图像或者相关视频输入系统,然后分析每张脸的大小、特征以及面部各器官的位置信息,其技术原理如图3-6所示。

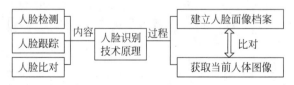

图 3-6　人脸识别技术原理

2) 自然语言处理

语言是信息的载体,是人类思维、沟通与交流的工具。自然语言处理通常指用计算机对人类的自然语言进行有意义的分析与操作。以中文信息处理为例,自然语言处理的研究内容是利用计算机对中文的音、形、义等语言文字信息进行加工和操作,包括对字、词、短语、句子、篇章进行输入、输出、识别、转换、压缩、存储、检索、分析、理解和生成等。它是语言学、计算机科学、认知科学、数学等多学科交叉的边缘学科。

对于自然语言来说,有意义的最小单位应该是词,而对汉语来讲基本单元是字。对于汉语,自然语言处理应该包括对字、词、句以及段落与篇章的处理,如图3-7所示。

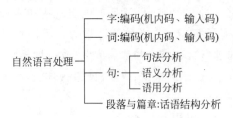

图 3-7 自然语言处理分解示意图

自然语言处理的研究方法分成基于规则和基于统计的两种,基于规则的方法是人工获取语言规则,而基于统计的方法则是通过对大规模语料库的统计分析,实现对自然语言的处理。

3) 智能机器人

机器人是靠自身动力和控制能力来实现各种功能的一种机器。到目前为止,机器人技术的发展大致经历了3个阶段:第一代为可编程示教再现型机器人,其特征是机器人能够按照事先教给它们的程序进行重复工作;第二代机器人(20世纪70年代)是具有一定的感觉功能和自适应能力的离线编程机器人,其特征是可以根据作业对象的状况改变作业内容,即所谓的"知觉判断机器人";第三代机器人(20世纪80年代中期以后)是智能机器人,这种机器人带有多种传感器,能够将多种传感器得到的信息进行融合,有效地适应变化的环境,具有很强的自适应能力、学习能力和自治功能。智能机器人至少具备以下功能:

(1) 感觉功能。主要用来认识周围环境状态。

(2) 运动功能。对外界做出反应性动作。

(3) 思考功能。根据感觉功能所得到的信息,思考采用什么样的动作。

4) 模式识别

模式识别是人工智能的基础技术,是通过计算机用数学方法对物理量及其变化过程进行描述与分类的一门技术,通常用来对图像、文字、照片以及声音等信息进行识别、处理和分类。

要让机器具有人的模式识别能力,人们首先需要研究人类的识别能力,因此模式识别是研究人类识别能力的数学模型,并借助于计算机技术让计算机模拟人类识别行为的科学。也就是说,模式识别是研究如何让机器观察周围环境,学会从背景中识别感兴趣的模式,并对该模式的类属作出准确合理的判断。模式识别研究主要集中在两方面:一是研究生物体(包括人)如何感知对象;二是研究在给定的任务下,如何用计算机实现模式识别的理论和方法。

如图3-8所示,一个完整的模式识别系统由数据获取、预处理、特征提取和选择、分类决策或模型匹配4部分组成。

图 3-8 模式识别系统的组成

(1) 数据获取。数据获取指利用各种传感器把被研究对象的各种信息转换为计算机可以接受的数值或符号(串)集合。

(2) 预处理。数据预处理是为了消除输入数据或信息中的噪声,排除不相关的信号,只留下与被研究对象的性质或是与采用的识别方法密切相关的特征(如表征物体的形状、周长、面积等)。

(3) 特征提取和选择。特征提取指从滤波数据中衍生出有用的信息,从许多特征中寻找出最有效的特征,以降低后续处理过程的难度。

(4) 分类决策或模型匹配。基于数据处理生成的模式特征空间,人们就可以进行模式识别的最后一部分:模式分类或模型匹配。该阶段最后输出的可能是对象所属的类型,也可能是模型数据库中与对象最相似的模式编号。

人工智能正在给各行业带来变革和重构:一方面,将人工智能技术应用到现有的产品中,可以创新产品并发展新的应用场景;另一方面,人工智能技术的发展正在颠覆传统行业,人工智能对人工的替代成为不可逆转的趋势。目前,人工智能主要应用到工业、医疗、安防、金融等领域。

3.1.6 集成电路技术

集成电路(integrated circuit,IC)产业作为整个信息技术产业链的上游产业,是培育发展国家战略性新兴产业、推动中国信息化和工业化深度融合的基础。

1. 集成电路的概念

集成电路是20世纪50年代后期发展起来的一种微型电子器件或部件。它是一种新型半导体器件,利用技术或工艺手段,把电路中所需的晶体管、电阻、电容和电感等元件及布线互连一起,制作在一小块或几小块半导体晶片或介质基片上,然后封装在一个管壳内,成为具有所需电路功能的微型结构;其中所有元件在结构上已组成一个整体,使电子元件向着微小型化、低功耗、智能化和高可靠性等方面迈进了一大步。

目前,半导体工业大多数使用的是基于硅的集成电路。集成电路技术包括芯片制造技术与设计技术,主要体现在加工设备、加工工艺、封装测试、批量生产及设计创新的功能上。

2. 集成电路的特点

集成电路是在同一块半导体材料上,利用各种不同的加工方法,同时制作出许多极其微小的电阻、电容及晶体管等电路元器件,并将它们相互连接起来,使之具有特定的电路功能。集成电路具有体积小、重量轻、可靠性高以及成本低廉等特点。

根据所包含电子元件数量的多少,集成电路可以分为小规模集成电路、中规模集成电路、大规模集成电路和超大规模集成电路等类型。单个集成电路所包含的电子元件数量称为集成度。集成度小于100的集成电路称为小规模集成电路(SSI),集成度为100~3000的集成电路称为中规模集成电路(MSI),集成度在3000~10万的集成电路称为大规模集成电路(LSI),集成度为10万~100万的集成电路称为超大规模集成电路(VLSI),超过100万个电子元件的集成电路称为极大规模集成电路(ULSI)。目前,一般不区分VLSI和ULSI,而统称为VLSI。

集成电路芯片是微电子技术发展的结晶,它是计算机、通信和所有电子设备的硬件核心,是现代信息产业的基础。目前的计算机、智能手机、电视机、数码相机、摄像机、音响设备、网络设备等电子产品均以集成电路作为硬件核心。集成电路产业的发展非常迅速,以集成电路为基础的电子信息产品成为世界第一大产业。

集成电路产业是现代电子信息产业的重要核心,其发展状况对国家经济与科技发展具有重要影响。集成电路的发展推动了传统工业的变革,促进产业升级并且加速了信息化产业的发展进程。集成电路技术目前已经向7nm技术、5nm技术的方向发展。同时,集成电路的创新程度已成为一个国家创新型发展的重要标志。我国集成电路产业应该抓住发展机遇,加大在集成电路技术关键领域的研究力度,积极鼓励技术创新,不断发挥技术人才储备作用,实现跨越式发展。

3.2 计算机硬件

计算机系统由硬件和软件两部分组成,其中硬件指计算机系统中由电子、机械和光电元件等按系统结构组成的各种物理装置的总称。计算机系统的各项操作是硬件与软件协同的过程和结果。本节先介绍计算机硬件的相关知识。

3.2.1 典型计算机系统的硬件组成

冯·诺依曼提出的"存储程序"逻辑架构是电子计算机的逻辑结构设计基础和基本设计原则,目前的电子计算机无论在性能和用途上都有了不同,但都遵循冯·诺依曼结构,仍然以冯·诺依曼结构为基础。

1. 冯·诺依曼计算机

1) 冯·诺依曼计算机结构

典型的冯·诺依曼计算机结构如图3-9所示,主要工作部件包括以下几方面:

(1) 由运算器、控制器、存储器、输入设备和输出设备5个基本部件组成。

(2) 所有指令和数据均用二进制表示。

(3) 每条指令由操作码和地址码两部分组成。其中,操作码用于指出指令的操作类型(如数据的加、减、乘、除等);地址码指出操作数和操作结果存放的位置。

(4) 采用"存储程序"工作原理。根据要解决的问题,需要事先编写程序,并将程序和数据放入存储器,当程序要执行时需要从存储器调入CPU,且根据程序中规定的顺序自动逐条执行指令直至执行结束,程序执行过程中还可能会从存储器中读取数据。

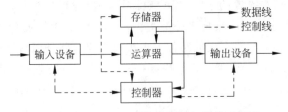

图3-9 典型的冯·诺依曼计算机结构示意图

2) 冯·诺依曼计算机的功能

冯·诺依曼计算机结构各组成部分的主要功能描述如下:

(1) 运算器。运算器(arithmetic unit)是负责对数据进行处理的部件,主要完成数据的算术运算和逻辑运算。其中,算术运算指对数据的加、减、乘、除以及乘方、开方等数学运算;逻辑运算主要指对二进制数进行的与、或、非等逻辑运算。

(2) 控制器。控制器(control unit)的主要功能是协调计算机各部件之间的协同操作,就像人的大脑一样,通过对正在执行指令的分析,将产生的控制信号送到相应的部件,以此来协调计算机各部件之间的操作。

(3) 存储器。存储器(memory)主要用于存储程序和数据,并在计算机运算过程中完成程序和数据的存取。由于计算机中使用0和1来表示数据,所以存储器也提供了具有两种稳定状态的"记忆"元件来分别表示0和1。

(4) 输入设备。输入设备(input device)用来向计算机输入数据和程序。由于程序、数字、文本、图像、音频、视频等信息无法直接被计算机识别,所以在输入计算机之前首先需要将其转换成二进制代码。常见的输入设备有鼠标、键盘、摄像头、数码相机、扫描仪等。

(5) 输出设备。输出设备(output device)用于把计算机中存储、处理或传送来的二进制信息以人们能够直接辨别的数字、文本、图像、声音等形式表现出来。

2. 典型计算机系统的硬件组成

冯·诺依曼结构依然是现代计算机系统遵循的结构。一个典型计算机系统的硬件组成如图3-10所示(该图以Intel Pentium系列为模型,其他系统与此类似)。

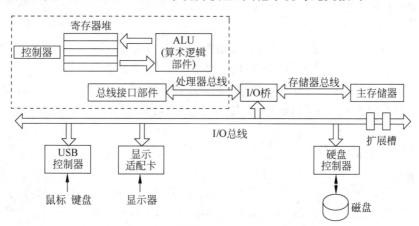

图3-10 典型计算机系统的硬件组成示意图

1) 中央处理器

由于冯·诺依曼计算机系统采用"存储程序"工作方式,计算机的所有功能都是通过执行程序完成的。程序由不同数量的指令构成,专门用来执行指令的部件就是处理器。中央处理器(Central processing unit,CPU)是计算机系统的最核心部件,主要运行系统软件和应用软件。

早期的计算机使用的是分立晶体管,处理器由多个独立单元构成,运算器和控制器之间采用外部连线。自从20世纪70年代出现了集成电路,运算器和控制器以内部连线的方式集成在一个芯片内部,这类处理器称为微处理器。随着超大规模集成电路技术的发展,更多的功能逻辑被集成到CPU芯片中,甚至一个CPU芯片中集成了多个处理器核,从而形成了由数据通路(data path)和控制部件(control unit)组成的CPU。其中,将指令执行过程中数据所经过的路径,包括路径上的部件称为数据通路;其余部件便是控制部件。

2) 存储器

存储器技术的发展强有力地推动了计算机的广泛应用。计算机中的存储器主要指主存储器和外部存储器(硬盘和磁盘)。主存储器是一个临时存储设备,在 CPU 执行程序时,用来存放程序和程序处理的数据。外部存储器是一个能够长期存储程序和数据的设备,CPU 不能直接访问外部存储器,外部存储器上的程序和数据只有在需要时调入主存储器后才能提供给 CPU 使用。

3) 总线

总线(bus)是贯穿整个系统的共享信息传输的通道。在计算机系统中必须相互连接的各功能部件之间,一般采取两种连接方式:一种是通过单独的连线互连,这种方式称为分散连接;另一种是将多个部件连接到一组公共信息传输线上,这种方式称为总线连接。

早期的计算机基本采用分散连接方式,运算器、控制器、存储器和输入/输出设备等组成部件之间基本都由单独的连接线连接。这种连接方式可以获得较高的数据传输速度,但扩展性和灵活性差;现代计算机系统多采用总线结构,且根据功能不同提供了多种类型的总线,为部件之间的连接和信息交换提供通路。总线结构的优点是系统结构清晰、灵活性强且成本低。

4) 输入/输出设备

一个计算机系统提供了功能丰富的多种多样的输入/输出(I/O)设备,以满足不同的应用需要。主要的输入设备有鼠标、键盘、扫描仪等,主要的输出设备有显示器、打印机等。

5) I/O 接口

每一个 I/O 设备都通过一个控制器或适配卡与 I/O 总线相连。控制器与适配卡之间的区别在于它们的封装方式不同,控制器一般置于 I/O 设备本身或系统的主印制电路板(通常称为主板)的芯片组中,而适配卡是一块插在主板插槽上的功能卡。控制器和适配卡的功能都是在 I/O 总线和 I/O 设备之间传递信息,因此统称为 I/O 接口。

3.2.2 中央处理器

中央处理器是计算机中负责读取指令,对指令译码并执行指令的核心部件,其功能主要是解释计算机指令以及处理计算机软件中的数据。

1. 指令与指令系统

计算机是通过执行指令来执行某种操作或处理某个数据的,用机器语言编写的程序中每一条语句称为一条指令。每一条指令由一组有意义的二进制代码组成,准确地表述某种语义,命令计算机执行某种操作。

机器语言是根据计算机硬件功能提供的一种编程语言,用机器语言编写的程序称为机器语言程序。机器语言能被计算机自身识别,所以机器语言程序可以在计算机上直接执行。而 C、Python 等高级语言程序无法直接在计算机上执行,只有经过编译程序的编译生成二进制形式的机器语言程序后才能执行。

通常,一条指令包含操作码和地址码两部分,其基本格式如图 3-11 所示。其中,操作码来用来指明指令所要完成的操作,如加、减、乘、除、移位、传送等;地址码用来指出该指令的操作数地址(数据来源)、结果的地址(操作结果的去向)或者下一条指令的地址。

一台计算机能够执行的所有指令的集合便构成了这台计算机的指令系统,如图 3-12 所示。指令系统为计算机软件与硬件之间的沟通提供了所需要的界面。通过指令系统,一方面硬件为软件提供服务,另一方面软件可以使用硬件的功能。

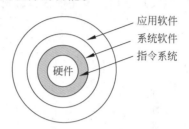

图 3-11 指令格式

图 3-12 指令系统功能示意图

随着计算机系统从早期的晶体管到现在超大规模集成电路的发展,所支持的指令系统也越来越丰富。尤其到了 20 世纪 70 年代,高级程序已经非常成熟,并得到广泛应用。为了使高级语言得到更多计算机系统的支持,通过缩小机器指令系统与高级语言语义之间的差距,设置一些功能复杂的指令,把一些原来由软件实现的常用功能改由硬件指令来实现,这类计算机就称为复杂指令集计算机(complex instruction set computer,CISC)。

20 世纪 80 年代快速发展起来的精简指令集计算机(reduced instruction set computer,RISC)的思想是尽量简化计算机指令功能,只保留那些功能简单、能够在一个时钟周期内执行完成的指令,而把较复杂的功能用一段子程序来实现。

CISC 和 RISC 是 CPU 所采用的两种类型的指令集,是当前 CPU 的两种不同架构。CISC 和 RISC 的区别在于不同的 CPU 设计理念和方法,它们都是试图在体系结构、操作运行、软件硬件、编译时间和运行时间等众多因素中找到某种平衡,以求达到高效性。不同的 CPU 之间,如果具有相同的基本结构和共同的基本指令集,则指令系统是兼容的,这些兼容计算机上的软件基本可以通用。不同公司生产的 CPU 可能使用相同的指令集,也可能采用各自不同的指令集。例如,AMD 公司和 Intel 公司生产的采用 x86 指令集的 CPU 在软件上是兼容的(图 3-13);IBM 公司的 Power PC 采用 RISC 指令集,而 Intel 公司的酷睿 CPU 采用 CISC 指令集,两种计算机之间则不兼容。目前,大量工业控制系统、移动终端等嵌入式产品大量采用低功耗的 RISC 处理器,大多数智能手机内部使用的 ARM 处理器也采用 RISC 处理器(图 3-14)。

图 3-13 采用 CISC 指令集的 CPU

图 3-14 采用 RISC 指令集的 CPU

2. CPU 的基本组成

从 1946 年冯·诺依曼计算机产生以来,计算机的 CPU 结构从分散连接到基于总线式,再到流水线式,以及现在广泛使用的多核结构,虽然其结构越来越复杂,但都可以看成是由寄存器、运算器和控制器组成。

1) 寄存器

寄存器具有较快的存取速度,用于临时存放数据和状态信息。根据存放信息的不同,寄存器可以分为指令寄存器(instruction register,IR)、程序计数器(PC)、地址寄存器(address register,AR)、数据寄存器(data register,DR)、累加寄存器(AC)、程序状态字寄存器(PSW)等类型。

例如,数据寄存器用来暂时存放由主存储器读出的一条指令或一个数据字;反之,当向主存存入一个数据字时,也暂时将其存放在数据寄存器中。数据寄存器主要作为 CPU 与主存、外设之间信息传输的中转站。

指令寄存器用来保存当前正在执行的一条指令。当执行一条指令时,先把该指令从主存读取到数据寄存器中,然后再传送至指令寄存器。

地址寄存器用来保存 CPU 当前所访问的主存单元的地址。由于在主存和 CPU 之间存在操作速度上的差异,所以必须使用地址寄存器来暂时保存主存的地址信息,直到主存的存取操作完成为止。当 CPU 和主存进行信息交换,即 CPU 向主存存入或取出数据时,或者 CPU 从主存中读出指令时,都要使用地址寄存器和数据寄存器。

2) 运算器

运算器是计算机中用于实现数据加工处理等功能的部件,它接收控制器的命令,负责完成对操作数据的加工处理任务。运算器的核心部件是算术逻辑部件(arithmetic logic unit,ALU),ALU 是用来对二进制数据进行加、减等各种基本算术运算,或与、或、非等逻辑运算的部件。

3) 控制器

计算机的所有功能都是通过执行程序完成的,而程序由若干条指令组成。CPU 的基本功能就是周而复始地执行指令,控制指令执行的部件就是控制器。在控制器的指挥控制下,运算器、存储器和输入/输出设备等部件协同工作,构成了一台完整的通用计算机。

3. CPU 的性能指标

CPU 的性能对整个计算机系统的性能起着关键作用。CPU 性能主要指 CPU 运行用户程序代码的时间,主要包括以下几方面:

1) 机器字长

机器字长指 CPU 一次能够处理数据的位数,通常是 CPU 中整数寄存器和定点运算器的宽度,即一次二进制整数运算的宽度。机器字长越长,数的可表示范围越大,精度越高。如果机器字长较短,那么位数较多的数据必须经过多次的处理才能完成运算,相应地增加了程序的执行时间。按照机器字长,CPU 可以分为 4 位、8 位、16 位、32 位和 64 位几种,目前个人计算机中 CPU 字长有 32 位和 64 位两种,其中较新的 Intel Core i3/i5/i7 等采用 64 位的处理器。

2) 主频

主频指 CPU 工作的时钟频率,即在 CPU 内部数字脉冲信号振荡的速度,单位为 Hz。

与主频对应的另一个名词是时钟周期,它是主频的倒数,表示数字脉冲信号振荡一次的时间间隔。

需要说明的是,对于两个不同的 CPU,由于其内部实现结构可能存在差异,所以不同 CPU 的运算速度不能简单地用主频来直接比较,也就是说 CPU 的主频不完全代表 CPU 的运算速度,但是提高主频对于提高 CPU 运算速度起着重要作用。

3) CPU 总线速度

CPU 总线指前端总线,其工作频率影响着 CPU 与内存直接数据交换的速度。根据公式

$$数据带宽 = \frac{总线频率 \times 数据位宽}{8}$$

数据传输最大带宽取决于所有同时传输的数据的宽度和传输频率。在 CPU 性能确定的情况下,总线速度越快则 CPU 性能的发挥越充分。

4) 内核数量

早期的 CPU 一直通过提高主频来提升性能,但随着主频的提升其功耗也随之增大,带来了处理器的散热问题。从 2005 年开始,提升处理器性能的方式由单纯地提高 CPU 主频向多核微处理器架构发展。多核技术的基本思路是:简化单个处理器的复杂性,在单个芯片上集成多个处理器核,以多核并行计算来提升 CPU 的性能。例如,一个"8 核"微处理器就是在一个芯片中集成了 8 个处理器核,每个核其实就是一个独立的处理器,CPU 运行时 8 核同时工作,提高了 CPU 的整体性能。

伴随着大规模和超大规模集成电路的迅速发展,芯片的集成密度越来越高,CPU 可以集成在一个半导体芯片上,这种具有 CPU 功能的大规模或超大规模集成电路器件称为"微处理器"。微处理器的发展非常迅速,从 20 世纪 70 年代初 Intel 公司推出 4 位 Intel4004 微处理器以来,微处理器的字长已经到了 64 位,并已广泛应用于个人计算机、嵌入式应用和服务器应用等领域。除用作处理通用数据的 CPU 外,还根据不同的应用出现了专用的处理器,如专用于图像数据处理的图形处理器(graphics processing unit,GPU)、专用于音频数据处理的音频处理单元(audio processing unit,APU)等。

3.2.3 存储器

随着技术的快速发展,出现了多种类型的存储器,以满足不同性能和功能的应用需要,同时同类存储器在性能上得以快速提升。

1. 存储器的分类

数据必须保存在存储介质上。根据计算机的工作原理,存储介质必须具备两个截然不同的物理状态,以分别代表数字"0"和"1"。目前使用的存储介质主要有半导体器件、磁性材料和光介质。其中,由半导体器件构成的存储器称为半导体存储器,由金属或塑料材料的表面涂一层磁性材料作为记录介质的存储器称为磁盘面存储器(主要有磁盘、磁带等),应用激光在记录介质(磁光材料)上进行读/写的存储器称为光盘存储器。

1) 按存取方式进行分类

存储器的存取方式主要分为随机存取方式、顺序存储方式和直接存取方式 3 种类型。

(1) 随机存取。随机存取方式的特点是存储器中任何一个单元的内容可以随机存取，且存取时间是一个常数，与存取单元的物理位置无关，如 RAM 存储器。

(2) 顺序存储。顺序存储方式的特点是对存储单元读/写操作时，需按其物理位置的先后顺序访问，存取时间取决于信息的存放位置，如磁带存储器。

(3) 直接存取。直接存取方式兼顾了随机访问和顺序访问的特点，首先可直接选取所需信息的所在区域，然后按顺序存取，如磁盘存储器。

2) 按断电后存储信息是否丢失分类

按断电后存储器中的信息是否丢失，可将存储器分为易失性存储器和非易失性存储器。

(1) 易失性存储器。易失性存储器是断电后原来存储的所有信息将全部丢失，如 RAM 芯片。

(2) 非易失性存储器。非易失性存储器指断电后原来存储的信息仍然存在的存储器，如 ROM 芯片、磁盘、光盘等。

3) 按在计算机系统中的作用分类

按在计算机系统中发挥的作用，可以将存储器主要分为高速缓冲存储器、主存储器和辅助存储器 3 种类型。

(1) 高速缓冲存储器。高速缓冲存储器(cache)是一类存取速度接近于 CPU 的工作速度，介于主存储器与 CPU 之间，用于存放当前 CPU 经常访问的指令和数据的存储器。

(2) 主存储器。主存储器主要用来存放被启动的程序及其数据。

(3) 辅助存储器。辅助存储器主要用来存放不能被 CPU 直接访问的暂时不用的程序和数据。

4) 按 CPU 的可访问性分类

按 CPU 的可访问性，计算机中的存储器可分为内存(内部存储器)和外存(外部存储器)两种类型。

(1) 内存。内存与 CPU 高速连接，保存 CPU 正在执行的程序和处理的数据，其容量相对较小，但速度较快，高速缓冲存储器(cache)和主存储器都属于内存。

(2) 外存。外存与 CPU 不直接相连，其容量相对较大，且成本低，但速度相对较慢，外存用于长久存放大容量的各种程序和数据，主要有磁盘、U 盘等。

2. 存储器的主要性能指标

目前实际使用的存储器中，虽然介质类型多样，主要用途存在差异，但其性能评价指标主要包括容量和速度。

1) 存储器的容量

存储器的容量指存储器可以存放二进制信息的大小，通常用构成存储器的字节数来计量，单位是位(bit,b)、字节(byte,B)，目前常见的单块物理存储器的容量大小单位有 GB、TB 等。

计算机主存储器由大量的存储单元组成，每个存储单元都编有一个从 0 开始的线性地址，以便于 CPU 按地址访问。如图 3-15 所示，该存储器采用 6 位地址编址方式(地址数为 $2^6=64$ 个)，每个存储单元存放一字节(8 位)二进制数，所以该存储器的容量为 $2^6 \times 8b = 64B$。目前使用的个人计算机，每个主存储器单元一般存放 1B 的信息，存储容量单元用 MB 或 GB 表示。

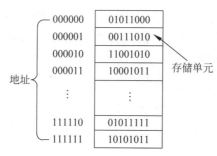

图3-15　主存储器地址和存储单元

2）存储器的速度

常用于描述存储器速度的指标有存取时间、存储周期和带宽。

（1）存取时间。存取时间指存储器从接到读/写命令开始，到存储器读出/写入数据所需要的时间，即存储器完成一次完整的读/写操作所需要的时间。

（2）存储周期。存储周期指存储器两次连续的存储操作（读/写）之间所需要的时间间隔，存储周期应大于存取时间。

（3）带宽。存储器的带宽指存储器被频繁访问时，可以提供的最大数据传输速率，通常用每秒传送信息的位数来衡量。

3. RAM 和 ROM

RAM（random access memory，随机存储器）和 ROM（read only memory，只读存储器）同属于一种以半导体集成电路作为存储介质的存储器。

1）RAM

根据存储机理，RAM 可分为 DRAM（动态随机存储器）和 SRAM（静态随机存储器）两种类型。

（1）DRAM。DRAM 的集成度高，容量大，功耗小，成本相对较低，但速度慢，主要用于主存（主存储器）。受集成度和功耗等因素的限制，一个 DRAM 芯片的容量有限，通常将多个 DRAM 芯片扩展后集成到一个内存条上，可根据配置需要将多个内存条组合成一台计算机的主存储器 RAM 空间，如图3-16所示。

（2）SRAM。SRAM 的集成度低，功耗大，容量相对较小，但速度快，主要用于高速缓冲存储器，目前大多与 CPU 集成于同一个芯片中。

图3-16　内存条和安装在计算机主板上的内存条

2）ROM

ROM 是一种只读存储器，ROM 中的信息一旦写入，通常情况下只能读取而不能写入。ROM 中的信息在断电后不会丢失。随着技术发展和应用需求的变化，现在某些 ROM 中的信息也可以写入。例如,闪存(flash memory)在计算机中用于 BIOS 存储器,保存操作系统中的基本输入/输出系统软件。目前广泛使用的 U 盘以及智能产品(如智能手机、数码相机)中的存储器也都使用闪存构成。

4. 常用的外部存储器

随着技术的发展,外部存储器变得非常丰富,软盘作为较早使用的外部存储介质已经被淘汰,目前主要使用的外部存储器主要有以下几类:

1) 硬盘

从 IBM 公司 1956 年开始使用磁盘以来,硬盘成为计算机中主要使用的一种外部存储器。硬盘是一种非易失性存储器,可以长久保存大量的程序和数据。目前的硬盘主要包括两种类型:机械式硬盘和固态硬盘。

(1) 机械式硬盘。机械式硬盘主要由磁记录介质、硬磁盘驱动器和磁盘控制器 3 部分组成。其中,磁记录介质用来保存信息;硬磁盘驱动器主要由多张(一般为 1~5 张)盘片和磁头、电子机、移动臂及控制电路等密封在一个盒子中形成,其内部结构和工作示意图如图 3-17 所示;磁盘控制器是主机与硬磁盘驱动器之间的接口,提供了主存储器与硬盘之间的高速数据传输。目前,服务器一般使用 SCSI(small computer system interface,小型计算机系统接口)、SAS(Serial Attached SCSI,串行 SCSI)和 FC(fibre channel,光纤通道)等接口,而个人计算机主要使用 IDE(integrated drive electronics,电子集成驱动器)和 SATA(Serial ATA,串行 ATA)接口。

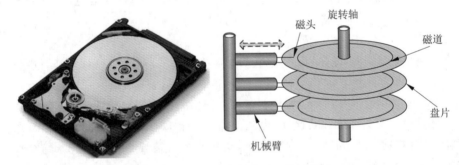

图 3-17 硬盘的内部结构及工作示意图

盘片一般由铝合金或玻璃制成,在上面涂一层磁性材料,通过磁性材料的磁化来记录数据。磁头是实现"磁"信号与"电"信号之间信息转换的元件。如图 3-18 所示,当电动机带动盘片旋转时,磁头处于某一位置上,磁头会在盘片表面划出一个圆形轨迹,每个同心的圆形轨迹称为一个磁道(track),每个磁道都有一个编号,处于最外面的是 0 磁道。在由多个盘片组成的硬盘中,处于同一半径圆的多个不同盘面的磁道组成一个圆柱面(cylinder)。盘片上的每个磁道被分为多个弧段(一般为 100~500),每个弧段称为一个扇区(sector),每个扇区的容量一般为 512B 或 4KB,其中硬盘第一个扇区称为引导扇区。磁盘上的数据以扇区为单位进行读写,所以硬盘上定位数据的地址需要 3 个参数:磁头号(盘面号)、磁道号和扇区号。在操作系统中,将相邻的多个扇区组合在一起形成一簇,以便于操作系统对硬盘文件进行管理,所以簇是操作系统中硬盘文件存储管理的最小单位。

硬盘存储器的平均存取时间与硬盘的旋转速度、磁头的寻道时间和数据的传输速率有

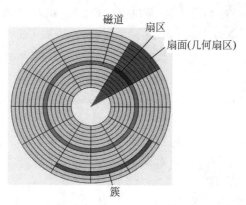

图 3-18　一张盘片上磁道、扇区和簇之间的关系示意图

关。在硬盘工作时,由于盘片的旋转和磁头的径向移动都是机械运动,所以机械式硬盘的速度较慢。目前的硬盘速度一般有 5400r/min、7200r/min、100 00r/min 和 15 000r/min(其中,r/min 表示 revolutions per minute,即每分钟的转数)。

(2) 固态硬盘。固态硬盘(solid state drives,SSD)由控制单元和固态存储单元组成。根据所采用存储介质的不同,主要分为采用 Flash 芯片(闪存)的固态硬盘和采用 DRAM 芯片的固态硬盘两种类型。目前使用的固态硬盘多采用 Flash 芯片作为存储介质。

图 3-19 所示是固态硬盘的内部结构和工作原理示意图。一个 SSD 主要由一个或多个闪存芯片和闪存转换层(flash translation layer,FTL)组成。其中,闪存芯片相当于用来存放程序和数据的磁盘,FTL 相当于磁盘控制器,负责控制如何访问这些闪存以及与外部总线的交互。具体来说,FTL 主要有两大功能:①将操作系统对闪存的访问操作虚拟成为磁盘操作,以便于操作系统像访问磁盘一样访问闪存;②实现对存储单元的均衡使用,即磨损平衡(wear leveling)处理,以提高 SSD 的使用寿命。

图 3-19　固态硬盘的内部结构与工作示意图

一个闪存由多个块组成,每个块一般由 128～256 页组成,每页的大小为 4～8KB。数据以页为单位进行读写,数据在被正确写入一页之前,页面必须保持清空状态。闪存一次只能擦除一个块,而不是一页,在一个块被擦除后,块中每页都可以写一次。由于闪存块的擦除次数是有限的,如果对其中的某页进行了频繁的写操作,则该页所在的闪存块可能提前达到使用寿命而损坏。所以,为了提高闪存的使用寿命,FTL 采用了磨损平衡处理算法来均衡对闪存中页的操作。

与机械式硬盘相比，SSD 的速度快、噪声低、防震性好、启动速度快。但 SSD 的读写次数受限，一旦出现数据损坏，恢复比较困难。目前，在计算机中广泛使用 SSD 来替代机械式硬盘。

2）光盘存储器

光盘是一种辅助存储器，主要由光盘盘片和光盘驱动器组成。其中，光盘的盘片是一种耐热的有机玻璃，通过在盘片上压制凹坑从而形成"坑"与"岸"来分别表示二进制数"0"和"1"，这种"坑"与"岸"实际上是一种物理信号；光盘驱动器实现对光盘数据的读写，读写头是用半导体激光器和光路系统组成的光头，利用光头发出的激光束来进行信息读写。

根据所采用激光类型的不同，光盘分为使用红光的 CD 盘与 DVD 盘，以及使用蓝光的 BD 盘 3 种类型。其中，CD 盘和 DVD 盘的物理大小相同，但所使用的激光波长、光斑直径、"坑"与"岸"间的宽度等参数不同；另外，DVD 盘有单层单面、单层双面、双层单面、双层双面几种类型，其容量要远远大于 CD 盘。一般的 CD 盘容量为 650MB，而单层单面 DVD 盘可以达到 4.7GB。BD（blu-ray disc，蓝光光盘）是目前容量较大的一类光盘，它利用波长更短的蓝光激光来读写信息，单层盘片的容量可达到 25GB，读写速度可以达到 432Mb/s。

根据是否具备读写功能的不同，光盘可分为只读光盘、一次性写入光盘和可擦写光盘 3 种类型。其中，只读光盘存储的内容由生产厂家预先用激光在盘片上蚀刻而成，信息不能改写，CD-ROM、DVD-ROM 和 BD-ROM 都是只读光盘；一次性写入光盘指用户可以写入一次，但写入后不能再次擦写，只能将数据追加在盘片的空白位置处的光盘，CD-R、DVD-R、DVD+R 和 BD-R 都属于一次性写入光盘；可擦写光盘指像硬盘一样可重复进行读写的光盘，CD-RW、DVD-RW、DVD+RW 和 BD-RW 都属于可擦写光盘。光盘驱动器的类型与光盘类型是一一对应的。

3）移动硬盘

移动硬盘（mobile hard disk）其实质就是硬盘，只是为了满足移动应用，将硬盘安装在外围的盒子中，再通过计算机提供的 USB、eSATA、Thunderbolt 雷电等有线接口以及 Wi-Fi、蓝牙（blue tooth）等无线方式，为数据的读写提供支撑。

4）U 盘

U 盘（USB flash disk）也称为"优盘"，是一种使用 USB 接口的无须物理驱动器的微型高容量移动存储产品，通过 USB 接口与计算机连接实现即插即用。U 盘通常使用塑料或金属外壳，内部含有一张小的印制电路板，通过闪存（flash memory）进行数据存储。

5）存储卡

存储卡是一种以插卡的形式，主要用于智能手机、数字照相机、数码播放机等数据产品的独立存储介质。存储卡也是以闪存作为存储介质，其容量大小与 U 盘相当。存储卡的兼容性较好，而且具有体积小、使用便捷等特点，所以应用较为广泛。

存储卡的种类较多，目前主要有 MMC 系列、SD 系列、记忆棒、CF 卡、TF 卡等类型。其中，MMC（multi media card，多媒体卡）主要用于数码相机、智能手机等产品；SD（secure digital card，安全数据卡）主要用于数码相机、平板电脑、智能手机等产品；CF（compact flash card，紧凑闪存卡）主要用于数码相机；TF（trans flash card，反式闪存卡）也称为 micro SD 卡，可插 SD 卡转换器作为 SD 卡使用，在摩托罗拉产品中较常使用；记忆棒（memory stick）是由日本索尼公司最先研发出来的移动存储媒体，主要用于索尼和爱立信的数码产品中,当用于笔记本电脑时,相当于计算机的硬盘。

读卡器(card-reader)指将存储卡作为移动存储设备进行读写的接口设备。由于存储卡的类型较多,所以对应的读卡器也有多种类型。例如,按照端口类型不同可分为串行口读卡器、并行口读卡器和 USB 读卡器等;按照操作时是否与存储卡直接接触,分为接触式读卡器和非接触式读卡器。当存储卡插入智能手机、数字照相机、笔记本电脑对应的插槽时,这些设备将实现读卡器的功能。图 3-20 所示是目前常见的存储卡以及取证工作中使用的专业读卡器(在一台设备上可同时读取多种类型的存储卡)。

图 3-20　存储卡和多功能读卡器

3.2.4　总线与 I/O 接口

计算机内部各元器件之间以及计算机与外部设备之间进行数据交换时,都需要借助相应的通道,并遵循相应标准规范,计算机总线与 I/O 接口就负责完成这些功能。

1. 总线

现代电子计算机采用冯·诺依曼"存储程序"工作方式,计算机所有功能的实现都是依赖程序的执行。程序在执行过程中,需要在 CPU、存储器和 I/O 模块之间频繁地交换指令和数据,总线的作用便是连接不同功能部件,为不同部件之间提供规范化的数据(包括指令)交换方式。

带宽(也称为总线带宽)是衡量总线性能的一个非常重要的指标,表示单位时间内总线上能够传输的最大数据量。带宽的计算公式为

带宽(MB/s)＝数据线宽度(bit/8)×总线工作频率(MHz)×每个总线周期的传输次数

计算机系统中存在多种类型的总线,不同类型的总线在不同层次上为部件之间的连线和数据交换提供共享通道。计算机中的总线按功能和规范可分为 5 大类型。

1) 数据总线

数据总线(data bus)是在 CPU 与 RAM 之间共享需要处理或存储的数据通道。数据总线的位数是衡量计算机性能的一个重要指标,通常与微处理器字长相一致。例如 Intel 酷睿 i7 的字长是 64 位,其数据总线宽度也是 64 位。常见的数据总线有 ISA、EISA、VESA、PCI、PCI-E 等。图 3-21 所示是各类 PCI 和 PCI-E 插卡和主板上对应的插槽。

需要说明的是,数据的含义是广义的,它可以是真正的数据,也可以是指令代码或状态信息,有时甚至是一个控制信息。因此,在实际工作中,数据总线上传送的并不一定仅仅是真正意义上的数据。

2) 地址总线

地址总线(address bus)是专门用来传送地址的一种总线类型。由于地址是 CPU 访问

图 3-21　各类 PCI 和 PCI-E 插卡和插槽

外部存储器或 I/O 接口的标识,所以地址总线的位数决定了 CPU 可直接寻址的内存空间大小。一般来说,如果地址总线为 n 位,则可寻址空间为 2^n。例如,一个 32 位地址总线的可寻址空间为 $2^{32}=4\mathrm{GB}$。

3) 控制总线

控制总线(control bus)用来传送控制信号和时序信号。控制信号中,有的是微处理器送往存储器和 I/O 接口电路的,如读/写信号、中断响应信号等;也有的是其他部件反馈给 CPU 的,例如中断申请信号、复位信号、设备就绪信号等。因此,控制总线的传送方向由具体控制信号而定,数据一般是双向的。

4) 扩展总线

扩展总线(expansion bus)是外部设备和计算机主机进行数据通信的总线,例如 ISA 总线、PCI 总线等。

5) 局部总线

局部总线(local bus)是用于取代更高速数据传输的扩展总线。

以上 5 类总线中,数据总线、地址总线和控制总线也统称为系统总线,即连接 CPU、存储器和 I/O 模块之间的总线。

2. I/O 接口

I/O 接口的功能是通过制订规范的速度、时序、信息格式、信息类型等参数,将 I/O 设备与主机(CPU 和内存)联系在一起,实现主机与 I/O 设备之间的数据交换。在计算机中,鼠标和键盘等设备的功能相对简单,其 I/O 控制器集成在主板上,而显示器、网络、音/视频等设备的功能相对复杂,其 I/O 控制器有些集成在主板上,而有些则以扩充卡(或适配卡)的形式插在主板的扩展插槽(如 PCI-E 总线插槽)中。图 3-22 所示是计算机中显示器连接的示意图和逻辑组成图,其中显卡插在主板的扩展插槽中,一端通过电缆连接显示器,另一端通过主板上的总线(如 PCI-E 总线)与 I/O 总线连接。

图 3-22　显示器连接示意图和逻辑组成图

严格地讲，I/O 接口是 I/O 控制器和对应的连接器的总称，I/O 接口的一端连接 I/O 总线，进一步与主机连接，另一端连接电缆，进一步与 I/O 设备连接。I/O 接口为 I/O 设备与主机之间的数据通信提供连接服务，所以 I/O 接口也称为 I/O 设备接口。通常情况下，把用于连接 I/O 设备的连接器接头（插座或插头）和相应的通信规程及电气特性称为 I/O 接口。

随着计算机应用的快速发展，I/O 设备的种类日益丰富的同时，也使得同一设备类型快速迭代，导致不同设备之间的连接速度存在较大差异；另外，当 I/O 设备与 CPU 通信时，都需要由 I/O 接口提供一个数据缓冲区来匹配两者之间的速度。同时，为了保证不同组件之间能够正常通信，需要由 I/O 接口对数据格式进行转换，通过 I/O 接口，主机把输入/输出的任务发送给外设，同时把外设的工作状态反馈给主机。例如，在进行打印操作时，主机把打印任务通过 I/O 接口发送给打印机（外设），同时 I/O 接口接收打印机的当前状态（如卡纸故障）并反馈给主机。常用的 I/O 设备接口有 PS/2 接口、USB 接口、VGA 接口、以太网接口、HDMI 接口等，如图 3-23 所示。

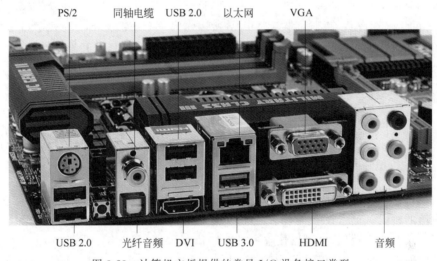

图 3-23 计算机主板提供的常见 I/O 设备接口类型

1）视频输出接口

目前常见的视频输出接口有 VGA、DVI 和 HDMI。其中，VGA（video graphics array，视频图形阵列）是 IBM 公司于 1987 年提出的使用模拟信号的计算机显示标准，其工作原理是将计算机内的数字信号转换为模拟信号后发送给显示器；DVI（digital visual interface，数字视频接口）可以直接发送未压缩的数字视频数据到显示器，其接口又分为 DVI-D、DVI-I 和 DVI-A 共 3 种类型，DVI-D 接口只能发送数字信号，DVI-I 接口可以同时兼容模拟和数字信号，而 DVI-A 只能发送模拟信号；HDMI（high definition multimedia interface，高清多媒体接口）是一种全数字化视频和音频发送接口，在同一条线缆上同时发送未压缩的音频及视频信号，主要用于计算机、机顶盒、DVD 播放机、数字电视等设备。

2）USB 接口

USB（universal serial bus，通用串行总线）是一种输入/输出接口技术规范和串口总线标准。通过"USB 集线器"，一个 USB 接口理论上最多可以连接 127 个即插即用设备，广泛应用于计算机、数字电视、游戏机等数字设备,并逐渐取代了传统的并行口、串行口、PS/2、COM 等接口类型。

1996 年推出的第一代 USB 1.0 的最大数据传输速率只有 1.5Mb/s,1998 年推出的升级版 USB1.1 最大传输速率提升到 12Mb/s;2002 年推出的第二代 USB 2.0,最大传输速率达到了 480Mb/s,并与 USB1.0/1.1 保持了兼容;2008 年推出的第三代 USB3.0 最大传输速率达到了 5.0Gb/s,且向下兼容 USB2.0;最新一代的 USB3.1,其传输速率达到了 10Gb/s。

3) e-SATA 接口

e-SATA 接口是一种外置的 SATA 接口规范,用于外接硬盘。e-SATA 接口使用主板上的 SATA 2 总线资源,其速度要比 USB2.0 快。e-SATA 接口的缺点是无法实现自身供电,需要外接电源。

为了解决 e-SATA 接口无法自身供电的缺陷,推出了 USB Plus 接口。USB Plus 接口是 e-SATA 与 USB2.0 接口的结合体,已开始集成到计算机主板上。

4) IEEE1394 接口

IEEE 1394 接口是苹果公司开发的串行标准,又称火线(firewire)接口。由于 IEEE1394 的传输速率目前可达到 400Mb/s,所以作为一个工业标准的高速串行总线,已广泛应用于数字摄像机、数码相机、电视机顶盒、家庭游戏机、计算机及其外围设备。

3.2.5 输入/输出设备

输入/输出(I/O)设备用于计算机与外部设备之间进行信息交互,是实现人与机器之间联系的关键设备。

1. 输入设备

输入设备(input device)是计算机从外部获取数据和信息的设备,是计算机与用户或其他设备通信的桥梁。输入设备的任务是把数据、指令及某些标志等信息输送到计算机中。计算机既接收数值型数据,也可以接收各种非数值型数据(如图形、图像、声音等)。数值型数据和非数值型数据都可以通过不同类型的输入设备输入计算机后进行存储、处理和输出,常见的输入设备有键盘、鼠标、摄像头、扫描仪、光笔、手写输入板、游戏杆等。

1) 键盘

键盘是最常用也是最主要的输入设备,所有英文字母、数字、标点符号等数据和指令的输入都需要借助键盘来完成。计算机上早期使用的键盘为 AT 接口或 PS/2 接口,目前大量使用 USB 接口和无线键盘。根据不同应用,键盘可以分为台式机键盘、笔记本电脑键盘、工控机键盘、智能手机键盘等类型。随着软件技术和应用需求的发展,在某些场景中还使用利用软件模拟键盘功能的"软键盘"。另外,为了提高数据输入的安全性,在某些应用场景中还提供了按键动态变化的软键盘。图 3-24 所示的是 Windows 操作系统自带的软键盘,可通过运行 C:\Windows\system32 目录下的"Osk.exe"程序打开。

2) 鼠标

鼠标是一类手持式输入设备,也是一种针对计算机屏幕显示的定位设备,能方便地控制屏幕上的光标移动到指定位置,并通过按键完成各种操作。鼠标按其工作原理可以分为机械鼠标和光电鼠标,其中机械鼠标的底部有一个可运动的圆球,通过圆球的转动来触发 4 个

图 3-24　Windows 操作系统自带的软键盘

方向的电位器，测得上下左右 4 个方向的相对位移量，再通过软件处理和转换，控制屏幕光标箭头相对移动；光电鼠标在其底部的洞里有一个小型感光头，面对感光头的是一个每秒向外发射 1500 次光波的发光管，感光头的作用是将接收到的光波回馈给鼠标的定位系统，以此来实现准确的定位。与机械鼠标相比，光电鼠标具有精度高、可靠性强和耐用等特点。有线鼠标使用 AT 接口、PS/2 接口或 USB 接口，无线鼠标主要利用红外线和蓝牙技术，把鼠标在 X 轴或 Y 轴上的移动、按键按下或抬起的信息转换成无线信号并发送给主机。

3D 震动鼠标是一种新型的鼠标器，它不仅可以当作普通的鼠标器使用，而且具有全方位立体控制能力，具有前、后、左、右、上、下 6 个移动方向，而且可以组合出前右、左下等移动方向，另外还具有震动功能，即触觉回馈功能。例如，在玩某类游戏时，当玩者被敌人击中时，会感觉到鼠标也在震动。

3）触摸屏

与鼠标、键盘等设备一样，触摸屏（touch screen）也是一种定位设备，用户可以直接用手指向计算机输入信息。触摸屏通常是在显示器上覆盖了一层透明的对压力有高敏感性的触摸面板，当触头施加压力在触摸屏上时会产生电流信号，以确定压力源的位置，并对其进行动态跟踪。触摸屏是一种绝对定位设备，它使用绝对坐标，触碰点就是定位点，不需要光标移动。根据触摸的感知数量，触摸屏可分为单点触摸屏和多点触摸屏，其中多点触摸屏可以同时感知触摸屏上的多个触摸点，以方便用户多个手指同时操作屏幕。

4）扫描仪

扫描仪（scanner）是利用光感器件，将检测到的光信号转换成电信号，再将电信号通过模拟/数字（A/D）转换为数字信号后传输到计算机中的一种输入设备。在自然界中，当光束照射物体表面时会发生折射和反射两种现象，扫描仪就利用了这一原理。扫描仪工作时会发出特定波长的强光束到被扫描介质（书稿、照片、胶片等）上，其中没有被折射（吸收）的光束被反射到扫描仪的光学感应器上。光学感应器接收到这些光信号后，将其传送到 A/D 转换器，再由该 A/D 转换器将光信号转换成为计算机可以读取的由"0"和"1"组成的数字信号，同时通过驱动程序将信息显示在显示器上。被扫描介质可以分为反射稿和透射稿，其中反射稿指报纸、书籍、照片等不透明介质的稿件，而透明稿主要有幻灯片（正片）或底片（负片）等类型。

扫描仪的核心部件是 A/D 转换器和感光元件，其中 A/D 转换器的功能是将感光元件接收到的模拟信号（光信号）转换成为计算机可以读取的数字信号；感光元件将感光面上的光信号转换为与光信号成相应比例关系的电信号,常用的感光元件有 CCD(charge coupled device,电荷耦合器件)和 CIS(contact image sensor,接触式图像传感器)。

CCD 于 1969 年由美国贝尔研究室开发,它使用一种高感光度的半导体材料制成,表面受到光线照射时,每个感光单位会将电荷反映在组件上,即把光线转变成电荷。所有的感光单位所产生的信号加在一起,就构成了一幅完整的画面。CCD 扫描的图像质量高,具有一定的景深,能够扫描凹凸不平的物体,但扫描仪的体积相对较大。

CIS 用在扫描仪中,将感光单元紧密排列,直接收集被扫描介质反射的光线信息。由于 CIS 是接触式扫描(必须与被扫描介质保持很近的距离),所以只能使用 LED 光源,景深、分辨率以及色彩表现目前都不如 CCD 感光器件,也不能用于扫描透明稿,但 CIS 扫描仪具有体积小、重量轻、生产成本低等优点。

光学分辨率是反映扫描仪扫描图像清晰度的一个重要指标,单位为 DPI(Dots Per Inch,每英寸长度上扫描图像的取样点个数),其值在 300~2400。DPI 数值越大,扫描图像的质量越高;色彩位数是反映扫描能够产生色彩范围的一个参数,用二进制数表示,其值越大,色彩位数越多,扫描图像的色彩越丰富。例如,1 位的图像,每像素点可以携带 1 位(0 或 1)的二进制信息,只能产生黑或白两种不同色彩,8 位的图像可以给每像素点 8 位的二进制信息,可以产生 $2^8=256$ 种色彩等。

5) 数码相机

数码相机集成了影像信息的转换、存储和传输等部件,是集光学、机械、电子一体化的产品。光线通过镜头(或镜头组)进入相机,经过数码相机成像元件转化为数字信号,数字信号通过影像运算芯片存储在存储设备中,具体过程如图 3-25 所示。

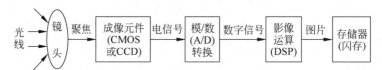

图 3-25　数码相机的成像过程

数码相机的成像元件主要采用 CCD 和 CMOS(complementary metal oxide semiconductor,互补金属氧化物半导体),两者都是利用感光元件进行光电转换,将图像转换为数字数据,而其主要差异是数字数据传送的方式不同。CMOS 的信号是以点为单位的电荷信号,而 CCD 是以行为单位的电流信号,前者更为敏感,成像速度更快。

数码相机与传统胶片相机在捕捉信号的前端设备上是相同的。数码相机也是使用镜头光圈和快门来聚焦图像,这与传统胶片相机并无区别。但是,传统相机将通过镜头透镜的成像聚焦到感光银盐胶片上,胶片感光将影像以光学模拟信号的方式记录下来。而数码相机则聚焦到 CCD 或 CMOS 图像传感器半导体芯片上,通过扫描产生电子模拟信号,然后经过 A/D 转换形成电子数字信号,再经过压缩,最后以数字文件形式保存在内置的存储器芯片、可拔插的存储卡或外置存储介质上。

像素(pixel)是衡量数码相机成像质量的一个重要指标。像素具体是组成图像的小方格,这些小方格都有一个明确的位置和被分配的色彩数值,众多的小方格决定了该图像所呈现出来的样子。像素是由数码相机里的光电传感器上的光敏元件数目决定的,一个光敏元件就对应一个像素。因此像素越大,意味着光敏元件越多,相应的成本就越高。在使用数码相机拍照时,经常会有几组数字供使用者选择,如 1024×768、1600×1200、2048×1536 等,每一组数字中,前一数字表示在照片的长度方向上所含的像素点数,后一数字表示在宽度方向上所含的像素点数,两者的乘积就是像素数。例如,1600×1200＝1920000≈2000000,即通常讲的 200 万像素。这 200 万就代表着数码相机的像素数。在具体应用中,像素在一定程度上决定着数码相机的图像质量,但是当像素高于一定数值时就失去了实际的意义,因为目前使用的显示器的分辨率一般为 1366×768 或 1920×1200,如果在这样分辨率的显示器上显示像素过高的图片时,图片将被压缩至当前屏幕的大小,此时有的图片就会出现锐利度过高的情况而失真。同样,在高分辨率的显示器上显示低像素的图片时,需要通过算法在相邻像素之间进行填补,图片将会出现颗粒状,变得很模糊。

6) 传感器

传感器与通信、计算机被称为现代信息系统的三大支柱。传感器(sensor/transducer)是能够感受规定的被测量并按一定规律转换成可用输出信号的器件或装置的总称。通常被测量是非电物理量,输出信号一般为电量。如图 3-26 所示,传感器一般由敏感元件、转换元件、变换电路和辅助电源四部分组成。其中,敏感元件用于接收外界的被测量信息,并输出与测量有关的物理量信号,根据感知功能的不同,敏感元件主要分为热敏元件、光敏元件、湿敏元件、气敏元件、力敏元件、声敏元件、磁敏元件、色敏元件、味敏元件和放射性敏感元件等大类;转换元件用于将敏感元件输出的物理量信号转换为电信号;变换电路负责将转换元件输出的电信号进行放大、调制等处理;辅助电源用于为系统提供电能。

图 3-26　传感器的组成示意图

目前,传感器经历了三个发展阶段。其中,1969 年之前属于第一阶段,主要表现为结构型传感器,它利用结构参量变化来感受和转化信号。例如,电阻应变式传感器,它是利用金属材料发生弹性形变时电阻的变化来转化电信号。1969 年之后的 20 年属于第二阶段,主要表现为固态传感器。这种传感器由半导体、电介质、磁性材料等固体元件构成,是利用材料某些特性制成的。例如,利用热电效应、霍尔效应、光敏效应,分别制成热电偶传感器、霍尔传感器、光敏传感器等。1990 年到现在属于第三阶段,主要表现为智能传感器。智能传感器由传感元件、信号调理电路、控制器(或处理器)组成,具有数据采集、转换、分析甚至决策功能。智能化可提升传感器的精度,降低功耗和体积,从而扩大传感器的应用范围,使其发展更加迅速有效。智能化、微型化、仿生化是未来传感器的发展趋势。

传感器的应用非常普遍。例如,大家广泛使用的智能手机就集成了加速度、方向、磁力、陀螺仪、光线、压力、距离、温度等众多的传感器,用来丰富手机的应用功能。

2. 输出设备

输出设备(output device)用于把计算或处理的结果或中间结果以人能识别的各种形式(如数字、符号、字母等)表示出来,常见的输出设备有打印机、显示器、绘图仪、影像输出系统、语音输出系统、磁记录设备等。

1) 打印机

打印机是将计算机的中间处理过程或运算结果以人所能够识别的数字、字母、符号和图形等形式，按照规定的格式输出到介质（如纸张）的设备。根据实现技术的不同，打印机主要分为针式打印机、喷墨打印机和激光打印机。

(1) 针式打印机。针式打印机是通过打印头中的多根针（主要有 9 针和 24 针）来击打色带，色带上的油墨在打印纸上印出字符或图形。针式打印机由打印机械装置和控制与驱动电路两部分组成，针式打印机在正常工作时有三种运动：打印头的横向运动，打印纸的纵向运动和打印针的击打运动。目前，针式打印机还广泛应用于表格和票据处理等领域。

(2) 喷墨打印机。喷墨打印机在工作时会从喷头喷出小墨滴，从而在纸上形成输出图案。在一个打印喷头上一般至少有 48 个独立的喷嘴，每个喷嘴会根据打印需要喷出不同颜色的墨滴，不同颜色的墨滴落在同一点上便形成不同的复色。目前，喷墨打印机在大尺寸输出（如巨幅广告等）领域的应用非常广泛。

(3) 激光打印机。激光打印机是将激光扫描技术和电子照相技术相结合的打印输出设备。打印机从计算机接收二进制信息，然后通过视频控制器转换成视频信号，再由视频接口/控制系统把视频信号转换为激光驱动信号，接着由激光扫描系统产生载有字符信息的激光束，最后由电子照相系统将激光束成像并转印到介质（如纸张）上。由于激光打印机的打印速度快、成像质量高且成本逐步降低，所以目前的应用最为广泛。

衡量打印机的指标主要有分辨率、速度、幅面大小和功耗等，其中分辨率最为重要。打印机分辨率又称为输出分辨率，指在打印输出时横向和纵向两个方向上每英寸最多能够打印的点数，通常以 DPI（dot per inch，点/英寸）表示。打印机分辨率越高，输出的效果就越精密。打印分辨率一般包括纵向和横向两个方向，一般情况下激光打印机在纵向和横向两个方向上的输出分辨率几乎相同，而针式打印机和喷墨打印机在纵向和横向两个方向上的输出分辨率相差较大。一般情况下，喷墨打印机的分辨率指横向喷墨表现力，例如 800×600DPI，其中 800 表示打印幅面上横向方向显示的点数，600 则表示纵向方向显示的点数。

2) 3D 打印机

普通打印机只能在平面介质上打印输出字符、图形等资料，而 3D 打印机理论上可以打印出房子、衣服、汽车等物品。3D 打印技术也称为增材制造技术，是相对于传统的机加工等"减材制造"技术而言的，基于离散/堆积原理，通过材料的逐渐累积来实现制造的技术。3D 打印机利用计算机将成型零件的 3D 模型切成一系列一定厚度的"薄片"，3D 打印设备自下而上地制造出每一层"薄片"最后叠加成三维的实体零件。这种制造技术无须传统的刀具或模具，可以实现传统工艺难以或无法加工的复杂结构的制造，并且可以有效简化生产工序，缩短制造周期。

近年来，3D 打印技术取得了快速的发展，所用的材料种类越来越丰富，成型结构越来越复杂，零件的精度越来越高，应用范围不断扩大。3D 打印技术具有如下特点和优势：

(1) 数字制造。借助 CAD（computer aided design，计算机辅助设计）等软件将产品结构数字化，驱动机器设备加工制造成器件。

(2) 降维制造（分层制造）。把三维结构的物体先分解成二维层状结构，逐层累加形成三维物品。因此，原理上 3D 打印技术可以制造出任何复杂的结构，而且制造过程更柔性化。

(3) 直接堆积制造。采取"从下而上"的堆积方式，一次性直接"打印"出任何高性能难成型的部件,不需要通过组装拼接等复杂过程即可实现。

(4) 快速制造。3D打印制造工艺流程短、全自动,可实现现场制造,因此,制造更快速、更高效。

3) 显示器

显示器是计算机系统和各类电子设备中最基本的输出设备。计算机中的显示器通过显示适配卡(显卡)与计算机相连,将计算机中的数字信号转换为光信号后直接在屏幕上显示出来。根据制造材料的不同,显示器可分为阴极射线管(cathode ray tube,CRT)显示器、液晶显示器(liquid crystal display,LCD)和等离子(plasma display panel,PDP)显示器等类型。

(1) 阴极射线管。阴极射线管显示器是一种早期广泛使用的显示器,在荧光屏上涂满了按一定方式紧密排列的红、绿、蓝(R、G、B)三种颜色的荧光粉点或荧光粉条,称为荧光粉单元,相邻的红、绿、蓝荧光单元各一个组成一组称为像素。每像素中都拥有红、绿、蓝三基色。电子枪发射电子束,电子束聚焦到荧光屏,激发屏幕内表面的荧光粉来显示图像。由于其体积庞大,制造和使用成本较高,CRT显示器已逐步被市场淘汰。

(2) 液晶显示器。液晶显示器是一种采用液晶为材料的显示器。液晶是介于固态和液态之间的有机化合物。液晶具有旋光效应,在电场作用下,液晶分子会发生排列上的变化,当通电时导通,液晶有序地排列,使光线通过;不通电时液晶排列混乱,阻止光线通过。在彩色LCD面板中,每一个像素都由3个液晶单元格构成,其中每一个单元格前面都分别有红色、绿色或蓝色的过滤器。显示器根据需要控制每一个液晶粒子转动到不同颜色的面,来组合成不同的颜色。通过对电场的控制,经过不同单元格的光线就可以在屏幕上显示出不同的颜色,达到显示图像的目的。LCD相对于CRT体积更小更轻便,且成本低、能耗低,目前已替代CRT成为主流。

(3) LED显示器。LED(light emitting diode,发光二极管)显示器指直接以LED作为像素发光元件的显示器,组成阵列的发光二极管直接发出红、绿、蓝三色的光线,进而形成彩色画面。但由于发光二极管本身直径较大,因此同色像素之间的距离也较大,所以LED显示器通常来说只适于大屏幕显示。目前,LED显示器已广泛应用于大型广场、商业广告、体育场馆、信息传递、新闻发布等场景。

需要说明的是,LED显示器和LED背光显示器是两个完成不同的概念。液晶本身并不发光,需要使用另外的光源。传统的液晶显示器使用CCFL(cold cathode fluorescent lamp,冷阴极荧光灯管)作为背光源,现在可以用LED作为背光源,于是在LCD显示器的基础上出现了LED背光显示器。所以,LED背光显示器是液晶显示器的一种类型。

(4) 等离子显示器。等离子显示器(plasma display panel,PDP)是采用了高速发展的等离子平面屏幕技术的显示设备,其成像原理是在显示屏上排列大量密封的小低压气体室,通过电流激发使其发出人类肉眼看不见的紫外光,再由紫外光碰击后面玻璃上的红、绿、蓝三色荧光体发出肉眼可以看见的可见光,以此成像。PDP具有不受磁力和磁场影响、机身薄、屏幕大、色彩鲜艳、画面清晰等优点。

(5) 3D显示器。传统的3D电影采用互成角度的两台摄影机拍摄,从而同一时刻在荧幕上有两组图像(来自不同摄影机),观众戴上偏光镜后通过消除重影,让一只眼只接收一组图像,从而形成视差,产生立体感。平面显示器要形成立体感的图像,必须至少提供两组相位不同的图像。还有一种不用戴上眼镜来观看立体影像的"真3D技术",它是利用"视差栅栏"提供存在 90°相位差的两组图像,使两只眼睛分别接收不同的图像,从而形成立体效果。

3.2.6 智能手机的硬件

1993 年,美国 IBM 公司推出世界上第一款智能手机 Simon,为智能手机的发展奠定了基础。2007 年,美国苹果公司发布了第一代 iPhone,并于 2008 年 7 月 11 日推出了 iPhone 3G,从此智能手机进入了一个快速发展的时代。

1. 智能手机的硬件组成

从技术实现看,智能手机就是一台个人计算机,具有独立的操作系统和运行空间,用户可以根据需要自行安装软件(如即时通信、导航、在线支付等),并可以通过移动通信网络(如 4G、5G 等)或 Wi-Fi 等无线方式接入网络。智能手机的硬件主要包括 CPU、RAM、ROM、GPU、触摸屏、摄像头、射频芯片等。

1) CPU

与个人计算机一样,CPU 是智能手机的核心,其中核数和主频是 CPU 的重要指标。智能手机伴随着个人计算机进入多核时代,从单核发展到双核、四核、八核等,多核使智能手机具有更高的性能;单纯从技术看,主频的提升有利于性能的提高,但会带来更大的功耗,所以智能手机 CPU 不能单纯地提升 CPU 的主频,而应向着多核发展。

2) RAM 和 ROM

与个人计算机相同,智能手机的 RAM 主要为程序的运行提供空间;ROM 用于安装智能手机操作系统和应用程序,同时为各类文档(照片、文本、视频等)提供存储空间。

3) GPU

GPU 的功能类似于个人计算机的显卡,是一种专门用于在个人计算机、平板电脑、智能手机等上进行图像和图形运算的微处理器。GPU 使显卡减少了对 CPU 的依赖,并进行部分原本 CPU 的工作,尤其是在进行 3D 图形处理时,GPU 提供了强大的处理能力。

4) 触摸屏

智能手机的触摸屏又称为触控面板,相当于个人计算机的鼠标、键盘和显示器,是最基本的输入/输出部件。触控屏是一个可接收触头等输入信号的感应式液晶显示装置,当接触了屏幕上的图形按钮时,屏幕上的触觉反馈系统可根据预先编写的程序来驱动各种连接装置,用以取代机械式的按钮面板,并借由液晶显示画面制造出生动的影音效果。与个人计算机的显示器一样,触摸屏的分辨率越高,显示效果越好。

5) 摄像头

摄像头已经成为智能手机的标准配置,主要包括内置和外置两种,内置摄像头指手机内部集成的摄像头,外置摄像头指通过数据线或者其他方式将手机与数码相机进行连接,以此实现拍摄。分辨率是衡量智能手机摄像头性能的主要参数之一,主要由图像传感器决定,分辨率越高,图像就越细腻,效果也越好,但所拍摄图像占用存储空间越大。

6) 射频芯片

射频(radio frequency,RF)一般指 300kHz~300GHZ 范围之间的高频交流变化电磁波。射频芯片是将无线电通信信号转换成一定的无线电信号波形,并通过天线谐振发送出去的一个元器件(模块),它包括功率放大器、低噪声放大器和天线开关。智能手机中的射频芯片负责射频收发、频率合成和功率放大,根据应用功能主要有 GPS 导航天线、Wi-Fi 无线网络芯片、蓝牙通信芯片等,这些芯片的数量和性能决定了智能手机的功能和性能。

2. 智能手机的处理器

根据处理器架构的不同,目前智能手机的 CPU 类型主要分为基于精简指令集计算机(RISC)的 ARM 架构和基于复杂指令集计算机(CISC)的 x86 架构。

1) ARM 架构

ARM(advanced RISC machines)是一种精简指令集计算机(RISC)处理器架构,广泛地应用于电信基台、汽车喷射引擎、音响系统、相机引擎等各种嵌入式系统中。ARM 架构仅保留了所必需的指令,实现了对指令集的大幅简化,可以让整个处理器更为简约,所以 ARM 处理器非常适用于移动通信领域,具有低成本、高性能和低耗电的特性。苹果的 iPhone 为 ARM 架构智能手机发展开创了先河,而 Google Android 的出现为其他智能手机厂商针对 ARM 架构进行产品差异化发展提供了平台支撑,ARM+Android 成为通信领域的一大主流。

2) x86 架构

x86 架构是 Intel 公司推出的一种复杂指令集计算机(CISC)处理器架构,其性能要比 ARM 架构强。x86 架构除广泛应用于个人计算机和服务器领域外,也开始应用在智能手机。2012 年,Intel 公司与联想公司合作开发了全球首款基于 x86 架构的联想 K800 Android 智能手机,x86 架构开始应用于智能手机和平板电脑等终端。

3. SoC 芯片

随着设计与制造技术的发展,集成电路的设计从晶体管发展到逻辑门,现在又发展到 SoC(system on chip,片上系统)设计技术。狭义的 SoC 指信息系统核心的芯片集成,是将系统关键部件集成在一块芯片上;广义的 SoC 指一个同时将微处理器、模拟 IP(intellectual property,知识产权)核、数字 IP 核和存储器(或片外存储控制接口)集成在单一芯片上所形成的微小型系统。

SoC 芯片的应用,意味着在单个芯片上就能完成一个电子系统的功能,而这个系统以前往往需要一个或多个电路板,以及板上的各种电子器件、芯片和互连线共同配合来实现。SoC 有两个显著的特点:硬件规模庞大,通常基于 IP 设计模式;软件比重大,需要进行软硬件协同设计。SoC 在性能、成本、功耗、可靠性以及适用范围等方面都有明显的优势,它是集成电路设计发展的必然趋势。在性能和功耗要求较高的智能手机等终端芯片领域,SoC 已占据主导地位。

3.3 操作系统

硬件是基础,软件是灵魂。人们利用计算机进行科学计算、通信、信息处理、模拟仿真等应用,都是通过相应的软件来实现的。本节重点介绍操作系统的组成和功能。

3.3.1 操作系统概述

1946年世界第一台计算机诞生，此时还没有出现操作系统，计算机工作需要采用手工操作方式；到了20世纪50年代中期，出现批处理系统，它是加载在计算机上的一个系统软件，在其控制下，计算机能够自动地、成批地处理一个或多个用户的作业（这些作业包括程序、数据和命令）；后来，为了改善CPU的利用率，又出现了可以同时把多个程序放入内存，并允许它们交替在CPU中运行且共享系统中的各种硬、软件资源的多道程序系统；再后来，出现了把处理机的运行时间分成很短的时间片，然后按时间片轮流把处理机分配给各联机作业使用的分时系统；紧接着，出现了系统能够及时响应随机发生的外部事件，并在严格的时间范围内完成对该事件处理的实时系统；现在所使用的操作系统可以称为通用操作系统，它可以同时兼有多道批处理、分时和实时处理的功能，或其中两种以上的功能。回顾操作系统的发展，其主要特征是提高资源利用率和增强计算机系统性能，伴随着计算机技术本身及其应用的日益发展，逐渐形成、发展和完善起来。

1. 操作系统的功能

操作系统是用于控制、管理、调配计算机中所有软、硬件资源，并组织控制整个计算机的工作流程的系统软件。如图3-27所示，操作系统在计算机系统中发挥的功能主要体现在以下几方面：

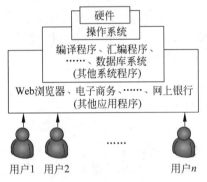

图3-27 操作系统在计算机中发挥的功能

1) 管理系统资源

当多个程序同时运行时会需要使用计算机系统资源（硬件资源和软件资源），操作系统则承担着对系统软、硬件资源进行动态调度和分配的任务，从而使不同程序既能够得到运行所需要的资源，又避免了冲突的发生。

2) 提供人机交互界面

不管是早期的字符界面，还是目前普遍使用的窗口操作，操作系统都需要提供人机交互界面来实现人与计算机之间的信息交互，使人可以更方便、直观地使用计算机。

3) 提供高效率的平台

针对应用程序，操作系统屏蔽了几乎所有硬件的技术细节，从而为开发和运行其他系统软件及各种应用软件提供了一个规范、高效的平台。

2. 操作系统的组成

在现代计算机系统中，作为一种大规模、复杂的系统软件，操作系统一般由内核（kernel）和图形用户界面程序、常用应用程序等配套的软件，以及为支持应用软件开发和运行的各种软件组成。操作系统的组成如图3-28所示。

对于一个操作系统来说，内核是其最核心的部分。内核是为众多应用程序提供对计算机硬件的安全访问的一部分软件，这种访问是有限的，并且内核决定一个程序在什么时候对

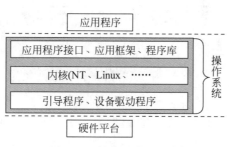

图 3-28　操作系统的组成

某部分硬件操作多长时间。内核是基于硬件的第一层软件扩充,提供操作系统的最基本的功能,是操作系统工作的基础,它负责管理系统的进程、内存、设备驱动程序、文件和网络系统,决定着系统的性能和稳定性。

现代操作系统设计中,为减少系统本身的开销,往往将一些与硬件紧密相关的(如中断处理程序、设备驱动程序等)、基本的、公共的、运行频率较高的模块(如时钟管理、进程调度等)以及关键性数据结构独立开来,使之常驻内存,并对它们进行保护。通常把这一部分称为操作系统的内核。

需要说明的是,内核并不是完整的操作系统。软件公司还需要在操作系统内核的基础上再进行开发,配置各种程序库和应用架构,设计用户界面,提供常用的应用程序和实用程序,然后才能作为一个完整的软件产品供用户使用。用户使用 Linux 操作系统时,经常说某某系统与某某系统使用相同的内核就是这个原因。

当用户使用服务器、个人计算机、智能手机或平板电脑等设备时,实现人机交互功能的就是操作系统。目前,常用的服务器操作系统有 UNIX/Linux、Windows Server、NetWare 等,个人计算机操作系统有 Windows、Linux 等,平板电脑和智能手机操作系统有谷歌公司的 Android、苹果公司的 iOS、塞班公司的 Symbian(后被诺基亚公司收购)、微软公司的 Windows Phone 和加拿大 RIM(research in motion)公司的 BlackBerry OS 等。

3. 操作系统的启动过程

目前,操作系统的启动主要有 BIOS(basic input/output system,基本输入/输出系统)和 UEFI(unified extensible firmware interface,统一可扩展固件接口)两种方式。

1) BIOS 启动方式

BIOS 启动方式也称为 Legacy 启动方式,是在计算机加电时,CPU 首先执行主板上的 BIOS 中的自检程序,测试计算机中主要部件的工作状态是否正常。如果正常,CPU 继续执行 BIOS 中的引导加载程序 bootloader,将系统盘引导程序读入内存,由引导程序继续将硬盘中的操作系统加载到内存。操作系统加载成功后,便接管并控制整个计算机的运行。BIOS 启动的详细过程如图 3-29 所示。

2) UEFI 启动方式

UEFI 用来定义操作系统与系统固件之间的软件界面,作为 BIOS 的替代方案。从本质上讲,UEFI 和 BIOS 的功能都是用于引导操作系统的启动,只是 UEFI 在功能上进行了扩展,最直观的是 UEFI 提供了图形界面操作,允许植入硬件驱动,同时可以减少启动时自检操作,缩短启动过程。UEFI 本身已经发展为一个微型操作系统,支持文件系统,可以使用

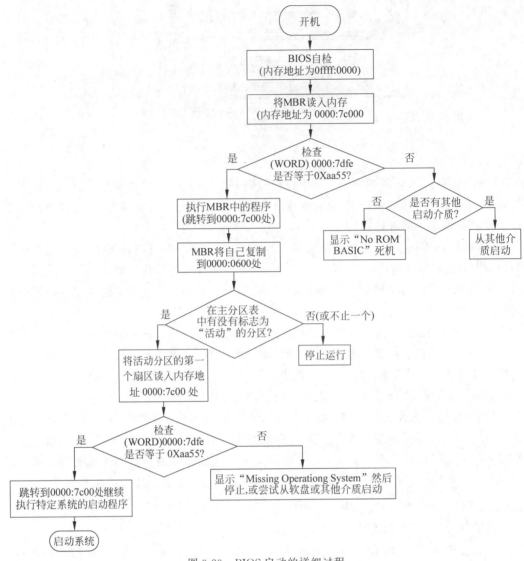

图 3-29　BIOS 启动的详细过程

C 语言在 UEFI 环境下开发应用程序。微软公司从 Windows 8 开始全面支持 UEFI,并默认以 UEFI 方式启动操作系统。目前,各大主板厂商都开始支持 UEFI 启动方式。BIOS 和 UEFI 启动的操作界面分别如图 3-30(a)和图 3-30(b)所示。

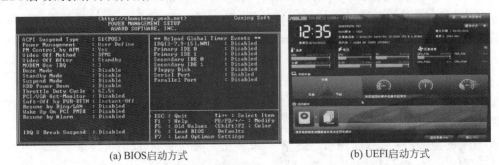

(a) BIOS启动方式　　　　　　　　　(b) UEFI启动方式

图 3-30　启动方式的操作界面

3.3.2 操作系统的资源管理

操作系统的主要功能是最大限度地利用计算机资源来为用户提供各类服务。操作系统的资源管理主要包括处理器管理、存储管理、文件管理、设备管理等。

1. 处理器管理

处理器是整个计算机的核心。从运行速度来看,处理器要比其他硬件具有明显的优势,而且其他硬件的运行都需要处理器的支持。因此,有效地管理处理器、充分利用处理器的资源是操作系统的首要管理任务。

1) 多任务操作系统和单任务操作系统

为了提高 CPU 的利用率,操作系统一般都支持多任务处理功能,即允许多个应用程序同时运行,每一个运行的应用程序称为一个任务。例如,当用户浏览 Web 页面时,同时还在播放音乐或下载文件,这些同时独立运行的应用程序之间互不干扰。Windows 操作系统采用并发多任务方式来支持系统中多个任务的执行。事实上,任何时刻只有一个任务正在被 CPU 执行,其他任务处于等待执行状态。为了实现并发多任务操作,操作系统提供了处理器调度程序负责把 CPU 时间分配给各个任务,这样才能使用户感觉到多个任务在"同时"执行。调度程序其实是一个时分管理程序,按照程序运行需要把 CPU 的一个周期划分为多个时间段,每个时间段称为一个"时隙",在一个 CPU 周期内,每个程序只能在对应的时隙内运行。

对于具体的操作系统来说,如果允许用户在同一时间运行多个应用程序,则该操作系统称为多任务操作系统;如果一个用户在同一时间只能运行一个应用程序,则该操作系统称为单任务操作系统。

根据在同一时间使用计算机用户的数量,操作系统又分为单用户操作系统和多用户操作系统。其中,单用户操作系统指一台计算机在同一时间只能由一个用户使用,如早期的 DOS 操作系统;而多用户操作系统指一台计算机在同一时间允许由多个用户同时使用,Windows XP 是单用户多任务操作系统,目前广泛使用的 Windows 7/8/10、Windows Server、Linux/UNIX 是多用户多任务操作系统。在多用户操作系统中,可以在同一个操作系统上为多个用户分别创建各自的账户,用户可以利用这些账户通过各自的终端同时使用这台计算机的软硬件资源。

2) 进程和线程

为了描述多任务的并发执行,操作系统引入了进程的概念。从技术实现来讲,进程是具有一定独立功能的程序关于某个数据集合上的一次运行活动,是系统进行资源分配和调度的一个独立单位;从应用效果来讲,进程可以看作是正在执行的程序,操作系统通过进程管理来调度多个程序之间的关系。线程是进程的一个实体,是 CPU 调度和分派的基本单位,它是比进程更小的能独立运行的基本单位。线程只是一个进程中的不同执行路径,同一个进程中的多个线程之间可以并发执行。简而言之,一个程序至少有一个进程,一个进程至少有一个线程。从逻辑角度来看,多线程的意义在于一个应用程序中有多个执行部分可以同时执行,但操作系统并没有将多个线程看作多个独立的应用来实现线程的调度和管理以及资源分配,这就是进程和线程的重要区别。

2. 存储管理

存储管理的主要任务是为程序的运行提供所需要的环境支撑,以方便用户使用存储器,在有效利用存储器的同时根据程序运行需要扩充内存。现代操作系统中,存储管理的功能特征主要包括内存分配和回收、内存共享和保护、内存扩充等。

1) 内存分配和回收

根据应用特点,内存空间划分为系统区和用户区。其中,系统区用于操作系统的运行;用户区用来存放正在运行的应用程序,每个应用程序运行时都需要属于自己的运行空间,用来存储应用程序的代码和数据。存储管理为每个任务分配存储空间,任务结束后负责收回。

2) 内存共享和保护

内存共享指让正在运行的应用程序共享内存空间,从而提高内存空间的利用率。内存保护指使每个程序只在自己的内存空间中运行,彼此互不干扰,且每个应用程序的私有区域不被其他程序修改,同时保护操作系统所在区域不被应用程序修改。

3) 内存扩充

内存是外存与CPU进行沟通的桥梁,计算机中所有程序的运行都在内存中进行。由于物理内存的容量相对有限,有时难以满足应用程序运行的需要。当内存不够使用时,需要对存储空间进行扩充,把内存和外存结合起来管理。虚拟存储技术是实现内存扩充的主要手段,它把外存当作内存的直接延伸,从而将有限的物理内存与大容量的外存统一组织成一个远大于物理内存的虚拟存储器。一个程序运行时,当所访问的信息不在内存时,则由操作系统负责调入所需部分,其他部分则存于外存。

3. 文件管理

文件管理是操作系统中实现文件统一管理的一组软件、被管理的文件以及为实施文件管理所需要的一些数据结构的总称。文件管理的任务是有效地支持文件的存储、检索和修改等操作,解决文件的共享和安全问题,以使用户方便、安全地访问文件。文件管理涉及文件组织方法、文件的存取和使用方法、文件存储空间的管理、文件的目录管理、文件的共享和安全性等内容。

1) 文件

在计算机系统中,所有信息资源都是以文件形式存放在外存储器上,需要时由操作系统调入内存。文件是存储在外存储器上的一组相关信息的集合。计算机中的程序、数据、文档、图像、声音等都组成文件存放在外存储器中,并以文件为单位进行存取操作。

为便于操作,每个文件都有一个文件名,用来标识文件,方便用户访问。一个完整的文件名包括:[盘符名:][路径]<文件名>[.扩展名]。其中,文件名可以由字母、数字和一些特殊字符(如$、#、@、%、(、)、^、—、+、}、{、!等)组成,但不能使用\、/、:、*、?、<、>、|、"等字符。在Windows操作系统中,文件名可以达到255个字符;文件扩展名用于指定文件的类型,用户可以根据文件扩展名来识别某一文件属于哪一类型的文件。另外,为了便于管理,每个文件还包括文件大小、文件时间、文件属性等信息,这些附属信息与文件内容是分开存放的,前者保存在该文件所属的目录中,后者则保存在磁盘的数据区中。

2) 文件夹

文件夹也称为目录,是操作系统用来存放和管理文件的方式。文件夹采用树形结构,当一个磁盘被格式化后就建立了一个根文件夹（根目录），在此基础上可以存放文件和创建子文件夹，以此类推。不同级的文件夹或文件可以同名，但同级的子文件夹或文件不能同名。

3）文件系统

文件系统的作用是管理文件在外存储器中的存储方式。常见的文件系统有 FAT、NTFS、CDFS、UDF 和 FTL 等。在具体应用中，可以将硬盘划分成多个分区，每个分区可作为逻辑上独立的一个磁盘供用户使用。以 FAT 文件系统为例，在将一个磁盘或分区进行格式化操作后，操作系统将该磁盘或分区划分为 4 部分：

（1）引导扇区。引导扇区（boot sector）通常指分区的第 1 个扇区，包含本分区使用的文件系统的类型、数据区的大小（共多少个簇）、根目录区允许的目录项最大数目等信息。硬盘的 0 柱面、0 磁头、1 扇区称为主引导扇区，也叫主引导记录（master boot record，MBR），该记录占用 512 字节，是计算机开机以后访问硬盘时所必须读取的第一个扇区，它用于硬盘启动时将系统控制权转给用户指定的、在分区表中登记了的某个操作系统分区。

（2）文件分配表。文件分配表（file allocation table，FAT）在磁盘格式化时自动生成，一式两份，其中一份作为备份。FAT 用来记录文件所在位置的表格，它以簇号为序，记录每一个簇处于"使用、空闲、损坏"中的某一状态。它对于硬盘的使用是非常重要的，如果文件分配表丢失，那么硬盘上的数据将因无法定位而不能使用。

（3）文件目录表。文件目录表（file directory table，FDT）是用来存放根目录下的文件的目录项的技术。分区引导扇区中 11H～12H 偏移处的两字节的含义为"根目录项数"，该值一般为 512，即 FDT 中最多只能存放 512 个目录项，假设每个目录项的大小为 32 字节，那么这个 FDT 所占的扇区个数就为 32，假设每个目录项的大小为 64 字节，那么这个 FDT 所占的扇区个数就为 64。如果文件系统支持长文件名，则每个表项为 64 字节，其中，前 32 字节为长文件链接说明，后 32 字节为文件属性说明，包括文件长度、起始地址、日期、时间等。如不支持长文件名，则每个表项为 32 字节的属性说明。

需要说明的是，FAT 分区下，数据在被删除之后，文件对应的文件目录项的第一字节会被改为"E5H"，表示该文件被删除，而文件目录项的其他字节没有变化，所以被删除的文件仍旧能够找到其开始的地方，即该文件是可恢复的。

（4）数据区。数据区（data area）是紧跟在 FDT 的下一个扇区，直到逻辑盘的结束地址。数据区用于存储所有的数据，存放着本分区所有文件和文件夹的内容。

需要说明的是，即使文件目录被破坏，根据 FDT 和数据区的信息，仍然可能从磁盘里把信息读出，这也就是硬盘数据恢复的依据。

4. 设备管理

设备管理用于管理计算机系统中的所有外部设备，主要功能包括完成用户进程提出的 I/O 请求、为用户进程分配其所需要的 I/O 设备、提高 CPU 和 I/O 设备的利用率、提高 I/O 速度、方便用户使用 I/O 设备等。

3.4　计算机网络

计算机网络是计算机技术与通信技术相结合的产物，是现代信息社会的基石。随着技术的迅猛发展和应用需求迅速变化，计算机网络得到了快速发展，无论是实现技术还是用户接入方式以及通信质量都在不断迭代中发生着显著变化。本节基于计算机网络的分层模型，以数据特征为基础，从电子数据取证的角度介绍计算机网络的实现技术和应用特点。

3.4.1　计算机网络概述

信息化和全球化是当今世界知识经济的两个重要特点，而信息化和全球化的实现必须依靠完善的网络。这里所说的网络是广义的网络，包括电信网络、有线电视网络和计算机网络，统称为"三网"。三网的核心是计算机网络，目前发展最快的也是计算机网络。本节介绍的重点也是计算机网络。

1. 什么是计算机网络

从技术上讲，计算机网络是计算机技术和通信技术相结合的产物，通过计算机来处理各种数据，再通过各种通信线路实现数据的传输。从组成结构来讲，计算机网络是通过外围设备和连线，将分布在相同或不同地域的多台计算机连接在一起所形成的集合。从应用的角度，只要将具有独立功能的多台计算机连接在一起，能够实现各计算机间信息的互相交换，并可共享计算机资源的系统便可称为网络。综合各方面的因素，我们对计算机网络的定义为：将分布在不同地理位置的多台具有独立功能的计算机通过外围设备和通信线路互连起来，在功能完善的管理软件的支持下实现相互资源共享的系统。此定义强调了计算机网络应具备的3个主要特征：

（1）建设计算机网络的主要目的是实现不同计算机之间资源的共享。

（2）组建网络的计算机是分布在不同地理位置的具有独立处理能力的"自治计算机"。

（3）同一网络中的计算机必须使用相同的通信协议。

2. 计算机网络的组成

计算机网络不存在地域的限制，只需要根据连接距离的远近采取不同的连接方式，都可以实现不同计算机之间的互联，并进行计算机之间的资源共享和通信。一个完整的计算机网络包括以下三个组成部分：

1）计算机

根据在网络中所提供的服务的不同，可分为服务器和工作站（也称为客户机）。其中，服务器提供网络中的共享资源，而工作站主要用于访问服务器中的资源。

2）外围设备

包括连接设备和传输介质两部分，其中主要的连接设备有网卡、交换机（早期也使用集线器）、路由器、防火墙等，传输介质主要有同轴电缆、双绞线、光纤、微波和红外线等。

3）通信协议

通信协议是计算机之间在通信时必须遵守的规则，是通信双方使用的通信语言。协议是一组规则的集合，是进行交互的双方必须遵守的约定。在网络系统中，为了保证计算机之间能够正确地进行通信，针对通信中的各种问题，制订了一整套约定，将这套约定称为通信协议。通信协议是一套语义和语法规则，用来规定有关功能部件在通信过程中的操作。

由于网络体系结构具有层次性，所以通信协议也是分层的。通信协议可分成多个层次，每个层次内部又被分成不同的子层，不同层次负责不同的操作。网络协议由以下3个要素组成：

(1) 语法。语法是数据与控制信息的结构或格式,包括数据格式、编码、信号电平等。

(2) 语义。语义是用于协调和进行差错处理的控制信息,包括需要发出何种控制信息、完成何种操作,做出何种应答等。

(3) 同步(定时)。同步是对事件实现顺序的详细说明,包括速度匹配、排序等。

通信协议对通信软件和硬件的开发具有指导作用。通信协议描述要做什么,对于怎么做不进行限定。这一特征为软硬件开发商便提供了便利,他们只需要根据协议要求开发出产品,至于选择什么电子元件、使用何种语言开发则不受约束。

3. 计算机网络的分类

可从不同的角度对计算机网络进行分类。例如,根据数据交换方式的不同,可以把计算机网络分为电路交换、报文交换、分组交换和混合交换(同时采用电路交换和分组交换)4 种;按通信介质的不同可以分为有线网络、无线网络和混合网络(有线和无线混合网络)3 种;根据网络连接范围的大小,可以将计算机网络分为局域网、城域网和广域网 3 种;根据使用范围的不同,可以将计算机网络分为公用网和专用网两类;根据传输方式的不同,计算机网络分为广播式网络和点对点式网络两种类型等。

不同的分类方法体现了计算机网络所具有的某一特征,对认识计算机网络的工作原理、组网方式和应用特点是有帮助的,也是在电子数据取证过程中首先要确定的内容。

4. 计算机网络的结构

计算机网络是由多台具有独立功能的计算机组成的一个集合,如何将这些计算机有机组织起来关系到网络的性能。因此,研究计算机网络结构的组成、功能及表示方式对从事电子数据取证工作非常重要。

1) 网络拓扑的概念

拓扑学是几何学的一个应用分支,它是从图论演变过来的。设计网络图时首先需要学会用不同的图标代表不同的设备(如服务器、工作站、交换机、路由器等),然后再用一定的连线将这些设备连接起来,即用不同的连线代表不同的网络连线(即传输介质,如细缆、双绞线、光纤、微波、红外线等)。在网络中,将不同设备根据不同的工作方式进行连接称为拓扑(topology),又称为设计(design)、图解(diagram)、映像(map)、物理布局(physical layout),等等。各种不同计算机网络系统的拓扑结构是不同的,同时不同拓扑结构的网络其功能、可靠性、组网成本等方面也不相同。

由于计算机局域网和广域网的连接范围不同,所采用的技术、连接方式也不一样,所以网络拓扑结构也存在一定的区别。

2) 局域网的结构

目前,局域网中常见的标准拓扑结构有总线型(bus)、星型(star)和环型(ring)三种类型。

(1) 总线型(bus)。如果网络上的所有计算机都通过一条电缆线相互连接起来,这种拓扑结构就称作总线型网络结构,如图 3-31(a)所示。总线型网络结构是最简单的网络结构,其中不需要任何其他的连接设备。网络中的每台计算机均可以接收从某一节点传送到另一节点的数据,所以这种拓扑结构是共享介质的拓扑结构。随着以双绞线和光纤为主的标准化布线的推行,总线型网络已基本退出了网络布线。

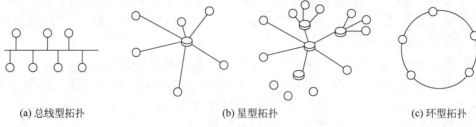

图 3-31　局域网中常见的三种拓扑结构

(2) 星型(star)。早期的计算机之间如果需要相互通信，就要将这些计算机同时连接到一台中央主机上，由主机进行转接，而不是直接进行通信，这就是星型网络拓扑结构的雏形。在现代的星型拓扑结构中，所有的计算机通过各自的一条电缆线与一台中央集线器或交换机相连，如图 3-31(b) 所示。

(3) 环型(ring)。环型拓扑结构中的每台计算机都与相邻的两台计算机相连，构成一个封闭的环状，如图 3-31(c) 所示。整个结构既没有起点，也没有终点，所以也就不需要总线型拓扑结构中必须要有的终结器。信号在环型结构中沿着固定的方向传播，轮流经过每一台计算机，网上的每台计算机都相当于一台中继器，不仅要接收上一台计算机(先行计算机)发来的信号，而且要放大信号并将它传送到下一台计算机(后继计算机)，直到到达它的目的地为止。所以这种网络又称作主动式拓扑结构，在这种网络结构中，任何一台计算机出现故障都会造成环网的中断，从而对整个网络产生影响。

3) 广域网的结构

由于广域网的连接范围较广，其中包括了大量的城域网和局域网，所以广域网的网络结构是城域网和局域网的有机结合。随着网络技术的发展，原来相对独立的计算机网络、公共电话交换网(PSTN)、有线电视网络(CATV)开始走向融合，广域网的组成结构已不再是由单纯的计算机和局域网组成，而是多种网络的有机结合。同时，随着无线射频通信技术的发展，无线局域网和无线城域网技术已成熟，成为广域网中的一个重要组成分支。为此，从接入端来看，今天的广域网中同时包括了局域网、PSTN、CATV、无线局域网和无线城域网等类型，形成了不同类型的接入网。大量的接入网根据地域或管理模式上的划分，组成地区级主干网的城域网。城域网通过光纤或微波与卫星信道等高速线路互联，形成地区级或国家级的广域网。Internet 就是将多个地区级和国家级的广域网互联后，形成的覆盖全球的计算机网络，如图 3-32 所示。

需要说明的是，图 3-32 只是一个广域网的结构示意图，强调了广域网的分层结构以及复杂的接入和互联形式。以 Internet 为主的广域网技术正在飞速发展，相应的网络结构也在发生着变化。

5．物联网

自计算机技术、互联网和移动通信技术所产生的划时代影响以及创造的丰厚价值之后，物联网(internet of things, IoT)被人们期待成为全球信息产业的又一次产业浪潮，受到了全球许多国家政府、企业、科研机构的高度关注。物联网是现代信息技术发展到一个特定历史阶段时融合了多学科知识的产物，是基于人与人之间的通信方式在快速发展过程中出现"瓶颈"时力求突破现有模式，进而实现人与物、物与物之间通信的应用创新。物联网的出现和

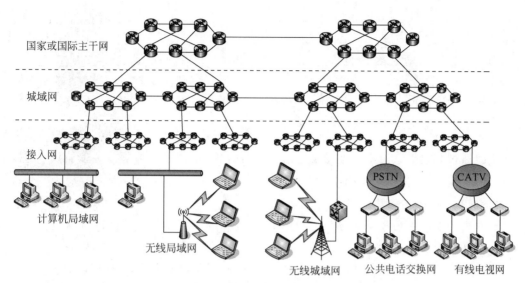

图 3-32 广域网的拓扑结构

应用,代表着信息社会这一客观的发展需求和方向,也标志着互联网的发展步入了一个崭新的阶段,基于智能感知和智慧服务功能的后互联网时代已经到来。

1) 物联网的概念

2005 年国际电信联盟(ITU)提出了物联网的概念:物联网是在现有互联网的基础上,利用射频识别(RFID)、无线数据通信、计算机、分布式数据库等技术,构造的一个主要由物品组建的互联网络。2011 年 11 月,ITU-T 下设的物联网全球标准化工作组(IoT-GSI)对物联网给出了一个基本的概念:物联网是全球信息社会的基础设施,物理的和虚拟的物与物之间通过现有的和演进的信息通信技术进行互联,从而提供更加先进的服务。虽然 ITU 在不同时期对物联网概念的描述存在一定的差异,但却给出了物联网的本质特征:物联网是通过 RFID、传感器、摄像机、GPS 等具有标识、感知、定位和控制功能的智能设备来获取物体(虚拟的和物理的)的信息,然后通过通信网络进行互联与管理,利用互联网这一成熟的信息平台为社会各行各业提供面向物体的各类服务。

2) 物联网的特征

可将物联网的特征概括如下:

(1) 物联网是在现有互联网基础上发展起来的,也称为后互联网,是互联网发展到一定阶段后的必然产物,也是信息技术从以人为主的社会维度应用到物理世界的产物。

(2) 嵌入物理对象中实现对象系统智能化的嵌入式系统,是实现物体联网功能的核心,传感器、RFID、摄像机、GPS 等终端都通过嵌入式系统实现与互联网的信息交互,成为物联网的感知神经末梢。

(3) 物联网是互联网发展到高级阶段,并在发展中遇到了阻力时的产物。互联网发展到现在,在技术和应用中都遇到了瓶颈,下一代网络(NGN)、云计算、传感网等被认为是有效的解决技术,这些技术正是构成物联网的基本要素。

(4) 物联网是计算机学科、通信学科、电子技术学科、微电子学科等多学科交叉融合后形成的一个综合应用技术,从技术现状和发展趋势来看,物联网所需要的不仅仅是单学科的研究成果,更需要多学科间的交叉融合,但这种融合不是简单的集成,必须解决大量已知和未知的技术与非技术问题。

(5)智能化、自动化、实时性、可扩展性是物联网必须具备的特征。

3.4.2 计算机网络的分层模型及数据单元

体系结构和通信协议是计算机网络的两大核心内容。了解了体系结构,便能将虚拟的网络空间通过分层模型给出完整的组织结构和清晰的功能划分;掌握了通信协议,便能清楚每一类设备和每一类应用的工作原理和过程。

1. TCP/IP 分层模型

1974 年,美国 IBM 公司公布了 SNA(system network architecture,系统网络体系结构),这一网络标准只能用于 IBM 大型机之间的互联;1984 年,ISO(international organization for standardization,国标标准化组织)正式发布了开放系统互连(open system interconnect,OSI)参考模型,其结构如图 3-33(a)所示;1983 年 1 月,ARPAnet(Internet 的雏形)已经成为一个纯 TCP/IP 的网络。TCP/IP 模型由应用层、传输层、网际层(也称为 Internet 层)和网络接口层共 4 层组成,其结构如图 3-33(b)所示。在具体应用中,为了便于理解和管理,将 TCP/IP 中的网络接口层细分为物理层和数据链路层,如图 3-33(c)所示。

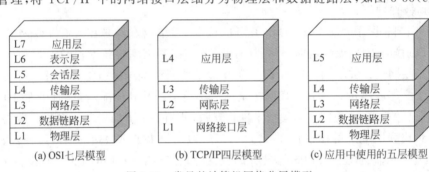

图 3-33 常见的计算机网络分层模型

2. 物理层

物理层负责将二进制的数据位(bit)流从一台计算机发送给另一台计算机。物理层不关心数据位流的具体含义,只关注如何将数据位流通过传输介质(铜缆、光纤或电磁波)从一个节点传输到另一个节点,是完全面向硬件的。物理层定义物理的或电气的特征,包括如何表示数据 0 和 1、网络连接器的接口类型、数据如何同步以及网卡何时发送或接收数据等。物理层的工作模式如图 3-34 所示。

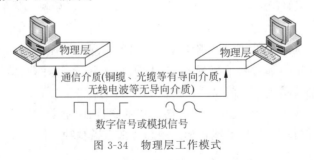

图 3-34 物理层工作模式

根据对所传输的数据流是否可实现控制的不同,计算机网络中的传输介质可以分为有导向和无导向2类。由有导向传输介质组成的系统称为有线传输系统,将使用无导向介质的系统称为无线传输系统。其中,有导向传输介质为信号的传输提供物理路径,信号沿着固定的方向传输,主要包括双绞线、同轴电缆和光纤。而无导向传输利用天线实现数据信号在空气、真空和水中的传播。除计算机网络外,无导向传输技术通常用于无线电广播、微波以及卫星通信系统。另外,红外线也在近距离的数据通信中被应用。

物理层的设备有中继器和集线器。中继器又称为转发器,其功能是简单地放大或刷新通过的数据流,以扩大数据的传输距离,主要用于连接同类型的网络和延伸同类型网络的距离。集线器(hub)是对网络进行集中管理的最小单元,像树的主干一样,它是各分枝的汇集点。hub是一个共享设备,其实质是一个中继器。集线器和中继器的区别仅在于集线器能够提供更多的端口服务,所以集线器是中继器的一种,是一种多端口的中继器。

3. 数据链路层

数据链路层负责在两个相邻节点之间建立一条可靠的数据传输通道。如图3-35所示,当两台计算机之间要实现通信时,需要在每台计算机上安装一块网卡(也称为"网络适配器"),两块网卡之间通过一条"链路"(Link)连接,这条链路即一段物理线路。

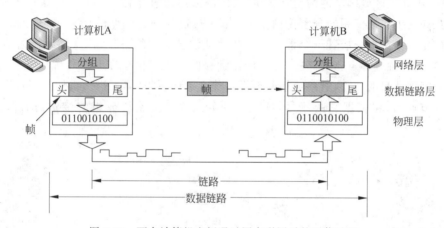

图3-35 两台计算机之间通过网卡联网后的通信过程

帧(frame)即数据帧,是数据链路层的数据单元,是添加了数据链路层的通信控制协议后构成的数据单元。假设计算机A与计算机B之间通过TCP/IP进行通信,而且数据从计算机A发送到计算机B。其中,计算机A的数据链路层在接收到网络层传下来的分组(IP数据报)后,在其前后分别加上头部和尾部,从而形成数据帧。所以,成帧(framing)就是在分组的前后分别加上代表数据链路层特征的头部和尾部的过程。帧到达物理层后,根据所使用的信道特性,将编码后的比特流发送到计算机B。计算机B在接收到比特流后,根据发送端成帧时所使用的规程(协议)以及隐含的定界信息,从连接的比特流中提取一个个帧。如果接收到的帧经检测后无差错,便去掉头部和尾部,将得到的分组交给网络层处理。

在电子数据取证工作中,针对数据链路层的主要取证对象便是"帧"。由于单位的局域网通常都是利用工作在数据链路层的交换机互联而成,交换机处理的数据对象便是帧。以太网中的帧结构如图3-36所示,说明该数据帧从哪里来(源地址)、到哪里去(目标地址)。

在通过任何一台交换机后,都可以看到该交换机上所连接的计算机(MAC地址),所以在局域网中进行电子数据取证时,获得交换机的地址列表(图 3-37)是基础。

| 目标地址 | 源地址 | 控制信息 | 数据 | 校验 |

图 3-36 以太网的帧结构

```
图文中心机房RG-S8606#show mac
Vlan        MAC Address      Type      Interface
----        -----------      ----      ---------
1           001a.a917.83a6   DYNAMIC   GigabitEthernet 1/4
1           1414.4b1b.9de9   DYNAMIC   GigabitEthernet 1/3
1           1414.4b1b.d9d0   DYNAMIC   GigabitEthernet 1/3
1           1414.4b1b.d9d1   DYNAMIC   GigabitEthernet 1/1
1           1414.4b1b.daba   DYNAMIC   GigabitEthernet 1/3
1           1414.4b1b.dabb   DYNAMIC   GigabitEthernet 1/3
2004        001a.a917.83a7   DYNAMIC   GigabitEthernet 1/4
图文中心机房RG-S8606#
```

图 3-37 以太网交换机的 MAC 地址列表

4. 网络层

数据链路层研究和解决的是两个相邻节点之间的数据传输问题,其目的是实现两个相邻节点之间透明、无差错的以"帧"为单位的数据传输。而网络层的目的,则是实现两个端系统(如位于不同地区或国家的两台计算机)之间的数据透明传输。

以互联网中普遍使用的分组传输为例,当端系统(如一台计算机)要发送一个报文(原始文件)时,先将报文拆分成若干个带有序号和地址信息的分组,然后依次发给网络节点。此后,各个分组单独选择自己的路径,分别传输到目的节点。由于在分组传输中,各分组不能保证按顺序到达目的节点,有些分组甚至还可能在途中丢失,需要进行重传。当每个分组传输到目的节点后,将根据它的序号,恢复为原始报文。网络层分组的传输过程如图 3-38 所示。

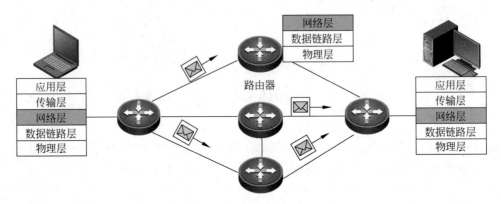

图 3-38 网络层分组传输过程

网络层最关键的设备是路由器。路由器的主要功能是在接收到一个分组(分组结构见图 3-39)时,首先从分组头部中提取"目的 IP 地址",再在路由表中进行地址匹配,当匹配成功后通过对应的端口转发出去。以此类推,分组便会从源主机发送到目的主机。

在电子数据取证过程中,当涉及某个具体的通信时,就需要判断该分组从哪里来(源 IP 地址),并发往何处(目的 IP 地址)。目前,利用 Sniffer、Wireshark 等工具,都可以在抓取数据包后对其进行分析。图 3-40 所示的是 Wireshark 软件的操作界面,可以对指定的数据包

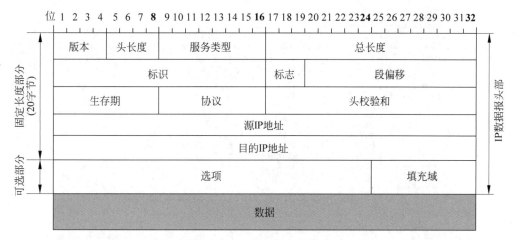

图 3-39　IP 分组的头部格式

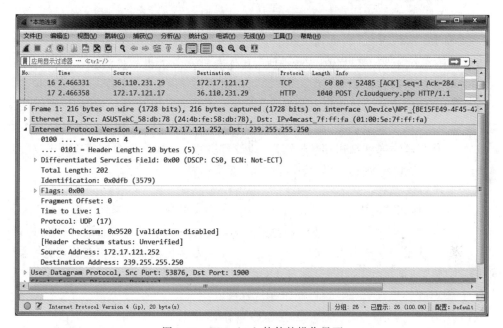

图 3-40　Wireshark 软件的操作界面

分别对物理层、数据链路层、网络层、传输层和应用层的数据结构进行分析。

　　网络地址转换(network address translator,NAT)是网络层一个非常重要的功能,也是电子数据取证工作中需要关注的热点技术。NAT 可以将多个内部地址映射成少数几个甚至一个合法的公网 IP 地址,让内部网络中使用私有 IP 地址的计算机通过"伪 IP"访问 Internet 资源,从而更好地解决 IPv4 地址空间枯竭问题。NAT 技术在高校、企业等网络中普遍使用。在这些单位中,一般情况下,内部主机使用私有 IP 地址,在网络出口处转换成公网 IP 地址,此转换过程依据 NAT 设备的映射表来完成。也就是说,只有 NAT 设备才能知道什么时候某一私有 IP 地址转换成某一公网 IP 地址后访问了公网上的某一资源。NAT 映射表如图 3-41 所示。

　　NAT 映射表作为 NAT 设备的日志来保存。《中华人民共和国网络安全法》规定:采取

```
Router-A>en
Router-A#show ip nat trans
Router-A#show ip nat trans
Pro   Inside global    Inside local     Outside local    Outside global
icmp  210.28.1.21:1    172.16.1.10:1    192.168.1.2:1    192.168.1.2:1
icmp  210.28.1.21:2    172.16.1.10:2    192.168.1.2:2    192.168.1.2:2
icmp  210.28.1.21:3    172.16.1.10:3    192.168.1.2:3    192.168.1.2:3
icmp  210.28.1.21:4    172.16.1.10:4    192.168.1.2:4    192.168.1.2:4
icmp  210.28.1.21:5    172.16.1.10:5    192.168.1.2:5    192.168.1.2:5
icmp  210.28.1.21:6    172.16.1.10:6    192.168.1.2:6    192.168.1.2:6
icmp  210.28.1.21:7    172.16.1.10:7    192.168.1.2:7    192.168.1.2:7
icmp  210.28.1.21:8    172.16.1.10:8    192.168.1.2:8    192.168.1.2:8
icmp  210.28.1.22:1    172.16.1.11:1    192.168.1.2:1    192.168.1.2:1
icmp  210.28.1.22:2    172.16.1.11:2    192.168.1.2:2    192.168.1.2:2
icmp  210.28.1.22:3    172.16.1.11:3    192.168.1.2:3    192.168.1.2:3
icmp  210.28.1.22:4    172.16.1.11:4    192.168.1.2:4    192.168.1.2:4

Router-A#
```

图 3-41　NAT 映射表示例

监测、记录网络运行状态、网络安全事件的技术措施,并按照规定留存相关的网络日志不少于 6 个月。做出此规定的主要原因是对于用户上网的 NAT 映射表、访问日志等重要信息要进行留存审计,需要时作为取证工作的重要信息依据。

5. 传输层

传输层是整个网络体系结构中的关键层,其任务是在源主机与目的主机之间提供可靠的、性价比合理的数据传输服务,并且与当前所使用的物理网络完全隔离。传输层位于端系统,而不是通信子网。传输层提供了数据缓存功能,当网络层服务质量较差时,传输层通过提高服务质量,以满足高层的要求。当网络层服务质量较好时,传输层只需要做很少的工作。另外,传输层还可实现复用和分用功能,通过复用和分用可在一个网络连接上创建多个逻辑连接。掌握传输层的内容,以下几个知识点非常重要。

1) 传输层协议

在 TCP/IP 体系结构中,根据应用程序的不同要求,传输层主要提供了两个协议:传输控制协议(TCP)和用户数据报协议(UDP)。其中,TCP 是一个可靠的面向连接的协议,通过 TCP 传输的数据单元称为报文段(segment);UDP 是不可靠的无连接的协议,通过 UDP 传输的数据称为数据报。TCP 报文段和 UDP 数据报的单元格式完全不同,TCP 要比 UDP 复杂得多,但两者都包含了"源端口"和"目的端口"。

2) 进程

在计算机网络中,面向用户的是各类应用(如 FTP 下载、Web 页面浏览、电子邮件收发等)程序,而面向通信的是应用进程。所以,一台主机要与其他主机实现通信,就需要启用相应的进程,进程将具体的网络应用(应用层程序)与相应的通信过程结合了起来,掌握了进程就掌握了主机上正在运行着哪些网络应用程序。

3) 端口

在传输层必须建立起进程名字与进程地址之间的映射关系,并且通过名字服务程序完成进程名字与进程地址之间的转换。进程地址即端口,不同的端口具有唯一的端口号(port number)。端口号是 TCP 和 UDP 与应用程序连接的服务访问点(SAP),是 TCP 和 UDP 软件的一部分。TCP/IP 的设计者采用一种混合方式实现端口地址的管理。系统能够提供的端口号为 $0 \sim 65535(2^{16})$,目前端口号的分配情况可分为以下两种类型:

(1) 服务器端使用的端口号。又可分为 3 类:第 1 类是熟知端口号或公用端口号,这些端口号的值小于255；第2类是公共应用端口号,是由特定系统应用程序注册的端口号,其值为255～1023。例如,FTP使用TCP21端口、DNS使用UDP53端口等。当在Internet中有新的应用程序出现时,需要向IANA进行注册,让Internet上的应用进程知道,以便成为熟知端口；第3类端口号称为登记端口号,当在Internet中使用一个未曾用过的应用程序时,就需要向IANA申请注册一个其他应用程序尚未使用的端口号,以便在Internet中能够使用该应用程序,这类端口号的值为1024～49151。

(2)客户端使用的端口号。这类端口号仅在客户端进程运行时临时选择使用,所以也称为临时端口号,其值为49152～65535。在客户机/服务器(C/S)模式下,当服务器进程接收到客户端进程的报文时,就可以知道客户端进程所使用的端口号,因而可以把数据发送给客户端进程。当本次通信结束后,不管是服务器端还是客户端,刚才所使用的客户端端口号已释放,这个端口号便可以提供给其他的客户端进程使用。

针对传输层的网络取证工作,主要是分析针对具体的通信过程所使用的传输层协议类型(UDP或TCP)、所使用的端口以及打开的通信进程,以此再进一步确定在主机上运行的应用程序。

6. 应用层

应用层是网络体系结构的最高层,在应用层之上不存在其他的层,所以应用层的任务只是为最终用户提供服务。每一种应用层协议都是为了解决某一类问题(如Web页面浏览、FTP文件下载、QQ即时通信等),而每一类问题都对应一类应用程序,在应用层中运行的每一个应用程序称为一个应用进程。应用进程将应用层的功能与传输层联系了起来。

互联网应用的丰富性是由位于应用层的应用程序决定的。大量的功能各异的应用程序丰富了互联网的应用,如DNS提供了域名解析服务、HTTP/HTTPS提供了Web服务、Telnet提供了远程登录服务等。为了规范互联网应用,针对不同类型的服务分别制订了相应的协议,而对协议的具体实现方式可以是多样的。例如,所有Web浏览器都需要遵循HTTP/HTTPS协议,但在具体应用中用户可以选择使用不同的Web浏览器软件,如IE、Mozilla Firefox、Google Chrome、360极速浏览器、搜狗浏览器等。

针对应用层的取证工作相对复杂,需要综合多方面的知识做出最后的判断。例如,具体到某个网络应用时,需要同时确定通信进程、应用层协议、具体的应用程序名称等内容,还要考虑应用程序的启动方式(本地手工启动还是远程启动)、运行时间、访问方式(是谁在何时以什么方式进行了访问,进行了哪些操作)等信息,对于提供访问日志的应用程序(系统),还要对日志文件进行详细分析。

3.5 数字媒体

数字媒体技术(digital media)指以二进制数的形式记录、处理、传播、获取的信息载体,这些载体包括数字化的文字、图形、图像、声音、视频影像和动画等可被人体感觉的媒体。数字媒体技术是以计算机技术和网络通信技术为主要通信手段,综合处理文字、声音、图形、图像等媒体信息,实现数字媒体的表示、记录、处理、存储、传输、显示、管理等各个环节,使抽象的信息变成可感知、可管理和可交互的一种技术。

3.5.1 文本

传统的手工书写虽然利于信息的记载,但却影响了信息的传输范围;印刷术的出现方便了信息的大范围传播,但却无法实现信息的快速编辑和修改;计算机技术在文字处理中的应用,实现了信息的记载、修改、编辑和传输等方面质的飞跃。

1. 文本和文本文件

文本(text)是文字信息在计算机中的表示,它由一系列字符组成。计算机中存储文本的文件称为文本文件,它是一种典型的顺序文件,文本文件中除了存储文件有效字符信息(包括用 ASCII 码字符表示的回车、换行等信息)外,不能存储其他任何信息。文本文件指一种容器,而文本指一种内容。根据文本排版格式的不同,文本文件可以分为简单文本文件和丰富格式文本文件两类。

1) 简单文本文件

简单文本文件又称为纯文本文件,指文件内容由一连串字符或汉字编码组成,且不包含其他格式信息和结构信息的文件,文件扩展名.txt。简单文本文件没有格式约束,一般的文字处理软件都可以识别和处理。

2) 丰富格式文本文件

丰富格式文本文件是在简单文本文件的基础上,在内容编辑时增加了一些控制格式和结构说明信息,以丰富内容的展现形式。例如,可以对文本设置字体、字号、颜色等控制信息,也可以插入图片、视频、声音等媒体信息。不同软件生成的丰富格式文本文件之间通常是不兼容的,这些文件的扩展名常见的有.doc、.docx、.pdf、.wps 等。

传统的文本组织结构是线性的,阅读者一般需要按照文本事先的顺序进行逐行阅读。而丰富格式文本可以打破这种限制,实现内容之间的跳转。例如,使用 HTML 排版的超文本文件(.html 网页文件),通过在文本中设置超链接可以实现同一个文本内容之间的跳转以及不同文件之间的链接。

2. 文本处理

文本处理指利用外部输入设备将信息输入到计算机,并对文本进行处理(如添加、删除、修改、设置字体与字号、设置段落格式等),然后以某种方式(如显示、打印等)呈现给用户的过程。

1) 文本输入

从外部设备向计算机内部输入字符的方法主要有人工输入和计算机自动识别输入两种方式,如图 3-42 所示。其中,人工输入可以通过键盘、手写输入或语言输入等设备输入信息;而自动识别输入则是将介质(如纸张)上的文字符号通过光电扫描技术进行文本转换变成字符的编码,或使用其他设备自动输入信息。

2) 文本编辑

根据应用需求,通常需要利用文本编辑器(文本编辑软件)对文本进行排版处理。不同文本编辑器可实现对文本内容的不同处理效果。常见的文本编辑器有 Linux/UNIX 操作系统中的 vi 编辑器、Windows 操作系统中的"记事本"、macOS 中的 TextEdit 等。通常情

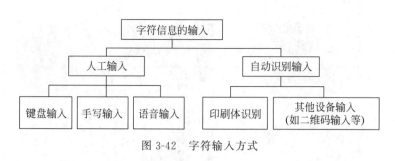

图 3-42 字符输入方式

况下,用户多使用微软公司的 Word 或金山公司的 WPS 等专业字处理软件进行文本的编辑工作。

3.5.2 图形与图像

随着信息技术的快速发展,多媒体技术的应用日新月异,信息的呈现形式日趋丰富。图形和图像属于多媒体中的基本信息类型,因其直观、形象而得到用户的普遍青睐。

1. 图形与图像的概念

图形(graph)和图像(image)都是多媒体系统中的可视元素,两者之间存在较大的差异。

1) 图形

图形是矢量图(vector drawn),它是根据几何特性来绘制的。组成图形的元素主要有点、直线、弧线等。矢量图常用于框架结构的图形处理,应用非常广泛,如计算机辅助设计(CAD)系统中常用矢量图来描述较为复杂的几何图形,适用于直线以及其他可以用角度、坐标和距离来表示的图,如图 3-43(a)所示。图形只保存生成图形的算法和图上的某些特征点信息,在计算机还原时,相邻的特征点之间用特定的很多段小直线连接形成曲线,也可通过着色算法来填充图形的指定区域的颜色,所以图形文件占用存储空间较小,图形任意放大或者缩小后,其清晰度不会受到影响。但是,由于每次屏幕显示图形时都需要重新计算,所以图形的显示速度较慢。图形是人们根据客观事物制作生成的,它不是客观存在的。

2) 图像

如图 3-43(b)所示,图像是位图(bitmap),它所包含的信息是用像素来度量的。就像细胞是组成人体的最小单元一样,像素是组成一幅图像的最小单元。分辨率和像素是描述图像的主要参数,分辨率越高,像素越大,图像文件占用存储空间就越大,图像也就越清晰。图像可以直接通过拍照、扫描、摄像等方式得到,也可以通过绘制得到。

2. 图形处理

从处理技术来看,图形主要分为由线条组成的图形(如工程图、等高线地图、曲面图、曲框图等)和类似于照片的真实感图形[图 3-43(a)]两类。计算机通过相应的算法,根据被描述的物体的特征(如点、线、面、体之间的关系等)、形态、大小、表面材料等,构建相应的模型,计算机根据模型生成相应的图形。这一过程实际上是图形的绘制,生成的图形都是矢量图。

图形绘制过程中,每一像素的颜色及其亮度都要经过大量的计算才能得到,因此绘制过程的计算量较大,对计算机性能的要求较高,特别是三维图形和动画。计算机绘制的图形是

图 3-43　图形和图像

矢量图形，相应的绘制软件通常有 3D MAX、CorelDraw、Adobe Illustrator、Auto CAD 等。

计算机图形的应用主要包括：计算机辅助设计与制造（CAD/CAM）；利用计算机生成地图、交通图、气象图、海洋图等；通过计算机模拟军事训练，公安机关对案件现场进行重构等；计算机动画等。

3. 图像处理

图像操作包括图像采集、存储、处理、传输、输出等工作过程。其中，图像采集指从现实世界获得数字图像的过程，所使用的设备主要有扫描仪和数字照相机。

1）图像的基本属性

分辨率、像素深度和颜色空间是图像的三个基本属性。其中，分辨率在前文已经进行了介绍。

（1）像素深度。像素深度指每个像素的颜色分量的二进制位数之和，它决定了构成图像的每个像素的颜色数（彩色）或灰度级数（黑白）。例如，某个彩色图像的像素用 R、G、B 共 3 个分量表示，且每个分量用 8 位表示，那么每个像素共用 $3\times8=24$ 位表示，即像素的深度为 24，每个像素可表示 2^{24} 种颜色。像素深度值越大，每个像素能够反映的颜色越丰富，图像的显示效果越细腻。

（2）颜色空间。颜色空间也称为颜色模型，是对彩色图像所使用的颜色描述方法。颜色空间的种类较多，常用有 RGB、CMY、HSV、HSI 等。

RGB 分别表示 R（red，红）、G（green，绿）和 B（blue，蓝），它是依据人眼识别的颜色定义出的空间，可表示大部分颜色。RGB 是图像处理中最基本、最常用和面向硬件的颜色空间种类，人们采集到的彩色图像一般被分为 R、G、B 的成分加以保存。

CMY 分别表示 C（cyan，青）、M（magenta，品红）和 Y（yellow，黄），它是工业印刷采用的颜色空间，它与 RGB 对应。RGB 来源于是物体发光，而 CMY 是依据反射光得到的。例如，彩色打印机中采用的四色墨盒，即由 CMY 加黑色构成。

HSV 分别表示 H（hue，色调）、S（saturation，饱和度）和 V（value，亮度），是根据颜色的直观特性建立的一种颜色空间，对用户来说是一种直观的颜色模型。其中，H（色调）用角度度量，取值范围为 0°～360°，从红色开始按逆时针方向计算，R 为 0°，G 为 120°，B 为 240°，之间的补色分别是：Y 为 60°，C 为 180°，M 为 300°；S（饱和度）表示颜色接近光谱色的程度。一种颜色，可以看成是某种光谱色与白色混合的结果。其中光谱色所占的比例越大，颜色接近光谱色的程度就越高,颜色的饱和度也就越高。饱和度高,颜色则深而艳。S 的取值范围为 0~100%,值越大,颜色越饱和;V(亮度)表示颜色明亮的程度,对于光源色,明度值与发光体的光亮度有关。V 的取值范围为 0(黑)到 100%(白)。由于 HSV 是一种比较直观的颜色模型,所以在许多图像编辑工具中应用比较广泛,如 Adobe Photoshop。

常见的图像文件有.bmp、.gif、.jpeg、.jpg 或.png 等,普通用户最常使用的图像处理软件有 Adobe Photoshop、Adobe Illustrator、CorelDRAW 等。目前,数字图像的应用非常广泛,主要包含图像通信、遥感、工业生产、机器人视觉、医疗诊断、军事、公安以及档案管理等。

2) 图像压缩技术

为了便于图像的存储和网络传输,在满足一定保真度的前提下,通常需要对图像数据进行变换、编码和压缩,去除多余数据,减少数字图像的数据量。

(1) 图像压缩的原因。图像数据之所以能被压缩,就是因为数据中存在着冗余。图像数据的冗余主要表现为:图像中相邻像素间的相关性引起的空间冗余;图像序列中不同帧之间存在相关性引起的时间冗余;不同彩色平面或频谱带的相关性引起的频谱冗余。数据压缩的目的就是通过去除这些数据冗余来减少表示数据所需的比特数。

(2) 图像压缩的分类。图像压缩可以分为有损数据压缩和无损数据压缩两类。其中,无损数据压缩是可逆的,从压缩后的数据可以完全恢复原来的图像,信息没有损失;有损数据压缩是不可逆的,从压缩后的数据无法完全恢复原来的图像,信息有一定损失。对于绘制的技术图、图表或者漫画优先使用无损压缩,这是因为有损压缩方法,尤其是在低的位速(bit-rate)或者压缩比条件下将会带来压缩失真。如医疗图像或者用于存档的扫描图像等这些有价值的内容的压缩也尽量选择无损压缩方法。有损方法非常适合于自然的图像,例如一些应用中图像的微小损失是可以接受的(有时是无法感知的),这样就可以大幅减小位速或提高压缩比。

(3) 典型压缩算法。目前常用的压缩算法主要有 JPEG(joint photographic experts group,联合图像专家组),它是用于连续色调静态图像压缩的一种标准,也是目前网络上最流行的图像格式,文件后缀名为.jpg 或.jpeg。JPEG 采用有损数据压缩方式,在采取高压缩比的情况下仍然能够获得丰富生动的图像。JPEG 提供了多种压缩级别,压缩比率通常为 10:1~40:1,压缩比越大,压缩后的图像品质越差。例如,可以将一个 1.37MB 的 BMP 位图文件压缩到 20.3KB。JPEG2000 格式作为 JPEG 的升级版本,在提高了压缩比(约 30%)的同时,可支持有损数据压缩和无损数据压缩。渐近传输是 JPEG2000 格式具有的一个非常重要的特征,它可先传输图像的轮廓,然后逐步传输数据,不断提高图像质量,让图像显示时逐渐由朦胧变得清晰。渐近传输非常适合于图像的互联网传输。

3.5.3 数字音频

声音是人与人之间进行交流的重要媒体形式,也是人类了解和认识大自然的有效途径。声音包含语音、音乐、大自然声音等类型。利用计算机技术,可以对声音进行采集、模拟、编码、重构、编辑等处理。

1. 音频

如图 3-44 所示,声音是一种振荡波,是随时间连续变化的量。振幅和频率是声音的重要指标,其中振幅指波形的高低幅度,表示声音的强弱;频率表示声音每秒钟的振动次数,以 Hz 为单位。

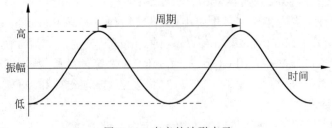

图 3-44　声音的波形表示

自然界存在各种声音,按声音的频率范围可以分为次声、可听声、超声和特超声。人类的听觉范围为 20Hz～20kHz,其中电话话音、调幅广播、调频广播、音响等均为可听声,而次声、超声和特超声对人类是不可听见的。不同声音种类的频率范围如表 3-1 所示。

表 3-1　不同声音种类的频率范围

声音种类	频率范围	声音种类	频率范围
次声	0～20Hz	调频广播	20Hz～15kHz
音响	20Hz～20kHz	超声	20kHz～1GHz
电话语音	300Hz～3400Hz	特超声	1GHz～10THz
调幅广播	50Hz～7kHz		

声音有两种最基本的表示形式:模拟音频和数字音频。自然界中的声音是连续变化的,它是一种模拟量,而计算机中存储和处理的数字音频是由 0 和 1 表示的离散值。所以,将自然界中的声音要转变为计算机能够识别的数字音频时需要进行模/数转换,相应的将计算机中存储的数字音频要通过耳机、音响等设备播放时则需要进行数/模转换。计算机中的声卡就承担着声音处理和转换的功能,如图 3-45 所示。声卡的主要功能包括:模/数转换和数/模转换、声音的合成和控制、音频文件的压缩和解压缩等,同时为外接设备(如耳机、音响等)提供相应的接口。

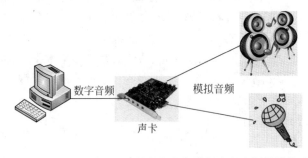

图 3-45　利用声卡实现数字音频与模拟音频之间的转换

2. 音频数据的处理

数字化的声音数据就是音频数据。本节主要介绍音频数据的压缩方法,以及针对音频数据的计算机合成方法。

1) 音频数据的压缩

音频数据是一种用进制表示的、按时间先后顺序组织的串行比特流。通常情况下，直接采样得到的音频数据量较大，不利于存储和网络共享。为了降低存储成本并提高通信效率，需要对音频数据进行压缩处理。

声音信息中包含大量的冗余信息，还包含人的听觉无法直接感知的信息。所以，可以对音频数据进行压缩处理，根据压缩编码方式的不同分为无损数据压缩和有损数据压缩两大类。其中，有损与无损指经过压缩编码后，新文件所保留的声音信号相对于原来的数字音频信号是否存在削减。有损数据压缩是去除了一些人耳难以分辨的声音，虽然音质可能变差，但数据量小了很多。

常见的数字音频未压缩编码格式有 CD 格式和 WAV 格式，有损数据压缩格式有 MP3 格式和 WMA 格式，无损数据压缩格式有 FLAC 编辑格式和 APE 编码格式。

2) 声音的计算机合成

利用计算机合成声音包括计算机语音合成和计算机音乐合成两种。

（1）计算机语音合成。随着人工智能和计算机技术的发展，人们期待着以语音方式进行人机交流。语音合成的目的是让计算机说话。语音合成系统又称为文语转换（text to speech，TTS）系统，即从文字到语音的转换系统。语音合成技术追求的目标是合成出的语音可懂、清晰、自然，具有表现力。语音合成是一门跨学科的前沿技术，涉及的研究领域有自然语言理解、语言学、语音学、信号处理、心理学、声学等。只有将上述领域的研究成果结合在一起，语音合成才能实现追求的目标。近年来，TTS 系统取得了长足发展。该技术在通信、人机交互、互联网等领域都有着广阔的应用前景。目前，合成语音的质量日益提高，已经可以合成出具有较高清晰度和可懂度的语音。

（2）计算机音乐合成。通常情况下，人们对音乐的理解是音乐家根据简谱或五线谱编写出乐谱，演奏人员再根据乐谱演奏出音乐。计算机中使用的 MIDI（musical instrument digital interface，乐器数字接口）类似于五线谱，可称为"计算机能理解的乐谱"。MIDI 是一种音乐标准格式，它用二进制数形式表示出音符、定时、速度、音色等各种音乐元素，也规定了演奏控制器、音源、计算机等相互连接时的通信规程。MIDI 是一种计算机和数字乐器使用的音乐语言，用 MIDI 编写的乐谱以 .mid 或 .midi 为扩展名存储在计算机中。计算机中使用的媒体播放器软件（如 Media Player、QQ 音乐、XMPlay 等）从磁盘中读取某个 MIDI 文件，识别文件中的内容后，可以逐条向声卡中的音乐合成器发出 MIDI 指令，音乐合成器根据 MIDI 指令对各种音乐元素的描述，合成供人们欣赏的音乐。

计算机音乐合成技术彻底改变了传统的音乐制作和演奏方式。记录音乐的方式由原来的乐谱变成了 MIDI 文件，音乐作品也可以任意编辑和修改，强大的计算机处理功能不仅提高了音乐表现的精确性，而且使音乐制作大众化。在此情况下，针对原始声音的篡改变得相对容易和普遍，成为电子数据取证研究的一个方向。

3.5.4 数字视频

相对于模拟视频来说，数字视频是以二进制数字形式记录的视频。数字视频存在着不同的生成、存储和播出方式。

1. 视频

人类具有"视觉暂留"特性，即人的眼睛看到一幅画面或一个物体后，视觉形象在 1/24s 内不会消失。利用这一原理，在一幅画面还没有消失之前紧接着播放另一幅画面，就会给人造成一种流畅的视觉变化效果。电影采用了 24 帧（幅）/s 画面的速度拍摄和播放，电视采用 25 帧/s(PAL 制式)或 30 帧/s(NSTC 制式)画面的速度拍摄和播放。如果以每秒低于 24 帧画面的速度拍摄或播放，就会产生停顿感。

视频(video)是多幅静止图像与连续的音频信息在时间轴上同步运行的混合媒体。多帧图像随时间变化而产生运动感，因此视频也称为运动图像。视频处理泛指一系列静态图像以电信号的方式加以捕捉、记录、存储、处理、传送与重现的各种技术。常见的视频有电视(电影)和计算机动画。其中，电视(电影)是用影像技术对真实场景中图像和声音的记录与播放，计算机动画是计算机制作的图像序列，是一种计算机合成的视频。

按照视频的存储与处理方式可以分为模拟视频和数字视频两类。其中，早期视频的获取、存储和传输都是采用模拟方式，而数字视频是以 0 和 1 形式记录的视频。不同于模拟视频，数字视频在复制和传输时不会引起信号质量的下降，而且方便视频中图像信息的编辑处理，传输过程中抗干扰能力强，也易于实现加密传输。目前，有线电视系统中使用的都是数字视频，可以直接用数字电视机收看节目。如果要使用早期的模拟电视机收看数字视频，则需要配置一台负责将数字信号转换成模拟信号的转换器(机顶盒)。

2. 数字视频处理

数字视频既可以直接通过数字设备(如数码摄像机)直接获得，也可以通过模拟视频设备(如录像机)获得模拟信号后再由视频采集卡将其转换为数字视频文件。通常情况下，可以对数字视频文件进行压缩处理和编辑操作。

1) 数字视频文件的压缩

数字视频文件占用的空间较大，对磁盘存储和网络传输提出了挑战。例如，一个常见的 1024×768 分辨率、24 位/像素的彩色图像的数据量为 1024×768×24÷8÷1024÷1024＝2.25MB，如果以 25 帧/s 的帧率显示运动图像，1s 就需要 2.25×25＝56.25MB 数据量。为此，针对数字视频文件的压缩和编码成为计算机存储和处理的前提。

视频数据中含有大量的冗余信息，压缩算法就是去除数据中的冗余信息，以降低信息数据量。例如，相邻帧之间的数据大部分信息是相同的，压缩时检查每一帧数据，仅保存从一帧到另一帧变化的部分；同一帧画面中某一区域可能包含颜色相同的像素，压缩算法可以将这一区域的颜色信息作为一个整体对待，而不是分别存储每一像素的颜色信息；利用人类视觉的不敏感性，也可以提升压缩比等。所以，压缩技术包含帧内图像数据压缩技术、帧间图像数据压缩技术和熵编码压缩技术。

压缩编码方式可分为有损数据压缩和无损数据压缩。其中，在无损数据压缩中，压缩后重构的图像在像素级等同于压缩前的图像，压缩前后的显示效果没有区别；在有损数据压缩中，虽然提高了压缩比，但压缩后重构的图像质量要比压缩前差。

国际电信联盟(ITU-T)和国际标准化组织(ISO)是国际上制订视频编解码技术标准的两个组织。其中，ITU-T 制订的视频编解码技术标准主要有 H.261、H.263、H.264 等，例如采用 H.264 标准可以在获得高压缩比的同时还拥有高质量的图像，在网络传输过程中对带宽的要求相对较低；ISO 制订的视频编解码技术标准主要有 MPEG-1、MPEG-2、MPEG-4 等，MPEG(moving pictures experts group，动态图像专家组)是 ISO 与 IEC(international electrotechnical commission，国际电工委员会)于 1988 年成立的专门针对运动图像和语音压缩制订国际标准的组织，先后研发制订了多个标准，以适应不同带宽和数字影像质量的要求。目前，MPEG-1 标准广泛应用于 VCD、数码相机、数字摄像机等，MPEG-2 标准用于数字卫星电视、数字有线电视和 DVD 等，MPEG-3 标准最初为高清晰度电视(HDTV)研发，后来被 MPEG-2 取代，MPEG-4 技术可利用较窄的带宽获得较佳的图像传输质量，主要用于视频电话、监控和智能手机等领域。

为了适应视频存储的需要，设定了不同的视频文件格式，把视频和音频集成在一个文件中，以方便同时回放。目前，常用的视频文件格式有微软视频(.avi、.wmv、.asf)、Real Player(.rm、.rmvb)、MPEG 视频(.mpg、.mpeg、.mpe)、手机视频(.3gp)、Apple 视频(.mov)、Sony 视频(.mp4、.m4v)、Adobe 视频(.flv、.f4v)以及其他视频(如.dat、.mkv、.vob 等)，其中在网络流媒体播放中广泛使用的视频格式有.asf、.wmv、.mov、.rm、.rmvb、.flv、.f4v 等。由于不同播放器支持不同的视频文件格式，所以一些视频播放软件本身仅支持指定的视频文件格式，如果要播放其他格式的视频文件，就需要通过格式转换软件进行视频格式转换，或安装相应的插件(解码器)。

2) 数字视频的编辑

数字视频的编辑就是在计算机上利用各种编辑软件来编辑视频，如视频剪接、添加字幕、转场特效、多轨合成甚至 3D 动画等。例如，Windows 操作系统自带的数字视频编辑软件 Windows Movie Maker 提供了在计算机上快速制作视频的功能，另外 Adobe 公司的 Premiere Pro 软件提供了专业的视频编辑功能。由于视频文件的可编辑性，为视频文件的证据确定提出了更高要求，掌握以下视频文件的主要编辑步骤，可以为针对视频文件的取证提供帮助。

(1) 将录制或硬盘中保存的视频、音频或静止图上图片导入计算机。

(2) 使用视频编辑软件创建场景、重新排列场景并删除不需要的部分。

(3) 完成对视频或音频的编辑，包括对素材的剪辑，添加字幕、音乐、图片、片头、过渡或特技效果等。

(4) 预览编辑后的视频，将最后形成的视频以文件形式进行保存。

(5) 使用媒体播放器播放视频。

3. 动画

动画是通过把人物的表情、动作、变化等分解后绘制成许多动作瞬间的画幅，再用摄像机连续拍摄成一系列画面，给视觉造成连续变化的图画。它的基本原理与电影、电视一样，都是视觉暂留原理。不同于一般的影视，动画的一个重要特征是利用设计者的想象和虚幻创造出来的，不是原本存在的。所以，动画是靠人的想象力绘制出来的画面。

计算机动画指采用图形和图像的数字处理技术，借助于程序或动画制作软件生成一系列的景物画面，是用计算机技术辅助制作的动画。根据空间角度的不同，计算机动画可分为二维动画和三维动画；根据动画形成方式的不同，计算机动画分为帧动画和矢量动画。其中，帧动画是以帧为基本单位的传统动画，如以传统平面绘图为基础的动画、颜色流动效果的动画、主体变形效果的动画等；矢量动画是计算机中使用数学方式来描述屏幕上的曲线，利用图形的抽象运动特征来记录变化的画面信息的动画。由于矢量动画占用存储空间较小,所以适合在网络中使用。另外,矢量动画可以实现窗口大小的自适应,而且不降低画面质量。

常用的动画制作软件有 Animator Pro、Animation Studio、Flash MX、GIF Construction Set Pro、3D Studio Max、Cool 3D、Maya 等,不同软件在功能和制作效果上存在一定的差异。计算机动画都是以文件形式保存在计算机中,动画文件占用空间较大,可以通过压缩技术进行处理。动画文件的种类与格式主要包括 FLC、GIF、SWF 等。计算机动画的应用范围较为广泛,目前已应用到产品演示、教学课件、广告、影视作品等领域。

3.6 数据库

数据库和信息系统的出现是计算机技术和网络应用发展的必然结果。其中,计算机信息系统是现代信息应用与管理的基础,而数据库技术是计算机信息系统的核心。本节主要结合电子数据取证工作需要,介绍数据库技术的概念、原理和应用特点。

3.6.1 数据库基础

数据库是按照数据结构来组织、存储和管理数据的仓库,是一个长期存储在计算机内的、有组织的、可共享、可统一管理的大量数据的集合。数据库的主要功能是实现数据管理,数据管理是应数据处理的客观要求出现和发展的。数据处理具体指数据的分类、组织、编码、存储、查询、统计、传输等操作,目的是向用户提供有价值的信息。

需要说明的是,由于数据与信息之间的关联性,在一般情况下经常将数据处理也称为信息处理;数据处理中的数据可以是数值型数据,也可以是字符、文字、图表、图形、图像、声音等非数值型数据。

1. 数据处理的 3 个阶段

数据处理是随着数据类型和计算机技术的发展而不断发展和完善的。目前,随着大数据技术的发展,数据处理技术和方式也都发生着变化。本小节以数据管理为对象,将数据处理简要分为 3 个不同阶段。

1)人工管理阶段

在计算机应用于数据管理的初期,数据处理主要依靠人工进行,程序员不仅要规定数据的逻辑结构,还要考虑数据的存储位置和读取方式等问题。在该阶段,最突出的特点是数据依附于应用程序,数据独立性差,数据无法实现共享。

2)文件管理阶段

为了克服人工管理存在的不足,在 20 世纪 50 年代后期出现了数据以独立于应用程序之外的文件管理模式,即数据以文件形式存储,应用程序通过操作系统对数据文件进行打开、读写、关闭等操作。文件管理模式解决了应用程序与数据之间的过度依存问题,在一定程度上实现了数据共享。图 3-46 是应用程序和数据文件之间的关系,可以看出,一个应用程序可以访问多个数据文件,一个数据文件也可被多个应用程序使用。

文件管理阶段有力推动了计算机在数据处理领域中的应用,但该模式仍然存在着数据

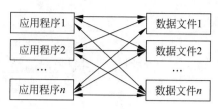

图 3-46 文件管理模式中应用程序与数据文件之间的关系

独立性差、数据冗余度大、数据处理效率低、数据的安全性与完整性无法得到有效控制等不足。

3) 数据库管理阶段

为了克服文件系统存在的弊端,适应迅速发展的大量复杂数据处理的需要,20 世纪 60 年代后期出现了以数据统一管理和数据共享为特征的数据库管理系统(database management system,DBMS),IDS(integrated data stor,集成数据存储)是美国通用电气公司于 1963 年研制出的世界上最早的数据库管理系统。如图 3-47 所示,DBMS 接手了不同应用程序对数据库的直接访问,应用程序在访问数据库时都需要通过 DBMS 的管理。

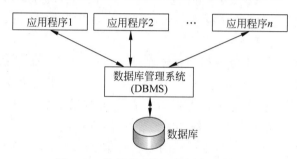

图 3-47 数据库系统工作原理示意图

2. 数据库系统

数据库系统(database system,DBS)是由数据库、数据库管理系统(DBMS)、应用程序、数据库管理系统赖以执行的计算机软硬件环境及数据库维护使用人员的总称。

1) 数据库

数据库(data base,DB)是存放数据的仓库。在数据库中不仅保存了用户直接使用的数据,而且保存了定义这些数据的数据类型、模式结构等数据(元数据)。数据库是一个按数据结构来存储和管理数据的计算机软件系统。数据库的概念具体包括两层含义:数据库是一个实体,它是能够合理保管数据的"仓库",用户在该"仓库"中存放要管理的事务数据;数据库是数据管理的新方法和技术,它能实现更合适的组织数据、更方便的维护数据、更严密的控制数据和更有效的利用数据。

2) 数据库管理系统

数据库管理系统是为管理数据库设计的专门软件(如 Oracle、SQL Server、MS Access 等),主要由以下几部分组成(图 3-48),其中模式更新、数据查询和数据更新是数据库管理系统接口接收的 3 种输入类型。

(1) 模式更新。模式更新涉及对数据模式的修改。数据模式的修改指对数据的逻辑结

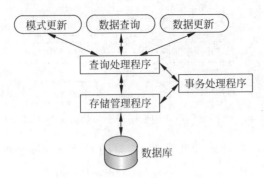

图 3-48　数据库管理系统组成示意图

构的修改，可以增加新的数据对象或对已存在数据对象结构进行修改。例如，在一个学生学籍管理数据中增加获奖信息，或对某个已有数据的结构或属性进行修改等。模式更新一般只能由数据库管理员进行操作。

（2）数据查询。数据查询指对数据库进行查询和统计，一般有两种方式：一种是通过联机终端直接进行交互式查询；另一种是通过应用程序访问数据库中的数据。

（3）数据更新。数据更新指对数据进行插入、修改或删除操作。像数据查询一样，数据更新同样存在交互式和程序两种方式。

（4）查询处理程序。查询处理程序在接收到一个由较高级语言所表示的数据库操作指令后，对该指令进行解释、分析和优化，然后提交给存储管理程序来执行。

（5）存储管理程序。根据查询处理程序的请求，存储管理程序可以更新数据库中的数据，也可以在获取数据库中的数据后将其反馈给查询处理程序。

（6）事务处理程序。事务处理程序控制着查询处理程序和存储管理程序的执行。这里的"事务"指一组按顺序执行的操作单位，这组操作要么全部执行，要么一条也不执行，以此来保证数据库数据的一致性。事务处理类似于在 ATM 上取款，在取款的同时要对用户账户进行记账，只拿钱而不记账，或只记账而拿不到钱都是不允许的，在这一过程中取款和记账便形成了一个具体的事务。

3）应用程序

应用程序通常指为完成用户业务功能而用高级语言（如 VB、Delphi、C♯ 等）编写的程序，应用程序通过数据库提供的接口对数据库中的数据进行插入、删除、修改、查询、统计等操作。

4）计算机软硬件环境

计算机软硬件环境指数据库系统、应用程序赖以执行的环境，主要包括计算机硬件设备、网络环境、操作系统及应用系统开发工具等。

5）相关人员

相关人员指在数据库系统的设计、开发、维护和使用过程中所有涉及的人员，主要有数据库管理员（dataBase administrator，DBA）、系统分析设计人员、系统程序员以及用户等，其中数据库管理员在大型数据库应用中主要负责对数据库进行有效的管理和控制，解决系统设计和运行中出现的各种问题。

数据库、数据库管理系统、数据库系统是不同的概念，在使用中应加以有效区分。数据库系统所具有的数据结构化、数据冗余小、数据共享、数据独立性强、数据统一管理与管制等功能,提供了强有力的数据管理功能。

3. 数据库系统的结构

在电子数据取证工作中,在许多场景下都离不开数据库系统,而不同的数据库系统结构对数据的管理不尽相同。为此,熟悉数据库系统的体系结构,掌握不同结构中数据管理的特点,对电子数据取证起着十分重要的作用。

1)集中式数据库系统

早期的 DBMS 以分时操作系统为运行环境,采用的是集中式数据库管理方式,用户通过终端访问数据库系统。在这种模式中,数据集中存储在主机上,数据实现集中管理。

2)客户机/服务器结构

随着互联网技术的发展,数据库系统体系结构也开始从早期的集中式逐渐过渡到客户机/服务器(client/server,C/S)结构模式。C/S 结构如图 3-49 所示,其中客户机指运行专门应用程序的用户计算机,它直接面向用户,接收并处理用户发出的任务,并将其中涉及对数据库的操作交由服务器去执行;而服务器响应客户机的请求,完成对数据库的操作(如更新、查询等),并将结果反馈给客户端。从数据管理角度,C/S 结构仍然属于集中式管理,只是用户是分布的。

图 3-49　C/S 结构示意图

3)浏览器/服务器结构

浏览器/服务器(browser/server,B/S)结构是随着 Internet 的发展而出现和快速发展起来的一种互联网数据管理模式,它由 Web 浏览器、Web 服务器和数据库服务器 3 部分组成,如图 3-50 所示。其中,Web 浏览器扮演着 C/S 结构中客户端程序的角色,只是在 C/S 结构中不同的应用系统分别使用不同的客户端程序,而在 B/S 结构中所有的应用系统都使用通用的 Web 浏览器以网页形式对数据库中的数据进行操作;Web 服务器上运行应用系统,方便了应用系统的部署和日常维护;数据库服务器专门用于存放系统中所使用的数据库。B/S 结构中的数据仍然是集中管理。

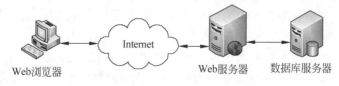

图 3-50　B/S 结构示意图

4)分布式数据库

数据丰富了互联网应用,然而在互联网应用快速发展过程中,数据的集中式管理为数据的高效访问提出了挑战。分布式数据库技术将数据按一定的策略(如来源、用途等)分散保存在不同地理位置的多台计算机节点上,供不同的用户访问。数据在物理上分布,由系统统一管理。

数据库技术的快速发展为用户带来了不同的应用体验。近年来,并行数据库系统、工程数据库系统、空间数据库系统、多媒体数据库系统、模糊数据库系统、主动数据库系统等针对特定应用领域开发的数据库系统在互联网环境中得到广泛应用,对数据库的研究和学习提出了更高要求。

3.6.2 数据仓库与数据挖掘

近年来,社会各个行业对数据处理提出了更高要求,数据库技术开始广泛应用于决策领域,引出了数据仓库、数据挖掘等概念。

1. 数据仓库

计算机的数据处理方式可分为操作型处理和分析型处理两种类型,前者属于事务型,后者属于决策型。其中,操作型事务处理常见于企业的管理信息系统(management information system,MIS),用于企业各部门日常工作管理,如产品入库登记、生产资料管理等,反映的是企业当前的运行状态,这类应用也称为联机事务处理(on line transaction processing,OLTP);分析型数据处理主要用于管理人员的决策分析,如决策支持系统(decision support system,DSS),经常需要访问大量的历史数据,通过对这些历史数据的分析,从中发现管理决策中所需要的重要信息,这类应用也称为联机分析处理(on line analytical processing,OLTP)。

为了提高决策分析的效率和有效性,需要将分析型与操作型处理的数据相分离,按照DSS处理的需要,对数据分析在空间和时间维度上进行重新组织,建立单独的分析处理环境。数据仓库(data warehouse,DW)正是为了构建这种新的分析处理环境而出现的一种数据存储和维护技术。

数据仓库是为企业或组织的决策制订过程,提供所有类型数据支持的数据集合。数据仓库的最大目标是提供高效的决策分析。无论是DB还是DW,核心都是数据,数据仓库中的数据具有以下特点:

(1)面向主题的数据。传统DB是面向应用来组织和存储数据的,而DW中的数据是面向主题进行组织的。主题是一个抽象的概念,一个组织的业务可以划分为多个主题领域。例如,一个商业公司的业务可划分为制造、销售、人事、财务等主题领域。

(2)数据仓库是集成的。数据仓库中的数据来自分散的操作型数据,将所需数据从原来的数据中抽取出来,进行加工与集成、统一与综合之后才能进入数据仓库。

(3)只读的数据。数据仓库中的数据主要供企业决策分析使用,所涉及的数据操作主要是数据查询,一般情况下并不进行修改操作。

(4)数据仓库中的数据是随时间变化的。数据仓库中的数据是基于时间的数据,也就是说数据仓库随时间变化不断增加新的数据内容,同时数据仓库中包含大量的综合数据,而且这些综合数据与时间有关,即数据仓库的数据都必须带有时间标志,可以让用户获取与他们的分析时间有关的数据。

(5)多级数据。数据仓库必须按不同的层次组织数据,从简单的数据到高度概括和聚合的数据,因为决策者做决策时,会从不同层次去分析数据。

(6)多维数据。数据仓库的数据结构应该是多维数据结构,因为决策者往往要从多个维度去考察数据。

2. 数据仓库技术

数据仓库技术指一种解决问题的方案,具体地说,是以传统的数据库技术作为存储数据和管理资源的基本手段,以统计分析技术作为分析数据和提取信息的有效方法,以人工智能技术作为挖掘知识和发现规律的科学途径。

3. 数据仓库系统

数据仓库系统的核心部分是数据仓库,但同时向外延伸到事务处理系统中的DB,以及用来集成数据的程序和分析数据的工具。数据仓库系统由数据抽取工具、数据仓库、元数据、数据仓库管理系统和数据仓库访问工具组成,如图3-51所示。

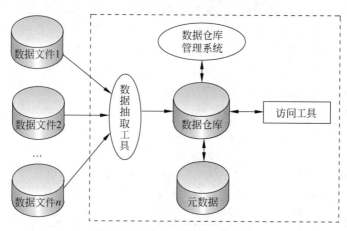

图 3-51　数据仓库系统组成示意图

1）数据抽取工具

数据抽取工具的主要功能是将面向 OLTP 应用的数据库中已有的数据抽取出来,并按照主题组织成决策分析所需要的综合数据。数据抽取工具一般包括监视器和集成器两部分,其中监视器负责感知数据源中数据所发生的变化,并对变化的数据按数据仓库的主体需求进行抽取;集成器将从 OLTP 数据库中提取的数据经过转换、计算、综合等操作,集成后追加到数据仓库中。

2）数据仓库

存储已经按主题组织的数据,供决策分析处理使用。数据仓库是数据仓库系统的核心,是数据分析和挖掘的基础。根据不同的分析要求,数据仓库中的数据一般按不同的综合程度(等级)存储。

3）元数据

元数据是数据仓库运行和维护的中心,为访问数据仓库提供了一个目录,该目录全面描述了数据仓库中有哪些数据,这些数据是怎么得到的,以及怎么访问这些数据等信息。

4）数据仓库管理系统

数据仓库管理系统(data warehouse management system,DWMS)是整个数据仓库系统的管理引擎,负责提供数据定义、数据操作和系统运行管理等功能。目前的 DWMS 一般都是在 DBMS 中增加一些 DW 管理所需要的组件来实现,例如 MS SQL Server 2016 就是一个DWMS与DBMS共存的集成系统。

5）访问工具

访问工具用于用户访问数据仓库，主要包括数据查询和报表工具、应用开发工具、联机分析处理工具、数据挖掘工具等。只有通过高效的访问工具，数据仓库才能真正发挥应有的作用。

4. 数据挖掘

数据挖掘（data mining，DM）也称为知识发现，是通过仔细分析大量数据来揭示有意义的新的关系的过程。数据挖掘是一门交叉性学科，融合了人工智能、数据库技术、模式识别、机器学习、统计学和数据可视化等多个领域的理论和技术。

数据挖掘的任务就是发现隐藏在数据中的模式，通常情况下存在两种类型：描述型（Descriptive）模式和预测型（Predictive）模式。其中描述型模式是对当前数据中存在的事实做出规范描述，刻画当前数据的一般特性；预测型模式则是以时间为关键参数，对于时间序列型数据，根据其历史和当前的值去预测其未来的值。根据模式特征，可将模式大致细分为分类模式、聚类模式、回归模式、关联模式、序列模式、偏差模式等类型。

数据挖掘的对象除传统数据库和数据仓库外，目前已扩展到Internet环境下的Web数据挖掘等众多领域。

3.6.3 关系数据库

在数据库发展历史上先后经历了层次数据库、网状数据库和关系数据库等阶段，目前关系数据库已经成为数据库产品中最重要的一员，几乎所有的数据库厂商的数据库产品都支持关系数据库，即使一些非关系数据库产品也几乎都有支持关系数据库的接口。

1. 数据模型

数据模型（data model）是对现实世界数据特征的抽象，是用来描述数据的一组概念和定义。由于计算机无法直接处理现实世界中的具体事物，所以人们必须事先把具体事物转换成计算机能够处理的数据，即按DBMS支持的数据模型来组织数据。通常，一个数据库的数据模型由数据结构、数据操作和数据约束条件3部分组成。

由于数据库中的数据是按照一定的结构（数据模型）来组织、描述和存储的，所以常见的数据模型有层次数据模型、网状数据模型、关系数据模型和面向对象数据模型几种类型。

（1）层次数据模型。层次数据模型是按树状结构描述客观事件及其联系的一种数据模型。

（2）网状数据模型。网状数据模型是按网状结构描述客观事物及其联系的一种数据模型。

（3）关系数据模型。关系数据模型是按二维表结构描述客观事物及其联系的一种数据模型。基于关系数据模型的关系数据库管理系统主要有Visual FoxPro、Access、Oracle、Sybase、SQL Server等。

（4）面向对象数据模型。面向对象数据模型用更接近人类的思维方式来描述客观世界的事物及其联系，而且描述问题的问题空间和解决问题的方法空间在结构上尽可能一致，以便对客观实体进行结构模拟和行为模拟。

由于关系数据模型能够用二维表来表示事物之间的联系,因此得到了广泛应用。

2. 关系数据模型

在关系数据模型中,所有的信息都用二维表来表示,每一张二维表称为一个关系(Relation)或表(Table),用来表示客观世界中的事物。如表 3-2 所示,一个表由表名、行和列组成,其中每一行称为一个元组,每一列称为一个属性。

表 3-2 学生基本信息表

学号	姓名	性别	出生年月	院系	专业	政治面貌
2021101	刘墙东	男	1972-02-08	商学院	市场营销	
2021102	马芸	男	1968-06-19	商学院	市场营销	党员
2021001	李燕红	女	1973-04-11	计算机学院	软件工程	
2021002	马花腾	男	1973-09-20	计算机学院	软件工程	团员
2021201	王剑玲	男	1962-02-21	建筑学院	建筑设计	党员
2021203	潘四一	男	1969-11-23	建筑学院	室内设计	团员

关系数据库是采用关系模型作为数据组织方式的数据库。关系数据库的特点在于它将每个具有相同属性的数据独立地存储在一个表中,对于任一表而言,用户可以插入、删除或修改表中的数据,而不会影响表中的其他数据。在关系数据模型中,表与表之间通常是存在联系的,常见的联系方式主要有以下 3 种:

(1)一对一联系。一对一联系指对于表 A 中的任一元组,在表 B 中有一个唯一的元组与其对应。例如,一个班级有一个班长,那么班级与班长之间的联系就是一对一联系。

(2)一对多联系。一对多联系指表 A 中的每一个元组,在表 B 中会存在多个元组与其对应;而对于表 B 中的每一个元组,表 A 中只有一个元组与之对应。

(3)多对多联系。多对多联系指表 A 中的每一个元组,表 B 中有多个元组与之对应;而对于表 B 中的每一个元组,表 A 中也有多个元组与之对应。假设一位老师可以同时教授多门课程,而同一门课程由多位老师教授,则课程表中老师与课程之间的联系就属于多对多联系。

3. 关系数据库的基本操作

在关系数据库系统中,常见的关系操作主要有插入、删除、更新、选择、投影和连接等。

1)选择

选择操作属于一元操作,它应用于一个关系并产生另一个新关系,新关系中的元组(行)是原关系中元组的子集。选择操作根据要求从原关系中选择部分元组,结果关系中的属性(列)与原关系相同,即保持不变。例如,从学生基本信息表中查询出所有"性别"为"男"的学生记录,即为对该表进行了选择操作。

2)投影

投影操作属于一元操作,它作用于一个关系并产生另一个新关系。新关系中的属性(列)是原关系中属性的子集。一般情况下,虽然新关系中的元组属性减少了,但其元组(行)的数量与原关系保持不变。例如,从学生基本信息表中查询所有学生的"学号""姓名"和"专业",即为对该表进行了投影操作。

3）连接

连接操作是一个二元操作，它基于共有属性把两个关系组合起来。根据应用需要，连接操作会存在多种方式。例如，查询每门课程所有学生成绩，即为对课程表和选课表进行连接操作。

4）更新

更新操作用于改变关系属性的值。例如，将课程代号为"210001"课程的所有成绩增加10分，即为对选课表的更新操作。

5）删除

删除操作用于删除关系中的元组。例如，删除学生基本信息表中所有"专业"为"软件工程"的记录，即为对该表的删除操作。

4. SQL 语言

SQL（structured query language，结构化查询语言）是用来访问和操作数据库系统的一种通用语言。SQL 语句既可以查询数据库中的数据，也可以添加、更新和删除数据库中的数据，还可以对数据库进行管理和维护操作。不同的数据库都支持 SQL，这样，通过学习 SQL 这一语言，就可以操作各种不同的数据库。SQL 语言是关系数据库的标准语言，具有功能丰富、使用灵活、语言简单易用等特点。

虽然 SQL 已经被标准化，但在应用中大部分数据库都在标准 SQL 上做了扩展。也就是说，如果仅使用标准 SQL，所有的数据库都可以支持，但如果使用某个特定数据库的扩展 SQL，换一个数据库就可能无法执行。例如，Oracle 把自己扩展的 SQL 称为 PL/SQL，Microsoft 把自己扩展的 SQL 称为 T-SQL。现实情况是，如果只使用标准 SQL 的核心功能，那么所有数据库通常都可以执行。不常用的 SQL 功能，不同的数据库支持程度不尽相同。

5. 结构化数据、非结构化数据和半结构化数据

随着大数据技术的发展，针对数据结构的分类及处理问题得到普遍重视。根据数据的组织和管理形式的不同，可将大数据环境中的数据细分为结构化数据、非结构化数据和半结构化数据三种类型。

1）结构化数据

结构化数据指由二维表结构来逻辑表达和实现的数据（表 3-2），严格地遵循数据格式与长度规范，主要通过关系型数据库（如 MySQL、Oracle、SQL Server 等）进行存储和管理。

结构化数据管理的一般特点是：数据以行为单位，一行数据表示一个实体的信息，每行数据的属性是相同的。结构化的数据的存储和排列很有规律，这对查询和修改等操作很有帮助。但是，结构化数据的扩展性较差，例如在一张二维表中要增加一列时，需要在表中添加一个全新的"属性"字段。

从数据处理的角度，结构化数据时只需要创建一个二维表，然后将每一个实体以行为单位添加到表中，数据处理相对简单。

2）非结构化数据

非结构化数据是数据结构不规则或不完整，没有预定义的数据模型，不方便用数据库二维逻辑表来表现的数据，它包含全部格式的办公文档、文本、图片、XML、HTML、各类报表、图像和音频/视频信息等。

通常情况下，非结构化数据很难直接知道其内容，数据库也只能将它保存在一个存储二进制文件的容器(BLOB字段)中。对于非结构化数据的检索比较困难，一般的做法是建立一个由编号(Number)内容和描述内容(Blob)组成的二维表，当需要对数据引用时可通过具体的编号进行，需要对数据进行检索时通过内容描述进行。

非结构化数据的格式非常丰富，标准也是多种多样，而且在技术上非结构化信息比结构化信息更难标准化和理解。所以存储、检索、发布以及利用需要更加智能化的技术，如海量存储、智能检索、知识挖掘、内容保护、信息的增值开发利用等。

3) 半结构化数据

半结构化数据是结构化数据中的一种特定类型。它是结构化的数据，但是结构变化较大。在半结构化数据中，因为我们要了解数据的具体细节，所以不能将数据简单地组织成一个文件并按照非结构化数据处理；由于结构变化很大，所以也不能够简单地建立一个二维表，并通过表来管理所有的数据。

例如，在开发一个信息系统时，需要考虑数据的管理方式。通常情况下，设计人员会将数据保存在某个指定的关系数据库中。具体来讲，会将数据按业务进行分类，并按分类结果设计相应的表，然后将对应的信息保存到相应的表中。例如，在开发一个学生基本信息管理系统时，需要同时保存学生的学号、姓名、性别、出生日期、院系、专业等信息，针对此要求很自然地会创建一个表。但是，在实际应用中并不是所有信息都可以这样简单地用一个表中的字段就能对应的，例如个人简历等。

仍然以学生基本信息为例，针对半结构化数据，一般会有两种处理方式：一种是对现有信息进行粗略的统计整理，根据系统真正关心的信息尽可能总结出需要的信息类别，然后对每一类别建立一个表，例如建立成绩表、课程表等。对于一时无法确定或目前不是非常重要的信息，可以在表中建立一个"备注"字段来保存。这种方式的特点是查询统计比较方便，但却不能适应数据的扩展，不能对扩展的信息进行检索，对项目设计阶段没有考虑到的同时又是系统关心的信息的存储不能很好地处理；另一种方式是采用XML格式来组织数据，类似于设计网页一样，将不同类别的信息保存在XML的不同的节点中即可。目前，在存储半结构化数据时，XML格式具有灵活的扩展性，但也存在查询效率低的问题。

习题

3-1 联系实际，描述计算机系统的组成以及各组成部分的功能。

3-2 简述系统软件和应用软件之间的区别。

3-3 试分析商品软件、共享软件、自由软件和免费软件之间的异同。

3-4 试说明信息和数据的概念，以及信息存储容量和传输的表示方式。

3-5 熟练掌握二进制数、八进制数、十进制数、十六进制数之间的转换方法。

3-6 掌握二进制数之间的算法和逻辑运算方法。

3-7 简述虚拟化技术的实现过程，不同类型的虚拟化技术在实现方法和应用上有何特点？

3-8 什么是大数据？大数据技术涉及哪些技术领域？

3-9 简述大数据的技术架构及其主要组成部分的功能。

3-10 什么是人工智能？主要包括哪些技术？

3-11 结合冯·诺依曼计算机结构的组成，以及典型计算机系统的硬件组成，简述计算机系统的工作过程以及各部件的功能。

3-12 如何评价一个 CPU 的性能？

3-13 计算机中使用的存储器主要分为哪些类型，各自有何特点？

3-14 简述硬盘的组成以及不同类型硬盘的工作原理和应用特点。

3-15 联系实际，简述总线和 I/O 接口的功能。

3-16 简述常见的计算机输入/输出设备的功能及基本实现原理。

3-17 联系个人计算机的硬件组成，试分析智能手机的硬件组成及其特点。

3-18 简述计算机的启动过程，并分析 BIOS 与 UEFI 启动的特点。

3-19 简述进程与线程的概念以及区别。

3-20 为什么文件在被删除后仍然有可能被恢复？

3-21 简述计算机网络的概念，以及计算机网络的组成、分类和组网结构的特点。

3-22 结合实际应用，试分析计算机网络的发展过程及特点。

3-23 什么是物联网？物联网与互联网之间存在什么联系？物联网具有哪些明显的特征？

3-24 结合 TCP/IP 体系结构各层的功能和数据特征，试分析取证特点以及应重点注意的内容和环节。

3-25 简述图形与图像之间的区别，分别介绍常见的图形和图像处理方法。

3-26 试分析数字音频的特征，能够针对数字音频获得哪些电子数据证据？

3-27 视频编辑主要包括哪些步骤？针对不同的编辑步骤，可提供哪些用于取证的信息？

3-28 与传统的影视视频相比，计算机动画有何特点？

3-29 简述数据库系统的组成以及各组成部分的主要功能。

3-30 针对传统的数据库，阐述数据仓库的概念及特点。

3-31 什么是数据模型？什么是关系数据库？结合日常使用的关系数据库（如 Access、SQL Server 等）介绍其组成及基本的操作。

3-32 结合大数据应用，试分析结构化数据、非结构化数据和半结构化数据之间的不同。

第4章

Windows操作系统取证技术

Windows 操作系统是目前应用最为广泛的操作系统，尤其在个人计算机用户中，Windows 操作系统占据了很大的比例。在服务器应用领域，Windows Server 也占有较高的份额。由于 Windows 系统较为庞大，涉及的功能较多，应用领域较广，所以本章将针对 Windows 的常见应用，介绍与取证相关的内容及主要取证方法。从广义的信息安全角度，凡是涉及信息与信息处理的地方都会涉及安全与取证问题，为此本章的目的不仅仅是简单地介绍具体方法，而是培养读者分析和解决问题的思路。

4.1 Windows 操作系统取证概述

Windows 操作系统是美国微软（Microsoft）公司研发的一系列操作系统的总称，它问世于 1985 年，起初仅仅是 MS-DOS 模拟环境，在此基础上逐渐发展为当前应用最广的操作系统。

4.1.1 Windows 操作系统的发展

目前，Windows 操作系统主要应用于个人计算机和服务器两大领域，针对个人计算机应用的称为桌面操作系统，而针对服务器应用的称为服务器操作系统。

1. Windows 桌面操作系统

微软公司从 1983 年开始研制 Windows 系统，最初的研制目标是在 MS-DOS 的基础上提供一个多任务的图形用户界面。Windows 1.0 于 1985 年问世，它是一个具有图形用户界面的系统软件。

于 1987 年推出的 Windows 2.0 最明显的变化是采用了多窗口界面形式，但这一功能并没有引起人们的关注。直到 1990 年 Windows 3.0 的推出成为一个重要的里程碑，大量的 MS-DOS 及使用其他操作系统的用户开始转向使用 Windows 3.0。今天广受大家欢迎的窗口界面也是从 Windows 3.0 发展而来的。

于 1992 年推出的 Windows 3.1 针对 Windows 3.0 的缺点进行了一些功能改进，主要为程序开发提供了窗口控制能力，可以使程序员在 Windows 环境下开发出类似 Windows 的用户界面。同时，Windows 3.1 使应用程序可以超过常规内存空间限制，不仅支持 16MB 内存寻址，而且通过虚拟存储方式可以支持数倍于实际物理存储器大小的地址空间。另外，Windows 3.1 还提供了一定程度的网络支持、多媒体管理、超文本形式的联机帮助等功能。

国内许多用户使用 Windows 操作系统是从 Windows 95 开始。Windows 95 在 1995 年 8 月发布，是一个混合的 16 位/32 位 Windows 操作系统，是微软公司有史以来最成功的操作系统之一；Windows 98 在 1998 年 6 月发布，具有更好的硬件支持以及与 WWW 的紧密结合；Windows ME 是介于 Windows 98 与 Windows 2000 之间的一个过渡产品。

Windows 2000 于 2000 年 2 月发布，由 Windows NT(new technology，新技术)发展而来，同时开始放弃了 Windows 9x 的内核，稳定性得到增强；Windows XP 是在 Windows 2000 的基础上发展而来，增强了安全特性。2006 年 11 月，Windows Vista 发布，使个人计算机正式进入双核和大内存与大硬盘时代。

Windows 7 于 2009 年 10 月发布，针对笔记本电脑进行了特有设计，而且在应用服务、用户个性化、视听娱乐等方面进行了优化，成为继 Windows XP 之后的又一经典 Windows 系统。

2012 年 10 月，Windows 8 正式推出，开始支持来自 Intel、AMD 和 ARM 的芯片架构，被应用于个人计算机和平板电脑上。

2015 年 7 月发布了 Windows 10，其大幅减少了开发阶段，分别面向不同用户和设备发行了多个版本，Windows 7 和 Windows 8.1 用户可以升级到 Windows 10。

2021 年 6 月发布的 Windows 11 是微软公司目前最新的 Windows 版本，其提供了许多创新功能，增加了新版开始菜单和输入逻辑等，支持与时代相符的混合操作环境，侧重于在灵活的改变体验中提高工作效率。

2. Windows 移动操作系统

随着智能手机、个人数字终端(PDA)、平板电脑等移动设备的快速发展，Windows 系统也开始延伸到这一领域。然而，移动设备在续航能力、显示屏幕、输入界面等方面与普通的个人计算机之间存在较大差距，针对这些特点，Windows 系统进行了相应的调整和优化，先后推出了 Windows CE、Windows Mobile、Windows Phone 等移动版本的系统。

Windows CE 是微软公司 1996 年专门为掌上电脑(HPCs)以及嵌入式设备设计的系统环境，它是一个开放的、可升级的 32 位嵌入式操作系统，Windows CE 的许多功能都是针对有限的硬件环境而开发的，PDA、智能手机等移动设备开始直接使用 Windows NT 内核的嵌入式 Windows 系统；另外，随着计算资源越来越廉价，嵌入式 Windows NT 可以被部署到资源较为紧缺的小型化、电池供电的嵌入式设备上，所以 Windows CE 在商用领域的地位也逐渐被 Windows NT 所替代。

Windows Mobile 是在 Windows CE 基础上为手持设备推出的"移动版 Windows"，使用 Windows Mobile 的设备主要有智能手机、PDA、音乐播放器等。Windows Mobile 不但采用了用户熟悉的 Windows 桌面系统的操作界面，而且将 Windows Media Player 捆绑其中,同时用户可以通过在线方式下载所需要的第三方应用软件。

Windows Phone 是微软公司于 2010 年 10 月正式发布的基于 Windows CE 内核的一款手机操作系统,提供了桌面定制、图标拖曳、滑动控制等功能。虽然 Windows Phone 凭借 Windows 系统在桌面计算领域的优势及其办公软件 Office 多年培育起来的庞大用户群体和操作习惯,一直试图在移动计算领域扩大份额,然而在实际应用中却遇到了 iOS 和 Android 等移动操作系统前所未有的挑战。

3. Windows 服务器操作系统

微软公司先后推出了多个版本的 Windows 服务器操作系统。其中,在国内最早使用的是 Windows NT4.0,它是一款基于 32 位架构、采用图形用户界面、提供较全面的网络管理工具,同时支持 FAT 和 NTFS 文件系统、支持多种通信协议的服务器操作系统。

Windows Server 2003 是 Windows NT4.0 的后续版本,它继承了 Windows NT 和 Windows 95/98 的优点,在增加了一些新功能的同时,其实用性、可靠性、安全性和网络功能等方面都得到了加强。

Windows Server 2008 是在继承了 Windows Server 2003 R2 的基础上发行的一个新版本,以支持各种规模的企业对服务器不断变化的需求。Windows Server 2008 有 8 个不同版本,其中有 3 个版本不支持 Windows Server Hyper-V 技术。

Windows Server 2012 是 Windows 8 的服务器版本,也是 Windows Server 2008 R2 的后续版本。它可向企业和服务提供商提供可伸缩、动态、支持多租户以及通过云计算得到优化的基础结构,同时具备了虚拟化技术、Hyper-V、云计算、构建私有云等新特性。

Windows Server 2016 于 2016 年 10 月发布,该版本引入了一些新的安全机制以加强数据的安全性,通过增强弹性计算能力以降低存储成本并简化网络。同时,该版本还在虚拟化、系统管理、访问安全及故障排除等方面进行了优化。

Windows Server 2019 于 2018 年 10 月正式商用,相对于之前的 Windows Server 版本主要围绕混合云、安全性、应用程序平台、超融合基础设施(HCI)等方面进行了创新。

4.1.2 注册表的取证

注册表(registry)是 Windows 中的一组重要的数据库,用于存储系统和应用程序的配置信息。早在 Windows 3.0 推出 OLE(object linking and embedding,对象连接与嵌入)技术时,注册表就已经出现。

1. 注册表功能

注册表中的数据是以二进制的形式存储的,存放有计算机硬件和软件的配置信息、应用软件和文档文件的关联关系以及各种网络状态信息和其他数据。注册表是 Windows 操作系统的核心,可以说计算机上所有针对硬件、软件、网络的操作都源于注册表。同时它也是一个信息丰富的证据库,对于电子数据取证非常重要。例如,注册表中包含了大量关于用户账号、访问记录、网络共享、运行历史等记录。正确提取注册表中的有效数据将对取证工作大有帮助。使用系统自带的注册表编辑器"Regedit.exe"可以查看注册表的内容,如图 4-1 所示。

图 4-1 注册表编辑器

2. 注册表的结构

注册表系统按照三层结构组织,以树形结构排列,由根键、子键和键值组成。

1) 根键和子键

根键是系统定义的配置单元,通过"HKEY_"来表示。注册表中有 5 个根键。需要注意的是,根键和注册表配置单元(hive)是截然不同的,根键是注册表编辑器显示的 5 个主要键视图,而在注册表配置单元中,除了 HKLM 和 HKU 两个根键是配置单元实体外,其他都是某一个子键的配置单元,而且配置单元指向硬盘中的某一实体。表 4-1 显示了这些根键的功能。

表 4-1 根键及其功能描述

名 称	缩写	功 能
HKEY_LOCAL_MACHINE	HKLM	管理系统配置信息,包括硬件设置信息和软件设置信息
HKEY_USERS	HKU	管理系统中所有登录过的用户配置信息
HKEY_CLASS_ROOT	HKCR	管理系统中打开各种类型文件所需软件的相关配置信息
HKEY_CURRENT_USER	HKCU	管理当前登录用户的配置信息
HKEY_CURRENT_CONFIG	HKCC	管理系统启动时所使用的硬件信息

HKLM 和 HKU 是真正存储在硬盘物理文件里面的根键。HKCU 其实是 HKU 一个子键的符号链接。HKCR 和 HKCC 是 HKLM 的符号链接。根键的名字以"H"开头是因为根键的名字代表了 Win32 访问键的句柄(handle)。

2) 键值

每个键都有一个或多个值,每个值包括名称、类型和数据 3 个部分,具体如表 4-2 所示。

表 4-2 键值及其功能描述

键 值	功 能
名称	值的类型决定键所包含的信息类型
类型	注册表中的数据类型,例如 REG_BINARY、REG_DWORD 等
数据	键值包含与键类型相关的数据

注册表键值主要的类型有 REG_DWORD、REG_BINARY 和 REG-SZ。其中,REG_DWORD 存储数字或布尔值;REG_BINARY 存储超过 32 位的数字或者是原始数据,如加

密密码；REG_SZ 存储 Unicode 编码的字符串，如名称、路径、标题、版本号等。

在物理层面，每个注册表配置单元文件，系统都有相应的支持文件和备份，以便在系统启动失败时替代当前使用的注册表配置单元文件，其中值得关注的有%SYSTEMROOT%\system32\config 目录下的：

(1) SOFTWARE：系统安装的软件信息。

(2) SYSTEM：计算机系统配置信息。

(3) DEFAULT：默认用户的配置信息。

(4) SAM：本地账户数据库，包含该计算机的所有用户的账密信息。

(5) SECURITY：系统安全信息。

(6) \Documents and Settings\%username%\NTUSER.DAT：个人用户注册表文件。

3. 注册表的取证

注册表给取证人员提供了大量系统配置信息和用户使用信息。通过注册表的分析，可以提供一份详尽的计算机基本情况报告，包括硬件配置、系统配置、用户使用信息等。

注册表取证时，应当着重检查以下项目：

(1) 硬件配置信息。包括主板型号、BIOS 版本等。

(2) 系统配置信息。包括机器名、安装时间、最近一次关机时间、安装版本、安装路径等。

(3) 用户使用信息。包括用户账户与密码(密文)、USB 使用记录、蓝牙连接记录等。

由于 Windows 系统版本的多样性，给注册表取证带来了一些困难。不同的配置项在不同的系统中并不是一成不变，而是保存在不同键值中。因此在注册表取证中，应当首先确定操作系统的版本，随后再有针对性地进行分析。

4.1.3 事件日志的取证

Windows 系统在跟踪记录各种系统活动和软件功能时，会产生大量的数据文件，这种实时记录系统运行状态的文件称为日志。

1. 日志的功能

Windows 操作系统在其运行的生命周期中会记录大量的日志信息，这些日志信息包括 PC 系统的事件日志(event log)、服务器系统的 IIS 日志、FTP 日志、Exchange Server 邮件服务日志、MS SQL Server 数据库日志等。因此，可以通过日志来检查错误发生的原因。更重要的是在系统受到攻击后，日志可以记录攻击者留下的痕迹。这些痕迹信息在溯源取证过程中扮演着重要的角色。通常情况下，系统日志是用户可以直接阅读的文本文件，通常包含时间戳和消息内容或者系统特有的其他信息。日志文件为操作系统、防火墙和应用软件等 IT 资源的相关活动记录必要的、有价值的信息。这些信息可提供以下用途：

(1) 监控系统资源，及时发现和检查错误。

(2) 审计用户行为，对可疑行为进行警告。

(3) 确定入侵行为的范围，为及时止损和恢复提供帮助。

(4) 为网络犯罪溯源取证提供信息来源。

2. 事件日志

事件日志是 Windows 系统中最基本的日志。Windows 事件日志文件以特定数据结构的方式存储内容，包括系统日志、应用程序日志、安全日志 3 种记录。默认情况下，3 种记录分别对应 3 个日志文件，在 Windows XP/2000/2003 中分别为 SysEvent.Evt、AppEvent.Evt 和 SecEvent.Evt，位于%WinDir%\system32\config 目录下；在 Windows7 及以后版本中分别对应为 System.Evtx、Application.Evtx 和 Security.Evtx，位于%WinDir%\System32\winevt\Logs 目录下。

（1）系统日志。系统日志主要跟踪各种各样的系统事件，包括 Windows 系统组件出现的问题，比如跟踪系统启动过程中的事件、硬件和控制器的故障、启动时某个驱动程序加载失败等。

（2）应用程序日志。应用程序日志主要跟踪应用程序关联的事件，比如应用程序产生的装载 DLL（动态链接库）失败的信息。

（3）安全日志。安全日志主要记录系统中与安全相关的事件信息，如登录、注销、改变访问权限等。

3. 日志的操作方法

系统自带的事件查看器（event viewer）是事件日志管理工具，利用事件查看器可以实现事件日志的查看、筛选等操作，如图 4-2 所示。

图 4-2　事件查看器

事件日志文件记录的事件包含 9 个元素（可以理解成数据库中的字段）：日期和时间、事件类型、用户、计算机、事件 ID、来源、任务类别、描述、数据。

其中，事件类型共有 5 种，所有的事件必须只能拥有其中的一种类型，包括错误、警告、信息、审核成功、审核失败,如图 4-3 所示。

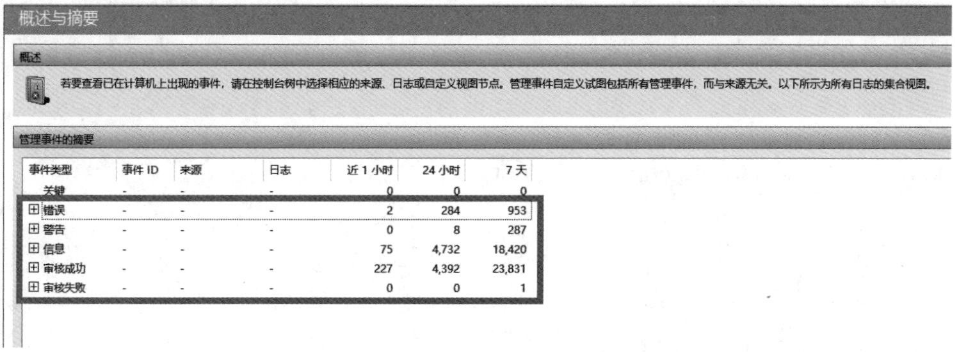

图 4-3 事件日志概述与摘要

对于 Windows 事件日志分析,在取证过程中可以根据实际需要,通过事件 ID 快速筛选出需要的信息。不同的事件 ID 代表不同含义,大部分都可以在互联网上查询获知,部分常见事件 ID 的含义如表 4-3 所示。

表 4-3 常见事件日志 ID 及功能描述

事件 ID	功　　能	事件 ID	功　　能
528	用户成功登录	536	Net Logon 服务未处于活动状态
529	用户使用未知用户名或错误密码登录	537	登录由于其他原因失败
530	用户账户在许可时间范围外登录	538	用户注销
531	用户使用已禁用账户登录	539	登录时账户已被锁定(攻击失败)
532	用户使用过期账户登录	540	网络登录成功
533	不允许用户登录	682	用户重新连接了已断开的终端服务会话
534	用户使用不许可的登录类型进行登录	683	用户在未注销的情况下断开终端服务会话
535	指定账户的密码已过期		

4.1.4 卷影复制的取证

从 Windows XP SP2 和 Windows Server 2013 开始,微软公司推出了全新的"卷影复制服务"(volume shadow copy service,VSS),该服务允许 Windows 系统以自动或手动的方式对文件或磁盘卷宗的当前状态进行备份(或快照)。

需要注意的是,在对文件或磁盘卷宗当前状态进行备份(或快照)过程中,即使文件处于打开状态,该服务仍然可以直接进行备份。

当这些备份被创建后,它们会被保存在一个特殊的容器中,即卷影复制(volume shadow copy)。这些卷影复制可以被操作系统或特定软件用来恢复已被删除或修改的文件。卷影复制服务创建备份时使用一种基于版本的备份机制,即每次只备份文件中发生变化的地方,而不是备份整个文件。因此,这种机制将允许用户查看同一文件的不同版本,而不需要占用大量的磁盘空间。

Windows 系统自带一种名叫"以前的版本"(previous versions)的功能,该功能可以从卷影复制中恢复以前的文件。当然,取证人员也可以利用专业的取证软件进行卷影复制分析,从中恢复相关的数据,如被勒索软件加密的原文件、嫌疑人故意删除的文件或修改前的原文件等。

4.1.5 时间信息的取证

时间作为一种重要的标记,一直以来都是证据链中不可或缺的元素。可以说时间是一切取证的基础,确定时间也是电子数据取证的重要环节。时间本身也是重要的证据,保存在存储介质或文件中的时间(又称为时间戳,timestamp),可以作为独立证据来证明相关事实。

不同于现实世界中的时间,电子数据中的时间总是令人迷惑,每个文件都有不同形式的时间戳:修改时间戳、访问时间戳、创建时间戳,还有日志里的时间戳、数据库里的时间戳,甚至光盘里的时间戳等。取证人员需要知道时间戳并不简单,它包含很多不确定性,需要大量的知识和经验才能获得一个准确的时间证据。

1. 时间信息与时间线

随着数字技术的飞速发展以及在日常生活中的普及,需要更多的电子数据取证技术来解答来自不同方面的与调查相关的问题。计算机中的时间信息无处不在,操作系统、文件元数据、注册表、各种日志、应用程序、数据库等都会存储各种时间信息。因此,取证中一个常见的问题是"什么时间发生了什么?"这个问题最简单的解决方法是按时间顺序组织事件。这样按时间排序的序列称为时间线(timeline)或时间轴。

时间线是反映计算机内部信息在某一段时间内的结果统计。时间线可以运用于不同领域,最大的作用就是把过去的事物系统化、完整化、精确化。利用时间线技术可以把多方面事件串联起来,形成相对完整的记录体系,再运用图文的形式呈现出来。通过时间线,取证分析人员能够清晰地查看某段时间内信息变化的趋势,方便快速定位案件相关信息,快速过滤当前需要的信息,例如文件、邮件、注册表、即时通信、上网日志、事件日志、下载软件等。

2. 时区和时间转换

与现实世界一样,操作系统中的时间也可能存在不同的时区。如今全球时区共 24 个,按照经度每 15°划分为一个时区,每一时区由一个英文字母表示,例如,GMT(greenwich mean time,格林尼治时间)属于"Z"时区,因此其时间数据后通常添加后缀"Z"。实际上,这样经常会出现 1 个国家或地区同时横跨 2 个或更多时区的情况。但为了照顾行政区划上的方便,通常将同一个国家或地区划在一起,所以时区并不严格按南北直线来划分,而是会结合自然条件。例如,中国幅员辽阔,跨 5 个时区,但为了使用方便,实际上只用东八区的标准时,即北京时间计时。

除 GMT 外,全球使用的时区划分方式还有 UTC(universal time coordinated,世界协调时),UTC 与 GMT 及 LT(local time,本地时间)的换算关系为:LT=UTC+时区差,东时区是加相应的时区差,西时区则是减相应的时区差。如北京是东八区,则北京时间=UTC+8。

当然,计算机也有自己记录时间的方式,有些内部时间会采用 UNIX 时间戳进行记录。UNIX 时间戳(UNIX time stamp)是一个整数值,表示自 1970 年 1 月 1 日 00:00:00 UTC (the UNIX epoch)以来的毫秒数,忽略了闰秒。需要注意的是,大多数 UNIX 系统的时间戳功能仅精确到最接近的秒。通常取证工具在分析上述时间信息时已经做了转化处理,特殊数据需要人工分析时,可以利用时间戳转换工具将时间戳信息转换为北京时间或者其他地区时间,如图 4-4 所示。

图 4-4　时间戳转换

3. 文件的时间戳

Windows 系统下文件和文件夹的时间属性信息通常有创建时间(Created Time)、修改时间(Modified Time)、访问时间(Accessed Time)三种,简称为 MAC 时间。文件和文件夹在移动、复制、剪贴等常见操作下,这些时间信息会有不同的变化,并表现出一些规律,如表 4-4 所示。

表 4-4　文件及文件夹时间信息随操作变化规律

操作	创建时间(C)	修改时间(M)	访问时间(A)
重命名或者修改属性	不变	不变	不变
文件夹内文件变化	不变	更新	更新
卷内移动	不变	不变	不变
跨卷移动	更新	不变	更新
复制文件	更新(如果覆盖同名文件则不更新)	不变(目标文件)	更新
剪贴文件	不变	不变(目标文件)	更新

这里的复制文件和剪贴文件均包含卷内复制、剪贴和跨卷复制、剪贴。同时,上述规则适用于 FAT/NTFS 文件系统。唯一不同的是,FAT 文件系统访问时间只包含日期,在把文件转移或者复制到 NTFS 系统时,访问时间会标识当前日期和时间。文件夹的时间更新不同于文件,它有着以下规律。文件夹在重命名、修改属性和文件夹内容修改时,时间更新规律如表 4-5 所示。

表 4-5　文件夹随操作时间更新规律

操作	创建时间(C)	修改时间(M)	访问时间(A)
重命名或者修改属性	不变	不变	更新
修改内容	不变	更新(NTFS) 不变(FAT)	更新(NTFS) 不变(FAT)

文件的时间戳取证通常应遵循以下的基本判断规则:
(1) 如果修改时间等于创建时间,那么文件是原始文件,既没有被修改也没有被剪贴。
(2) 如果修改时间早于创建时间,则文件被复制或者移动过。
(3) 如果硬盘上批量文件具有很接近的访问时间,则这些文件极有可能被同一个应用程序扫描过,如杀毒软件;如果文件夹中的一些图片和视频文件有很接近的访问时间,并且没有其他的图片和视频文件具有相似的访问时间,则这些图片和视频文件极有可能被同一个图片或视频预览软件访问或者打开过,例如用 Windows 资源管理器以缩略图的方式查看等。

（4）在一个文件夹中,如果一些文件的修改时间等于创建时间,并且有很接近的创建时间或者修改时间,那么这些文件有可能是从网上批量下载的。

（5）需要注意,使用 IE 下载时是先下载到临时目录再进行复制。

（6）文件复制时,文件创建时间为复制的时间,文件修改时间与源文件一致。

（7）文件下载时,文件创建时间为开始下载的时间,文件修改时间为下载结束的时间。

（8）压缩文件解压时,通常情况下（如使用 WinRAR 或 Winzip 工具时）文件的创建时间为解压时间,文件的修改时间与压缩前的文件一致。

4．应用程序的时间戳

Windows 系统对于开发者的开放性带来了五花八门的应用程序类型。目前的取证技术下,针对应用程序的使用情况,由于获取的接口或方法有限,除了有明确数据记录的应用可以通过记录文件（如日志、数据库等）内的时间信息进行分析判断,其他情况仅能对应用程序的使用频率和总运行时间进行大概统计,无法精确统计应用程序内各个界面或功能模块的具体使用情况。

因此,通过获取有数据记录的应用程序的记录文件的时间戳和运行应用程序产生的带有时间属性的元数据相结合,是目前针对应用程序相关时间戳取证的主要方法。

5．Windows 10 时间线

Windows 10 时间线是从 Windows 10 1803 版本开始新增的一项功能,相当于用户的计算机使用记录。Windows 10 时间线能记录最近 30 天内操作系统中运行的程序以及正在运行的程序。Windows 10 系统按下 Win+Tab 组合键,就可以打开时间线界面并对 30 天内的所有操作进行查询,如图 4-5 所示。

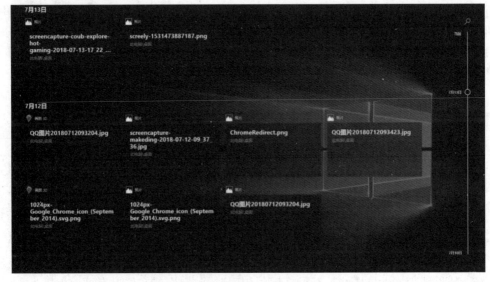

图 4-5　Windows 10 的时间线

该时间线信息存放在 C:\Users\< user >\AppData\Local\ConnectedDevicesPlatform\L.< user >[|ADD.<字符串>|随机字符串]目录下的 ActivitiesCache.db 文件中。使用取证软件加载 ActivitiesCache.db 不难发现该文件是一个 SQLite 数据库。ActivitiesCache.db 包含 7 张数据表：Activity、Activity_PackageId、ActiviyAssetCache、ActivityOperation、AppSettings、ManualSequence 和 Metadata。对该数据库进行解析可以获得 Windows 10 时间线相关信息。

4.2 磁盘与文件

文件系统是操作系统用于明确存储设备或分区上文件的方法和数据结构，即在存储设备上组织文件的方法。操作系统中负责管理和存储文件信息的软件称为文件管理系统，简称文件系统。

4.2.1 卷与分区

文件系统由三部分组成：文件系统的接口、对象操纵软件集合及属性。从系统角度，文件系统是对文件存储设备的空间进行组织和分配，负责文件存储并对存入的文件进行保护和检索的系统。具体地说，文件系统负责为用户建立文件，存入、读出、修改、转储文件，控制文件的存取，当用户不再使用时撤销文件等。

1. 分区管理

目前 Windows 系统中文件系统主要包含 NTFS、FAT12/16/32、exFAT 等格式。用户在选择了某一磁盘分区后，在如图 4-6 所示的界面中就会看到该分区当前的文件系统格式。

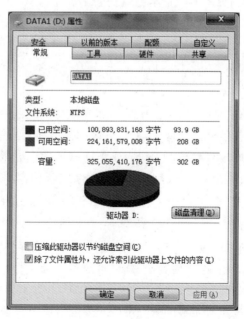

图 4-6　NTFS 文件系统

1) 基本磁盘

在 Windows 系统中，磁盘分为基本磁盘和动态磁盘。默认情况下，用户使用的都是基本磁盘。基本磁盘使用主分区、扩展分区和逻辑分区的方式管理磁盘。另外，每个分区都是单一物理磁盘的分区实体，不可以跨盘分区。分区符号用英文字母表示。

通常情况下，基本磁盘可包含多达 4 个主分区，或 3 个主分区加 1 个具有多个逻辑驱动器的扩展分区。

2) 动态磁盘

动态磁盘是基本磁盘的升级模式，它不采用基本磁盘的分区形式。在动态磁盘中，分区称为卷。卷又分简单卷、跨区卷、带区卷、镜像卷等。它的盘符一般是 DISK1、DISK2 等类似排序，不受字母排序限制，可以自定义卷名称。既可以管理很多个卷，也可以将不同磁盘分到一个卷，实现数据的共同管理。动态磁盘在数据管理方面具有很高的容错能力。

在基本磁盘中分区和卷没有本质的区别，可以将分区和卷理解为同一个概念。当转换到动态磁盘后，分区和卷之间就存在区别了。通过动态磁盘管理模式可以提高数据的安全性，管理起来比分区更加灵活。例如，一台计算机中同时安装有 1TB 和 2TB 的硬盘各一块，如果想划分成两个 1.5TB 大小的分区，只能使用动态磁盘来划分管理，基本磁盘则无法实现。

3) 卷与分区的关系

动态磁盘中，卷和分区之间存在较大的差别。同一分区只能存在于一个物理磁盘上，而同一个卷却可以跨越多达 32 个物理磁盘，这在服务器上非常实用，而且卷还可以提供多种容错功能。对于普通用户来说，一台计算机上一般仅安装有一块硬盘，分区和卷差不多，都是一个硬盘的隔离单元。

4) 主分区、扩展分区与逻辑分区

关于涉及的分区，其实都是针对基本磁盘而言的。主分区，也就是类似系统的启动分区，即通常所说的 C 盘；扩展分区，就是磁盘上除了主分区之外的分区，扩展分区是一个抽象概念，它是由多个逻辑分区构成的；逻辑分区，也就是用户经常看到的 D 盘、E 盘等。图 4-7 较全面地显示了磁盘操作的相关信息。

2. 简单卷

简单卷是物理磁盘的一部分，但它工作时就好像是物理上的一个独立单元。通常情况下，计算机上的硬盘在进行了分区处理后，每个分区的类型都是简单卷，如图 4-8 所示。

在实际情况中，可以通过将卷扩展到相同或不同磁盘的未分配空间的方法来增加简单卷的容量。扩展到相同磁盘上的简单卷后，该卷仍为简单卷。如果将简单卷扩展到一个或多个其他磁盘时，它将变为一个跨区卷。

3. 跨区卷

跨区卷必须建立在动态磁盘上，是一种和简单卷结构相似的动态卷。跨区卷将来自多个磁盘的未分配空间合并到一个逻辑卷中，这样可以更有效地使用多个磁盘系统上的所有空间和驱动器号。

如果需要创建卷，但又没有足够的未分配空间分配给单个磁盘上的卷时，则可以通过将来自多个磁盘的未分配空间的扇区合并到一个跨区卷来创建足够大的卷。用于创建跨区卷

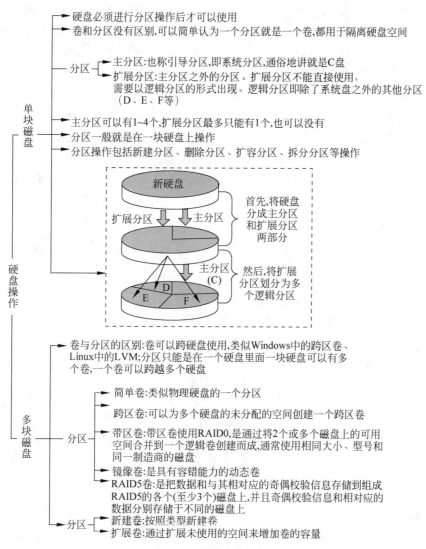

图 4-7 硬盘操作概述

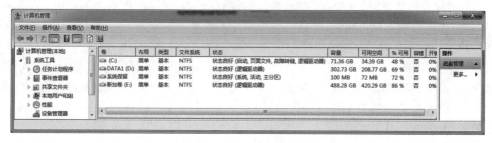

图 4-8 硬盘分区情况

的未分配空间区域的大小可以不同。跨区卷通过将多个磁盘上未使用的空间进行合并,从而可以释放驱动器号,以获得更大的磁盘空间,并创建一个较大的卷用于文件系统。

在将多个磁盘上未分配空间组合后形成的跨区卷是一个整体,对于任何一个参与创建跨区卷的磁盘空间无法直接从跨区卷中删除，只有在删除了整个跨区卷后才能去删除其中的磁盘空间。为此，在对跨区卷进行任何操作之前，应该首先将卷上的所有信息进行备份。

4.2.2 独立冗余磁盘阵列

独立冗余磁盘阵列（redundant array of independent disks，RAID）始于 20 世纪 80 年代美国加州大学伯克利分校的一个研究项目，当时 RAID 被称为廉价冗余磁盘阵列（redundant array of inexpensive disks），简称为"磁盘阵列"。后来 RAID 中的字母 I 被改作了 Independent，RAID 就成了"独立冗余磁盘阵列"，但这只是名称的变化，实质性的内容并没有改变。在系统和数据安全方面，RAID 技术具有其明显的优势。

1. RAID 的组成

简单地说，RAID 是由多个独立的高性能磁盘驱动器组成的磁盘子系统。RAID 的组成结构如图 4-9 所示。

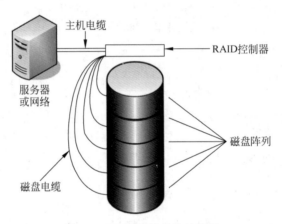

图 4-9 RAID 系统结构示意图

RAID 系统由两个主要部件组成：RAID 控制器和磁盘阵列。RAID 控制器是 RAID 系统的核心，负责数据的交换、缓冲，并管理主机（或网络）与磁盘阵列之间的数据流。RAID 控制器可以连接 SAN、NAS 或直接与服务器（主机）连接。虽然 RAID 由多个磁盘组成，但是对于主机来说，RAID 就像单个大容量的虚拟磁盘驱动器。RAID 控制器通常以高速接口技术（SCSI、SAS 等）与主机或网络相连接。

RAID 有很多方案，常见的有 RAID0、RAID1、RAID2、RAID3、RAID4、RAID5、RAID6、RAID7、RAID10、RAID50 等。根据系统所提供的磁盘 I/O 性能和数据存储安全性的不同，目前普遍使用的 RAID 可分为 RAID0、RAID1、RAID10 和 RAID5 等，不同类型具有不同的功能特点。

2. RAID0

RAID0 也称为"带区卷""条带卷"，它是一种无冗余、无校验的磁盘阵列。在 Windows 服务器操作系统中，可以从多个（最多 32 个）硬盘中各取一个相同容量的磁盘空间，组成一个独立的集合，并赋予一个驱动器代号。如图 4-10 所示，当写入数据时，数据先被分割成大小为 64KB 的数据块,然后并行存储到带区集中的每个磁盘中,系统读取磁盘数据时,将同时从各个磁盘并发读取数据块,经自动整合后形成一个完整的数据。RAID0 的最大优势是通过并发读取,提高了磁盘 I/O 系统的性能。但当任何一个硬盘或分区损坏时,将造成所有数据丢失。RAID0 一般用在对数据安全要求不高,但对速度要求很高的环境,如小型局域网服务器。

3. RAID1

RAID1 即通常所说的镜像卷,所以也称之为"镜像磁盘阵列"。它是在一个硬盘控制卡上安装两块硬盘。如图 4-11 所示,其中一个设置为主盘(Master),另一个设置为镜像盘或从盘(Slaver)。

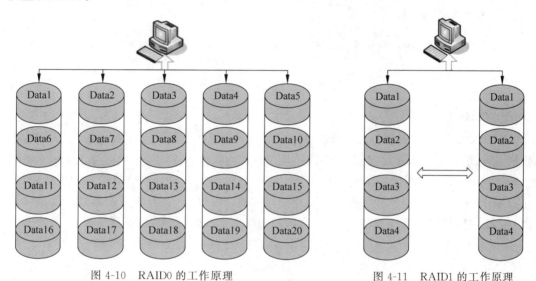

图 4-10　RAID0 的工作原理　　　　图 4-11　RAID1 的工作原理

当系统写入数据时,会分别存入两个硬盘中,两个硬盘中保存有完全相同的数据。一旦一个硬盘损坏,另一个硬盘会继续工作。RAID1 具有很好的容错能力,但是当硬盘控制卡受损时,数据将无法读取。为了克服一个硬盘控制卡管理两个硬盘时存在的安全问题,可将两个硬盘分别安装在不同的硬盘控制卡上,一块硬盘控制卡受损时,另一块硬盘控制卡还会继续工作,提高系统的容错能力,这种组合方式又叫作磁盘双工。在 Windows 服务器操作系统、NetWare、UNIX 及 Linux 中,镜像磁盘和双工的区别只是体现在硬盘安装时,而在软件的设置方法上基本一致。

RAID1 是所有 RAID 类型中安全性最高的,但为此降低了磁盘空间利用率,实际只有一半的磁盘空间被用来存储数据。主要用于对数据安全性要求高,且要求能够快速恢复被损坏数据的场合。

4. RAID 0+1

RAID 0+1 是实际上是 RAID0 和 RAID1 技术结合的产物,与 RAID10(即 RAID 1+0)并不相同。单独使用 RAID1 在同一时间内只能向一块磁盘写入数据,不能充分利用所有的磁盘资源。为了解决这一问题,我们可以在磁盘镜像中建立带区卷,以扩大磁盘的利用率。如图 4-12 所示,RAID 0+1 综合了带区卷和镜像卷的优势。

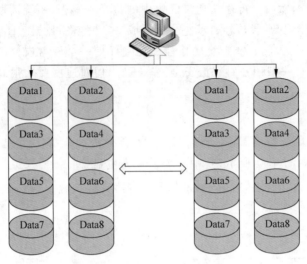

图 4-12　RAID 0+1 的工作原理

5. RAID3

RAID3 是一种带奇校验或偶校验的磁盘阵列。如图 4-13 所示，在 RAID3 中采用数据分割的方式，指定一个驱动器作为校验盘，用于存储奇偶校验的信息。这就提供了一定程度的容错功能，而且在数据密集型环境或单一用户环境中尤其有益于访问较长的连续记录。在 RAID3 中，任何一个单独的磁盘驱动器损坏时都可以恢复，并且具有数据读取速度快的优点。但它写数据时要计算校验位的值以写入校验盘，所以写盘速度有所下降。

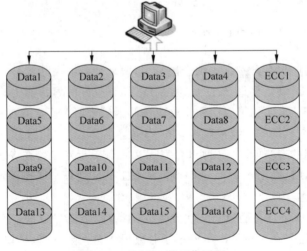

图 4-13　RAID3 的工作原理

6. RAID5

RAID5 是一种带奇偶校验的带区卷。它是在 RAID0 的基础上增加了对写入数据的安全恢复功能。如图 4-14 所示，数据块分散存放在带区卷的所有硬盘中，同时每个硬盘都有一个固定区域（约占所使用硬盘分区的 1/3）来存放一个奇偶校验数据。当任何一个硬盘失效时，可利用此奇偶校验数据推算出故障盘中的数据，并且这个恢复操作是在不停机的状态

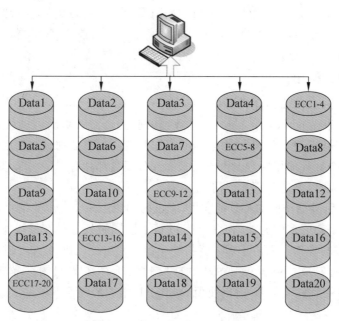

图 4-14　RAID5 的工作原理

下由系统自动完成。RAID5 在使整个硬盘的 I/O 性能得到明显改善的同时，还具有非常好的容错能力，但硬盘空间无法全部用来存储数据。

上文分别介绍了多种 RAID 方案，在这些方案中（除 RAID0），不论何时有磁盘损坏，都可以随时拔出损坏的磁盘再插入好的磁盘，数据不会受到损坏，失效磁盘上的内容可以很快被重建和恢复，而且整个过程都由相关的硬件或软件来完成。

通过上面的介绍会发现，RAID0 不具有错误校验功能，所以有人说它不能算是 RAID，其实这也是 RAID0 为什么被称为 0 级 RAID 的原因。另外，从应用的广泛性来看，目前以 RAID5 为主。除这些现有的标准类型之外，目前还有许多公司在开发新的 RAID 标准和产品，如 RAID7、RAID10、RAID30 等。

7. RAID6

RAID6 是在 RAID5 基础上，为了进一步加强数据保护而设计的一种 RAID 方式，实际上是一种扩展 RAID5。前面所介绍的 RAID 技术，可以保证当一块硬盘出现故障后使数据不被丢失。但是，如果有两块或两块以上的硬盘出现故障，系统中的所有数据将全部丢失。RAID6 通过提供两级冗余的方法来保证在系统中同时有两块硬盘出现故障时，阵列还能够继续工作。也就是说在 RAID6 中，当有两块硬盘出现故障时，仍然不会导致系统中数据的丢失。

目前，RAID6 有多种实现方式。其中一种实现方式为：当对每个数据执行写操作时，RAID6 做两个独立的校验计算，并把校验值分别保存在两个校验盘上，或类似于 RAID5 把校验值分布到所有的硬盘上。同时，在进行两个独立的校验计算时，所使用的校验方式可能不同，例如一个可能由 XOR 函数产生，而另一个可能使用其他的操作。假如有两个硬盘出现故障，那么通过求解带有两个变量的方程，就可以恢复这两个硬盘上的数据。这种方程的求解过程可以由硬件来实现。

虽然 RAID6 具有如此的优势，但是由于控制器的结构较为复杂，实现的代价较为昂贵，所以 RAID6 主要用于对数据安全要求非常高的系统中。目前，一些中高端 RAID 系统开始使用 RAID6 技术。

8. RAID2 和 RAID4

需要说明的是，在前面的介绍中并没有专门介绍 RAID2 和 RAID4。其中，RAID2 的设计思想是使用汉明码（hamming code）实现数据校验冗余。汉明码可以在数据发生错误的情况下自动对错误进行校正，即自动进行纠错处理。但 RAID2 的硬盘利用率仅为 4/7，每 4 个数据盘需要 3 个额外的校验盘。由于后来大部分硬盘都具有纠错功能，并且 RAID2 本身的工作速率又慢，所以未进入商业应用。

RAID4 是一种独立访问 RAID 的实现，它也同样使用一个专用的校验磁盘。与 RAID3 不同的是，RAID4 有更多的分块，使多个 I/O 请求能同时处理。在读操作方面，RAID4 有很好的性能，但在写操作方面由于需要更新校验盘的相应分块数据，单一的校验盘将成为系统的瓶颈，而且随着成员磁盘数据的增加，校验盘所存在的问题会越来越突出。由于 RAID4 的扩展性受到较大限制，所以使用 RAID4 技术的情况并不多见。

4.2.3　文件系统

文件系统（file system）是操作系统用于明确磁盘或分区上的文件基本属性的方法和数据结构，即在磁盘上组织文件的方法。文件系统可以有不同的格式，叫作文件系统类型（File System Types）。

1. FAT16

作为文件系统中的一种，FAT（file allocation table，文件分配表）是一些操作系统用来在磁盘中维护文件的表格或者列表，用来跟踪存储在磁盘中各种文件的位置、大小等信息。FAT 是早期文件系统所使用的主要格式。自 1981 年 FAT 首次问世以来，包括 Windows、macOS 以及多种 UNIX 版本在内的大多数操作系统均提供对 FAT 文件系统的支持。

FAT 文件系统限制使用 8.3 格式的文件命名规范，这就是说，在一个文件名中，句点之前部分的最大长度为 8 个字符，句点之后部分的最大长度为 3 个字符。FAT 文件系统中的文件名必须以字母或数字开头，并且不得包含空格。此外，FAT 文件名不区分大小写字母。例如，"abc123.txt"就是一个符合 8.3 标准的文件名。

FAT 又称为 FAT16，它使用 16 位文件分配表跟踪分配给每个文件的磁盘空间。由于只有 65536（64K）个不同的 16 位数字，因此使用 FAT16 格式化的分区至多有 64K 个分配单元。分配单元也称为簇，每个簇最大为 32KB，用 32KB 乘以 64K 个簇，将会发现 FAT16 分区最大不超过 2GB。因此如果使用 FAT16，任何绝对空间超过 2GB 的磁盘都必须分为多个分区。

2. FAT32

Windows95 开始支持 FAT32 文件系统，它是对早期 DOS 的 FAT16 文件系统的增强，由于文件系统的核心（文件分配表）FAT 由 16 位扩充为 32 位，所以称为 FAT32 文件系统。在硬盘的分区超过 512MB 时使用这种格式，会更高效地存储数据，减少硬盘空间的浪费，一般还会使程序运行加快,使用的计算机系统资源更少,因此 FAT32 成为使用大容量硬盘存储文件的有效选择。

与早期的 FAT 文件系统相比,FAT32 提供了以下增强功能:

(1) FAT32 支持最大为 2TB 的磁盘。不过,Windows 2000 仅能支持最大为 32GB 的 FAT32 分区。

(2) FAT32 可以更高效地使用空间。FAT32 使用较小的簇(即对于大小在 8GB 以内的磁盘,使用 4KB 的簇),这与 FAT16 相比,可将磁盘空间的使用率提高 10%~15%。

(3) FAT32 更稳定可靠。FAT32 可以重新定位根文件夹,而且它使用文件分配表的备份副本,而不是使用默认副本。此外,FAT32 磁盘上的引导记录也得到扩展,包括了关键数据结构的备份副本。因此,与 FAT16 相比,FAT32 磁盘不容易受单点故障的影响。

(4) FAT32 更灵活。FAT32 磁盘上的根文件夹是普通的簇链,因此它可以位于磁盘上的任何位置,以前对根文件夹数量的限制不复存在。此外,可以禁用文件分配表镜像,这样就可以让文件分配表的副本处于活动状态。这些功能允许用户动态重设分区的大小。

3. NTFS

为弥补 FAT16 和 FAT32 在功能上的缺陷,微软公司创建了一种称作 NTFS(NT File System,Windows NT 以上操作系统所使用的文件系统)的新型文件系统。NTFS 提供了下列新特性。

1) 兼容性

通常情况下,具备普遍兼容性的 FAT 文件系统可以胜任多种操作系统的访问要求。相比之下,只有 Windows NT 及以上操作系统能够支持 NTFS。

需要说明的是,这种限制条件仅适用于本地计算机。例如,如果一台计算机上同时安装了 Windows 2016 与 Windows XP 两类操作系统,并且这两种操作系统都需要对同一个分区进行访问,那么用户必须通过 FAT 方式对该分区进行格式化。与此相反,如果这台计算机上只安装了 Windows 2016 一种操作系统,用户可以将该分区格式化为 NTFS,此时运行其他操作系统的计算机(例如 Windows XP)仍可通过网络方式对该分区进行访问。所以,兼容性仅指同时安装在同一个物理磁盘上的操作系统之间对文件系统的兼容性,而与网络访问无关。

2) 卷容量

另一项决定因素为分区物理容量。FAT16 最大支持 2GB 分区容量,如果需要使用的分区容量大于 2GB,则必须通过 FAT32 或 NTFS 方式对其进行格式化,或者将其拆分为多个容量较小的分区。

需要说明的是,NTFS 本身需要耗费的资源大于 FAT。如果需要使用的分区容量小于 200MB,那么应当选择 FAT 文件系统以避免 NTFS 文件系统自身占用过多磁盘空间。NTFS 分区的最大容量为 16EB。

3) 容错性

在妥善考虑分区容量与兼容性问题后,用户还需要考虑容错性问题。Windows 服务器操作系统能够通过软件方式对几种用以提高访问速度并实现容错性的交替磁盘访问方式提供支持,其中包括普通 RAID0 卷以及 RAID5 卷。这类访问方式通常需要 NTFS 为其提供支持。

通过使用带区卷,操作系统将数据写入多个磁盘,如图 4-15 所示,带区跨越所有磁盘写入文件,以便数据以相同速率添加到所有磁盘中。带区卷中的数据被交替、均匀地分布在这些磁盘的带区中。

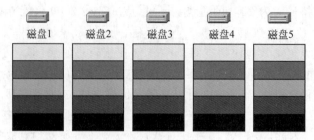

图 4-15　带区卷原理

在 Windows 服务器的所有磁盘类型中,带区卷提供了最佳的磁盘操作性能。但是如果带区集中的某一个磁盘发生故障,那么整个卷中的数据就会丢失。因此,在容错方面还提供了 RAID5 功能。

即便不考虑使用 RAID5 高级容错选项,NTFS 自身仍旧包含了远远优于 FAT 的内建容错功能。例如,当 NTFS 将更改内容写入磁盘时,它将自动在相应日志文件中对更改内容加以记录。在出现电源故障或磁盘错误后进行系统恢复时,操作系统可以使用这些日志文件对磁盘中的数据进行修复。

NTFS 还可在不显示错误消息的情况下自动修复硬盘错误。当 Windows 操作系统向 NTFS 分区中写入文件时,它将在内存中为该文件保留一个备份。当写入操作完成后,操作系统将再次读取该文件以验证其是否与内存中所存储的备份相匹配。如果两份内容不一致,操作系统会把硬盘上的相应区域标记为受损并不再使用这一区域。此后,它将存储在内存中的文件复制到硬盘的其他位置上重新写入该文件。而 FAT 文件系统未提供任何相关特性。

4)安全性

正如本章前面提到的,NTFS 拥有一套内建的安全机制,可以为文件夹或单个文件设置不同权限。这些权限可以在本地和远程对文件及文件夹加以保护。例如,如果有人在其他用户的计算机上尝试使用受限文件,那么 NTFS 将对这些文件予以保护。

5)文件压缩

NTFS 的另一项优势在于针对文件压缩功能的内建支持能力。这项功能使用户能够对选定文件或文件夹进行压缩。由于此项功能以文件为单位进行压缩,所以局部硬盘故障(例如磁盘坏道等)不会破坏整个压缩方案导致磁盘中的数据丢失。此外,对单独文件或文件夹执行压缩还允许用户仅对不经常使用的文件进行压缩。通过这种方式,可以在不降低操作系统运行速度的情况下,在每次执行文件访问操作时对其进行解压。

4.2.4　EFS 加密

EFS(encrypting file system,加密文件系统)是 Windows 所特有的一个实用功能,对于保存在 NTFS 卷上的文件和数据,都可以被操作系统直接加密保存,在很大程度上提高了数据的安全性。EFS 技术基于操作系统的用户权限管理，与文件系统集成在一起来实现，所以 EFS 易于管理、安全性较高，而且对用户完全透明，对于保护 Windows 系统中易于泄密的数据非常有用。

EFS 对文件数据采用公钥密钥加密机制。在使用 EFS 加密一个文件或文件夹时，系统首先会生成一个由伪随机数组成的 FEK（file encryption key，文件加密密钥），然后利用 FEK 创建加密后的文件，并把它存储到硬盘上，同时删除未加密的原始文件。随后系统利用公钥加密 FEK，并把加密后的 FEK 存储在同一个加密文件中。而在访问被加密的文件时，系统首先利用当前用户的私钥解密 FEK，然后利用 FEK 解密出文件。系统在用户首次使用 EFS 时通过用户账号的 SID 生成密钥对。

EFS 技术能够较好地解决传统文件加密存在的不足。首先，由于 EFS 技术直接基于文件系统加密文件，所以加密和解密的过程完全由操作系统管理，无须借助其他软件。加密文件对合法用户完全透明，操作不会受到任何限制，执行解密后也无须再进行其他操作，使用较为方便，同时能够配合权限管理机制对加密文件的读写、修改、删除等操作进行全面控制。此外，由于密钥是根据用户账号生成的，因此在用户登录操作系统的同时实际上已经完成了身份验证，在解密文件时操作系统将直接根据当前登录的用户账号判断操作者是否合法，无须反复输入口令进行身份认证。EFS 还允许文件的原加密者指定其他合法解密用户，这样同一个加密文件能够同时对多个合法用户透明。

在 Windows 系统中，EFS 的操作较为简单，打开待加密文件的"高级属性"对话框，选中"加密内容以便保护数据"选项即可，反之为解密，如图 4-16 所示。

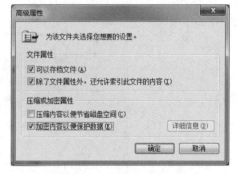

图 4-16　EFS 加密

很显然，无论是加密还是解密文件，都需要个人密钥。加密文件时使用公钥，解密文件时则使用相对应的私钥。那么无论是丢失了公钥还是私钥，都会给使用带来麻烦，尤其是私钥，丢失之后将无法解密被加密的文件。

为了保证数据安全，最好能在加密文件之后立即将密钥备份出来，并保存到安全的地方，以防系统崩溃或其他原因导致数据无法解密。方法是：运行"certmgr.msc"打开证书管理器，在"当前用户/个人/证书"路径下，可以看到一个以当前用户名命名的证书（如果当前文件还没有加密，则证书不存在），如图 4-17 所示。

选取证书后，通过"所有任务"中的"导出"功能，导出对应私钥，如图 4-18 所示。导出的证书是一个以.pfx 为后缀的文件。

当针对 EFS 加密的文件进行取证时，会因账户权限问题而无法直接在取证工作站上打开。此时，可以利用上述方法提前导出对应的证书文件，再导入取证环境后进行正常的操作。

当然，由于 EFS 加密是 NTFS 文件系统特有的技术，因此在账户权限透明的情况下，直接通过 FAT 磁盘进行转储，即可使原文件解密。

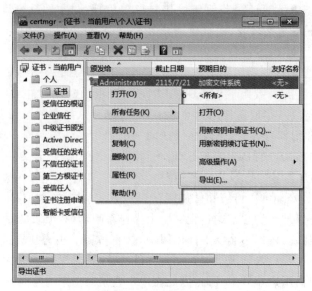

图 4-17　导出证书

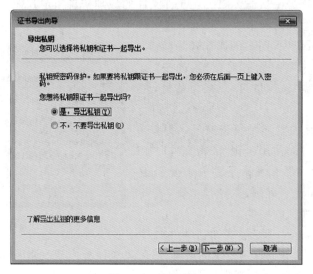

图 4-18　导出私钥

4.2.5　文件取证

文件取证是电子数据取证工作的根本，因为几乎所有信息都以文件形式存储。

1. 文件签名

文件签名，也称为文件特征，指文件格式中一段独特的字节。通常来说，每一种格式都有和其他格式不同的字节段（即"文件头"），它的存在揭示了文件的本质，如图 4-19 所示。

这是一个压缩文件的文件签名示例，可以看出这个文件的格式是.rar，其特有的文件签名为 52 61 72 21 字节段。也正是通过这个字节段，取证工具能够判断出它的文件格式，即

第4章 Windows操作系统取证技术

图 4-19 文件签名

便它被更改或隐藏了扩展名。

一般地，不同种类文件的签名都有所不同，但也存在例外情况：不同种类文件的签名相同，如 .docx 和 .zip；相同种类文件的签名也有可能不同，如 .mpg；还有些文件没有固定的文件签名，如 .txt。如图 4-20 所示的是一些常见的文件签名（文件头）。

- JPEG (.jpg) 文件头：FFD8FF
- PNG (.png) 文件头：89504E47
- GIF (.gif) 文件头：47494638
- Bmp 文件头：424D
- Photoshop (.psd) 文件头：38425053
- XML(.xml)文件头：3C3F786D6C
- HTML(.html)文件头：68746D6C3E
- Outlook (.pst) 文件头：2142444E
- xls/doc 文件头：D0CF11E0
- PDF(.pdf)文件头：255044462D312E

- docx/ZIP (.zip) 文件头：504B0304
- RAR (.rar)文件头：52617221
- Wave (.wav) 文件头：57415645
- AVI (.avi)文件头：41564920
- Real Media (.rm) 文件头：2E524D46
- MPEG (.mpg) 文件头：000001BA
- MPEG (.mpg) 文件头：000001B3

图 4-20 常见文件的文件头

计算机存储信息的方式是 0 和 1，为了方便使用，大多数软件在对文件进行底层操作时都采用十六进制。不同格式的文件签名不同，有的长些，有的短些，有的在文件的开头，也有的可能在文件的中间或者结尾。一般情况下，一个文件的十六进制中发现了某段签名，基本就可以判断它是什么格式的文件。

在使用文件签名时，需要注意以下几种情况：

（1）一般情况下，文件扩展名所标记的就是该文件的格式，但是文件扩展名是可以人为修改的，因此有些文件的扩展名和它的实际格式并不相符，从而无法正确打开（这是因为操作系统默认以扩展名匹配打开方式）。

（2）文件签名对应的特殊字节段某些时候并不一定代表该文件的正确格式。例如，在某一文件内容中碰巧也有一段是 52 61 72 21，但却不是 .rar 文件。这时，首先要看这段特殊字节的位置（通常是在文件头），然后再看能否按照这个格式正常打开文件。

（3）某个格式在被创建出来时，就已经定义了其特殊的存储方式，文件签名只是从不同的存储方式中提取出来的一种简洁的体现形式，可以看作是对文件格式底层规律的概括。

这些规律汇总到一起,就知道以 52 61 72 21 开头的文件是.rar 格式。

2. 文件完整性与文件一致性

当我们在互联网上下载一些文件时,可以看到文件的 MD5 值或 SHA1 值,如果文件下载到本地,校验后的 MD5 值或 SHA1 值与这个值相同,则说明文件在传输中没有丢失任何数据,没有被篡改。这是一种文件完整性校验的方法。

同理,通过比较两个文件的哈希值可以校验这两个文件是否一致。如果两个文件哈希值相同,则认为这两个文件是一样的;否则,文件可能不完整或发生了变化。

3. 文件的复合结构

复合文档(compound document)的概念出现在 Windows 系统中。复合文档是一种不仅包含文本而且包括图形、电子表格数据、声音、视频、图像以及其他信息的文档。目前,建立复合文档的趋势是使用面向对象技术,其中,非标准信息如图像和声音可以作为独立的、自包含式对象包含在文档中。Word、Excel、PowerPoint 生成的文档都是用这种格式存储的。

Office 2003 及之前的版本,像 Excel(.xls),Word(.doc)的文件,都使用复合文档结构来存储数据;Office 2007 及以后的版本,如果设置了打开密码,则仍然使用复合文档结构来存储数据。同时,Office 2007 及以后的版本,如果编写了 VBA 代码,在文件的压缩包里,会有个 vbaProject.bin 文件,也使用复合文档结构来存储数据。

复合文档的原理就像一个文件系统(如 FAT、NTFS 等),它将数据分成许多流(streams),这些流又存储在不同的仓库(Storages)里。可以将复合文档想象成计算机上的 D 盘,且用的是 NTFS 格式,流就相当于 D 盘里的文件,仓库就相当于 D 盘里的文件夹。可以将文档通过解压缩工具打开,查看里面的相关文件,如图 4-21 所示。

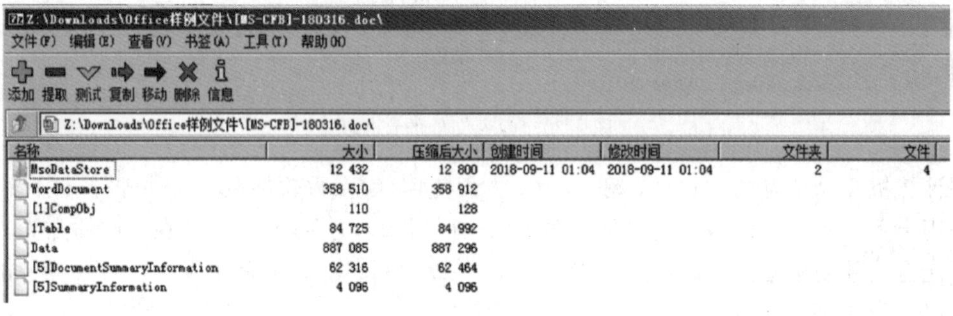

图 4-21 .doc 文件的复合结构

4. 文件的松弛区

传统硬盘的数据存储单元为扇区,一个扇区为 512B,随着单个硬盘容量的提升,操作系统管理文件时如果再继续根据扇区进行分配则显得不是那么高效。因此,操作系统使用了新的数据分配单元——簇(cluster)。通常情况下,Windows 下的文件系统默认分配的一个簇大小为 4KB(这也是目前的最小值),在磁盘或分区格式化时可以选择更改单个簇大小。Linux 和 macOS 中也有类似情形。

簇的出现使得操作系统给每个文件分配磁盘空间时更加粗犷,经常会出现分配的空间大于文件实际大小的情况,这是因为分配的空间只能是簇的整数倍,即 4KB 的整数倍,而文件很可能用不完这么多空间,比如大小为 9.8KB 的文件会占用 12KB 的磁盘空间。而且这种情况还会随单个簇大小的增大而加剧。

上述文件占用空间与实际大小直接的差额区域即为文件的松弛区(Slack),也称为文件的空闲空间或闲散区。松弛区中完整的扇区称为 File Slack,不完整的扇区称为 RAM Slack。RAM Slack 区域会被写入随机数,而 File Slack 区域实际并无任何数据,因此通常可被用于数据隐藏。对于取证而言,除了隐写数据的识别与发现,Slack 在数据恢复、关键词深度搜索等场景下也颇具意义,因此大多数取证工具也都有专门的设置。

5. 文件的元数据

元数据(metadata)又称中介数据或诠释数据,也称为数据的数据(data about data)。一个数据存储在共享卷里时,我们可以直接看到它是一个文档、图片、视频或数据库文件,这些都是数据本身。然而在存储该数据时,文件系统还会产生很多无法直接看到的,与该数据有关的数据,如文件系统中文件检索表、路径信息、地址信息等,这些数据就称为文档、图片、视频等在共享卷中的元数据。

可以在很多地方看到元数据的存储,从网上下载下来的电影文件本身一个视频文件数据,而在查看其"属性"后,就会发现存储路径、码率、文件大小、导演、演员、制作单位等信息,这些信息就是该视频文件的元数据。在地理空间信息中用于描述地理数据集的内容、质量、表示方式、空间参考、管理方式以及数据集的其他特征,也都是元数据。

在调查取证过程中,一些数据诸如存储在计算机里的电子邮件、附件等所包含的元数据往往作为与某些事件相关的重要依据。Office 元数据嵌入到文件自身并包含了相当有用的信息,对这些信息的根源分析在取证工作中是非常重要的。信息的类型在取证中可能会成为关键点,例如被窃取的 Office 文档,能够通过检查元数据中的显示内部信息来证明该文档的原始来源。

通常,Office 文档包含的元数据有 Document 标题、MS Word 版本、Last author、文档创建时间、最近保存时间、最近打印时间,如图 4-22 所示。

图 4-22 文件属性

图片是一种特殊的文件形式，包含着大量的元数据信息。图片中的元数据通常叫作 EXIF(EXchangeable Image File，可交换图形文件)，它是专门为数码相机照片设定的，用于记录数字照片的属性信息。

EXIF 是一种图像文件格式，它的数据存储与.jpg 格式是完全相同的。实际上 EXIF 格式就是在.jpg 文件头部插入了数码照片的信息，包括拍摄时的光圈、快门、白平衡、ISO、焦距、日期时间等各种拍摄条件以及相机品牌、型号、色彩编码、拍摄时录制的声音、全球定位系统(GPS)、缩略图等。可以简单地说，EXIF＝.jpg＋拍摄参数。因此，可以利用任何可以查看.jpg 文件的看图软件浏览 EXIF 格式的照片，但并不是所有的图形程序都能处理 EXIF 信息。如图 4-23 所示，通过分析 EXIF 中包含的 GPS 信息，便会从中发现大量的线索。

图 4-23　图片的 EXIF 数据

6. 文件修复

取证过程中，经常会遇到一些损坏的文件，例如无效的音频、视频，视频格式无法播放、文档已经损坏的提示等。如何修复这些损坏的文件也是文件取证的重要工作之一。

首先分析一下文件损坏的可能原因。例如，音/视频的卡壳、断续、不能正常播放或者无法正常打开等。针对一些不能播放但是没有损坏的情况，有可能是某些播放器不支持该音视频的格式或编码方式，可以尝试换播放器或格式转换。如果是文件签名有问题，则需要利用专业软件去修复，例如 WinHex，如图 4-24 所示。

针对复合文档的修复我们可以采用基于扇区结构的修复方案。

1) HEADER(头部)扇区受损

根据 HEADER 扇区的固定结构，对 HEADER 扇区中缺失或错误的字段内容进行修改处理，确保 HEADER 扇区的内容能够与文档的配置表信息、文档属性描述信息、文档扇区大小等正确信息对应。

2) 内部控制流扇区受损

内部控制流扇区受损一般指的是文档的配置表扇区内容被破坏，包括 SAT、SSAT、MSAT 这 3 类配置表扇区内包含的 SID 值与文档的实际情况不能一一对应等。当内部控制流扇区受损后，需要结合 HEADER 扇区和文档实际扇区内容的情况，对文档中所有的扇区进行解析，判断每个扇区内数据结构对内部控制流扇区进行修改处理，从而重新生成修复完成后的复合文档。

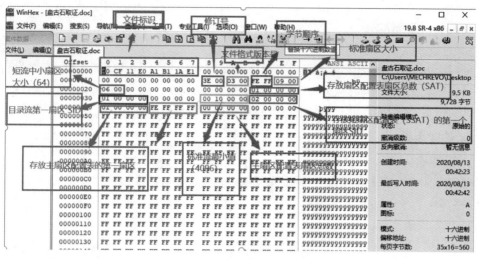

图 4-24 利用 WinHex 查看文件

3) 用户数据流扇区受损

用户数据流扇区受损处理一般指在生成文件时，因用户对文档的增删改等操作而改变的文档中存储的数据流扇区被破坏的情况下，对这部分扇区内容进行修复处理。对于这部分数据，需要结合文件结构来确定文档中存储这些结构的扇区位置，然后判断是其中的哪些结构错误或缺失造成文件被破坏，再针对被破坏结构结合其中存储的固定信息内容进行修复处理。

4) 基于流数据的修复方案

对于基于流数据的修复方案，针对的是复合文档中基本的扇区结构已经被完全破坏，不能通过文档的扇区配置表以及目录数据流对文档的内容按照图 4-24 的结构进行判断处理的情况。

在复合文档中，由于存储的内容可能有文字、图片、视频、声音等类型的数据，而这些数据存储在文档中并没有进行再压缩操作，基于流数据的修复方案就是利用这一点。针对文档中可能存在的不同类型的数据，按照这些类型的数据本身具备的数据结构特点，对文档进行逐字节解析判断。

图片、视频、声音这类的数据因其数据格式都有其固定的结构和标识，在对文档内容进行解析判断时，可结合这类型数据的结构特点进行分析判断。如果满足这类数据的结构特点，则提取出来结合这类数据的结构重新保存生成新的文件；如果不是，则判断这部分数据是否为文档的内部控制流数据或目录数据流；如果都不是，则这部分数据为复合文档的文字数据，并将其提取出来保存为文本文件。

4.3 数据的提取和固定

电子数据取证是一个系统性很强的工作，需要做什么、应该怎么做等问题都是要认真考虑的。而且取证工作本身就是利用技术手段来发现与数据相关的细微变化，所以培养缜密的思维和求真务实的态度也是非常重要的。

4.3.1 前期准备

每一次电子数据取证都需要通过专业技术人员、专业设备、合规的检验流程来对检材进行数据提取和固定。在取证之前,取证人员首先需要提前了解案件的基本情况,准备相关取证工具和设备,比如取证分析系统、只读接口、拍照录像设备等。

1. 关键因素

1) 仪器确认

确定专业的取证工具和设备,保证在提取过程中不会对涉及的检材存在风险,且能得出预期的结果。

2) 方法准备

取证是严谨的工作,需要依据相应的国标、部标或行业标准(如 GA/T 976-2012《电子数据法庭科学鉴定通用方法》、GA/T 756-2008《数字化设备证据数据发现提取固定方法》、GB/T 29362-2012《电子物证数据搜索检验规程》、SF/Z JD0400001-2014《电子数据司法鉴定通用实施规范》等)来进行操作。

2. 环境处置

取证前需要对取证工具所在的系统环境进行病毒扫描和杀毒处理,保证取证过程中的系统安全性、数据的安全性以及结果的准确性。环境处置时,需要说明杀毒软件版本、型号、病毒库更新时间以及检查结果,同时对检验工作站及周边环境进行了防磁、防水、防静电和防震保护。

3. 流程规范

工厂的生产流水线需要一个标准化的工作流程;同样,电子数据的取证工作也需要一个统一的标准,按照合法的流程规范获取的数据才能作为证据使用,图 4-25 所示是一个标准的取证规范流程。

4.3.2 在线取证

在线取证的使用场景一般是在取证现场(案发现场),取证人员需要针对嫌疑人的设备(检材)进行开机状态的数据提取和固定。

1. 登录口令

随着社会的发展,尤其是《网络安全法》的不断普及,现在人们对于个人隐私的保护意识越来越高,大多数用户都会给自己的计算机设置屏保和登录口令。在此情况下,取证人员需要做的是通过相关工具绕过该登录口令进入系统进行数据获取。

2. 系统信息

现场取证需要对系统基本信息进行提取,提取该系统的版本信息、型号和名称等,如图 4-26 所示。

准备
现场保护
保护现场
人员控制
规定区域
记录现场
是否具备现勘条件?
否
结束
是
拍照录像绘图
搜查证物
制作笔录
是否处于开机状态?
否
封存证物
是
现场提取
处理电脑
提取易失性数据
处理移动终端
信号屏蔽
处理无线网络
提取网关数据
其他场景
按需处理

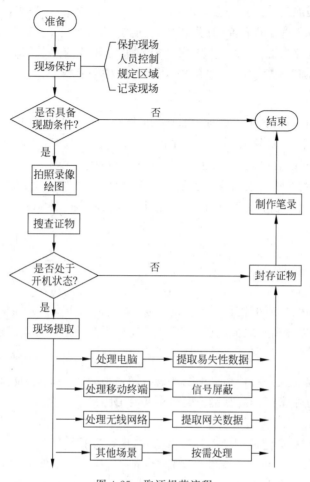

图 4-25　取证规范流程

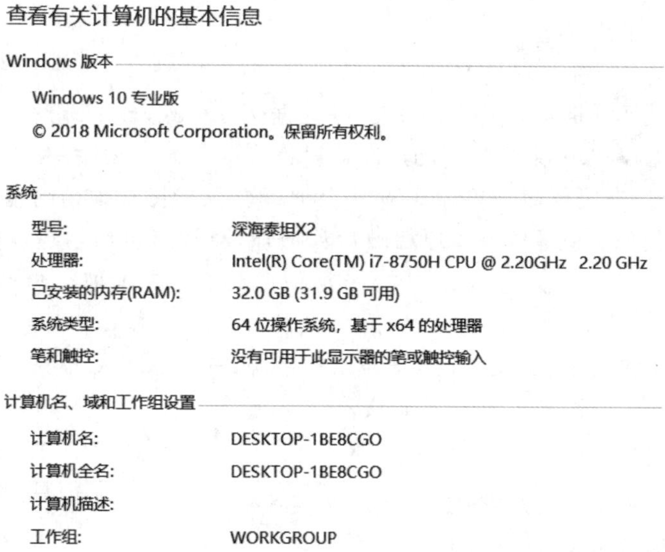

查看有关计算机的基本信息
Windows 版本
Windows 10 专业版
© 2018 Microsoft Corporation。保留所有权利。
系统
型号:
深海泰坦X2
处理器:
Intel(R) Core(TM) i7-8750H CPU @ 2.20GHz 2.20 GHz
已安装的内存(RAM):
32.0 GB (31.9 GB 可用)
系统类型:
64 位操作系统，基于 x64 的处理器
笔和触控:
没有可用于此显示器的笔或触控输入
计算机名、域和工作组设置
计算机名:
DESKTOP-1BE8CGO
计算机全名:
DESKTOP-1BE8CGO
计算机描述:
工作组:
WORKGROUP

图 4-26　计算机的基本信息

同时,还必须提取活动的登录会话、当前登录用户、进程信息、进程依赖模块、服务信息、打开的文件进程句柄、剪贴板信息、计划任务信息、SAM 哈希、自启动项与程序、访问过的快捷方式、运行过的程序、用户登录记录、账户密码策略和域信息、%windir%\tasks 中的内容、最近打开的文件等,对于这些信息的提取越详细、越全面越好。

3. 易失信息

计算机取证中收集的数据有两种类型:持久性数据和易失性数据。持久性数据是存储在本地硬盘上的数据,当计算机关闭时会保存下来;易失性数据,顾名思义,当计算机断电、关闭或其他特殊操作时,这些数据会丢失或发生改变,如内存数据。

易失性数据驻留在注册表的缓存和随机访问内存(RAM)中,对易失性数据的获取也称为"实时取证"。所以一般情况下,取证人员在进行现场取证时都需要先进行内存镜像,以便固定易失信息数据。

4.3.3 离线取证

在具体取证过程中,要根据具体的取证对象,决定是采用在线取证还是离线取证方式。离线取证通常也可以在离开取证现场的情况下,迁移到实验室等环境下进行。

1. 拆机镜像

拆机镜像,顾名思义是将计算机中的硬盘拆卸下来做数据固定,目前常见的镜像格式有很多种,计算机取证中常用的硬盘镜像类型主要有 DD 和 E01 格式。

1) DD 镜像

DD 镜像是目前最广泛使用的一种镜像格式,也称为原始格式镜像(RAW image)。DD 镜像的优点是兼容性强,目前所有磁盘镜像分析工具都支持 DD 格式。此外,由于没有压缩,所以生成 DD 镜像的速度较快。DD 镜像最主要的问题就是非压缩格式,镜像文件与原始证据磁盘容量完全一致。即便原始检材磁盘仅有少量数据,存储其镜像的目标磁盘可用空间大小也要不小于其完整容量。

2) E01 镜像

E01 镜像是取证分析工具 EnCase 的一种证据文件格式,较好地解决了 DD 镜像存在的一些不足。EnCase 以一系列特有的压缩片段格式保存证据文件,每一个片段都有独立的 CRC 校验且可以在需要时被单独地调用,因此可以实现随机地访问镜像中的数据。另外,值得注意的是,E01 镜像内除了原始磁盘数据外,通常还包括创建镜像时输入的案件编号、名称等一系列基本信息以及原始磁盘的哈希值(具体种类取决于取证人员的选择)。

上述两种镜像的核心区别是:DD 是非压缩格式,占用空间大,但是速度快;E01 是压缩格式,自带哈希值,节省空间,但速度较慢。

2. 不拆机镜像

不拆机镜像方式往往在无法拆卸硬盘或者没有相应只读接口的情况下使用,借助专门的取证引导工具即可完成镜像。

4.4 数据恢复

当在取证工作中遇到数据被删除时,就需要通过数据恢复技术来恢复被删除的数据,在此基础上再进行固定和分析等操作。

4.4.1 数据恢复的原理

传统机械硬盘存储核心由盘片组成,其存储信息的方式是通过盘片表面的磁性物质来存储数据。通过磁性物质的极性 N 和 S 来表示二进制 0 和 1。固态硬盘和 Flash 闪存类介质将磁存储改为集成电路存储,通过电路的扫描和开关作用来表示数字 0 和 1。

数据恢复与硬盘本身的结构有关。通常情况下,当硬盘被格式化后,存储的数据并没有被抹平,只是改变了它的逻辑地址,当有新的数据写入时,它才会被覆盖(固态硬盘、Flash 闪存类介质情况不同)。数据恢复工具也正是基于这一原理,突破操作系统的寻址和编址方式,把尚未被覆盖的数据收集起来保存到新的位置。

4.4.2 常见类型和方法

数据恢复方法多样,需要根据具体情况来确定,例如磁盘类型、是否在格式化后写入了数据、是否存在人为破坏等。

1. 分区恢复

分区恢复是针对分区被删除或者主分区表遭到破坏的情况,根据不同分区的操作系统引导记录的特征在磁盘的未分配空间中进行搜索,并对搜索到的结果进行解析从而实现分区的恢复。因此使用分区恢复操作时需要加载整块硬盘。对于通过修改分区表隐藏的 NTFS 分区以及 FAT 分区,可以用分区恢复来展现隐藏分区的原始文件树。要恢复分区表,首先得从损坏分区表的磁盘里找出分区信息,再用这些信息来生成分区表。

正常磁盘有两种寻址方式:一种是 CHS(cylinder head sector)寻址方式,另一种是 LBA(logical block addressing)逻辑块寻址方式。其中,CHS 寻址方式在分区表中使用 24 位字符(前 10 位表示 cylinder,中间 8 位表示 head,后 6 位表示 sector),其最大寻址空间为 8GB,后因其满足不了要求而扩充到 28 位,但寻址空间也只有 128GB,面对当前动辄上 TB 的硬盘还是无能为力。LBA 是用来取代 CHS 的,LBA 是一个整数,常见有 32 位和 64 位,32 位最大寻址空间达到 2TB,如图 4-27 所示。

当然,不管 CHS(寻址方式)还是 LBA(寻址方式),磁盘存储寻址都需要通过 cylinder、head、sector 这三个变量来实现。

2. 目录恢复

在 FAT 分区中,每个目录的前两个目录项分别为".""..",表示当前目录及父目录。在被删除的情况下,有可能使当前目录与父目录的链接关系断开,这样通过正常加载文件系统就无法显示该目录信息,此时必须通过扫描整个分区才能得到该删除目录。

```
BYTE    byIsBoot;           //引导分区        1B   1B   80（引导分区），00（非引导分区）
BYTE    byStartHead;        //起始磁头        1B   2B
BYTE    byStartSector;      //起始扇区        1B   3B
BYTE    byStartCylinder;    //起始柱面        1B   4B
BYTE    byPartType;         //分区类型        1B   5B   07（NTFS），05（扩展分区），0B（FAT32）
BYTE    byEndHead;          //结束磁头        1B   6B
BYTE    byEndSector;        //结束扇区        1B   7B
BYTE    byEndCylinder;      //结束柱面        1B   8B
DWORD   dwStartSector;      //开始扇区        4B   12B
DWORD   dwTotalSector;      //分区扇区数 4B   16B  最大2T Byte
```

图 4-27 磁盘说明

在 NTFS 分区中，每一个目录或文件均对应以"FILE"为开始的文件记录项，恢复时可以通过扫描到的文件记录项进行分析，从而达到恢复的目的。在 NTFS 分区的目录中，被删除的文件属性信息可能残留在其中，恢复时可以通过扫描这些目录，从而恢复相应的文件信息。这种恢复只能恢复文件属性信息，文件的实际内容是无法恢复的，如图 4-28 所示。

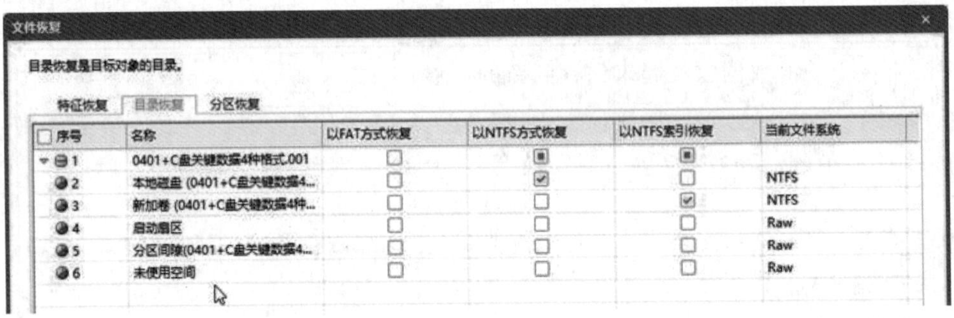

图 4-28 文件恢复

磁盘分区有可能被不同文件系统格式（如 FAT、NTFS 等）进行多次格式化，因此一般情况会以 FAT 方式、NTFS 方式以及 NTFS 残缺目录索引这三种方式进行数据恢复，以达到更全面的效果。

3. 文件签名恢复

操作系统经过长时间使用，文件不断地增加、修改、删除、移动，磁盘中会形成大量的碎片文件，无法通过正常途径显示出来，这些信息往往揭示着某些用户痕迹，对取证非常有用。如何从偌大的磁盘未分配空间中挖掘出被删除的特定文件或文件碎片呢？通过利用已知的文件签名（文件头、文件尾特征）即可快速定位和挖掘相应类型的文件或文件片段，这也是目前绝大多数取证分析软件和专业数据恢复软件所采用的文件恢复原理。

4.5 数据分析

数据分析指在取证过程中采用适当的分析方法对收集（提取和固定）的大量数据进行解析、归类、研判、展现并从中发现证据或线索的过程。数据分析的目的是落实证据的关联性，是为了获取对证明案件事实有用的信息并形成结果展现。

数据分析的对象是存储介质中的痕迹数据。提到痕迹，首先想到的是实际的事物经过处理后，可觉察的形影或印迹。其实电子数据也一样，用户通过日常使用计算机、手机等设备，进行新建、修改、访问、传输等操作产生的电子数据记录就是用户在操作系统中留下的痕迹。

4.5.1　系统痕迹

系统痕迹是计算机操作系统运行过程中伴随用户行为自动产生的使用痕迹，不被用户的主观意志左右。但随着用户的计算机知识和反取证意识的提升，这些数据很可能会被清除或篡改。通常这些数据是从系统启动开始，在用户不经意间不断产生的，而且会在用户的使用过程中随时变化，比如操作系统信息、时区信息、用户信息、登录信息、开机启动项、开关机记录、Wi-Fi 和蓝牙连接记录、USB 设备使用记录等痕迹。

1. 系统基本信息

系统基本信息主要记录了计算机名称、当前系统版本、系统路径、系统安装时间以及最后一次正常关机时间等数据，如图 4-29 所示。

属性	内容
序号	1
名称	Windows 10 Pro
计算机全名	DESKTOP-1BE8CGO
计算机描述	
当前版本	6.3
注册所有者	MECHREVO
注册组织	
系统根路径	C:\Windows
当前Build版本	17763
路径名	C:\Windows
产品ID	00330-80000-00000-AA466
最新服务包	
源路径	
安装时间	2019-01-23 10:02:20
最后一次正常关机	2020-12-27 22:17:39
打钩	否

图 4-29　系统基本信息

2. 用户信息

计算机的用户信息记录着当前系统中所有的账户信息，并且记录着每个账户的登录次数和最后一次登录的时间，如图 4-30 所示。

序号	名称 *	全称	描述	最后一次登录时间	登录次数
1	Administrator		管理计算机(域)的内置帐户		0
2	Guest		供来宾访问计算机或访问域的内置帐户		0
3	DefaultAccount		系统管理的用户帐户。		0
4	WDAGUtilityAccount		系统为 Windows Defender 应用程序防护方案管理和使用的用户...		0
5	MECHREVO			2020-12-28 22:17:58	2,108

图 4-30　用户信息

3. 网络配置信息

网络配置分为网络连接和网络适配器，主要分析项目包括适配器名称、当前 MAC 地址、IP 地址、适配器类型和连接方式，如图 4-31 所示。

序号	名称 *	当前MAC地址	默认网关	DHCP的IP地址	DHCP服务器	DHCP子网掩码	IP地址	IP自动配置地址	IP自动配
1	WLAN	D8-F2-CA-6B-...		192.168.31.25	192.168.31.1	255.255.255.0			
2	WLAN 2	80-C5-48-29-...			255.255.255.255		[illegible]16.1		
3	以太网	B0-25-AA-2B-...							
4	VMware Network Adapter VMnet1	00-50-56-C0-...		192.168.189.1	192.168.189.254	255.255.255.0			
5	本地连接* 12	D8-F2-CA-6B-...							
6	Npcap Loopback Adapter	02-00-4C-4F-...		192.168.43.62	192.168.43.1	255.255.255.0			
7	以太网 3	00-FF-AA-BB-...		10[illegible].52		255.255.255.255	1[illegible]52	0.0.0.0	0.0.0.0
8	以太网 4	2E-20-0B-CA-...		172.[illegible]	1[illegible].1	255.255.255.240			
9	以太网 2	B0-25-AA-2D...		192.168.1.208	192.168.1.1	255.255.255.0			
10	本地连接* 10	DA-F2-CA-6B...					[illegible].1		
11	本地连接* 1	82-95-48-28-...			255.255.255.255				
12	VMware Network Adapter VMnet8	00-50-56-C0-...		192.168.83.1	192.168.83.254	255.255.255.0			
13	蓝牙网络连接	20-16-B9-A0-...							
14	以太网(内核调试器)								
15	蓝牙网络连接 2	D8-F2-CA-6B-...							

图 4-31　网络配置信息

4. USB 设备使用记录

USB 设备使用记录通常包含连接到计算机 USB 端口的移动设备的基本信息及其插拔记录。通过 USB 插拔记录可以发现该计算机连接过的 USB 设备的名称和插拔时间，以及序列号、设备描述等唯一性信息，如图 4-32 所示。

序号	名称 *	序列号	设备描述	服务	创建时间	最后一次使用时间
1	Port_#0019.Hub_#0001	5&3305c25d&0&19	ContainerID:{a200df1f-bcc4-11ea-89a1-d8f...		2020-07-03 08:54:36	2020-07-03 08:54:36
2	Port_#0020.Hub_#0001	5&3305c25d&0&20	ContainerID:{88718c4d-cd23-11e9-88b3-d...		2019-09-02 10:55:40	2019-09-02 10:55:40
3	Port_#0001.Hub_#0001	5&3305c25d&0&1	ContainerID:{cd8f4785-1347-11ea-88f3-d8...		2020-04-15 22:31:35	2019-11-30 16:26:07
4	Port_#0002.Hub_#0001	5&3305c25d&0&2	ContainerID:{8fbb3b2f-0eac-11ea-88f0-d8f...		2019-11-24 20:06:53	2019-11-24 20:06:53
5	Port_#0007.Hub_#0001	5&3305c25d&0&7	ContainerID:{8d6cf757-e832-11ea-89e5-d...		2020-08-27 17:03:33	2020-08-27 17:03:33
6	Port_#0009.Hub_#0001	5&3305c25d&0&9	ContainerID:{ccf618af-d436-11e9-88c0-d8...		2019-09-11 11:10:37	2019-09-11 11:10:37
7	Port_#0009.Hub_#0001	5&3305c25d&0&9	ContainerID:{0dcf4b4e-7f7c-11ea-895b-d8...		2020-04-16 12:31:05	2020-04-16 12:31:05
8	Pansafe SafeImagerMac US...	0200403210879030200000...	ContainerID:{0a29f304-98db-5ba8-a8a4-c2...	USBSTOR	2019-06-03 15:19:21	2019-06-03 14:36:32
9	Pansafe SafeImager USB De...	0200403210879030200000...	ContainerID:{4fc25004-cfdf-5bbc-8687-acb...	USBSTOR	2019-06-04 11:57:47	2019-06-04 11:57:47
10	Pansafe SafeImagerMac US...	0200403210879030200000...	ContainerID:{50a4e4cd-4359-54f7-82b9-7f...	USBSTOR	2019-09-11 11:49:42	2019-09-11 11:49:42
11	Pansafe SafeImagerMac US...	0200403210879030200000...	ContainerID:{decf334e-2182-5bd3-ba6b-5...	USBSTOR	2019-08-28 16:02:38	2019-06-03 14:34:38
12	Pansafe SafeImagerMac US...	0200403210879030200000...	ContainerID:{ff4149bd-c438-5e42-b641-5c...	USBSTOR	2019-09-02 14:54:58	2019-09-02 14:54:58
13	Pansafe SafeImagerMac US...	0200403210879030200000...	ContainerID:{aa7b7820-816f-5462-807e-2...	USBSTOR	2019-09-11 11:48:38	2019-09-11 11:48:38
14	Pansafe SafeImager USB De...	2004032108790302000002...	ContainerID:{79d21807-23db-5e19-a598-9...	USBSTOR	2019-06-26 18:31:36	2019-06-26 18:31:36
15	Pansafe SafeImager USB De...	2004032108790302000004...	ContainerID:{0606394f-a1f4-5b1c-a428-e9...	USBSTOR	2020-11-14 18:04:02	2020-11-14 18:04:02
16	Pansafe WindowsUnlocker ...	0200403210879030200000...	ContainerID:{2b255058-acb5-5c87-8702-8...	USBSTOR	2019-08-28 18:23:41	2019-07-23 10:06:46
17	Pansafe WindowsUnlocker ...	0200403210879030200000...	ContainerID:{5cf83c87-d339-5fdd-ae4f-d0...	USBSTOR	2019-06-19 09:55:32	2019-06-19 09:55:32
18	hp x778w USB Device	070C93FF8D153D73	ContainerID:{61be3153-85ba-5032-b652-a...	USBSTOR	2019-07-16 16:05:21	2019-07-16 16:05:21
19	hp x796w USB Device	07199340592A3B50	ContainerID:{7a89fcfb-e9b7-573e-8511-ca...	USBSTOR	2019-09-11 11:49:21	2019-09-11 11:49:21

图 4-32　USB 设备使用记录

5. Wi-Fi 和蓝牙连接记录

Wi-Fi 和蓝牙连接记录对取证有着重要的意义。通过对计算机中曾经连接的无线网络信息的一一展现，从中可以发现包括连接的时间、事件发生的类型、所用到的网卡、连接上的网络 SSID 名称、时间、加密类型等信息，如图 4-33 所示。蓝牙连接记录与之类似。

6. pagefile. sys 与 hiberfil. sys 文件

1）页面交换文件

页面交换文件（pagefile. sys）是位于本地硬盘上的系统文件，是操作系统为了扩展系统物理内存容量而建立的文件，因此也称为虚拟内存文件。系统会根据需要在内存与交换文件之间进行数据传递和交换。这意味着内存中的任何数据在页面交换文件中都有一个映射。通过页面交换文件，取证人员可以获取通过正常硬盘取证方式无法获取的敏感信息。

2）休眠文件

休眠文件（hiberfile. sys）是 Windows Vista 及以后系统的专有文件，当计算机进入休眠

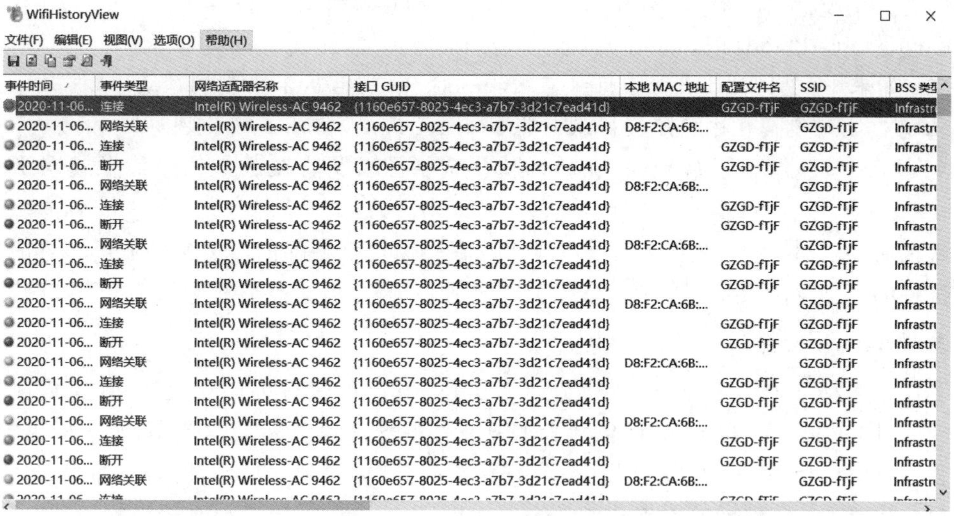

图 4-33　Wi-Fi 连接记录

状态时，系统会将内存中的数据写到这个文件中并保存在本地硬盘上。和页面交换文件一样，休眠文件中也包含大量的敏感信息。

4.5.2　用户痕迹

用户痕迹简单说是人为生成或者人机结合下生成的数据记录，因此它与用户活动息息相关。

人为生成的电子数据是以用户的主观意志创造、复制或者衍生出的新数据，是用户主动创造的痕迹，记录着用户当时的使用情景和状态。通常这些痕迹是用户习惯性经常使用产生的，而且有查阅历史信息的需要，一般不会特意清除，比如使用邮件客户端收发的邮件、通过下载工具下载的文档资料、选择自动保存的登录密码信息等。

人机结合生成的电子数据也是用户痕迹数据产生的主要方式之一。很多嫌疑人自认为聪明地去修改或者清除一些痕迹数据，却不知其实系统还会有其他的信息记录着他们的这一系列行为，比如人为篡改系统时间留下的事件日志记录、Word 文档打开时自动保存的临时文件等。

取证中关注的用户痕迹数据，包括 Lnk 文件、预读取文件、缩略图、回收站记录、打印缓存、网络数据等。

1. Lnk 文件

Lnk 文件指扩展名为 .lnk 的文件，一般叫作链接文件或快捷方式文件。它是一种用于指向其他文件的链接文件。一般情况下，Lnk 文件在打开源文件时自动生成，以快捷方式形式存储在硬盘上（通常是 C 盘），通常包含卷信息（名字、类型）、原始位置和系统名称。

Lnk 文件具有以下特点：

（1）用于指向其他文件的快捷方式文件，以方便用户快速调用原始文件。

（2）不一定由用户主动建立，特别是作为快捷方式以外的链接文件出现时。

（3）当用户打开和使用文件时，Windows 自动创建链接文件并显示在 Recent Document/Files Folder 中。

（4）如果用户从 USB 设备中打开并编辑一个文件，但从未复制到系统中，那么该文件的 Lnk 文件将被创建在用户账户目录下的 Recent Items Folder 文件夹中。

（5）Lnk 文件包含原始文件的时间戳、存储路径以及所在磁盘的卷信息或网络共享信息。

综上所述，分析 Lnk 文件有助于发现曾经存在但现已删除的历史文件痕迹和可能存储关键文件的其他移动设备。

2. Prefetch 文件

当用户启动一个程序时，操作系统会自动在 Prefetch 文件夹中相应的.pf 文件里留下一条记录（图 4-34），这些.pf 文件包括了加载文件的详细信息和加载顺序，通常称为"预读取文件"。此外，还有一个以"NTOSBOOT"开头的.pf 文件，它包含有启动时加载文件的详细记录。Prefetch 文件夹的原本功能是为了优化 Windows 系统启动时程序的加载，但这些信息对于取证分析时判断应用程序行为痕迹是非常重要的。

图 4-34　Prefetch 文件夹及以 NTOSBOOT 开头的.pf 文件

3. 缩略图

缩略图（thumbnail）指网页或计算机中图片经压缩方式处理后的小图或图标，其中通常会包含指向完整大图的超链接。缩略图因其体积小、加载快，常用于快速浏览和显示。

Windows 系统在第一次显示缩略图时，先读取当前目录中的隐藏文件"Thumbs.db"，从而判断是否有大图片的缩略图。如图 4-35 所示，Windows Vista 和 Windows7 中，微软取消了 thumbs.db 文件，而是使用缩略图数据库"thumbcache_xxxx.db"，文件集中保存于 \Users\[user name]\AppData\Local\Microsoft\Windows\Explorer 中。Thumbs.db 是 Windows XP/2003（Windows10 中亦是如此）为了提高文件夹在缩略图查看方式下的响应速度而对当前文件夹下的图像文件建立的缓存，这个文件的本质是数据库。

如果图片所在目录不存在这个数据库文件或者该库中不存在该图片的缩略图，那么系统会尝试读取图片中的 EXIF 信息，判断是否存在缩略图数据。如果图片中的 EXIF 信息中并不存在缩略图信息或信息错误，那么 Windows 就会重新生成缩略图，并保存到当前目

名	修改日期	类型	大小
ExplorerStartupLog.etl	2011/3/4 9:40	ETL 文件	40 KB
ExplorerStartupLog_RunOnce.etl	2011/8/17 11:16	ETL 文件	16 KB
thumbcache_32	2011/8/23 12:55	Data Base File	2,048 KB
thumbcache_96	2011/8/23 12:55	Data Base File	23,552 KB
thumbcache_256	2011/8/23 12:55	Data Base File	18,432 KB
thumbcache_1024	2011/8/23 12:55	Data Base File	25,600 KB
thumbcache_idx	2011/9/7 16:58	Data Base File	102 KB
thumbcache_sr	2011/8/23 12:55	Data Base File	1 KB

图 4-35　Windows 7 中的缩略图文件

录下的缩略图数据库中。手机中也有类似的情形，很多社交 App 接收的图片在未打开预览或下载时，均以缩略图的形式存储在相应的数据库中。

取证过程中经常会遇到需要恢复已删除图片的情形，但实际效果往往不尽人意（这与磁盘特性、文件系统特性、图片文件结构特性均有关系），而此时获取对应缩略图或者针对缩略图数据库进行内容恢复则是一个高成功率的选择。

4. 回收站记录

回收站是 Windows 文件系统中重要的区域，能够帮助技术人员在取证过程中调查删除的文件信息。回收站 recycle.bin 是一个隐藏的目录。

在 Window NT/2000/XP/2003 系统中，当用户删除一个文件，它唯一的 SID（安全标示符，Security IDentifier）将被用于在目录 RECYCLER 中创建一个子目录；另外，这个路径的内部还有另一个隐藏的二进制文件 INFO2，它用于映射回收站中的文件名与其实际的原始名称和路径。但是这个特性在 Windows Vista 以后的操作系统中发生了变化。

如图 4-36 所示，相比较早的 Windows，Windows Vista 以后的回收站对应的 $Recycle.Bin 的特点如下：

（1）以 $I 开头的文件包含名称、原始路径和删除时间等信息。

（2）以 $R 开头的文件包含原始文件的内容。

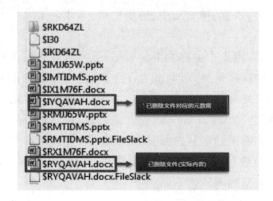

图 4-36　Windows Vista 中回收站内的文件特点

5. 打印缓存

Windows 系统在打印文件时，会生成随机名称加后缀 SPL 和 SHD 形式的两个缓存文件，SPL 文件控制打印机的具体打印动作，SHD 记录着打印事项，如文档名、页面数目、打印进程、打印机名、打印机驱动、打印状态、计算机名和用户名等相关信息。SPL 文件中包含文件头和多个分页 EMF 文件，EMF 文件是增强图元格式文件，它包含着文件头以及一些控制打印机完成打印动作的指令，其中文件头中含有 EMF 文件尺寸、描述等相关信息。

通过专业取证工具搜寻系统中存在的具体 SPL 和 SHD 文件，以及由未分配簇取出未被覆盖的文件，进而读取出相关信息和 EMF 文件。

6. 电子邮件记录

电子邮件记录通常包括三部分：计算机中安装的邮件客户端程序的记录，如 FoxMail、Outlook、Outlook Express、FlashMail（网易闪电邮）、DreamMail（畅邮）、Windows Live Mail、NotesMail、Eudora、Windows 10 自带邮件客户端等；通过浏览器收发的 Web 邮件；存储介质中单独存储（备份）的.eml 文件、.mbox 文件等邮件文件中的信息。通过对邮件数据的解析，可获得邮件收发的时间、邮箱地址、邮件内容等相关信息。

邮件文件通常具有一个相对简单的结构，主要由邮件头、消息主体以及附件三部分组成。

（1）邮件客户端包含主要的邮件消息头中的各个项，但是大部分会被隐藏起来，尤其是用户不关注的项。邮件头包含主题、发件人、收件人、发送时间、接收时间等信息。

（2）消息主体（message body）是被发送者键入的文本内容。

（3）附件是可选项，可以包含任意文件。

7. 浏览器记录

用户使用浏览器浏览网页时，会在计算机上留下相应的痕迹，通过对痕迹信息的挖掘分析可以发现相关的证据信息。通过对浏览器数据的解析，并从磁盘的未分配空间中找出被清除的历史和缓存记录，以及页面交换文件和休眠文件，并把所有文件的 Slack 区域中隐藏的上网记录检索出来，从而可以提取相关的浏览记录信息。

浏览器类型随着发展也是五花八门，如 IE、Edge、Chrome、Internet Explorer（IE）、360 浏览器、QQ 浏览器、搜狗浏览器、火狐（FireFox）、欧朋（Opera）等，浏览器中最具代表性的记录包括 Cookies、收藏夹、缓存、搜索历史、历史记录、下载记录等。

1）Cookies

Cookies 指的是存储在用户本地终端上的数据，服务器可以利用 Cookies 包含信息的任意性来筛选并经常性维护这些信息，以判断在 HTTP 传输中的状态。Cookies 的一个重要应用就是"购物车"之类的处理。用户可能会在一段时间内在同一家网站的不同页面中选择不同的商品，这些信息都会写入 Cookies，以便在最后付款时提取信息。此外，Cookies 中还可能存储着用户自动保存的网站账号、密码等敏感信息，对取证意义重大。

Cookie 文件的存放位置与操作系统和浏览器密切相关，对 Windows 而言，Cookies 的存放位置也因操作系统类型的不同而不同。

（1）Internet Explorer。

IE8-9：C:\Users\用户名\AppData\Roaming\Microsoft\Windows\Cookies

IE10：C:\Users\用户名\AppData\Roaming\Microsoft\Windows\Cookies

IE11：C:\Users\用户名\AppData\Local\Microsoft\Windows\INetCookies

(2) Edge。

C:\Users\用户名\AppData\Local\Packages\microsoft.microsoftedge_<AppID>\AC\MicrosoftEdge\Cookies

(3) Firefox。

Windows XP：C:\Users\用户名\Application Data\Mozilla\Firefox\Profiles\<randomtext>.default\cookies.sqlite

Windows 7/8/10：C:\Users\用户名\AppData\Roaming\Mozilla\Firefox\Profiles\<randomtext>.default\cookies.sqlite

(4) Chrome。

Windows XP：C:\Users\用户名\Local Settings\Application Data\Google\Chrome\UserData\Default\Local Storage\

Windows 7/8/10：C:\Users\用户名\AppData\Local\Google\Chrome\User Data\Default\Local Storage\

(5) QQ 浏览器。

C:\Users\用户名\AppData\Local\Tencent\QQBrowser\User Data\Default\Cookies

2) 收藏夹

收藏夹（或书签）中通常包含浏览器预设的推荐站点和用户自己收藏的站点网址。

3) 缓存

缓存文件是用户曾经访问过的网页内容（包括图片、视频以及其他类型文件），存放位置因操作系统类型而异，常见路径如下：

(1) Internet Explorer。

IE8-9：C:\Users\<username>\AppData\Local\Microsoft\Windows\Temporary Internet Files\Content.IE5。

IE10：C:\Users\<username>\AppData\Local\Microsoft\Windows\Temporary Internet Files\Content.IE5。

IE11：C:\Users\<username>\AppData\Local\Microsoft\Windows\INetCache\IE。

(2) Edge。

C:\Users\<username>\AppData\Local\Packages\microsoft.microsoftedge_<AppID>\AC\MicrosoftEdge\Cache。

(3) Firefox。

Windows XP：C:\Users\<username>\Local Settings\ApplicationData\Mozilla\Firefox\Profiles\<randomtext>.default\Cache。

Windows 7/8/10：C:\Users\<username>\AppData\Local\Mozilla\Firefox\Profiles\<randomtext>.default\Cache。

(4) Chrome。

Windows XP：C:\Users\<username>\Local Settings\Application Data\Google\Chrome\User Data\Default\Cache\ - data_# and f_######。

Windows 7/8/10：C:\Users\<username>\AppData\Local\Google\Chrome\User Data\Default\Cache\-data_# and f_######。

4）搜索记录

搜索记录通常指通过浏览器搜索栏（或带搜索功能的输入栏）输入的搜索关键词。

5）历史记录

历史记录不仅记录了用户访问网页的信息，还记录了用户打开本地磁盘文件的操作行为，包含历史记录名称、URL、最后访问时间、访问者、映射文件等。大多数历史记录都以 SQLite 数据库文件形式保存，具体路径如下：

(1) Chrome。

C:\Users\Administrator\AppData\Local\Google\Chrome\User Data\Default\History。

(2) Firefox。

C:\Users\Administrator\AppData\Roaming\mozilla\firefox\profiles\<random text>.default-release\places.sqlite。

(3) 搜狗浏览器。

C:\Users\Administrator\AppData\Roaming\SogouExplorer\HistoryUrl3.db。

(4) 360 浏览器。

C:\Users\Administrator\AppData\Roaming\360se6\User Data\Default\History。

(5) QQ 浏览器。

C:\Users\Administrator\AppData\Local\Tencent\QQBrowser\User Data\Default\History。

(6) IE8-9。

C:\Users\Administrator\AppData\Roaming\Microsoft\Windows\IEDownloadHistory\index.dat。

(7) IE10-11。

C:\Users\Administrator\AppData\Local\Microsoft\Windows\WEBCache\WEBCacheV*.dat。

6）下载记录

下载记录即通过浏览器直接下载文件的记录，包括文件名称、源地址、下载时间、保存路径等。

针对浏览器上述数据记录的提取解析往往需要与删除数据的恢复相结合：

(1) 根据已删除浏览器 Cache 缓存文件进行恢复。

(2) 根据已删除浏览器日志文件进行恢复。

(3) 根据已删除浏览器数据库临时文件进行恢复。

(4) 根据操作系统的 page.sys 文件进行恢复。

8．即时通信记录

即时通信(instant messaging,IM)指主要实时发送和接收消息进行社交聊天的方式，即时通信记录即此类应用程序的消息记录。即时通信程序五花八门，如国内使用广泛的 QQ、微信、旺信以及国外的 MSN、Skype 等。当前，QQ、微信等应用数据库采用本地加密，远程获取密钥验证登录的方式进行数据安全保护，如果要挖掘此类应用的数据痕迹，必须先从这些应用的后台实时获取密钥,或者从正在运行的计算机内存中提取相应密钥,通过密钥对数据解密后才能实现解析和展现。

目前市面上常用的取证分析工具,如盘古石计算机取证分析系统和取证大师都支持内存提取及联网方式获取密钥来解密应用程序数据库。解密后的数据可获取用户账号、好友信息、群组信息、好友聊天、群组聊天、收藏等信息。

9. 手机备份

为了保证手机数据安全,越来越多的用户借助官方或第三方手机管理软件对智能手机数据进行备份(如使用 iTunes 对 iPhone 通讯录等数据进行备份),区别于直接备份到云端(受网络和空间成本的限制等因素),更多人选择备份到计算机本地。因此,从计算机磁盘上发现可疑的手机备份数据常常对案件的调查取证至关重要。

区别于 Android 手机的存储随意性,iTunes 备份 iPhone 数据时在计算机中的存储位置较为固定,更改存储路径的操作也相对烦琐。iTunes 备份的默认路径如下。

(1) Windows XP 系统默认路径:C:\Documents and Settings\用户名\Application Data\Apple Computer\MobileSync\Backup。

(2) Windows Vista/7/8 系统默认路径:C:\Users\用户名\AppData\Roaming\Apple Computer\MobileSync\backup。

(3) Windows10 系统默认路径:C:\Users\用户名\Apple\MobileSync\backup。

取证人员通过对以上路径找到的备份数据进行解析,即可提取到相应手机数据。

4.5.3 内存分析

内存分析主要针对已获取的 Windows 内存镜像文件进行解析,获取进程列表、加载服务、已打开文件、动态链接库、网络连接、加载设备、加载驱动、Sockets、TrueCrypt 密钥、BitLocker 密钥和微信密钥等信息。内存镜像文件格式包括 .raw、.vmem、.dump 等。

Volatility 是最常用的内存分析工具,它是一款经典的命令行工具,没有图形化界面,虽然功能强大但易用性不强。为方便实践学习,下面介绍几款易用性强的图形化工具。

1. Volatility Workbench

Volatility Workbench 是 Volatility 工具的图形化界面,操作界面如图 4-37 所示。Volatility 是一个命令行内存分析和取证工具,用于从内存转储中提取信息。

Volatility Workbench 开源免费并且可以在 Windows 中运行。相比 Volatility,Volatility Workbench 有如下几个优点:

(1) 不需要记住命令行参数。

(2) 将操作系统配置文件、KDBG 地址和进程列表(元数据)与内存转储文件一起存储在后缀为 .cfg(配置文件)格式文件中,与内存转储文件保存在同一目录下。当一个内存映像被重新加载时,节省大量时间且避免由于不知道如何选择正确的配置文件而导致的困扰。

(3) 更简单的复制和粘贴。

(4) 更简单地将转储信息保存到磁盘上的文件中。

(5) 执行命令的时间戳。

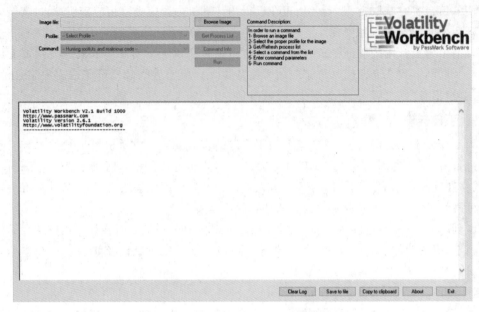

图 4-37　Volatility Workbench 操作界面

（6）自动加载在当前文件夹中找到的第一个转储文件。
（7）支持分析 macOS 和 Linux 内存转储。

2．SafeAnalyzer

SafeAnalyzer(SA)，即盘古石计算机取证分析系统，操作界面如图 4-38 所示，它是一款

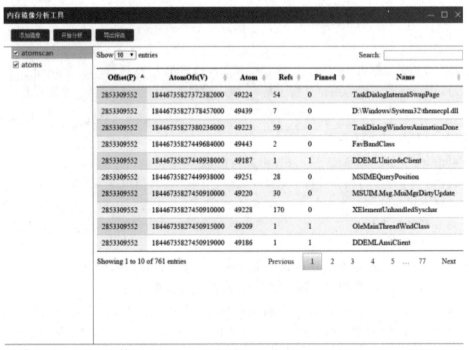

图 4-38　SafeAnalyzer 中的内存分析功能

国产化、功能全面的针对计算机存储介质的取证分析工具，集快速提取、恢复、挖掘、分析、搜索、过滤、校验和报告功能于一体。其中内置了内存镜像分析工具模块，全面提供内存数据分析功能。

4.5.4 反取证痕迹

在取证分析过程中，检材磁盘里经常会发现安装有一些奇怪的软件，如文件隐写工具、加密容器、还原精灵、影子系统、文件粉碎机等，这些软件工具功能多种多样，比如可以对计算机中的数据进行隐藏、加密、清除、粉碎等，可以起到一定程度的对抗和阻碍取证的效果。我们通常把这类工具统称为"反取证工具"，反取证工具留下的使用痕迹称为"反取证痕迹"。

1. 反取证的原理

前面已经学习了电子数据取证的基本原理和方法，概括来说就是对底层数据的取证分析，干扰或阻断取证分析过程就可以达到反取证的效果。电子数据取证主要是对底层的数据进行解析，通过解压、解码等技术手段对数据进行解析分析，进而得出相应的结论。那么，给解析工作设置一定的障碍就可以达到反取证的目的，比如让底层数据彻底消失、让底层数据变为乱码、让底层数据的结构变为未知等。在实际生活中，只有一小部分软件是专门用于反取证的，很多软件工具的研发本意是为了保护用户数据的安全性和秘密性，而在保护数据秘密性的过程中，也同样达到了反取证的目的。

综合来看，反取证的技术原理主要为数据加密、数据隐藏、数据擦除。

数据加密就是对原来是明文的文件或数据按某种算法进行处理，使其成为不可直接读的文件或数据。这样一来，取证软件或取证分析人员就无法直接解析加密后的乱码文件或数据，就无法进行取证分析了，要想解析，就必须先对数据进行解密，而数据加密的方法多种多样，解密工作也特别具有挑战性。数据隐藏就是把特殊的文件或数据隐藏在其他正常的文件中或不可见的数据区中，使得正常的取证分析工作无法简单直接地发现隐藏的文件，也就无法对隐藏的文件进行相应的解析分析，从而达到反取证的效果。数据擦除是直接在底层将数据彻底覆盖，使得原始数据不再存在，取证分析也就没有了分析对象，是最有效的反取证方法。数据擦除不同于数据加密和数据隐藏，它在实际工作中是没有办法复原数据的，而加密和隐藏仍有一定的复原数据的可能性，针对数据加密可以做解密，针对数据隐藏可以做挖掘。关于数据擦除，有一种说法是针对机械硬盘的擦除次数较少时，可以通过剩磁进行推断擦除前原始数据，该技术对于设备的读取精度要求极高，在实际取证分析工作中暂无成熟的产品和技术。

2. 反取证工具使用痕迹的取证

反取证痕迹主要获取反取证软件工具相应的安装、运行记录和操作痕迹等信息。根据反取证软件工具的定性范围，目前反取证软件工具使用痕迹取证主要关注的范围包括突网工具软件、数据擦除软件、信息隐写软件和加密容器软件四大类。接下来分类分析常见的反取证软件工具和对应的分析方法。

3. 突网工具取证

突网工具即俗称的翻墙工具，包括特定用途的VPN工具等。通过突网工具，用户可以在网络流量层对传输的数据进行加密,还可以突破网络 IP 的限制,访问一些特殊受控的网络服务器或隐藏自己的真实 IP。常见的突网工具有无界、蓝灯等。

借助突网工具实施的网络违法犯罪行为通常与特定网络站点的访问记录密切相关,在分析时应先根据案件线索或软件运行历史记录或 Windows 10 时间线功能确认突网工具使用的时间段,再重点分析浏览器(包括突网工具中内嵌的浏览器)中相应时间段的可疑历史记录,以此分析用户使用突网工具的上网行为。除此以外,部分突网工具本身也会含有软件运行记录,也可以通过软件运行记录得出软件运行时间段和软件访问网络服务器的相关记录的信息。

4. 数据擦除及取证

数据擦除不同于一般的删除,其本质是进行数据覆盖(通常写 0 或随机数进行覆盖)。被擦除(覆盖)后的数据几乎没有恢复的可能,因此如果已经判断出擦除工具或系统还原工具的使用痕迹,首先应针对性地选择文件签名恢复和碎片数据挖掘来确认数据是否已被擦除,其次注意及时转换或拓宽取证思路,积极发现其他证据线索,比如获取分区或相应文件夹的历史备份。

数据擦除方式常见的有:数据写 0,数据写 1,DOD 标准覆盖,随机数覆盖,或自定义覆盖。自定义时,可以设置要填充的数值和填充的次数。擦除时可以只擦除某些文件的数据区,也可以擦除整个分区或整个磁盘。文件粉碎机就是擦除文件数据区。擦除整盘时可以利用操作系统层的应用软件对磁盘进行逐位填充,也可以利用磁盘底层指令进行数据安全擦除。

数据擦除后,以目前的技术手段是无法做到数据复原的,即使仅仅擦除了一次。在理论上,通过对磁性存储介质的数据读写原理来分析,磁性存储介质通过磁性介质的 N 和 S 表示 0 和 1,在同一个位置再次写入新数据 0 或 1 时,就是加强某个极性或改变某个极性,当加强极性时,磁场强度会增加,当改变极性时,磁场强度又是另一种状态。由此,我们可以推断擦除前数据的可能值。这种理论的实现需要有高精度的磁头才能有机会。

5. 隐写数据识别

隐写分析(Steganalysis)是隐写数据识别中通常采用的方法,它指在已知或未知嵌入算法的情况下,从观察到的数据检测判断其中是否存在秘密信息,同时分析数据量的大小和数据嵌入的位置,并最终破解嵌入内容的过程。

常见的数据隐写有通过图片文件隐写、视频文件隐写等。其中,图片文件的隐写细化分为很多种技术类型,其中的一种就是最低有效位隐写,例如在 .png 图片中做隐写。.png 图片中的图像像素一般是由 RGB 三原色(红绿蓝)组成,每一种颜色占有 8 位,取值范围为 0x00~0xFF,即有 256 种颜色,一共包含了 256^3 种颜色,即 16777216 种颜色。而人类的眼睛可以区分约 1000 万种不同的颜色,这就意味着人类的眼睛无法区分余下的颜色大约有 6777216 种。最低有效位隐写就是修改 RGB 颜色分量的最低二进制位也就是最低有效位(LSB),而人类的眼睛不会注意到这前后的变化,这样,每个像素可以携带 3bit 的信息。

常见的隐写识别软件有 Steghunt 等,识别的方式可以通过直接检测常见隐写位的方法,也可以通过文件熵值的计算来判断是否可能存在隐写数据。

6. 加密容器取证

加密容器指为了确保数据安全,避免数据丢失、被偷以及被窥视而采用的一种可靠的、实时的加密软件。常见的加密容器包括 Bitlocker、TrueCrypt、VeraCrypt、CnCrypt、DriveCrypt、FreeOTFE、PGP。

（1）Bitlocker 加密容器是单独的一类证据分析类型，用于添加 Bitlocker 加密容器类型证据。BitLocker 驱动器加密是在 Windows Vista 中新增的一种数据保护功能，主要用于解决一个人们越来越关心的问题：由计算机设备的物理丢失导致的数据失窃或恶意泄露。在 Windows8.1 中也能使用此加密驱动。Windows Server2008 内置有 BitLocker 程序，该程序能够通过加密逻辑分区来保护重要数据，还提供了系统启动完整性检查功能。如图 4-39 所示。

图 4-39　BitLocker 加密

但是 BitLocker 有一项不足，打开加密盘后，再次进入就不需要密码了。

（2）TrueCrypt 是一款免费开源的加密软件，支持 Windows、macOS、Linux 等操作系统。可以在硬盘上创建一个或多个虚拟磁盘，所有虚拟磁盘上的文件都被自动加密，需要通过密码来进行访问。TrueCrypt 支持对文件、分区、磁盘进行加密，并提供多种加密算法。

（3）CnCrypt 磁盘加密，基于知名的开源加密工具 TrueCrypt 项目衍生而来，软件完全免费，能够快速加密磁盘上的所有文件，而且完美支持 Windows 2000～Windows 10 的所有 32 位和 64 位版本。

在取证中，无论是哪种加密容器加密方式，暴力破解的难度都特别大，我们都需要相关的密码或者得到相关的密钥文件才能对该容器进行解密，从而获取数据。解密时，可以直接询问或从其他纸质笔记本找到解密密钥，也可以找到某些加密方式在加密时生成的恢复密钥。另外，如果能够获取到系统运行状态的内存数据，也可以通过在内存中做数据挖掘，进而挖掘出解密密钥。

习题

4-1　复制文件的 MAC 时间是如何变化的？

4-2　注册表的组织结构分为哪三个部分？

4-3　哪些日志 ID 表示系统开关机？尝试筛选出计算机中的相应日志。

4-4　文件签名是什么？对于取证有什么作用？

4-5　图片的元数据包含哪些？

4-6　简述卷与分区的区别。

4-7　卷影复制对于取证分析有什么意义？

4-8 简述 RAID0、RAID1、RAID5 各自的特点和区别。

4-9 不拆机取证的应用场景有哪些？

4-10 文件的 Slack 是什么？对取证有何意义？

4-11 删除的数据为什么可以恢复？那么擦除的数据呢？

4-12 简述分区恢复、目录恢复、文件签名恢复的区别。

4-13 简述系统痕迹在调查取证过程中的作用。

4-14 如果浏览器设置了无痕浏览，还能提取到历史记录吗？

4-15 内存镜像分析对于取证有哪些意义？

4-16 反取证工具可能会给取证带来哪些麻烦？

第5章 macOS取证技术

虽然 Windows 仍是当下绝大多数个人计算机用户操作系统的首选,但 macOS 也拥有一个相对稳定的用户群。随着 iPhone 浪潮的驱动和在中国市场的需求投入,苹果设备独有的工业设计风格、便捷的系统用户体验、日趋完善的应用程序体系和相对安全的数据保障,博得了越来越多的用户青睐。由于 mac 计算机硬件和 macOS 操作系统的特殊性,相应的取证技术和方法与在 Windows 操作系统环境下截然不同,这也给电子数据调查取证人员带来了很多困难,本章将针对苹果设备的桌面操作系统 macOS 取证技术进行介绍。

5.1 macOS 取证概述

苹果公司的软硬件一体化个人计算机平台统称为 Macintosh(简称 Mac),macOS 是一套由苹果公司开发的运行在该计算机平台上的操作系统,类似于个人计算机上安装的 Windows 或 Linux 操作系统。

5.1.1 Mac 的发展

1976 年,史蒂夫·乔布斯等创立了苹果公司,同年推出首款产品 Apple I(外形如图 5-1 所示)。

相比打字机一样的 Apple I,1977 年推出的 Apple II 成为全球首款真正意义上的个人计算机。得益于 Apple II 的成功,苹果公司也迅速实现扩张,于 1983 年推出第三代计算机 Lisa,作为全球第一款图形化计算机问世,为 Mac 的发展确定了方向。

1984 年 Macintosh 的上市标志着一个苹果时代的开始。其操作系统延续 Lisa 的图形化设计,虽然仍是个黑白系统,但光标、窗口等元素一应俱全,为以后桌面操作体系奠定了基础。1991 年,苹果公司首款便携式 Mac 设备 PowerBook 发布,同时苹果公司还向微软公司开放了图形界面授权。

1990—1997年,苹果推出了多款Mac产品,但都没有得到社会的普遍认可。与此同时,Windows操作系统在个人计算机领域的普及,一度让苹果公司失去了该领域的主导地位。1997年,乔布斯回归苹果,大胆启用了设计师乔纳森·伊夫,推出了首款iMac产品(图5-2)。该产品将CRT显示器、机箱融为一体,配以半透明外壳,现代苹果计算机的独特产品风格开始形成,得到了用户的认可。

图5-1　Apple I(1976)

图5-2　iMac(1998)

2000年,运行有macOS X操作系统的iBook推出,成为首款支持Wi-Fi的计算机;2001年,PowerBook G4上市,确定了苹果笔记本电脑的计风格;2002年推出的iMac G4成为Mac发展史上的一个里程碑;2003年,Power Mac G5问世,采用了充满未来感的塔式设计,它对日后的Mac Pro系列产品产生了深远的影响,标志着苹果系列产品开始走向成熟;2005年,iMac G5问世,苹果公司在这款计算机上明确了iMac系列的发展方向,同年,苹果公司推出了一款低端计算机Mac Mini。

2006年,苹果公司放弃了IBM的Power PC处理器,转而使用英特尔产品,诞生了沿用至今的MacBook Pro系列产品。2011年,苹果公司对MacBook Pro进行了一次重新设计,增加了Thunderbolt(雷电)接口,并更改了键盘设计,2012年又配备了Retina超高清屏幕。

2008年问世的MacBook Air是苹果公司第一款一体化设计的笔记本电脑,实现了超轻薄机身和出众的质感,彻底改变了移动计算机的体验,其经典外形一直沿用至今。

2016年,MacBook Pro推出了全新的版本,该版本舍弃了之前的键盘快捷键区,取而代之的是支持触控操作的全新Retina屏幕条,苹果公司将其称为Touch Bar。苹果公司认为Touch Bar可用来替代所有的右键操作,并在默认状态下禁用了右击操作。此外,键盘上有Siri的专属按键,还可以直接用Touch Bar上的Touch ID解锁Mac。

2017年,苹果公司发布了iMac系列硬件产品iMac Pro,它搭载了最多18核至强处理器,首次配备了Apple T2安全芯片,同时还采用了AMD最新的Vega显卡。

2020年,基于Arm架构的Apple M1芯片问世,同时首批搭载该芯片的MacBook Pro、MacBook Air和Mac mini等硬件也相继推出。

5.1.2　Apple T2安全芯片

Apple T2安全芯片是Apple公司设计的第二代定制化Mac芯片。通过对其他Mac计算机中的几款控制器进行重新设计与整合,例如系统管理控制器、图像信号处理器、音频控制器和 SSD 控制器，T2 芯片为 Mac 带来了多项新功能，同时安全隔区协处理器为加密存储和安全启动功能的实现提供了支撑。T2 芯片采用专用的 AES 硬件为存储在固态硬盘上的数据加密，这既不会影响固态硬盘的性能，还能让 Intel Xeon 处理器专心处理运算任务。此外，安全启动功能确保底层软件不会被篡改，而且只有 Apple 公司信任的软件才能在开机时启动。

对于取证而言，T2 芯片的出现使关机状态下 Mac 计算机硬盘被加密，即便能够获取其镜像，也无法读取其中数据，为取证工作带来了困难。下列 Mac 计算机配备了 Apple T2 安全芯片：

（1）2020 年起推出的 iMac。
（2）iMac Pro。
（3）2019 年推出的 Mac Pro。
（4）2018 年推出的 Mac mini。
（5）2018 年起推出的 MacBook Air。
（6）2018 年起推出的 MacBook Pro。

在开启的 Mac 计算机中也可以通过"系统信息"来确认有没有配备 T2 芯片。具体操作方法为：首先，在按住 Option 键的同时，选取控制栏中的"系统信息"，然后选择"控制器"或 iBridge（具体视 macOS 版本来确定），在出现的如图 5-3 所示的界面中，如果看到"Apple T2 芯片"信息，即表示该 Mac 配备了 Apple T2 安全芯片。

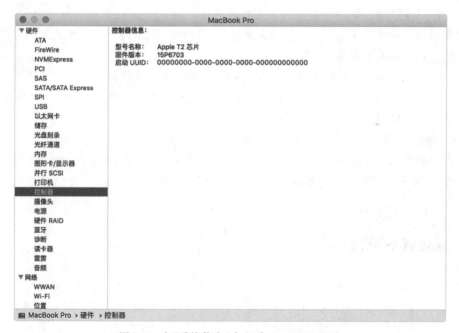

图 5-3　在"系统信息"中查看 Apple T2 芯片

5.1.3　macOS 的发展

macOS 是首个在商用领域成功应用的图形用户界面操作系统。当年苹果公司推出图形界面时，微软公司还停留在 DOS 时代，Windows 操作系统还没有正式推出。

Mac 的操作系统可以划分为两个系列：一个是较早推出且已停止服务的 Classic macOS，系统搭载首款 Mac 计算机于 1984 年问世，采用 Mach 内核，最初以 System 来命名，历经的版本有 System 1(1984)、System 2(1985)、System 3(1986)、System 4(1987)、System 5(1987)、System 6(1988)、System 7(1991)、macOS 8(1997)、macOS 9(1999)，终极版本为 macOS 9.2.2；另一个则是全新的 macOS。

2001 年，具有划时代意义的 macOS X 10.0 发布。macOS X 主要由两部分组成：一是 Darwin，是以 BSD 源码和 Mach 微核心为基础，类似 UNIX 的开放源码环境；二是由苹果开发、命名为 Aqua 的有版权的 GUI 界面。在 macOS X 发布的同年，macOS X Server 也同时发售，两个版本架构上完全相同，只是在包含的工作群组管理和管理软件工具上存在一些差异。也就是从这个版本开始，以后的每个 macOS X 系列的后缀都是以一种大型猫科动物来命名，包括后来的 10.1 Puma(美洲狮)、10.2 Jaguar(美洲虎)、10.3 Panther(黑豹)、10.4 Tiger(虎)、10.5 Leopard(美洲豹)、10.6 Snow Leopard(雪豹)。其中，2009 年发布的 Snow Leopard 是苹果第一个 Intel Mac 专用系统，从此使用 PowerPC 处理器的 Mac 设备就无法继续使用新系统。

2011 年，苹果推出对应 10.7 版本的 OS X Lion(狮子)，自此在操作系统正式名称中去掉了 Mac 字样和版本号；2012 年又推出了对应 10.8 版本的 OS X Mountain Lion(山狮)。2013 年起，由于大型猫科动物名称即将用尽，苹果发布 10.9 版本时，将系统定名为"Mavericks"(冲浪湾)，即加州北部的一处冲浪胜地。也正是从这个版本开始，苹果决定今后用加州景点名称作为系统代号，包括后来的 10.10 版本 Yosemite(优胜美地国家公园)、10.11 版本 El Capitan(酋长岩)等。

2016 年，苹果推出 10.12 版本的 Sierra(内华达山脉)，操作系统名称由 OS X 变更为 macOS，与 iOS、tvOS、watchOS 形成呼应。次年，macOS 10.13 High Sierra(内华达高脊山脉)发布，APFS 文件系统正式取代 macOS 上使用多年的 HFS+ 文件系统。

2018 年，macOS X Mojave 10.14(莫哈韦沙漠)发布；2019 年，macOS 10.15 Catalina(卡特琳娜岛)发布；2020 年，macOS 11.0 Big Sur(大瑟尔)发布，被称为是 macOS 发布以来最大的一次更新，同时此次更新将更好地实现与 Intel 平台、ARM 平台以及 iOS 平台 App 的兼容。

5.2 macOS 的系统特性

因为 Classic macOS 是一个不提供"命令行"模式的全图形操作系统，所以它虽然易于操作，但因为没有提供有效的内存管理、协同式多任务和扩展冲突处理等机制而被诟病。

新的 macOS 引入了一种新型的文件系统，一个文件包括了两个不同的"分支"，分别把参数保存在"资源分支"，而把原始数据保存在"数据分支"，这在当时是非常创新的。但是，该系统由于文件系统识别问题，与其他操作系统的兼容成为挑战。

为了解决这些问题，macOS X 使用了基于 BSD UNIX 的内核，并带来 UNIX 风格的内存保护和抢占式多任务处理。同时，改进了内存管理方式，允许同时运行更多软件，这从本质上消除了因一个程序崩溃而导致其他程序同时崩溃的可能性。这也是首个包括"命令行"

模式的 macOS。macOS X 有一个兼容层负责执行早期的 Mac 应用程序,名为 Classic 环境,也就是开发人员所熟知的"蓝盒子"(the blue box),它把早期的 macOS 9.x 系统的完整复制作为 macOS X 里一个程序执行,但执行应用程序的兼容性在当前的硬件下难以达到理想的效果。

与之前的版本相比较,macOS 操作系统界面具有特色,突出了形象的图标和人机对话功能;同时,提供了独特的桌面、菜单栏、状态栏、程序坞、调度中心、通知中心、启动台等功能界面。本节主要基于 macOS 介绍其系统架构和主要功能。

5.2.1 系统架构

macOS 系统架构如图 5-4 所示,除硬件(hardware)外,主要包括操作系统内核(core OS)、应用程序接口(API)和图形用户界面(GUI)3 个组成部分。学习和理解其组成结构和主要组成部分的功能,对电子数据取证工作是非常重要的。

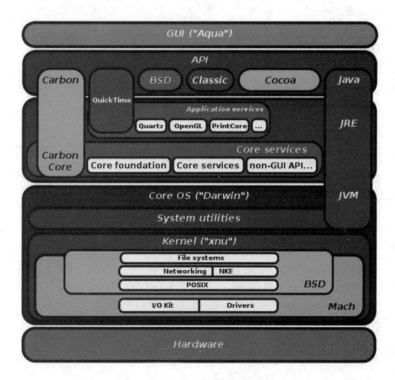

图 5-4　macOS 系统架构

1. Core OS

Core OS 是 macOS 的基础部分(也称为 Darwin),它也是一款开放源代码的类 UNIX 操作系统,操作界面如图 5-5 所示。Darwin 主要由两部分组成:XNU 内核和 UNIX 工具。

通常讲的 macOS 内核是 Darwin,其实这是一个不严谨的说法,因为 Darwin 不只包含内核,还包括其他内容。严格地讲,macOS 的内核是 XNU(XNU 据说是"XNU's not UNIX"的缩写)。XNU 是一款结合了微内核与宏内核特性的混合内核,包括 Mach、BSD 和 I/O Kit。

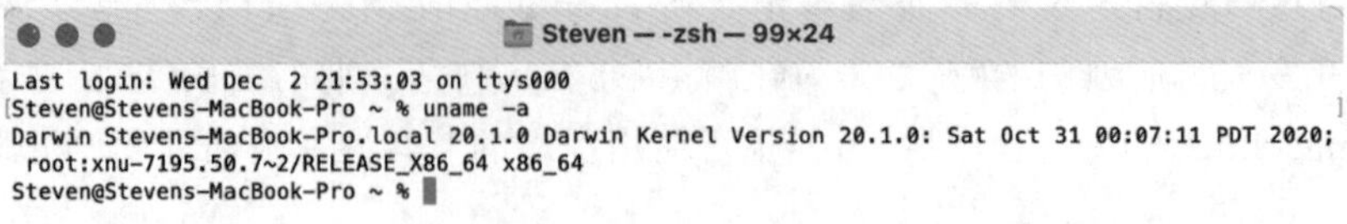

图 5-5 uname 命令显示的 UNIX 或类 UNIX 系统信息

1) Mach

Mach 原来是一款微内核，XNU 中的 Mach 来自 OSFMK 7.3（open software foundation mach kernel），它负责实现 CPU 调度、内存保护等功能。它是 macOS 内核中最重要的部分，XNU 中大部分代码来自 Mach，而且 macOS 中的可执行文件也是 mach-o 格式。

2) BSD

XNU 中包含一个经过修改的 BSD，它负责进程管理、UNIX 文件权限、网络堆栈、虚拟文件系统、POSIX 兼容。macOS 之所以符合单一 UNIX 规范，也正是因为 BSD。

3) I/O Kit

I/O Kit 是 XNU 内核中的开源框架，可帮助开发人员为 macOS 和 iOS 操作系统编写设备驱动程序代码。I/O Kit 框架由 NeXTSTEP 的 DriverKit 演变而来，与 macOS 9 或 BSD 的设备驱动程序框架没有任何相似之处。

除了内核以外，Darwin 还包括一些 UNIX 工具（图 5-6），这些工具一些由苹果开发，一些来自第三方（例如 FreeBSD Project、GNU Project、Apache 等）。

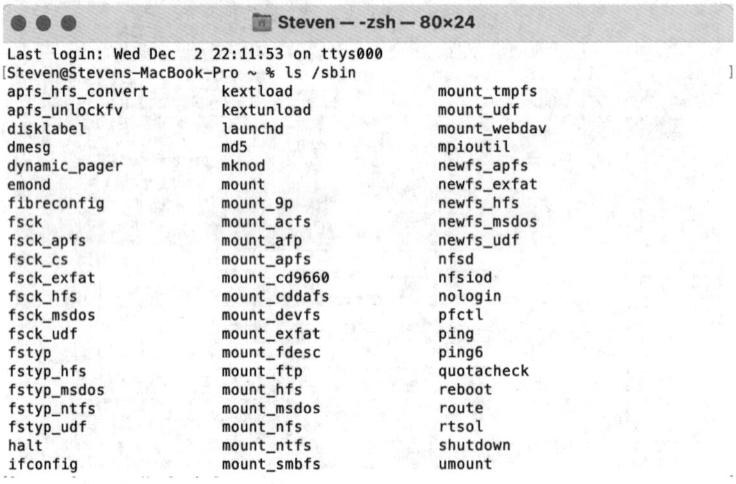

图 5-6 系统管理的必备工具

2. API

与 Windows、Linux 等操作系统一样，macOS 的 API（application programming interface，应用程序接口）为操作系统内核与上层应用程序之间提供了预设的接口和规范。

1) launchd

launchd 由苹果开发，它是一款统一服务管理框架，用于启动、停止和管理 macOS 中的守护进程、应用程序、进程和脚本。由于 launchd 支持多线程，所以它比传统的 UNIX 初始化程序 SysVinit 要高级，launchd 同时正在被移植到 FreeBSD 平台，它的设计思想也被 systemd 所借鉴，后者成为目前 Linux 发行版中的主流系统初始化程序。

2）Core Foundation

Core Foundation 是 macOS 和 iOS 中的 C 应用程序编程接口，是低级例程和包装函数的混合。

3）Cocoa

Cocoa 是苹果公司为 macOS X 所创建的原生面向对象的 API，是 macOS X 上 5 大 API 之一（其他 4 个是 Carbon、POSIX、X11 和 Java）。Cocoa 是苹果的面向对象开发框架，用来生成 macOS X 的应用程序。主要的开发语言为 Objective-C。Cocoa 开始于 1989 年 9 月上市的 NeXTSTEP 1.0，当时没有 Foundation 框架，只有动态运行库，称为 kit，其中最重要的是 AppKit。1993 年 NeXTSTEP 3.1 被移植到了 Intel、Sparc、HP 的平台上，Foundation 首次被加入，同时 Sun 和 NeXT 合作开发的 OpenStep 也可以运行在 Windows 系统上。

3. GUI

Aqua GUI 是 macOS 的桌面环境，类似 Linux 中的 GNOME。不过，不是所有 macOS X 都是 Aqua GUI，在 macOS X 早期测试版 Rhapsody 中，用的还是经典的 Classic macOS 界面。

5.2.2 时间戳

时间信息是操作系统中非常重要的环节，它贯穿于各类系统数据、用户数据、应用程序及文件系统数据等内容。macOS 中使用的时间戳主要有 Mac 绝对时间、UNIX 时间戳和 "HFS+时间戳" 3 种类型，如表 5-1 所示。

表 5-1　macOS 中使用的时间戳

名　称	长　度	起始时间	单　位
Mac 绝对时间	32 位	2001 年 1 月 1 日 00:00:00UTC	秒
UNIX 时间戳	32 位	1970 年 1 月 1 日 00:00:00UTC	秒
HFS+时间戳	32 位	1904 年 1 月 1 日 00:00:00UTC	秒

在取证过程中，macOS 时间戳提供了大量有用信息，图 5-7 所示的是在一个 .docx 文件上运行 mdls 命令的显示信息，其中重要的时间戳如下。

(1) 内容创建时间：kMDItemContentCreationDate。

(2) 内容修改时间：kMDItemContentModificationDate。

(3) 添加时间：kMDItemDateAdded（这是文件被添加到当前目录的时间）。

(4) 内容改变时间：kMDItemFSContentChangeDate。

(5) 文件创建时间：kMDItemFSCreationDate。

(6) 上次使用时间：kMDItemLastUsedDate。

```
Steven@Stevens-MacBook-Pro ~ % mdls /Users/Steven/Desktop/chap5.docx
_kMDItemDisplayNameWithExtensions    = "chap5.docx"
kMDItemAuthors                        = (
    "Microsoft Office User"
)
kMDItemContentCreationDate            = 2020-12-13 16:09:48 +0000
kMDItemContentCreationDate_Ranking    = 2020-12-13 00:00:00 +0000
kMDItemContentModificationDate        = 2020-12-28 10:47:26 +0000
kMDItemContentModificationDate_Ranking = 2020-12-28 00:00:00 +0000
kMDItemContentType                    = "org.openxmlformats.wordprocessingml.document"
kMDItemContentTypeTree                = (
    "org.openxmlformats.wordprocessingml.document",
    "org.openxmlformats.openxml",
    "public.data",
    "public.item",
    "public.composite-content",
    "public.content"
)
kMDItemDateAdded                      = 2020-12-28 14:37:31 +0000
kMDItemDateAdded_Ranking              = 2020-12-28 00:00:00 +0000
kMDItemDisplayName                    = "chap5.docx"
kMDItemDocumentIdentifier             = 0
kMDItemFSContentChangeDate            = 2020-12-28 10:47:26 +0000
kMDItemFSCreationDate                 = 2020-12-13 16:09:48 +0000
kMDItemFSCreatorCode                  = "MSWD"
kMDItemFSFinderFlags                  = 0
kMDItemFSHasCustomIcon                = (null)
kMDItemFSInvisible                    = 0
kMDItemFSIsExtensionHidden            = 0
kMDItemFSIsStationery                 = (null)
kMDItemFSLabel                        = 0
kMDItemFSName                         = "chap5.docx"
kMDItemFSNodeCount                    = (null)
kMDItemFSOwnerGroupID                 = 20
kMDItemFSOwnerUserID                  = 501
kMDItemFSSize                         = 11098508
kMDItemFSTypeCode                     = "WXBN"
kMDItemInterestingDate_Ranking        = 2020-12-28 00:00:00 +0000
kMDItemKind                           = "Microsoft Word document (.docx)"
kMDItemLastUsedDate                   = 2020-12-28 14:18:37 +0000
kMDItemLastUsedDate_Ranking           = 2020-12-28 00:00:00 +0000
kMDItemLogicalSize                    = 11098508
kMDItemPhysicalSize                   = 11100160
kMDItemSubject                        = "Label 1, Label 2, Label 3"
kMDItemTitle                          = "Central topic"
kMDItemUseCount                       = 2
kMDItemUsedDates                      = (
    "2020-12-27 16:00:00 +0000"
)
```

图 5-7　docx 文件的时间戳

5.3　文件系统

与 Windows 操作系统一样，在 macOS 中文件系统是对文件实现管理的一种机制和方法。不同类型的操作系统中，对文件系统的描述在概念上基本相似，但概念名称和实现方法有所差异。

5.3.1　卷与分区

卷和分区是操作系统中对磁盘进行管理的基本单位，对卷和分区的理解和正确操作是取证工作的基础。

1. 分区方案

Mac 磁盘分区方案包括三种：GUID 分区图、主引导记录和 Apple 分区图。如图 5-8 所示，在系统的"实用工具→磁盘工具"中抹掉（格式化）磁盘时，即可选择相应方案。

（1）Apple 分区图。用于基于 PowerPC、Open Firmware 的 Mac 设备。

（2）GUID 分区图。用于 Intel、Apple 芯片的 Mac 设备及基于 EFI 的 Windows 设备。

图 5-8　"磁盘工具"中的磁盘分区方案

(3) 主引导记录。即 MBR,用于所有 Windows 设备。

2. 容器与宗卷

macOS 10.14 或更高版本使用 APFS(Apple file system,Apple 文件系统)时,允许在磁盘上的宗卷间共享空间。通常情况下,大部分 Mac 设备自身包含一块物理磁盘,可以将其划分成多个单独的部分,每个部分称为一个"容器"(container)。如图 5-9 所示,对照磁盘工具,可以看到物理磁盘之下,首先是一个"APFS 容器",其次才是 APFS 逻辑卷(即"宗卷"),这些宗卷是放在 APFS 容器里面的。

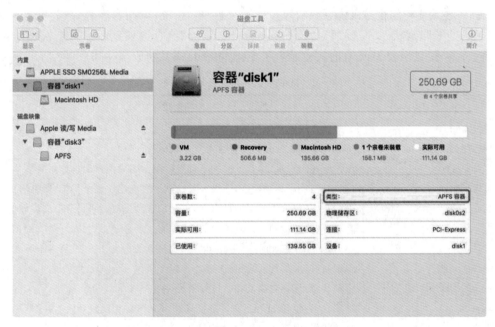

图 5-9　磁盘工具中查看磁盘层级

但是在大多数情况下,使用 APFS 时不应将磁盘分区,而应在单个容器内创建多个宗卷(Volume),宗卷没有固定大小,容器内所有宗卷共享可用空间(空间共享会影响克隆和稀疏文件)。举个例子,如果在一个 1000GB 的 APFS 格式磁盘(单个容器)上,有一个 A 分区和一个 B 分区。目前 A 和 B 分区分别占用 300G 和 400G 空间,但两者都可以任意使用整个容器剩余的 300GB 空间。A 和 B 分区可以不设固定分区大小,这样在 A 或 B 分区中,即使再存储一个小于 300GB 的文件都没问题。APFS 中的磁盘(disk)、容器(container)、宗卷

（volume）和命名空间（namespace）之间的关系如图 5-10 所示。

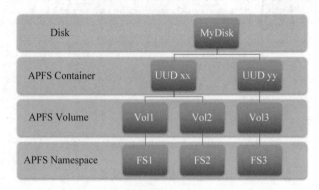

图 5-10　APFS 中的磁盘、容器、宗卷、命名空间关系图

APFS 共享空间时，甚至可以在 APFS 宗卷上安装其他版本的 macOS。当然，如果要安装 Windows 系统，还是可以考虑将内置物理磁盘进行分区。

5.3.2　根目录

macOS 系统卷的根目录通常只有可见的 4 个目录：系统、应用程序、用户和资源库，其他目录均处于隐藏状态，需要通过"Command＋Shift＋."组合键来显示。随着 APFS 文件系统的普及，根目录较 HFS＋时代也发生了变化，主要目录及功能描述如表 5-2 所示。

表 5-2　macOS 主要目录及功能描述

名　　称	功　能　描　述
系统（system）	通常包含仅属于操作系统的数据
应用程序（applications）	所有程序都默认安装在该目录下，可以直接启动
用户（users）	包含所有用户目录，其下的共享目录可用于不同用户间的数据共享
资源库（library）	包含应用程序相关数据，这里安装的软件会应用于整个系统、所有用户
隐私（private）	隐藏状态，包含系统级的日志、打印记录、密码信息、睡眠交换文件等信息
卷（volumes）	隐藏状态，连接的存储介质的加载点，加载点是动态的，断开后自动消失，与 Linux 下的"/mnt"或"/media"目录相似
网络（network）	隐藏状态，域控制、活动目录等
DocumentRevisions-V100	隐藏状态，保存之前文件的位置信息，APFS 中无此目录
.fseventsd	隐藏状态，包含 HFS＋文件系统日志，APFS 中无此目录
.Spotlight-V100	隐藏状态，保存 Spotlight 索引信息，APFS 中无此目录
.DS_Store	隐藏状态，保存目录的设置和视图信息，APFS 中无此目录
.Trashes	隐藏状态，启动卷以外的卷中删除的数据，APFS 卷中无此目录

5.3.3　文件系统的发展

Mac 常用的文件系统有 HFS、HFS＋和 APFS，它们之间的主要区别如表 5-3 所示。

表 5-3　HFS、HFS＋和 APFS 之间的主要区别

名　　称	HFS	HFS＋	APFS
推出时间	1984	1998	2017
位数	16	32	64
最大文件大小	2GB	8EB	8EB
最大硬盘容量	2TB	8EB	8EB
文件保险箱	无	有	有
时间机器	无	有	有
写时复制	无	无	有
磁盘快照	无	无	有
共享空间	无	无	有
多密钥加密	无	无	有

1. HFS 与 HFS＋

1) HFS

macOS 标准格式(HFS)是 Mac 设备在较长时间里使用的专有文件系统,也是苹果 Open Firmware 所支持的最基本的文件系统,常见于早期的 Mac 计算机的硬盘、软盘和光盘等。HFS 不但保留了之前文件所设定的基本概念,更带来了极大的功能增强,如应用了全新的目录文件、支持子目录结构、支持最初的权限概念、支持更多的 Mac 文件属性等。HFS 一直使用至今,但在 macOS X 10.5 之前,HFS 可以挂载为读写,而之后只可以挂载为只读。

2) HFS＋

macOS 扩展格式(HFS＋或 HFS Plus)是在 HFS 的基础上进行改进的文件系统格式。在 1998 年 macOS 8.1 中,苹果首次带来了对 HFS＋的支持。HFS＋放弃 HFS 中使用的 MacRoman,从而执行 Unicode 作为文件命名的编码标准；HFS＋通过增加可分配块数目,降低了单一文件的最大大小值。HFS＋推出的主要目标是优化大容量硬盘的存储能力,同时 HFS＋扩大了文件数量大小,将单个文件的大小和硬盘容量扩展到 8EB。

在 macOS X 10.2 中,HFS＋文件系统增加了日志(journaling)功能。日志功能就是在写文件时,先在日志中做个记录,记录完后才真正写入文件中。日志也是磁盘中的一个二进制位置,它是专门开辟出用于读写日志的一个空间区域,该区域不用来存储文件数据。HFS＋增加了文件系统的安全性,因为不带日志功能的 HFS 文件系统缺乏安全性,在文件系统不完整时(比如丢失索引),丢失的数据很难恢复。

HFS＋支持的分区格式主要包括以下几类：

(1) macOS 扩展(日志式)。使用 Mac 格式(日志式 HFS＋)来保护分层文件系统的完整性。如果不需要加密或区分大小写格式,则选取此项。

(2) macOS 扩展(日志式,加密)。使用 Mac 格式要求加密,并加密分区。

(3) macOS 扩展(区分大小写,日志式)。使用 Mac 格式,并区分文件夹名称的大小写。例如,名称为 ABC 和 abc 的两个文件夹不同。

(4) macOS 扩展(区分大小写,日志式,加密)。使用 Mac 格式,区分文件名称的大小写,要求加密,并加密分区。

在 macOS X 10.13 中，HFS+ 被 AFPS 取代。

2. APFS

Apple 文件系统（APFS）是运行 macOS 10.13 或后续版本的 Mac 计算机所使用的默认文件系统，它具有改进的文件系统基础、强加密、空间共享、磁盘快照、快速目录大小统计等特性。macOS 10.13 及以上版本支持将 APFS 用于启动盘和数据盘。APFS 具有以下特点：

1）按照需求分配容器中的磁盘空间

单个 APFS 容器包含多个宗卷时，容器的可用空间会共享，并且会自动按需分配到任意单独的宗卷。用户可以指定每个宗卷的保留大小和配额大小。每个宗卷仅使用整体容器的一部分，这样一来，可用空间即为容器的总大小减去该容器中所有宗卷的大小。

2）支持写时复制

在 APFS 中，同一个文件，无论复制多少份，假如不修改，这个文件实际只会在磁盘中存储一份，只是其索引有多份而已。换言之，当一个对象更新时，将创建并引用一个新对象，旧的对象仍然可以被扫描。对于电子数据取证而言，写时复制技术提供了数据恢复的可能性，可以直接找到某个文件的历史版本。

3）支持磁盘快照

快照意味着来自时间节点的对象将被"锁定"，并创造了在区块级重建整个历史卷状态的可能。比起苹果自己的 Time Machine（时间机器），快照更接近于微软的 NTFS 卷影复制技术。对于电子数据取证而言，快照技术与写时复制技术起到的作用基本一致，提供了数据恢复的可能。

macOS 可以通过"磁盘工具"添加或删除 APFS 容器中的宗卷分区，APFS 容器中的每个宗卷都可以拥有其 APFS 格式，主要包括 APFS、APFS（加密）、APFS（区分大小写）或 APFS（区分大小写，加密）。

（1）APFS。使用 APFS 格式。如果不需要加密或区分大小写格式，则选取此项。

（2）APFS（加密）。使用 APFS 格式且加密宗卷。

（3）APFS（区分大小写）。使用 APFS 格式并区分文件和文件夹名称的大小写。例如，名称为"ABC"和"abc"的两个文件夹不同。

（4）APFS（区分大小写，加密）。使用 APFS 格式，区分文件和文件夹名称的大小写且加密宗卷。

3. 兼容性

macOS 对不同文件系统格式的支持情况如表 5-4 所示。

表 5-4 macOS 对不同文件系统格式的支持情况

文件系统	支持情况	说明
MFS	部分支持	macOS 8 起取消对 MFS 的支持
UFS	部分支持	macOS X 10.7 起取消对 UFS 的支持
HFS	支持	macOS X 10.5 起仅支持只读
HFS+	读写	
APFS	读写	

续表

文件系统	支持情况	说明
FAT16/32	读写	macOS 中称为 MS-DOS
ExFAT	读写	
NTFS	读	可开启系统自带支持或安装第三方应用支持
EXT/2/3/4	不支持	安装第三方应用支持
BtrFS	不支持	安装第三方应用支持
XFS	不支持	安装第三方应用支持
ZFS	读	

NTFS 是 Windows 和大容量移动存储设备经常使用的文件系统格式,那么如何打开 macOS 原生自带的 NTFS 读写功能,让用户能够在 Mac 计算机上方便地读写 NTFS 格式的设备呢? 可以通过修改/etc 目录中的.fstab 文件来实现:复制 hosts 文件到桌面,将其重命名为.fstab,然后写入如下内容:

LABEL = My\040Disk none ntfs rw,auto,nobrowse
LABEL = HD001 none ntfs rw,auto,nobrowse
LABEL = 移动硬盘 002 none ntfs rw,auto,nobrowse

注意:My\040Disk、HD001、移动硬盘 002 分别代表几个外接硬盘的名称,其中\040 代替空格。

5.3.4 文件保险箱

文件保险箱(FileVault)加密程序最初在 macOS X 10.3 中引入,它只允许加密用户主目录。

1. FileVault 与 FileVault 2

从 macOS X 10.7 开始,苹果公司重新设计并加强了加密方案,并作为 FileVault 2 发布。FileVault 2 使用全磁盘、128 位 AES 加密(XTS-AESW 模式)来保证数据安全,该加密软件自动实时加密和解密,对具备权限的用户来说是透明的。但对于取证人员而言,即使磁盘被移除并连接到其他计算机,或者不拆机直接获取到磁盘镜像,内部的 APFS 宗卷也会保持加密状态,在未解密的情况下,也无法查看其中的信息。

此外,可根据开机启动界面判断其是否开启了文件保险箱功能。开启了文件保险箱功能的目标计算机在其待机界面中有睡眠标签,且能显示其他账户。

2. 加密与解密

1) 加密

文件保险箱功能通过"系统偏好设置"中的"安全性与隐私"进行管理。通过选取"安全性与隐私"中的"文件保险箱"标签(macOS High Sierra 10.13.2 之前系统默认使用英文名称 FileVault)来启用或停用文件保险箱,如图 5-11 所示。

macOS X 10.9(Mavericks)及以前版本中,可以选择通过存储文件保险箱恢复密钥的方法(需提供三个安全提示问题及答案)来便于以后解锁,如图 5-12 所示。

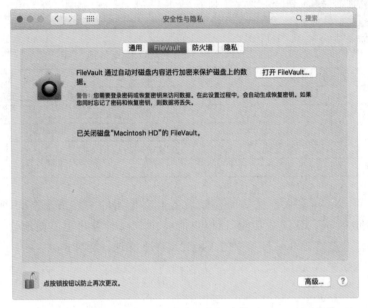

图 5-11 "安全性与隐私"中的"文件保险箱(FileVault)"功能

图 5-12 macOS X 10.9 及以前版本的文件保险箱恢复密钥设置

在 macOS X 10.10(Yosemite)及以后版本中,可以通过 iCloud 账户来解锁磁盘并重设密码。在加密时,如果不使用 iCloud 账户来解锁文件保险箱,也可以创建一个本地恢复密钥来解锁,类似 Windows 的 BitLocker,密钥保存在加密启动磁盘以外的其他安全位置,如图 5-13 所示。

图 5-13 macOS X 10.10 及以后版本的文件保险箱解锁设置

在搭载 Apple T2 芯片的 Mac 计算机上，所有文件保险箱密钥的处理都发生在安全隔区中；加密密钥绝不会直接透露给 CPU。所有 APFS 宗卷默认使用宗卷密钥创建。宗卷和元数据内容使用此宗卷密钥加密，此宗卷密钥使用类密钥封装。文件保险箱启用时，类密钥受用户登录密码和硬件 UID 共同保护，此保护在搭载 T2 芯片的 Mac 计算机上为默认设置。移动存储介质的加密不使用 T2 芯片的安全性功能，而是采用与未搭载 T2 芯片的 Mac 计算机相同的方式执行加密。

在搭载 T2 芯片的 Mac 上，如果在"设置助理"初次运行过程中未启用文件保险箱，宗卷仍然会加密，但这时宗卷密钥仅由安全隔区中的硬件 UID 保护。如果随后启用了文件保险箱（由于数据已加密，该过程可立即完成），反重放机制会阻止旧密钥（仅基于硬件 UID）被用于解密宗卷。然后类密钥将受用户登录密码和硬件 UID 共同保护。

macOS 10.13 及以上版本中的 APFS 改变了"文件保险箱"加密密钥的生成方式。在 CoreStorage 宗卷上的 macOS 旧版本中，文件保险箱加密过程中使用的密钥是在 Mac 上启用文件保险箱时创建的。在 APFS 宗卷上的 macOS 中，该类密钥在用户创建过程中或 Mac 用户首次登录过程中创建。加密密钥的实施方式、生成时间和存储方式都是 SecureToken 的一部分。具体来说，SecureToken 是密钥加密密钥（KEK）的封装版本，由用户密码保护。

macOS 10.15 还引入了一项新功能 Bootstrap Token，以帮助将 SecureToken 授予移动账户和设备注册时创建的管理员账户。

2）解密

通常情况下，可以根据启用文件保险箱时的设置进行解锁。目前，macOS 支持 3 种解锁方式：用户登录口令、iCloud 账户密码和恢复密钥。

当目标计算机处于开机状态时，可以根据实际情况在上述 3 种方式中选择最合适的进行解密（即"停用文件保险箱"），然后进行数据固定，如图 5-14 所示；当目标计算机处于关

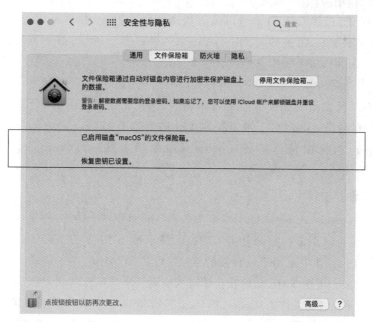

图 5-14 macOS 10.10 及以后版本的文件保险箱解密提示

机状态时，可以先获取磁盘镜像，再通过专业的取证分析工具加载后进行解密，如图 5-15 所示。例如，通过盘古石计算机取证分析系统（SafeAnalyzer）可以实现相关操作。

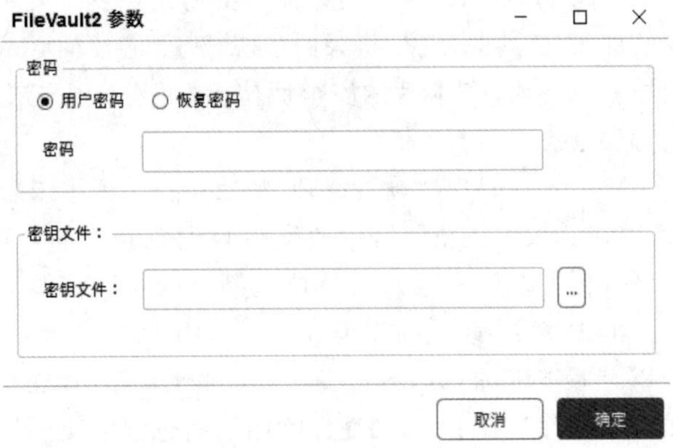

图 5-15　使用 SafeAnalyzer 加载 Mac 镜像后解密文件保险箱

5.3.5　关键文件格式

macOS 中最常见的系统及应用数据文件格式是 SQLite、Plist 和 iOS 类似。

1. SQLite 文件

SQLite 是一种轻型的基于 SQL 的关系数据库，macOS 中的 SQLite 格式特征为 SQLite format 3，通常情况下大家关注的第三方应用程序的核心记录一般存储在 SQLite 数据库中，如 QQ、微信通讯录、聊天记录等。

需要说明的是，虽然 QQ、微信通讯录等数据使用 SQLite 数据库，但这些 SQLite 存储文件的扩展名并不统一，常见的有 .db、.sqlite3、.sqlite 等。通常，每个 SQLite 文件中会保护多个数据表（table），每个表中又会包含多个字段。

与众多个人计算机和智能手机应用一样，Mac 应用出于安全性保护，对核心数据库也进行了加密，不同开发商的加密方式也各不相同，未加密或解密后的 SQLite 文件可以使用 SQLite 查看器直接打开，macOS 下常用的 SQLite 查看器有 DB Browser for SQLite（图 5-16）、SQLite manager（火狐浏览器扩展）、sqlite3（命令行工具）等，Windows 下还有 SQLite Browser、SQLite Expert 等工具。

2. Plist 文件

属性表文件（property list files，Plist 文件）是 macOS 常用的一种文件形式，通常用于存储用户设置，也可以用于存储部分应用数据。最早推出 Plist 的 NeXTSTEP 只使用一种文件格式，macOS 10.0 中采用了一种新的 XML 格式，XML 格式支持非 ASCII 格式，也可存储 NSValue 对象。由于 XML 文件在存储时的空间效率并不算高，macOS 10.2 引入了 Plist 文件格式用于存储二进制文件。从 macOS 10.4 开始，Plist 文件成为系统的默认格式。

macOS 10.2 中引入了 plutil 工具，可以用来检查 Plist 的语法，或者对其进行格式转换。对于 XML 格式的 Plist 文件，可以使用任意文本编辑器进行编辑。同时，苹果公司提

图 5-16 使用 DB Browser for SQLite 查看 SQLite 文件

供了 Property List Editor 应用程序（作为 Apple developer tools 的一部分），它是一个树状的查看器与编辑器，并可以处理二进制格式的 Plist 文件。

目前，最常用的第三方 Plist 查看及编辑工具是 PlistEdit Pro（操作界面如图 5-17 所示），它有 Mac 和 Windows 两个版本。PlistEdit Pro 支持 macOS 中 XML 和二进制两种格式的 Plist 文件，同时还支持 macOS 外的 JSON 和 ASCII 格式。

图 5-17 使用 PlistEdit Pro 查看 Plist 文件

5.4 数据的提取与固定

数据的提取与固定是电子数据取证工作的关键环节。此项工作的重点是针对具体的取证对象，将注意力集中在数据这个主要目标上，采取必要的技术手段对可能蕴藏着案件信息的数据进行提取和固定。

5.4.1 准备工作

不同于 Windows 计算机的取证，Mac 硬件和 macOS 显得复杂而多变，因此针对 Mac 计算机的取证准备工作显得尤为重要。取证人员需要考虑到可能涉及的各种设备及其存储介质，以便选择合适的取证方法和工具。还要能够快速确定不同型号的 Mac 计算机（MacBook 系列、iMac、Mac mini 或者 Mac Pro 等）的具体版本和年份，同时判断其中的操作系统版本及其功能特性可能对取证工作的影响。

1. 关键因素

为了更好地开始 Mac 取证工作，取证人员需要厘清以下关键因素：

1）开关机状态

现场计算机开关机状态的不同影响着取证方法和工具的选择，不同情况下可获取的数据范围和有价值数据的数据量也都不同。针对不同状态，可以采取"在线取证"或"离线取证"中的一种方式。

2）硬盘情况

针对关机状态的计算机，通常建议采用拆机读硬盘的方式。但不同年份的 Mac 计算机配备了不同类型的存储介质（硬盘），早期的设备还允许用户自由更换硬盘，实际情况也许是机械盘，也许是固态盘；硬盘也许能拆卸，也许固化在主板上不能拆卸。拆卸后是否具备硬盘接口的只读连接条件，不能拆卸或没有条件读取时又该如何进行取证，这些问题都需要进行充分考虑，尤其在"离线取证"环节中应加以注意。

3）文件保险箱

随着 Mac 设备的广泛应用以及设备自身的更新，越来越多的涉案 Mac 设备启用了文件保险箱（File Vault）功能，取证人员需对其有清晰的认知，关于文件保险箱特性及其加密、解密操作已在 6.3.4 节中进行了介绍。

4）登录口令

用户登录口令是开机状态取证的"拦路虎"，同时也与文件保险箱及取证应用程序或命令操作的权限等因素都息息相关，应尽可能在询问、讯问或其他线索证据中获得明文。关于系统口令的特性及解密方法，在"在线取证"过程中都会关注到。

5）磁盘挂载

当针对开机状态的目标 Mac 计算机取证时，取证人员需要确认好连接到目标计算机上的磁盘的文件系统，选择读写均能够兼容的文件系统类型。

当使用取证专用的 Mac 计算机读取目标计算机磁盘时，需要在自动挂载前启动专用的只读软件以确保数据的原始性不被破坏。

6）启动转换助理

启动转换助理(boot camp)是苹果公司于 2006 年推出的基于 Intel 处理器的 Mac 计算机运行 Windows 操作系统的软件。Boot Camp 功能已经整合到 macOS 10.5 及以后版本中。

当关机状态的 Mac 计算机进入引导磁盘选择界面时,取证人员需留意通过 Boot Camp 安装的 Windows 分区,以便选择合适的方式单独提取和分析。

当针对开机状态的 Mac 计算机取证时,取证人员需留意磁盘的分区情况及系统偏好设置中"启动磁盘"功能中的选项,及时发现可能存在的其他操作系统,以便选择合适的方式单独提取和分析。

2. 环境处置

在 Mac 计算机处于开机状态时,要特别注意计算机上是否正在运行数据擦除软件,防止数据丢失。当发现有运行数据擦除软件时要及时停止软件的运行,或根据实际情况选择直接硬关机。Mac 计算机与 iPhone 类似,可以在 iCloud 设置中开启"查找我的 Mac"功能(图 5-18),当计算机处于联网状态时,需要判断计算机是否有被远程擦除或锁定的风险,如果有风险,应当考虑断开网络链接,断开网络连接时要注意有线网络和无线网络两种情形。

图 5-18　开启"查找我的 Mac"功能后即可实现对其远程控制

3. 流程规范

由于 Mac 设备及 macOS 的特殊性,针对 Mac 计算机取证时,需遵循以下规范:
(1) 在开始取证前,需明确具体实施操作的技术人员,无关人员需要远离物证。

(2) 采取稳定的方式屏蔽网络信号,以防远程锁定和数据擦除。

(3) 开机不关,及时获取易失性数据和已解密的数据,结束后硬关机。

(4) 关机不开,选择合适方法拆机取证或免拆机取证。

5.4.2 在线取证

在线取证即通常所说的针对处于开机状态的目标计算机的取证操作。当目标计算机处于未锁屏(或锁屏可解开)状态时,在进入桌面后,根据案件需求先进行易失性数据提取,主要包括网络数据和运行状态下物理内存中的数据等。针对苹果计算机的内存数据提取,可以使用专用的内存镜像工具进行固定,在提取过程中需要注意按照取证规范进行操作并使用合理的方式进行记录。

1. 在线取证的注意事项

macOS 10.12 及以上版本的系统需要关闭系统完整性保护(SIP)才能获取内存和磁盘镜像,这是因为当开启 SIP 时,系统会对内部的数据进行保护,镜像工具将无法获取全盘镜像数据。查看 SIP 是否开启可以在终端中输入"csrutil status"命令,就可以看到是"enabled"(已开启)还是"disabled"(未开启)。关闭系统保护的操作需要先重启系统,按住 Command+R 组合键进入恢复模式,打开终端运行"csrutil disable"命令即可。

针对较新 Mac 计算机的内存提取还需要管理员权限,所以需要先行获取该计算机的管理员账户密码。

需要注意的是,针对提取到的内存数据,其后期解析工作其实是复杂的。目前已有的工具并不能支持所有版本的 Mac 内存数据分析,而且能支持的版本也不能将内存中所有的数据都完整地解析出来。那么在提取易失性数据时就不能仅仅提取内存镜像,而是要充分利用系统环境中可信的取证程序进行易失性数据的提取固定,如使用命令行进行网络连接情况的提取等。

目标计算机处于开机状态时还要根据实际情况及时进行网络信号的屏蔽和网络连接的断开,以防止苹果计算机被远程擦除或锁定。在保证数据安全的前提下执行完易失性数据提取后,一般再进行非易失性数据的固定。在执行非易失性数据的固定任务时,通常采取硬关机操作,在关机后直接对存储盘进行离线镜像。但是,需要注意的是,在硬关机前应先检查磁盘的加密情况,如果启用了文件保险箱加密,那么就需要在开机状态下将解密的数据进行及时固定提取,针对磁盘无法拆卸(或不具备接口只读连接条件)和搭载 T2 芯片加密的 Mac 计算机,应当在线提取或使用专用的 USB 启动系统进行不拆机镜像。

需要注意的是,macOS 默认不支持写入到 NTFS 文件系统的存储介质,因此用于存储数据的外接设备的文件系统通常选择 exFAT。

当目标机处于锁屏状态时,需要进行屏幕解锁,然后按照未锁屏状态的情况进行提取。现场确实无法解锁的,可以先行扣押,后续根据实际案件情况及当时技术情况进行处理。

2. 常用的在线取证工具

常用的 Mac 在线取证工具有奇安信集团的盘古石现场取证系统(SafeImager)、美国 BlackBag 公司(已被 Cellebrite 公司收购)的 MacQuisition 和美国 SUMURI 公司的

RECON ITR 等，操作界面分别如图 5-19、图 5-20 和图 5-21 所示。

图 5-19　盘古石现场取证系统（SafeImager）

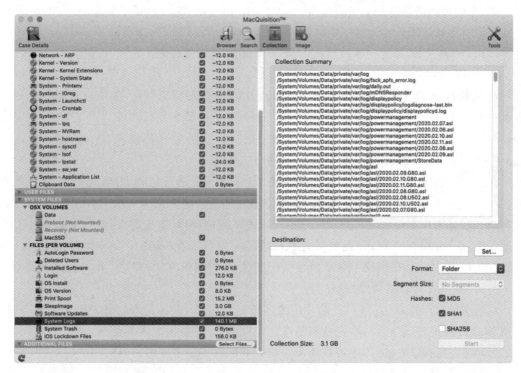

图 5-20　BlackBag MacQuisition

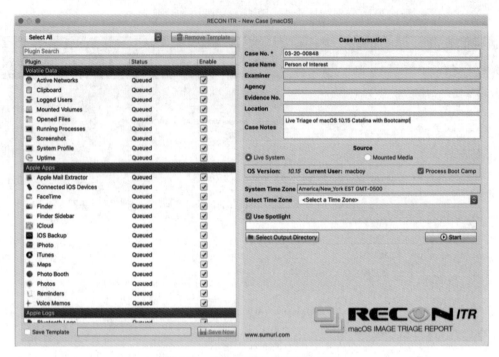

图 5-21　SUMMURI RECON ITR

3. 登录口令

登录口令也称账户密码或用户密码,是用户登录对应账户时的必需品。在传统 UNIX 系统中,密码和账户信息是分开存储的,例如"/etc/passwd"文件存储了账户名、密码是否加密的标记、UID、默认群组、主目录、默认登录 shell 以及注释信息,而"/etc/shadow"文件存储了 UID、密码密文、最近一次修改的天数、密码有效时限等信息。

1) macOS 用户登录口令的存放位置

在 macOS 上,与 UNIX 略有不同,且随系统版本的不同而有所变化,在 macOS 10.4~10.6 版本中账户密码存储在/private/var/db/shadow/hash 目录下以每个账户的 UUID 为名的文件中;在 macOS 10.7 及其以后的版本中,用户口令的散列值保存在/var/db/dslocal/nodes/Default/users/文件夹下的 plist 文件中。

在加密算法上,macOS 主要使用 SHA-1 或 SHA-512 进行加密,并加上长度为 4 字节的 salt("盐值"),最终生成密文。macOS 甚至用二进制代码来记录该账户使用密码的历史情况,例如,该账户曾经被尝试登录时密码输入不匹配的次数、上次登录时间、上次更改密码日期等信息。如图 5-22 所示,通常密文中的第 28~32 字节为"盐",第 32~96 字节为 SHA-512 哈希值。显然,如果得到了登录口令的密文,配合已知的算法,理论上都可以进行破解。

2) 解锁 Mac 计算机锁屏密码的方法

由于文件保险箱和 Apple T2 芯片等诸多限制,macOS 锁屏密码的密文很难获取,因此解锁 Mac 的锁屏密码一直是取证领域的难题,目前可行的解决方案主要有 4 类。

(1) 社会工程学方法,即通过其他周边线索判断或推测可能的密码。

(2) 绕过密码认证机制。

Key	Class	Value
∨ 根	字典	28 对 键/值
> AvatarRepresentation	数组	1 个排序对象
> HeimdalSRPKey	数组	1 个排序对象
> KerberosKeys	数组	1 个排序对象
> LinkedIdentity	数组	1 个排序对象
∨ ShadowHashData	数组	
0	数据	901 字节: 62706C69 73743030 D2010203 0A..
> _writers_AvatarRepresentation	数组	1 个排序对象

图 5-22　账户 Plist 文件中的密文

(3) 指纹解锁(2016 年以后的部分机型)。

(4) Apple Watch 解锁。

其中,绕过密码认证有两种方式:修改内存绕过密码认证、读取内存获取密码明文。

3) 修改内存绕过密码认证

修改内存绕过密码认证根据系统是否开启文件保险箱(FileVault)和虚拟化技术(VT-d)功能的情况采取不同的方式。无论采取什么方式,其原理都是以 DMA 方式修改 macOS 的物理内存,绕过密码认证机制。

2012 年下半年后生产的 Mac 计算机,默认都会开启 VT-d 功能。在 macOS 10.10 以后的版本中,用户进行系统初始配置时,默认都会开启 FileVault 功能。

(1) 未开启 FileVault 和 VT-d 的 Mac 计算机密码绕过方法。在未开启 FileVault 和 VT-d 的 Mac 计算机中,可通过基于火线(1394)或雷电(ThunderBolt)接口的直接内存访问(DMA)方式读取其物理内存,绕过屏保待机状态密码认证机制的方法如下。

步骤 1:使用内存分析技术,从内存里将 loginwindow 的可执行文件转储出来,记录转储文件中每个物理页的虚拟地址与物理地址。

步骤 2:对 loginwindow 的可执行文件样本进行反汇编,寻找字符串修改位置。

步骤 3:找到实现密码认证功能的函数 methImpl_LWBuiltInScreenLockAuthLion_verifyPassword,将最终结果返回位置处的返回值设置为 1,即可实现绕过密码认证直接进入系统。

步骤 4:修改物理内存,绕过密码认证。

以上实现过程中的具体操作为:首先,使用特征字符串搜索的方法,从 loginwindow 的可执行文件样本中搜索出函数 methImpl_LWBuiltInScreenLockAuthLion_verifyPassword 对应返回值的特征字符串;接着,将记录的物理页的物理地址与特征字符串在物理页的偏移相加,获得特征字符串在内存中的位置,将返回值由原来的 0 修改为 1。

(2) 开启 VT-d 未开启 FileVault 的 Mac 计算机密码绕过方法。对于开启了 VT-d 功能,但没有开启 FileVault 功能的 Mac 计算机,处于关机状态时,可首先关闭 VT-d 功能,然后再进行以下的操作。

步骤 1:开机按住 Command+R 组合键,进入恢复模式。

步骤 2:打开终端,输入命令 nvram boot-args="dart=0"。

步骤 3:重启计算机,使用"(1)未开启 FileVault 和 VT-d 的 Mac 计算机密码绕过方法"中描述的步骤破解密码。

(3) 开启 VT-d 和 FileVault 的 Mac 计算机密码绕过方法。在开启 VT-d 和 FileVault

功能的情况下,为了绕过密码认证功能,需要两次接触目标计算机,前两步操作与"(2)开启 VT-d 未开启 FileVault 的 Mac 计算机密码绕过方法"操作相同,都是为了关闭 VT-d 功能。具体步骤如下。

步骤 1:开机按住 Command+R 组合键,进入恢复模式。

步骤 2:打开终端,输入命令 nvram boot-args="dart=0",并离开。

步骤 3:等待目标计算机处于屏保状态(用户已经输入过登录密码)时,再执行"(1)未开启 FileVault 和 VT-d 的 Mac 计算机密码绕过方法"中的密码绕过步骤。

综上所述,对于开启 VT-d 功能的 Mac 计算机,首先关闭 VT-d,然后根据其是否开启 FileVault 判断下一步工作:如果没有开启 FileVault 功能,开机后就能绕过密码(这种方式需要先关机再重启,破坏了待检material原始性,严格意义上讲并不符合取证的合法性要求);如果开启了 FileVault 功能,等待目标计算机用户登录后,才能绕过密码(显然,该情形对于取证意义不大)。

4)读取内存获取密码明文

在 macOS 10.12.2 之前版本的系统中,用户输入的密码会在内存中以明文的 Unicode 形式存在,而且在每次重新热启动且没有载入操作系统时,这些内存不会被刷新,密码仍存在于内存中的某个地方。当系统热启动到 FileVault 开机登录界面时(此时没有启动操作系统),通过 DMA 方式读取内存,可从内存中搜索到密码明文。

如前所述,支持 VT-d 的计算机对 DMA 方式访问内存做了一定的限制。此时,又可以在 Mac 计算机开机但操作系统没有被加载的情况下以 DMA 方式获取内存,这是因为,只有在操作系统启动后,那些系统保护区域的内存和 DMA 才会被系统接管。下面通过"PCILeech"软件(GitHub 上的开源项目)实现从内存中读取密码明文。破解设备及连接方式如图 5-23 所示,操作步骤如下:

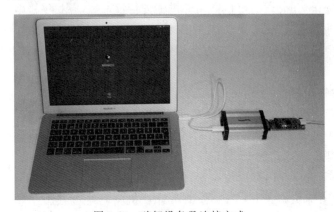

图 5-23 破解设备及连接方式

(1)将设备的一端连接待破解计算机,另一端连接 Windows 计算机(取证工作站)。

(2)在 Windows 计算机上运行相关程序,程序提示重启 Mac 计算机系统时,同时按 Ctrl+Command+Power 组合键重启 Mac 计算机。

(3)稍等片刻,程序会提示待破解计算机上的登录密码。

(4)在 FileVault2 的开机登录界面中输入此密码,即可进入系统。

该方式利用了 macOS 10.12.2 以前的漏洞,但是该漏洞在 macOS 10.12.2 及其以后的版本中被修复了(见图 5-24 中 WARNING 后的提示信息)。

```
Q:\>pcileech.exe mac_fvrecover
MAC_FVRECOVER: WAITING ... please reboot ...
               Please force a reboot of the mac by pressing CTRL+CMD+POWER
               WARNING! This will not work in macOS Sierra 10.12.2 and later.
MAC_FVRECOVER: Continuing ...
MAC_FVRECOVER: Writing partial memory contents to file ...
MAC_FVRECOVER: File: pcileech-mac-fvrecover-20161129-005743.raw.
MAC_FVRECOVER: Analyzing ...
MAC_FVRECOVER: PASSWORD CANDIDATE: DonaldDuck
MAC_FVRECOVER: PASSWORD CANDIDATE: _4bars
MAC_FVRECOVER: Completed.

Q:\>
```

图 5-24　执行 mac_fvrecover 命令后提示重启并获得可能密码

当然,业内还有一种通过修改内存的方式向 Mac 计算机系统植入可执行文件的方法。即使在未知目标计算机系统登录密码的情况下,该技术也可以方便地操作目标计算机系统,突破目标计算机的安全限制,被植入的可执行文件具备管理员权限,可以执行任意功能。考虑到该方法对原始检材的破坏性,本书中不做详述。

另外,直接读写物理内存的设备需要目标计算机具有 1394、PCI Express 以及雷电等接口,但是,近年来生产的计算机几乎都不再配有 1394 和 PCI Express 接口;在新款 MacBook 系列计算机中,雷电接口也逐渐被 USB Type C 接口取代。因此,借助硬件接口和植入可执行程序的方式都受到了限制。

当待取证的 Mac 计算机具备指纹解锁功能且嫌疑人(或被害人)也可以提供指纹进行登录时,也是一种可选的办法。但指纹解锁并不是一直可行,下列情形下无法直接使用指纹解锁登录:

(1) Mac 计算机重启或冷启动。

(2) Mac 计算机超过 48 小时未解锁。

(3) 在过去 156 小时内未使用密码解锁设备,且 4 小时内未使用指纹进行解锁。

(4) Mac 计算机收到远程锁定指令。

(5) 指纹尝试超过 5 次。

当待取证的 Mac 计算机的操作系统为 macOS 10.12 或更新版本时,系统提供了一种全新的解锁登录方式,即通过蓝牙有效范围内绑定了同一 Apple ID(且开启了 2FA)的 Apple Watch 实现自动解锁。因此,在现场搜寻机主可能持有的 Apple Watch 也是一种可选的办法,如图 5-25 所示。当然,该方法对 Mac 计算机重启后的首次解锁无效。

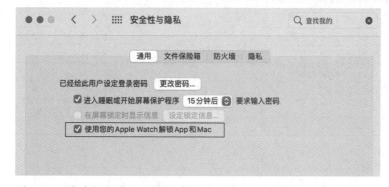

图 5-25　"安全性与隐私"设置中使用 Apple Watch 解锁 Mac 的相关选项

4. 系统信息

开机状态下获取系统信息的方式有多种,不借助专门的取证工具时,取证人员可以通过 macOS 系统自带的命令行工具实现系统信息的获取。如图 5-26 所示,打开终端程序,通过表 5-5 所示的命令查看系统信息。

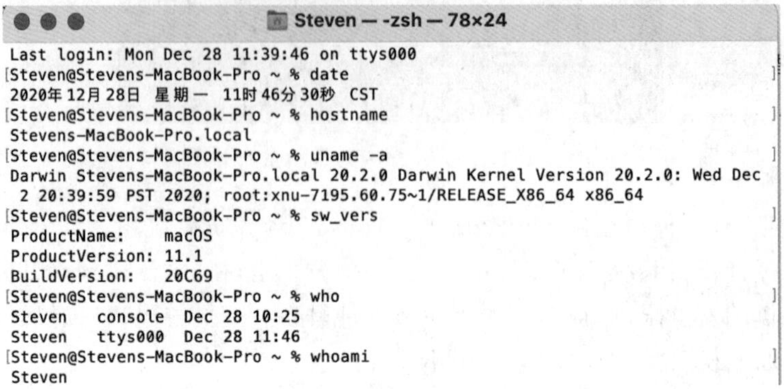

图 5-26 通过命令行工具查看系统信息

表 5-5 查看系统信息的命令

命令	功能描述
date	显示系统当前的日期和时间
hostname	显示主机名
uname -a	显示操作系统的有关信息
sw_vers	显示操作系统版本
who	列出当前登录的所有用户
whoami	显示当前正进行操作的用户名

当然,除了上述命令外,macOS 下的命令还有很多,常用于在开机状态下快速查看系统信息的命令如表 5-6 所示。

表 5-6 开机状态下快速查看系统信息的命令

操作要求	命令
列出用户登录信息	last
列出最近执行过的命令及编号	history
显示当前系统活动的总信息	w
显示打开的文件	lsof | more
显示运行的进程	ps aux | more
显示进程的活动网络连接	lsof -i
显示网络配置信息	ifconfig
显示路由表	netstat -rn | more
显示 ARP 表	arp -an

5. 易失信息

易失信息,也称为易失性数据,即容易丢失的数据。当目标计算机处于开机状态时,易失信息的提取对有些案件来说特别重要。提取易失性数据需要一定的时间，在提取易失性数据时一定要先确保数据的安全，然后根据实际情况进行提取。

提取物理内存运行时的镜像可以使用盘古石现场取证系统（Safe Imager），操作界面如图 5-27 所示。在较新的 macOS 中提取内存数据时需要输入管理员账户的密码以取得权限。

图 5-27　使用 SafeImager 获取内存镜像

6. 其他信息

当目标计算机处于开机状态时，还需仔细检查计算机中是否有特殊应用程序在运行，例如，远程控制软件、虚拟机控制软件等。如果存在远程控制，而且被控制计算机中的数据特别重要，应当采用合适的方法及时对被远程控制的计算机进行数据提取，防止断开连接后无法获取关键数据。

5.4.3　离线取证

离线取证，即目标计算机处于关机状态的取证操作。此时不要轻易启动目标计算机的系统，要对其进行合法合规的封存并做好记录，最后选用合适的方式进行数据提取与分析。

1. 拆机镜像

在最初版本的 Mac 计算机中，数据没有全盘加密，且硬盘方便拆卸，取证人员可以直接拆机后使用对应的只读接口对磁盘进行数据提取和固定。

随着 MacBook 系列的推出，特别是 MacBook Air 的上市，苹果在 2013 年起出厂的 MacBook 系列笔记本电脑都采用了固态硬盘（SSD）配置，且支持自由拆卸，如图 5-28 所示。因此，这个时期的 Mac 计算机都可以拆机取证，前提是配备好适配 Mac 选用的 SSD 的 PCIe 转接口即可。2016 年新款 MacBook Pro 的推出后，SSD 固化在主板上无法拆卸，自此，拆机镜像的方式不再可行。

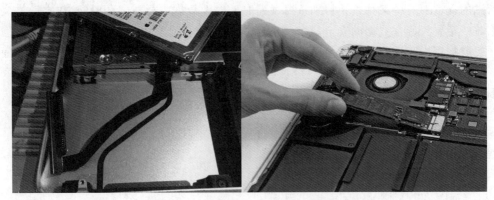

图 5-28　拆卸 MacBook Pro 中的硬盘（左侧为 SATA 机械硬盘，右侧为 PCIe 固态硬盘）

2. 不拆机镜像

针对无法拆卸或不具备磁盘转接条件的情况，可以使用不拆机工具直接启动取证专用系统后对 Mac 计算机内部磁盘进行镜像。常见的不拆机镜像工具有 SafeImager、RECON ITR、Paladin 等。具体方法是：连接已经制作好的专用 USB 设备，按住 Option 键选择外部设备启动（如果是普通 Windows 键盘，则使用 Alt 键代替）。

值得注意的是，2016 年及以后推出的 MacBook 系列具有开盖即启动的功能，当目标机笔记本为合盖状态时，在打开前要提前外接键盘并按住 Option 键，防止直接启动进入嫌疑人系统破坏原始证据。

如图 5-29 所示，在从 USB 外部启动过程中可能遇到设备有固件加密、被锁定（开机有 PIN 码）或 T2 芯片验证，此时外部启动不能成功，目前从技术层面暂时无法解决。

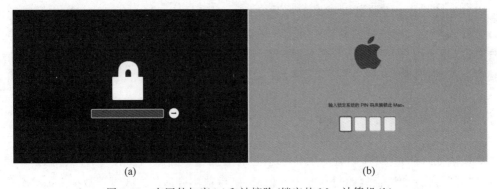

图 5-29　有固件加密(a)和被擦除/锁定的 Mac 计算机(b)

搭载 T2 芯片的 Mac 计算机在安全启动设置上默认开启了完整性验证，在启动期间 Mac 计算机会验证启动磁盘上操作系统的完整性，以确保操作系统是合法的。启动安全性设置也可以决定是否允许从外部介质进行启动。

如图 5-30 所示，启动安全性设置需要在恢复模式下进行，同时按住 Command＋R 组合键开机进入，在设置时输入管理员密码。

3. 目标磁盘模式

目标磁盘模式（即 TDM 模式）是在两台 Mac 计算机之间进行数据传输的一种特殊模

图 5-30　启动安全性的设置工具

式。该模式需要在开机时按住 T 键进入或直接在系统中重启进入（图 5-31）。该模式下 UEFI 固件会启动内建的 UEFI 应用程序，该程序会将内置存储设备显示为基于块的无格式存储设备，这些设备可以通过雷电或 FireWire 接口进行连接（具体取决于 Mac 机型）。

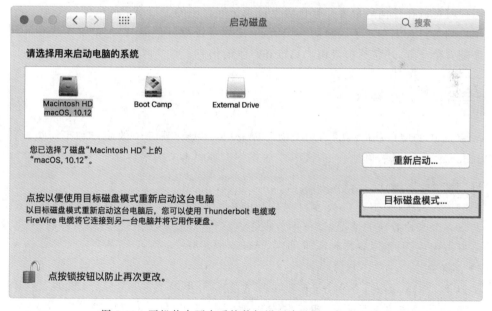

图 5-31　开机状态下在系统偏好设置中选择目标磁盘模式

开启该模式的 Mac 计算机，可以在开机状态下在线提取，也可以使用目标磁盘模式进行数据提取。当 Mac 计算机进入目标磁盘模式时，屏幕上会显示大的雷电或 FireWire 符号。如果两台计算机之间的连接正确，则以目标磁盘模式启动的 Mac 计算机会在另一台取证专用 Mac 计算机上显示为磁盘，此时就可以对磁盘数据进行提取和固定。如果目标磁盘启用了文件保险箱加密，系统则会要求取证人员输入密码来解锁并挂载这个磁盘。

要退出目标磁盘模式，需要首先从取证专用 Mac 计算机中退出磁盘，或者直接关闭取证专用 Mac 计算机。然后，按住目标 Mac 计算机上的电源按钮 10s，关机后松开按钮。

5.5 数据的分析

域（Domain）是 macOS 管理所有文件系统资源的方式，它不是体现在某个看得见摸得着的文件或者界面上的。如果说一个企业内部的管理有等级制，那么 macOS 就有"域"制。"域"是 Apple 管理文件系统的机制，传统 UNIX 以及 Linux 系统上很少提到。

在 macOS 中共有 4 个域：用户（User）、本地（Local）、网络（Network）和系统（System），这 4 个域几乎涵盖了 macOS 操作系统的全部内容。

5.5.1 用户域

用户域中包含了一个用户登录到系统后可以支配的文件资源。简单地说，用户域是由用户的主目录来定义的。主目录通常是/Users/下的某个目录，比如用户 Steven，他的主目录很可能是/Users/Steven。当然，这个主目录也可以重新指定到另一个位置，比如另一个分区，或者一个分区上的某个目录，甚至是网络上的某个目录或者移动硬盘上的一个目录。在一些公司或者学校等组织中，通常做法是把全部用户的主目录集中存放在一台服务器上，这样用户就可以在任何一台客户端机器上登录访问自己的主目录下的资源。

用户的主目录下存放了用户的一切信息，比如系统偏好信息、终端的命令历史记录、应用程序配置信息等，还包括由该用户修改和产生的信息。

5.5.2 用户与群组

macOS 中的用户和群组的功能类似于 Windows 操作系统中的用户和工作组，可以联系 Windows 中的知识，再结合 macOS 中的操作来理解本节的内容。

1. 用户账户

用户指人，而账户指 macOS 赋予某用户的系统身份。为了便于理解，假设不存在几个用户共享一个账户登录的情况，这样用户跟账户（指常规登录账户）便一一对应起来，下文提到的账户与用户，如果没有特别标明，那么两者不加区分。

1）root 账户

类似于 UNIX/Linux 下的 root 账户和 Windows 中的 Administrator 账户，macOS 中的 root 账户是系统超级管理员，拥有系统最高权限，如果以 root 身份登录了 macOS，就相当于进入了"超级用户"，这是个万能也因此十分危险的角色。默认情况下，macOS 会将 root 账户禁用。事实上，这里的禁用是将 root 账户的密码设为一个随机值。在这种情况下，可以通过以下步骤启用 root 用户：

（1）进入"系统偏好设置"→"用户与群组"。
（2）单击窗口左下角锁形图标，输入管理员名称和密码。
（3）单击"登录选项"→"加入"→"打开目录实用工具"。
（4）单击窗口左下角锁形图标，输入管理员名称和密码。
（5）选取菜单栏上的"编辑"→"启用 Root 用户"，如图 5-32 所示。
（6）在弹出的窗口中设置 root 账户的密码。

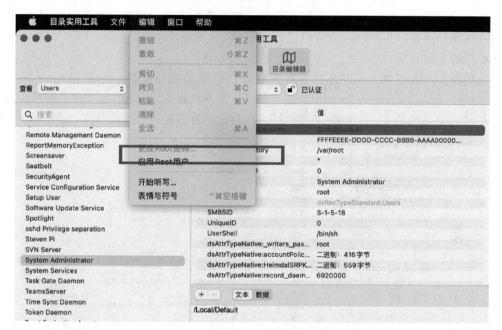

图 5-32　启用 root 账户

2）管理员账户

系统管理员账户是除 root 之外的第一个用户，该账户可以修改系统配置需要中的任意项目、安装应用程序、在系统中添加可以被所有用户共享的任何资源，但不包括关键的系统文件以及其他用户除了 Public 和 Sites 目录中的文件。这里因为管理员账户也不过是被加入了 Admin 用户组的普通用户，用户域要确保用户之间有一定的独立性。在 macOS 中，至少要有一个 Admin 用户组的普通用户，因为 macOS 不鼓励 root 账户来管理系统，普通用户也不能管理系统配置。

3）普通账户

普通账户只能使用全部应用程序的一个子集，并修改与本账户有关的系统设置。但像安全性与隐私、电池、打印机与扫描仪、网络、共享、用户与群组、日期与时间以及启动磁盘这些系统范围的设置，普通用户是无法进行设置的。根据"域"的管理要求，普通用户无法看到或者更改其他普通用户的私有资源。

4）访客账户

访客账户是从 macOS 10.5 开始新增的一类账户类型。类似于 Windows 系统中的 guest 账户，macOS 中的访客账户没有自己的密码，所以任何人都能以访客身份使用 macOS，一旦访客离开了系统，访客的主目录就会被删除。

5) 共享用户

共享用户是macOS中权限最低的一类账户,因为这类用户没有自己的私有空间(主目录)。共享用户一般不能登录系统,因为默认情况下该类账户没有自己的密码,能访问的地方也只有其他账户的公共目录和共享目录(除非管理员来改变这一切)。

6) 系统账户

系统账户是系统针对特定进程进行操作的一类账户,如果用户在另一台计算机上登录Mac设备,那么前提是该Mac设备上一定要有个系统账户在后台默默地维护着对应进程。这些系统账户通常以"_"开头,也有自己的主目录,但主目录不在/Users下面,而是在其他应用程序的安装目录中。

跟传统UNIX不同,macOS把本地所有账户信息集中存储在一个目录/private/var/db/dslocal/nodes/Default/Users中。这个目录就是该机器的"户口中心",每个用户都有一个对应的property list文本文件(后缀名为.plist)记录着该账户的内部信息,仅在root权限下可查看,显示信息如图5-33所示。

Key	Class	Value
> authentication_authority	数组	3 个排序对象
∨ generateduid	数组	1 个排序对象
0	字串	50E55F80-0DB7-4DE8-B716-EE632CA66910
∨ gid	数组	1 个排序对象
0	字串	20
∨ home	数组	1 个排序对象
0	字串	/Users/Steven
∨ inputSources	数组	1 个排序对象
0	字串	<?xml version="1.0" encoding="UTF-8"?>
∨ jpegphoto	数组	1 个排序对象
0	数据	474,172 字节: FFD8FFE0 00104A46 494600…CC4904E3
∨ name	数组	2 个排序对象
0	字串	Steven
1	字串	com.apple.idms.appleid.prd.000343-05-b3527510-c2fd-45
∨ passwd	数组	1 个排序对象
0	字串	********
∨ realname	数组	1 个排序对象
0	字串	Steven Pi
∨ record_daemon_version	数组	1 个排序对象
0	字串	4850000
∨ shell	数组	1 个排序对象
0	字串	/bin/zsh
∨ uid	数组	1 个排序对象
0	字串	501

图 5-33 账户 Plist 文件中的用户信息

2. 群组

组仅仅是用户的一个分类管理列表。把一个或者多个用户逻辑上划分为一个组,可以针对文件和一些系统级的操作形成更为细化且方便的控制机制。例如,一个公司有一个"人力资源部",处于这一部门(逻辑上的组)的员工(个人账户)就可以被赋予查看或处理公司的一些敏感信息(文件或者某些程序)的权限,用于给员工加薪、发放工资或者培训之类的操作。一个员工可以属于多个部门,所以一个账户可以属于多个组。

系统默认下,普通用户被指定为staff组,管理员被指定为admin组和staff组,而root账户则会被指定为wheel组。

需要说明的是,组是可以嵌套的,即可以把一个小组整体作为另一个小组的成员。

5.5.3 主目录

主目录指管理员和普通账户所在的目录,但不包括root、访客、共享和系统账户。用户可以在自己账户下的主目录中建立任意文件和目录。默认情况下,有一些已经存在的子目录(图5-34)。

名称	种类	修改日期
公共	文件夹	2018年11月8日 16:36
图片	文件夹	2020年12月10日 11:17
文稿	文件夹	2020年11月16日 12:01
下载	文件夹	今天 13:16
音乐	文件夹	2020年11月18日 11:20
应用程序	文件夹	2019年10月8日 11:36
影片	文件夹	2020年11月9日 10:35
桌面	文件夹	2020年12月10日 09:36

图 5-34 用户的主目录

1) 应用程序

应用程序(applications)默认安装在macOS系统容器的"应用程序"目录下,用户目录下的应用程序目录默认为空。如果用户选择将第三方应用程序手动安装到"应用程序"目录中,macOS将会自动在该目录找到安装的程序,且该用户独自拥有该程序的使用权。

2) 桌面

传统类UNIX系统基于命令界面,没有"桌面"(Desktop)这个概念,而图形界面的产生使主目录下多了一个文件夹,用来存放用户在图形界面登录后看到的内容。

3) 文稿

文稿(documents)包含用户的个人文档。某些应用程序默认会在该目录创建文件夹存放相关文档。

4) 下载

系统默认会设置一个下载(downloads)目录,用于临时存放下载的文件。例如,通过浏览器下载了一个文件,浏览器默认会把该文件存放在downloads目录中。

5) 资源库

资源库(library)用于存放用户的应用程序以及与该用户相关的其他系统资源,这些资源包括字体、联系人、邮件、屏保等,用户的所有个人信息及对应的资源都存放在这里。

6) 影片

影片(movies)是视频文件的默认存储目录,iTunes、iMovie等程序默认将视频文件存放在该目录下。

7) 音乐

音乐(music)目录用于存放音乐文件,iTunes、网易云音乐等程序默认将音乐文件存放在该目录下。

8) 图片

图片(pictures)目录用于存放图片文件,iTunes、iPhoto等程序默认将图片文件存放在该目录下。

9）公共

公共（public）目录用于存储与其他用户共享的文件，系统默认状态下，这个目录可以被其他用户访问。

既然主目录归用户所有并管理，那么用户确实是可以随意存放文件的，例如把音乐放在图片目录下、把私人视频文件放在公共目录下、把文稿统统放在资源库目录下等，这种做法虽然不是很合理，但这些在 macOS 看来都是"合法"的。所以，在取证过程中关键是要看文件的内容，而不能简单地用目录来归类。

5.5.4 资源库

资源库（library）包含了每一个独立用户专有的系统资源、针对个人爱好的设置和数据，被誉为"取证数据中的金矿"。默认情况下，macOS 中的用户"资源库"文件夹在 macOS 10.7 及以后的版本中处于隐藏状态。

值得注意的是，这里的资源库是用户资源库，与根目录下的资源库不同，后者为系统全局资源库，不能混淆。

1．Containers

Containers 中包含从 macOS 的 App Store 下载的应用程序的支持文件、缓存的数据和临时文件。自 macOS 10.7 开始，App Store 上的应用程序通过沙箱来保护数据。

应用数据存储的传统位置是"～/Library/Application Support/"（其中，"～"代替用户目录），而使用沙箱保护的应用数据会存储在"～/Library/Containers/< Bundle ID >/Data/Library/Application Support/"中，因此，应用数据可能保存在一个或两个目录中，如图 5-35 所示。

图 5-35　用户资源库中 Containers 目录下存储的应用数据

2．Preferences

顾名思义，Preferences 目录存储应用和系统设置的 plist 文件，如图 5-36 所示。类似地，相关 .plist 文件可能存储在"～/Library/Preference/ByHost/"和"～/Library/Containers/< Bundle ID >/Data/Library/Preference/"两个目录中。其中，"～/Library/Preference/ByHost/"目录下存储的 Plist 文件的命名采用了"反向 DNA"格式。

3．Application Support

Application Support 目录是应用存储数据的位置，其中包括系统应用程序和安装的第三方应用程序。

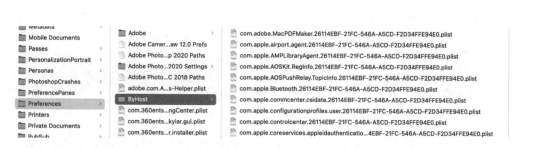

图 5-36　用户资源库中 Preferences 目录下存储的 .Plist 文件

4. Caches

Caches 目录存储着每个应用的缓存数据,大部分缓存文件存储在"～/Library/Caches/<Bundle ID>/fsCachedData/"下,并采用"反向 DNA"格式命名,如图 5-37 所示。

图 5-37　用户资源库中 Caches 目录下存储的缓存数据

5.5.5　钥匙串

钥匙串(keychain)是 Mac 计算机的密码信息管理系统,自 macOS 8.6 开始作为系统自带功能推出并沿用至今。钥匙串相当于一个加密的容器,用以安全地存储 Mac、App、服务器和网站的账户名、密码以及机密信息,如信用卡号或银行账户 PIN 码等。用户访问网站、电子邮件账户、网络服务器或其他受密码保护的任意 App 时,可以选择将账户密码存储在钥匙串中,这样在每次登录时都无须输入密码。同样,在运行 iOS、iPadOS 的移动设备上以及 iCloud 中也支持对应的钥匙串功能。

1. 存储与访问

钥匙串文件存储在～/Library/Keychains/(图 5-38)和/Library/Keychains/(图 5-39)中,访问钥匙串的系统程序是应用程序目录下"实用工具"中的"钥匙串访问",也有一个称为 security 的访问钥匙串的命令行工具。

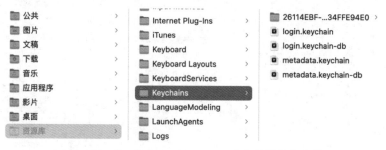

图 5-38　"～/Library/Keychains/"中的钥匙串文件

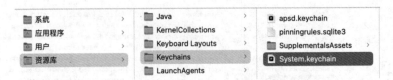

图 5-39　/Library/Keychains/中的钥匙串文件

"钥匙串访问"是一个 macOS 应用程序，它允许用户访问和配置钥匙串的内容，加锁或解锁钥匙串，显示系统存储的密码、证书、密钥和安全备注等操作。"钥匙串访问"的图形用户界面显示了多种类型的钥匙串，通常包括登录、iCloud、系统和系统根证书，如图 5-40 所示。

图 5-40　"实用工具"里的"钥匙串访问"App

在钥匙串访问 App 中双击某一项目行或单击窗口上方的"显示所选项目的简介"快捷按钮，即可查看存储在钥匙串中的信息（选中"显示密码"），如图 5-41 所示。

图 5-41　存储在钥匙串中的密码信息

2. 加锁与解锁

默认钥匙串文件是登录（Login）钥匙串，通常在登录时使用用户口令解锁，但该钥匙串的密码也可以不同于用户口令，通过牺牲部分便利性来提高安全性。钥匙串访问程序不允许为钥匙串设置空密码。

钥匙串可以被设为在计算机闲置一定时间后自动"加锁"，也可以通过钥匙串访问程序手动加锁。如果钥匙串已被加锁，则访问钥匙串需要再次输入密码以解锁。以新文件覆盖~/Library/Keychains/中的文件（如系统恢复）也会导致钥匙串被锁住。

如果登录钥匙串被用户口令所保护，则当用户口令被更改时该钥匙串密码也会随之更改。然而，在共享的 Mac 或非 Mac 局域网中，从非 macOS 更改用户口令，则可能存在两个密码不同步的情形。

5.5.6 系统痕迹

系统痕迹是操作系统运行过程中系统自主产生的使用痕迹。macOS 中通常需要关注的系统痕迹有操作系统信息（如系统版本、时区信息、用户信息、开关机记录、蓝牙连接记录、Wi-Fi 连接记录、USB 连接记录）、系统日志、系统活动记录等。

1. 操作系统信息

macOS 中主要的系统信息存储位置如下。

系统版本：/System/Library/CoreServices/SystemVersion.plist

语言和时区：/Library/Preferences/.GlobalPreferences.plist

系统设置：/Library/Preferences/SystemConfiguration/preferences.plist

最后更新：/Library/Preferences/com.apple.SoftwareUpdate.plist

最后休眠时间：/Library/Preferences/SystemConfigurations/com.apple.PowerManagement.plist

蓝牙记录：/Library/Preferences/com.apple.Bluetooth.plist

键盘设置：/Library/Preferences/com.apple.HIToolbox.plist

打印机设置：/Library/Preferences/org.cups.printers.plist

时间机器：/Library/Preferences/com.apple.TimeMachine.plist

防火墙：/Library/Preferences/com.apple.alf.plist

AirPort：/Library/Preferences/SystemConfigurations/com.apple.airport.preferences.plist

用户信息：/private/var/db/dslocal/nodes/Default/Users/

最后登录的用户：/Library/Preferences/com.apple.loginwindow.plist

MAC 地址：/private/var/log/daily.out

启动项：/Library/LaunchAgents/、/Library/LaunchDaemons/、/System/Library/LaunchAgents/、/System/Library/LaunchDaemons/

隔空投送（AirDrop）：/var/db/uuidtext/

USB 连接记录：/private/var/db/diagnostics/persist/XXXXX.tracev3

2. 系统日志

不同的 macOS 文件系统所对应的系统日志存储路径也各不相同。例如，在 HFS+ 文件系统中日志存储在系统根目录 "/.fseventsd" 文件夹下，而在 APFS 文件系统中，日志则存储在系统根目录 "/private/var/log" 文件夹下。

针对已经普及的 APFS 环境，macOS 的日志目录下较清晰地存储着操作系统日志（system.log）、应用程序日志（install.log）、文件系统日志（fsck_apfs.log）、Wi-Fi 日志（wifi.log）等。其中，应用程序日志记录着程序的安装、更新、卸载等信息，文件系统日志记录着卷的挂载、卸载以及文件和文件夹的创建、修改等信息，如图 5-42 所示。

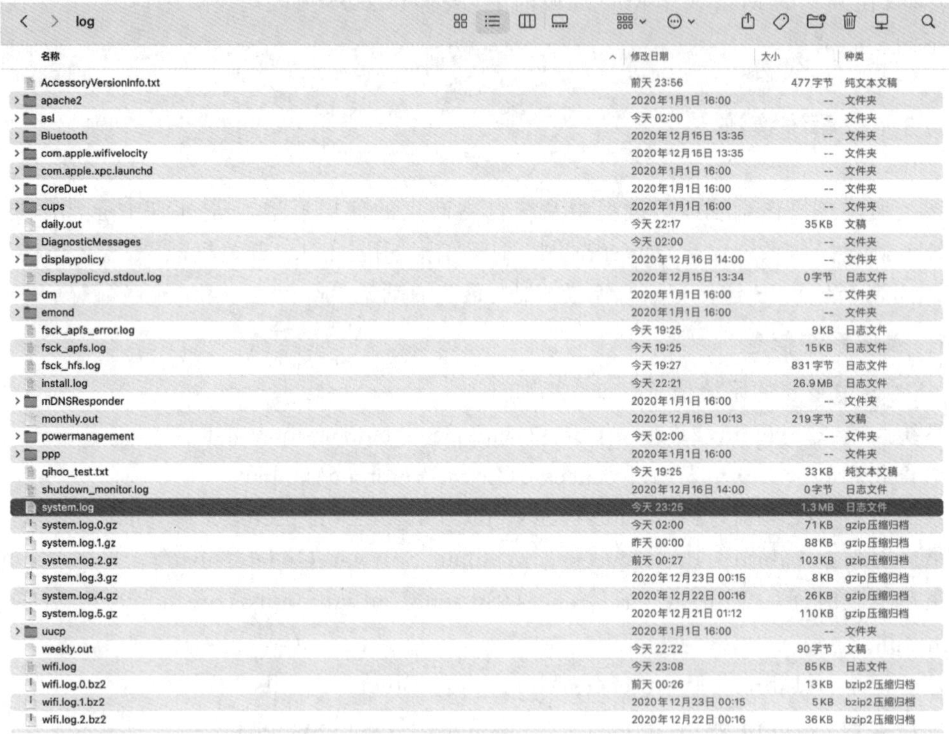

图 5-42　APFS 文件系统环境下的系统日志目录

文件系统日志对于每个苹果取证人员而言都是非常宝贵的证据，它记录着文件系统发生的变化，它被时间机器（Time Machine）和聚焦搜索（Splotlight）等操作系统的多个组件使用。类似 Windows 系统的 NTFS 日志（该日志记录了 NTFS 文件系统的变化，并将数据存储在 UsnJrnl：$J 中），通过解析文件系统日志，可以分析出文件系统曾发生过的事件，如文件、文件夹、符号链接和硬链接的创建、删除、重命名、修改、权限更改等。其中有价值的日志包括：安装和卸载外部驱动器和磁盘镜像、用户配置目录中的活动、文档编辑、互联网活动、移动到回收站的文件、下载的文件等。

macOS 的文件系统结构并没有开源，所以大部分取证工具虽然支持对 macOS 文件系统的读取，但是对于 macOS 文件系统的元数据等底层结构的解析能力却有所欠缺，在必要时，需要借助 macOS 自身的解析能力来解析更多的数据，例如 macOS 自带的 mdls 命令。

mdls 命令可以显示 macOS 里某个文件的元数据，包括详细的时间信息，这对于有些案件的证据分析有很大的帮助。mdls命令使用方式较为简单,输入"mdls <文件所在路径>"即可,如图5-43所示。

```
Steven@Stevens-MacBook-Pro ~ % mdls /Users/Steven/Pictures/personal/IMG_5675.jpg
_kMDItemDisplayNameWithExtensions = "IMG_5675.JPG"
kMDItemAcquisitionMake             = "Canon"
kMDItemAcquisitionModel            = "Canon EOS 700D"
kMDItemAperture                    = 4.625
kMDItemAuthors                     = (
    ""
)
kMDItemBitsPerSample               = 32
kMDItemColorSpace                  = "RGB"
kMDItemContentCreationDate         = 2020-11-02 07:35:42 +0000
kMDItemContentCreationDate_Ranking = 2020-11-02 00:00:00 +0000
kMDItemContentModificationDate     = 2020-11-02 07:35:42 +0000
kMDItemContentModificationDate_Ranking = 2020-11-02 00:00:00 +0000
kMDItemContentType                 = "public.jpeg"
kMDItemContentTypeTree             = (
    "public.jpeg",
    "public.image",
    "public.data",
    "public.item",
    "public.content"
)
kMDItemCopyright                   = ""
kMDItemDateAdded                   = 2020-11-10 08:15:33 +0000
kMDItemDateAdded_Ranking           = 2020-11-10 00:00:00 +0000
kMDItemDisplayName                 = "IMG_5675.JPG"
kMDItemDocumentIdentifier          = 0
kMDItemEXIFVersion                 = "2.3"
kMDItemExposureMode                = 0
kMDItemExposureProgram             = 2
kMDItemExposureTimeSeconds         = 0.01666666666666667
kMDItemFlashOnOff                  = 1
kMDItemFNumber                     = 5
kMDItemFocalLength                 = 50
kMDItemFSContentChangeDate         = 2020-11-10 08:15:26 +0000
kMDItemFSCreationDate              = 2020-11-10 08:15:24 +0000
kMDItemFSCreatorCode               = ""
kMDItemFSFinderFlags               = 0
kMDItemFSHasCustomIcon             = (null)
kMDItemFSInvisible                 = 0
kMDItemFSIsExtensionHidden         = 0
kMDItemFSIsStationery              = (null)
kMDItemFSLabel                     = 0
kMDItemFSName                      = "IMG_5675.JPG"
kMDItemFSNodeCount                 = (null)
kMDItemFSOwnerGroupID              = 20
kMDItemFSOwnerUserID               = 501
kMDItemFSSize                      = 2663068
kMDItemFSTypeCode                  = ""
kMDItemHasAlphaChannel             = 0
kMDItemInterestingDate_Ranking     = 2020-11-02 00:00:00 +0000
kMDItemISOSpeed                    = 400
kMDItemKind                        = "JPEG图像"
```

图5-43 mdls命令的结果

3. 系统活动记录

macOS近年来一直不断更新功能,这些新的功能特性对于取证来说,有的带来了困难,有的则带来了更多的机会。

1) KnowledgeC.db

KnowledgeC.db是一个记录了苹果计算机大量活动的SQLite数据库,包括应用程序活动、设备插入焦点、Safari历史记录、屏幕背光状态等。这些记录可以间接地反映用户使用操作系统时留下的行为痕迹。该文件存储于"/private/var/db/CoreDuet/Knowledge/"下,如图5-44所示。

2) 已隔离文件

已隔离文件(quarantined files)记录了使用苹果计算机从互联网下载文件的相关信息,包括日期、时间和文件下载位置。该文件位于"~/library/Preferences/com.apple.

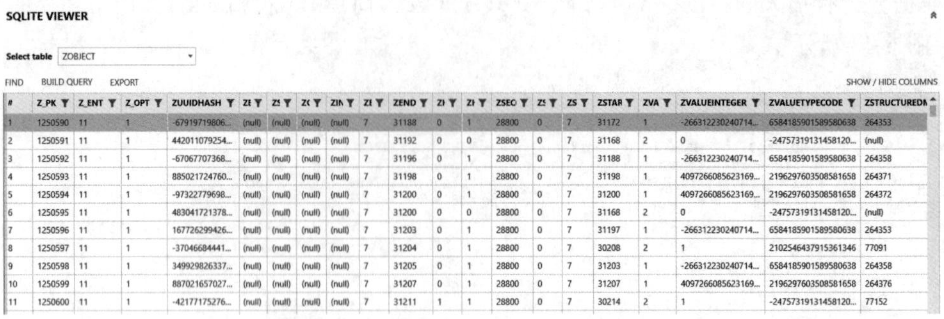

图5-44 查看knowledgeC.db的内容

LaunchServices.QuarantineEvensV2/"下，当需要打开这些文件时，系统会提示这些文件是从互联网下载的，需要进行安全性确认。

3) Diagnostics

Diagnostics位于/var/db/diagnostics/，是macOS的诊断报告，其中记录了系统、应用程序和用户的操作行为，在系统诊断和使用信息中可以看到大量的行为记录。

5.5.7 用户痕迹

用户痕迹是操作系统运行过程中由用户操作产生的使用痕迹。macOS中通常关注的用户痕迹有系统功能的使用痕迹（如通讯录、回收站记录、命令历史、程序状态、最近打开的项目、打印记录等）、浏览器记录、邮件记录、即时通信记录等。

1. 系统功能使用痕迹

1) 通讯录

通讯录是macOS自带的应用程序，其主要数据存储在～/Library/Application Support/AddressBook/AddressBook-v22.abcddb文件中，该文件为SQLite格式。通讯录中的联系人信息分散地存储在～/Library/Application Support/AddressBook/Sources/<string>/目录中，其中Metadata文件夹中包含联系人明细信息，文件扩展名为.abcdp，这些文件是Plist格式，可以直接用PlistEdit Pro打开查看。Images文件夹包含的图片是与联系人相关的头像图片，实际为.jpg格式，可以直接预览查看，如图5-45所示。

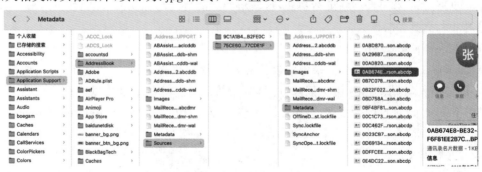

图5-45 联系人信息的存储路径

2）聚焦搜索记录

聚焦搜索（Spotlight）是 macOS 10.4 开始推出的快速搜寻引擎。Spotlight 使用 Metadata 搜索引擎，可以广泛查找任何位于计算机中的项目，包含文件、图片、音乐、应用程序等，还可以搜索到文档中指定的文字内容。Spotlight 历史记录存储在 ~/Library/Preferences/com.apple.Spotlight.plist 中。

3）用户行为痕迹

在用户对应账户目录中隐藏着如下一些重要的行为信息。

（1）终端输入的历史命令：~/.bash_history、~/bash_sessions、~/.zsh_history、~/.zsh_sessions。

（2）默认打印机：~/.cups/lpoptions。

（3）默认文本编码和区域语言设置：.CFUserTextEncoding。

（4）回收站记录：~/.Trash。

回收站（.Trash）是一个隐藏文件夹，包含所有删除的文件，通常位于用户目录，.Trashes 目录也存在其他的外部存储介质中，如移动硬盘。回收站位于程序坞的最右方（或最下方），删除文件会被放入其中，除非用户主动清空，否则这些文件会一直存在里面。

位于回收站中的文件无法预览，也无法使用，如需要预览和使用必须移出到另一个位置。从 macOS 10.6 开始的回收站都具备了"放回原处"功能。这个过程其实并不是"恢复"，只需把文件从回收站里拖到桌面或者其他目录即可。

4）程序痕迹

用户对应用程序进行设置或启动运行时，会产生很多程序痕迹数据，主要信息包括：

（1）程序坞记录。程序坞记录用于记录当前用户放置在程序坞上的应用程序信息，具体存储在 ~/Library/Preferences/com.apple.dock.plist 文件中。其中，persistent-apps 字段对应程序坞上的常驻应用程序，如图 5-46 所示；recent-apps 字段对应最近打开的应用程序，如图 5-47 所示。

Key	Class	Value
∨ persistent-apps	数组	34 个排序对象
> 0	字典	3 对键/值
> 1	字典	3 对键/值
> 2	字典	3 对键/值
> 3	字典	3 对键/值
> 4	字典	3 对键/值
∨ 5	字典	3 对键/值
GUID	数字	784128663
∨ tile-data	字典	8 对键/值
book	数据	572 字节: 626F...000 00000000
bundle-identifier	字串	com.apple.mail
dock-extra	布尔值	否
> file-data	字典	2 对键/值
file-label	字串	邮件
file-mod-date	数字	3660710400
file-type	数字	41
parent-mod-date	数字	3660710400

图 5-46　persistent-apps 字段对应程序坞上的常驻应用程序

（2）保存的程序状态。应用程序窗口在启动运行时产生的状态记录存储在 ~/Library/Saved Application State/ 目录下，分布于程序各自目录中，实际上大部分应用程序目录在此处仅仅是替身（类似于 Windows 的快捷方式），真正的文件位于 ~/Library/Containers/

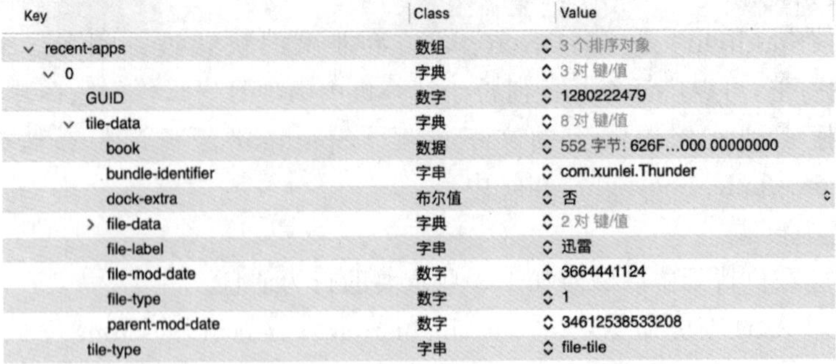

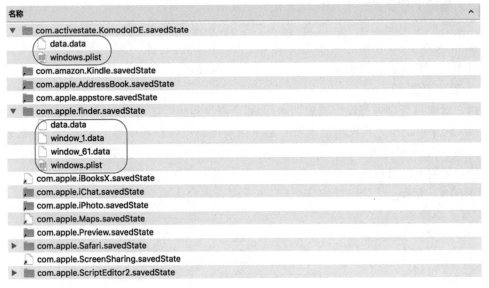

图 5-47　recent-apps 字段对应最近打开的应用程序

＜Bundle ID＞/Data/Library/Saved Application State/目录中，主要包含 windows.plist、data.data 和 window_♯.data（该文件在部分目录中可能没有，"♯"代表数字（下同），从 1 开始计数），如图 5-48 所示。其中，windows.plist 文件存储着应用程序窗口信息，如 Microsoft Word 中打开的文档名称、最近打开的文件名称、Safari 浏览的网页等，如图 5-49 所示。

图 5-48　应用程序状态信息

（3）开机时重新运行的程序。macOS 关机时，会记录下当前正处于打开状态的应用程序窗口，并弹出关机确认窗口，其中包含选项"再次登录时重新打开窗口"，如勾选确认，则下次开机时自动打开上述未关闭的应用程序，如图 5-50 所示。记录这些开机时需要重新运行的程序的信息存储在～/Library/Preferences/ByHost/com.apple.loginwindow.＊.plist 文件中，其中＊代替反向 DNA 字符串。

5）最近使用痕迹

如图 5-51 所示，macOS 中包含大量最近使用痕迹，主要信息及存储位置如下。

（1）最近使用的项目：～/Library/ApplicationSupport/com.apple.sharedfilelist。

（2）最近使用的程序：com.apple.LSSharedFileList.RecentApplications.sfl。

（3）最近使用的文稿：com.apple.LSSharedFileList.RecentDocuments.sfl。

Key	Class	Value
∨ NSDockMenu	数组	3 个排序对象
∨ 0	字典	5 对 键/值
command	数字	1
mark	数字	2
name	字串	chap5-macOS取证技术.docx
system-icon	数字	1735879022
tag	数字	191
> 1	字典	1 对 键/值
∨ 2	字典	3 对 键/值
indent	数字	0
name	字串	打开最近的文件
∨ sub	数组	12 个排序对象
> 0	字典	4 对 键/值
∨ 1	字典	4 对 键/值
command	数字	2
indent	数字	0
name	字串	盘古石手机取证分析系统使用说明_V6.2.docx
tag	数字	1

图 5-49　Windows.plist 中的应用程序窗口信息

Key	Class	Value
∨ TALAppsToRelaunchAtLogin	数组	8 个排序对象
> 0	字典	4 对 键/值
∨ 1	字典	4 对 键/值
BackgroundState	数字	2
BundleID	字串	com.microsoft.word
Hide	布尔值	否
Path	字串	/Applications/Microsoft Word.app
> 2	字典	4 对 键/值
∨ 3	字典	5 对 键/值
BackgroundState	数字	2
BundleID	字串	com.microsoft.powerpoint
Hide	布尔值	否
Path	字串	/Applications/Microsoft PowerPoint.app
∨ 4	字典	4 对 键/值
BackgroundState	数字	3
BundleID	字串	com.tencent.xinwechat
Hide	布尔值	否
Path	字串	/Applications/WeChat.app

图 5-50　开机时重新运行的应用程序信息

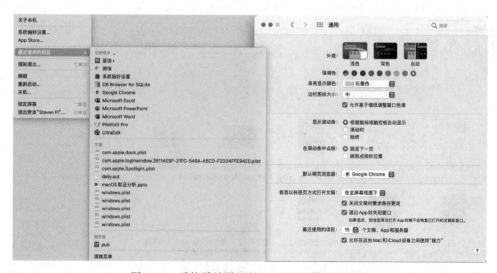

图 5-51　系统默认设置的 10 个最近使用的项目

（4）最近访问过的服务器：com.apple.LSSharedFileList.RecentHosts.sfl 和 com.apple.LSSharedFileList.RecentServers.sfl。

（5）每个程序的最近使用记录：com.apple.LSSharedFileList.ApplicationRecentDocuments。

（6）访问最近使用的文件夹：~/Library/Preferences/com.apple.finder.plist。

2. 打印记录

与 Windows 一样，用户在连接打印机执行打印任务时，会留下大量打印痕迹，如图 5-52 所示。主要信息及存储位置如下。

（1）最近使用的打印机：~/Library/Preferences/org.cups.PrintingPrefs.plist。

（2）打印日志：/var/log/cups/。

（3）打印 job control 文件：/private/var/spool/cups/（只在打印过程中出现 PDF 文件）。

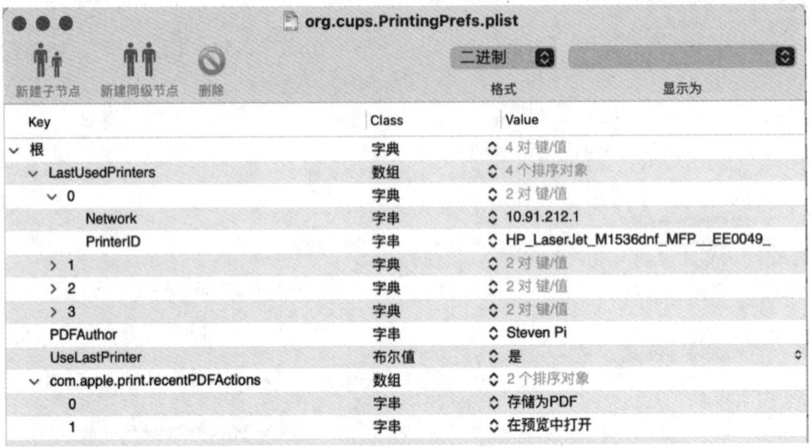

图 5-52　最近使用的打印机信息

3. 浏览器记录

Safari 是 macOS 自带的浏览器程序，绝大多数核心数据以 Plist 文件存储，自 V3 版本开始引入了 SQLite 格式，开创了一种全新的缓存方式。大部分 Safari 的数据存储在以下 4 个地方：~/Library/Safari/、~/Library/Caches/com.apple.Safari/、~/Library/Caches/Metadata/ 和 ~/Library/Preferences/。Safari 中的缓存页面如图 5-53 所示。

图 5-53　Safari 中缓存的页面

重点痕迹具体分布如下。

(1) 浏览器配置：~/Library/Preferences/com.apple.Safari.plist。

(2) 下载历史：~/Library/Safari/Downloads.plist。

(3) 访问历史：~/Library/Safari/History.db(History_items 存放 URL 和访问次数，History_visits 保存时间和网页的标题)。

(4) 隐私浏览记录：~/Library/Preferences/com.apple.Safari.SafeBrowsing.plist。

(5) 上次打开的窗口：~/Library/Safari/LastSession.plist。

(6) 书签：~/Library/Safari/Bookmarks.plist。

(7) 缓存：~/Library/Caches/com.apple.Safari/Cache.db。

(8) 缓存的页面：~/Library/Caches/com.apple.Safari/Webpage Previews/。

(9) Cookies：~/Library/Cookies。

(10) 最常浏览的网站：TopSites.plist(Safari V4~V6 使用 coverflow 窗口显示用户最常访问(最近访问))的网址，其中包括最后修改的日期、网站 URL 和网站标题。

4. 邮件记录

用户在使用系统邮件客户端时产生的数据存储在"~/Library/Mail/V"中，目前最新版本为 V8，因此实际存储位置为~/Library/Mail/V8，如图 5-54 所示。V8 目录下，Maildata/Signatures/记录了邮件客户端中添加的邮件账户及其签名信息，主要分布在 AccountsMap.plist 和 AllSignatures.plist 文件中。V8 下存储的两个名称较长的目录即 AccountsMap.plist 中对应的账户，账户目录下包含发件箱、收件箱、垃圾邮件、草稿、已发送邮件、已删除邮件等重要数据。

图 5-54　邮件数据目录

如图 5-54 右侧内容所示，邮件的核心数据均存储在这些以.mbox 结尾的目录中。以收件箱.mbox 为例，Data 目录中每个数字子目录代表一个组(macOS 邮件客户端的智能邮箱分组)，每个组中均有 Attachments 和 Messages 两个目录，分别存储邮件附件(支持直接打开查看)和邮件文件(即.emlx 文件，默认通过邮件客户端程序打开，支持文本方式查看邮件头信息)，如图 5-55 所示。

5. 即时通信记录

目前，即时通信是互联网的主要应用功能，大家几乎离不开微信、QQ 等即时通信工具，

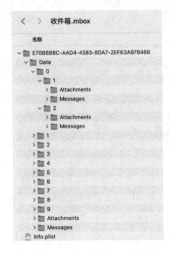

图 5-55　收件箱数据

这些工具产生的痕迹信息对于取证工作来说是非常宝贵的。

1) iMessage

iMessage 是苹果公司推出的即时通信软件,可以发送短信、视频等,拥有非常高的安全性。iMessage 虽然与短信/彩信共同使用系统自带的"消息"应用进行数据展现,但实际上用户仅需要通过 Wi-Fi 或蜂窝数据网络进行通信,依托同一个 Apple ID,短信可以在 iPhone、iPad 和 Mac 之间实现同步推送。

iMessage 的消息记录存储在 ~/Library/Messages/chat.db 文件中,彩信附带的多媒体附件(如图片、视频等)则存储在 ~/Library/Messages/Attachments/目录中。

2) 微信

微信是腾讯公司推出的一款综合社交工具,广受用户欢迎。相比其他平台,Mac 版微信虽然用户基数不大,但作为与手机微信交互的重要数据源,往往在案件侦破中发挥着意想不到的作用。

微信的用户数据存储在 "~/Library/Containers/com.tencent.xinWeChat/Data/Library/Application Support/com.tencent.xinWeChat/<版本号>/<MD5 字符串>/" 目录下,其中的关键信息包括:

(1) 账户信息:/Account/userinfo.data。

(2) 好友请求:/Account/friendRequest.data。

(3) 联系人消息记录:/Contact/wccontact_new2.db。

(4) 群组消息记录:/Group/group_new.db。

(5) 所有消息记录:/Message/msg_#.db。

(6) 消息中的多媒体文件缓存:/Message/MessageTemp/。

(7) 撤回的消息:RevokeMsg/revokemsg.db。

(8) 头像缓存:/Avatar(包括群组图标和群组内非好友用户的头像缓存)。

(9) 同步的聊天:/ChatSync/ChatSync.db。

(10) 收藏列表:/Favorite/favorites.db。

(11) 收藏缓存:/Favorite/data/。

(12) 语音通话记录：/voip/。

当然，微信出于安全性保护，上述关键信息中绝大部分 .db 格式的 SQLite 数据库都处于加密状态，解密密钥并不在计算机本地离线存储，且加密方式与手机微信截然不同，暴力破解的可行性微乎其微。因此需要在联网状态下借助常规登录方式（账号密码、手机验证等）登录后进行取证。

3）QQ

QQ 的数据分布相比微信更加简单，主要的用户数据存储在"~/Library/Containers/com.tencent.qq/Data/Library/Application Support/QQ/< QQ 号 >/"目录下，与 Windows 版类似，消息记录也存储在 msg3.0.db 文件中，附件存储于并行目录中，如 image 存储图片、video 存储视频等。

4）其他应用数据

（1）百度网盘：~/Library/Preferences/com.baidu.BaiduNetdisk-mac.plist

~/Library/Application Support/com.baidu.BaiduNetdisk-mac/<字符串>/file.db

（2）迅雷：~/Library/Preferences/com.xunlei.Thunder.plist

（3）印象笔记：~/Library/Containers/com.evernote.Evernote/Data/Library/Application Support/com.evernote.Evernote/accounts/app.yinxiang.com/< ID >/localNoteStore/LocalNoteStore.sqlite

5）iTunes 备份

通常情况下 Mac 计算机用户同时使用 iPhone 的概率很高，因此其中很有可能存储着机主的 iPhone 手机的备份数据。iPhone 在 macOS 中默认存储在 ~/Library/Application Support/MobileSync/Backup/ 目录中。

5.5.8 时间机器

时间机器（Time Machine）是 Mac 的内置备份功能。如图 5-56 所示，Time Machine 可

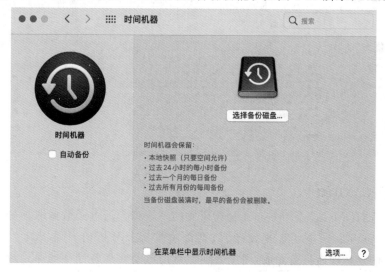

图 5-56 系统偏好设置中的"时间机器"

以对用户的所有文件进行自动备份，包括应用、音乐、照片、电子邮件、文稿和系统文件。如果能获取到备份，即便原始文件被永久性删除或者磁盘被抹掉或更换，取证人员还有机会从备份中恢复相关数据。

通常获取时间机器的数据需要找到备份数据时的存储介质，存储介质的查找可以通过查看 Mac 计算机的备份记录寻找线索，找到备份的存储介质直接加载分析即可。当然，备份是支持加密的，如果找到的备份数据被加密，则先解密再分析。

5.5.9 常用工具

通过本节前面内容的介绍，重点对用户主目录、钥匙串、系统痕迹和用户痕迹等内容进行了梳理，读者对 macOS 中关键信息的存储位置已经逐渐掌握，结合前文介绍的 SQLite 文件和 Plist 文件的查看方法和工具，可以尝试手工分析。当然，由于系统和用户数据的存储分散且信息琐碎，手工分析工作量较大且容易出错，为了提高分析效率和结果精确度，国内外的专业取证分析软件已经针对 macOS 数据分析实现了自动化，下面主要介绍 3 款常用的数据分析工具。

1．SafeAnalyzer

盘古石计算机取证分析系统（SafeAnalyzer）是奇安信集团自主研发的计算机综合取证分析工具，也是国内首款计算机取证分析工具（2007 年发布）。支持 Windows、Linux、macOS 三大系统，集快速提取、恢复、挖掘、分析、搜索、过滤、校验和报告等功能于一体，其操作界面如图 5-57 所示。

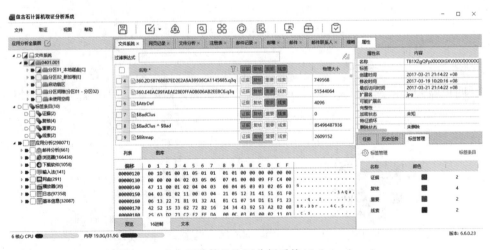

图 5-57　盘古石计算机取证分析系统（SafeAnalyzer）

2．Magnet AXIOM

Magnet AXIOM 是美国 Magnet 公司研发的一款综合的电子数据取证分析工具，也是全球知名的一款互联网电子证据发现、数据深度挖掘及分析的专业工具。AXIOM 基于 Magnet IEF 的分析功能打造而成，通过处理磁盘镜像及文件转储中的原始数据，提取使用痕迹的相关数据，将数字证据的搜索过程自动化。目前 Magnet AXIOM 可以对计算机、手机、云端数据三种数据源进行提取分析，其操作界面如图 5-58 所示。

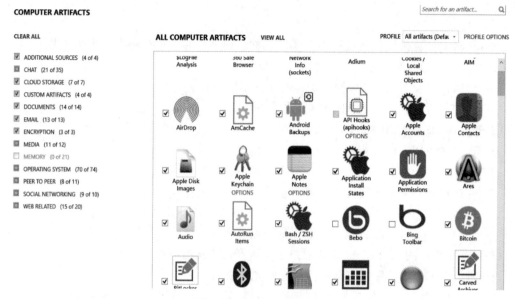

图 5-58　Magnet AXIOM

3. BlackBag Blacklight

Blacklight 是美国 BlackBag 公司（已被 Cellebrite 公司收购）研发的系列工具中针对 macOS 数据分析的专用工具，针对系统痕迹及用户痕迹的分析效果广受国内外使用者的好评，其操作界面如图 5-59 所示。

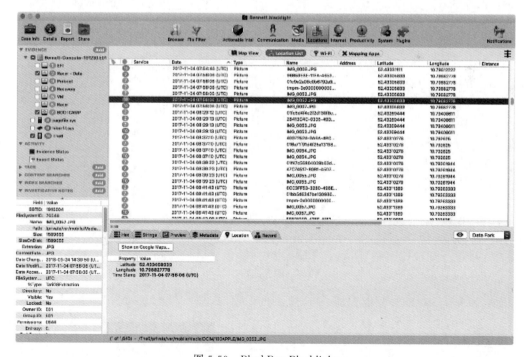

图 5-59　BlackBag Blacklight

习题

5-1　Mac 计算机操作系统更换过哪些名称？列举出具有里程碑意义的版本号。

5-2　Apple T2 安全芯片给取证带来了哪些困难？

5-3　Mac 键盘与通用 PC 键盘按键有哪些不同？有无替代键？

5-4　如何启动 macOS 的单用户模式？该模式对于取证有何意义？

5-5　macOS 中常用的时间格式有哪些？

5-6　解释 APFS 中的容器、宗卷、分区的概念。

5-7　HFS、HFS+ 和 APFS 文件系统有哪些区别？

5-8　文件保险箱的解密方式有哪些？

5-9　macOS 中的应用数据文件有哪些常见格式？各有什么特点？如何查看？

5-10　针对 macOS 取证前的准备工作有哪些？

5-11　目前可用于破解 macOS 用户登录口令的方法有哪些？

5-12　macOS 的易失性数据包括哪些？如何获取？

5-13　什么情况下采用拆机方式获取 Mac 数据？什么情况下采用不拆机方式？

5-14　目标磁盘模式对于电子数据取证有何意义？

5-15　macOS 中有哪几种账户？分别有什么特点？

5-16　用户主目录中存储了哪些主要数据？

5-17　钥匙串对于取证的意义有哪些？

5-18　时间机器是什么？如何获取其中的电子数据？

第6章

UNIX/Linux操作系统取证技术

目前,UNIX 操作系统以不同的版本类型在服务器领域广泛使用,而 Linux 大量应用于服务器操作系统外,许多用户的桌面操作系统也开始使用 Linux。与 Windows 操作系统相比,UNIX/Linux 在系统设计及管理模式等方面都截然不同;Linux 和 macOS 都是类 UNIX 操作系统,都支持 UNIX 命令。为此,鉴于不同的操作系统之间存在的关系,本章将在 Windows 和 macOS 操作系统取证的基础上,介绍 UNIX/Linux 操作系统取证的相关知识。

6.1 操作系统发展简介

操作系统是计算机系统中最为关键的一层系统软件。按照《中国计算机科学技术百科全书》的定义:操作系统是管理硬件资源、控制程序运行、改善人机界面和为应用软件提供支持的一种系统软件。简言之,操作系统的主要功能是:向下管理资源(包括存储、外设和计算等资源),向上为用户和应用程序提供公共服务。

6.1.1 单机应用时代的操作系统

1956 年出现了历史上第一个实际可用的操作系统 GM-NAA I/O,主要是为了弥补处理器速度和 I/O 之间的差异,提供批处理的功能来提高系统效率。公认的第一个现代操作系统是从 20 世纪 70 年代开始得到广泛应用的 UNIX 系统。UNIX 是第一个采用与机器无关语言(C 语言)来编写的操作系统,从而可以支持更好的可移植性。采用高级语言来编写操作系统具有革命性的意义,不仅极大地提高了操作系统的可移植性,还促进了 UNIX 和类 UNIX 系统的广泛使用。

从 20 世纪 80 年代开始,以 IBM PC 为代表的个人计算机(personal computer,PC)开始流行,开启了个人计算时代。PC 上的典型操作系统包括苹果公司的 macOS 系列,Microsoft 公司的 DOS/Windows 系列,以及从 UNIX 系统中衍生出来的 Linux 操作系统。PC 时代的操作系统主要面向个人用户的易用性和通用性需求,一方面提供现代的图形用户界面(graphical user interface,GUI),可以很好地支持鼠标等新的人机交互设备;另一方面提供丰富的硬件驱动程序,从而使用户可以在不同计算机上都使用相同的操作系统。

6.1.2 网络时代的操作系统

进入21世纪之后,在个人计算机普及的同时,出现了以智能手机为代表的新一代的移动计算设备,从黑莓(BlackBerry)到iPhone,再到Google Android手机的广泛流行,智能手机已经成为最广泛使用的计算设备。在智能手机上运行的这一类操作系统从核心技术上并无实质性变化,主要是着眼于易用性和低功耗等移动设备的特点,对传统操作系统(例如Linux)进行了相应的裁剪,并开发了新的人机交互方式与图形用户界面。

近年来,绝大多数计算机采用的处理器已经从单核处理器发展为双核、四核甚至更多核的处理器,然而,目前的多核处理器上采用的操作系统依然是基于多线程的传统操作系统架构,很难充分利用多核处理器的处理能力。为了更好地提高多核处理器的执行效率,研究人员已经在尝试专门针对多核处理器开发多核操作系统的原型,但目前均还未得到广泛的推广和应用。

总的来看,单机操作系统发展的主要目的是更好地发挥计算机硬件的效率,以及满足不同的应用环境与用户需求。在UNIX系统出现之后,单机操作系统的结构和核心功能都基本上定型,在此之后的发展主要是为了适应不同的应用环境与用户需求而推出的新型用户界面与应用模式,以及在不同应用领域的操作系统功能的裁剪。

进入网络时代之后,在单机操作系统的发展主线之外,操作系统发展的另一个方向主要是扩展操作系统的能力为网络提供支持。操作系统上的网络支持能力大致可以分为两个层次:一个层次是随着局域网、广域网以及Internet的逐步普及,通过扩展操作系统的功能来支持网络化的环境,主要提供网络访问和网络化资源管理的能力;另一个层次是在操作系统和应用程序之间出现了新的一层系统软件——中间件(middleware),用以提供通用的网络相关功能,支撑以网络为平台的网络应用软件的运行和开发。

20世纪90年代还出现了"网络操作系统"(networking operating system)的概念,例如Novell Netware、Artisoft LANtastic等系统。严格来讲,这一类网络操作系统只是在原来单机操作系统之上添加了对网络协议的支持,从而使得原本独立的计算机可以通过网络协议来访问局域网或广域网上的资源,这样的操作系统并不是现代意义上的网络化操作系统。

随着过去20年互联网的快速发展,操作系统面向的计算平台正在从单机平台和局域网平台向互联网平台转移。操作系统不仅需要提供网络支持能力,更重要的是,需要解决如何管理互联网平台上庞大的计算资源和数据资源,如何更好地利用分布式的计算能力等诸多问题。在互联网时代,随着单机操作系统的核心功能基本定型,网络化逐渐成为主流。

近年来,面向不同的互联网计算与应用模式,国内外都提出了许多面向云计算和数据中心的云操作系统。一般来讲,云操作系统指架构于服务器、存储、网络等基础硬件资源和单机操作系统、中间件、数据库等基础软件之上的、管理海量的基础硬件、软件资源的云平台综合管理系统。云操作系统管理的对象包括虚拟机的创建、执行和维护,虚拟服务器和虚拟基础设施,以及后台的软硬件资源。

除此之外，随着移动互联网和物联网的发展，近年来还出现了面向不同领域的操作系统的概念和实现，包括物联网操作系统、机器人操作系统、企业操作系统、城市操作系统、家庭操作系统等。究其本质，这些操作系统都是面向新型互联网应用而构建的支持这些应用的开发和运行的网络化操作系统。

6.2　UNIX/Linux 操作系统取证概述

UNIX 诞生于 20 世纪 60 年代末，而 Linux 诞生于 20 世纪 90 年代初，两者之间有很多共通之处。从操作层面来讲，当熟练掌握了 Linux 后，再学习使用 UNIX 会较为容易。目前，两者的主要区别是：UNIX 系统大多是与硬件配套的，大多数 UNIX 系统（如 AIX、HP-UX 等）是无法安装在 x86 服务器和个人计算机上的，而 Linux 则可以运行在多种硬件平台上；UNIX 是商业软件，而 Linux 是开源软件。考虑到具体应用，本章内容主要以 Linux 操作系统为主进行介绍。

6.2.1　UNIX 操作系统简介

UNIX 操作系统是一个强大的多用户、多任务操作系统，支持多种处理器架构，按照操作系统的分类，属于分时操作系统，最早由 Ken Thompson、Dennis Richie 等于 1969 年在 AT&T 贝尔实验室开发。20 世纪 70 年代，由于当时的 UNIX 拥有者 AT&T 公司以低价甚至免费将 UNIX 源码授权给学术机构做研究或者教学之用，所以 UNIX 当时在学术机构和大型企业得以广泛使用。许多机构在 UNIX 源码基础上加以扩充和改进，形成了所谓的"UNIX 变种"，这些变种反过来促进了 UNIX 的发展，其中最著名的变种是加州大学伯克利分校开发的 BSD（Berkeley software distribution，伯克利软件套件）系列。

BSD 在 UNIX 的历史发展中具有相当大的影响力，是很多商业 UNIX 的基础。从 4.4 BSD Lite 开始，伯克利分校将来自 AT&T 的代码完全删除，从此这个版本不再存在法律问题，4.4 BSD Lite 成为现代 BSD 的基础版本。在 BSD 的基础上后来衍生出许多非商业版的 UNIX 系统，主要包括 3 个主要的分支：FreeBSD、OpenBSD 和 NetBSD。

此后的几十年中，UNIX 仍在不断发展，其版权所有者不断变更，授权者数量也在变化。许多大公司获得了 UNIX 的授权之后，开发了自己的 UNIX 产品。现在主要有以下几种 UNIX 版本：

（1）AIX。AIX（advanced interactive executive）是 IBM 公司基于 AT&T UNIX System V 开发的一套类 UNIX 操作系统，运行在 IBM 专有的 Power 系列芯片设计的小型机硬件系统之上。

（2）FreeBSD。FreeBSD 是由 BSD、386BSD 和 4.4BSD 发展而来的 UNIX 的一个重要分支，为不同架构的计算机系统提供了不同程度的支持。FreeBSD 支持 amd64（x86-64）、x86（i386）、ARM、AArch64、IA-64、PowerPC、PC-98、SPARC 等架构。

（3）NetBSD。NetBSD 是从加州大学伯克利分校的 4.3BSD 及 386BSD 的基础上发展而来。NetBSD 是免费的、具有高度移植性的 UNIX-like 操作系统，是现行可移植平台较多的操作系统，可以在许多平台上执行，包括手持式设备和嵌入式设备。

(4) OpenBSD。OpenBSD 是一个多平台、基于 4.4BSD 的类 UNIX 操作系统,是 BSD 衍生出的 3 种免费操作系统(另外两种是 NetBSD 和 FreeBSD)之一。安全性是 OpenBSD 操作系统的一大优势。

(5) HP-UX。HP-UX(hewlett packard UNIX)是基于 System V 的一个 UNIX 变种,是惠普 9000 系列服务器的操作系统,可以在 HP 的 PA-RISC 处理器、Intel 的 Itanium 处理器的计算机上运行。

(6) SCO UNIXWare。SCO 是 UNIX System V 源代码的所有者。UNIXWare 是一个功能较为强大和完善的 PC UNIX。

(7) OpenSolaris。Solaris 是 Sun Microsystems 研发的计算机操作系统,是 UNIX 操作系统的一个衍生版本。2005 年 6 月 14 日,Sun 公司将正在开发中的 Solaris 11 的源代码以及 CDDL(common development and distribution license,通用开发与发行许可证)许可开放,这一开放版本便是 OpenSolaris。

UNIX 因其具有安全可靠、高效强大的特点,在服务器领域得到广泛应用。直到 GNU/Linux 流行开始前,UNIX 还是科学计算、大型机、超级计算机等所用的主流操作系统。即使现在,UNIX 仍然被应用于一些对稳定性要求较高的数据中心。

6.2.2 Linux 操作系统简介

Linux 是一种自由和开放源代码的类 UNIX 操作系统。该操作系统的内核由 Linus Torvalds 在 1991 年 10 月 5 日首次发布,再加上用户空间的应用程序之后,成为 Linux 操作系统。

1. Linux 操作系统的特点

Linux 最初是作为支持英特尔 x86 架构个人计算机的一个自由操作系统。目前 Linux 已经被移植到更多的计算机硬件平台,Linux 可以运行在服务器和其他大型平台之上,如大型主机和超级计算机。Linux 也广泛应用在嵌入式系统上,如手机、平板电脑、路由器、数字电视和电子游戏机等。在移动设备上广泛使用的 Android 操作系统就是在 Linux 内核之上创建的。

基于 Linux 的系统是一个模块化的类 UNIX 操作系统。Linux 操作系统的大部分设计思想来源于 20 世纪七八十年代 UNIX 操作系统所建立的基本设计思想。Linux 系统使用宏内核,由 Linux 内核负责处理进程控制、网络,以及外围设备和文件系统的访问。在系统运行时,设备驱动程序要么与内核直接整合,要么以加载模块形式添加。

Linux 具有设备独立性,内核具有高度适应能力,从而给系统提供了更高级的功能。GNU 用户界面组件是大多数 Linux 操作系统的重要组成部分,提供常用的 C 函数库、Shell 以及许多常见的 UNIX 实用工具,可以完成许多基本的操作系统任务。大多数 Linux 系统使用的图形用户界面建立在 X 窗口(X Window)系统之上,由 X 窗口系统通过软件工具及架构协议来建立操作系统所用的图形用户界面。

通常情况下,Linux 被打包成供个人计算机和服务器使用的 Linux 发行版,一些主流 Linux 发行版,包括 Debian(及其衍生版本 Ubuntu、Linux Mint)、Fedora(及其相关版本 Red Hat Enterprise Linux、CentOS)和 openSUSE 等。Linux 发行版包含 Linux 内核以及

支撑内核的实用程序和库,通常还带有大量满足各类需求的应用程序。个人计算机使用的 Linux 发行版通常包含 X Window 和一个相应的桌面环境,如 GNOME 或 KDE,以及桌面 Linux 操作系统常用的应用程序,包括 Firefox 网页浏览器、LibreOffice 办公软件、GIMP 图像处理工具等。

Linux 操作系统包含如下组件:

(1)启动程序。Linux 的启动程序为 GRUB 或 LILO,该程序在计算机开机启动时运行,并将 Linux 内核加载到内存中。

(2)init 程序。init 是由 Linux 内核创建的第一个进程,称为根进程,所有的系统进程都是它的子进程,即所有的进程都是通过 init 启动。init 启动的进程如系统服务和登录提示(图形或终端模式的选择)。

(3)软件库包含代码。软件库包含代码可以通过运行的进程在 Linux 系统上使用 ELF 格式来执行文件,负责管理库使用的动态链接器是"ld-linux.so"。Linux 系统上最常用的软件库是 GNU C 库。

(4)用户界面程序。Linux 的用户界面程序主要有命令行 Shell 或窗口环境。

2. Linux 发行版

讲到 Linux 的分类,首先要说到"发行版"的概念。Linux 发行版(Linux distribution)也称为 GNU/Linux 发行版,是预先整合好 Linux 操作系统及各种应用软件。一般使用者不需要重新编译,在直接安装之后,只需要小幅更改设定就可以使用,通常以软件包管理系统来进行应用软件的管理。Linux 发行版通常包含桌面环境、办公套件、媒体播放器、数据库等应用软件。这些操作系统通常由 Linux 内核、来自 GNU 计划的大量函式库和基于 X Window 的图形界面组成。有些发行版考虑到容量大小没有预装 X Window,而使用更加轻量级的软件,如 BusyBox、musl 或 uClibc-ng。现在有超过 300 个 Linux 发行版,这些发行版可以分为商业发行版和社区发行版两类,前者有 Ubuntu(Canonical 公司)、Red Hat Enterprise Linux、openSUSE(Novell)等,后者由自由软件社区提供支持,如 Debian、Fedora、Arch 和 Gentoo。

3. Linux 分类

除了按照发行方式分类,也可以按照软件打包方式,将 Linux 系统主要分为 Debian 系和 Redhat 系。除此之外,还有其他的自由发布版本,如 Slackware、Gentoo、Arch Linux、LFS、SUSE 等。

1)Debian 系

Debian 是一类以自由软件为代表的发行版,支持多种硬件平台,其最大特点是系统的稳定性。Debian 及其派生发行版使用 deb 软件包格式,并使用 dpkg 及其前端作为软件包管理器。Debian 系的发行版常见的有以下几个:

(1)Debian GNU/Linux。Debian GNU/Linux 是由大批社区志愿者收集的包,拥有庞大的软件包(已有 50 000 多套)可供选择,支持大量的硬件平台。

(2)Deepin。Deepin 是一款基于 Debian、使用自行开发的 Deepin DE 桌面环境的发行版,其特点是启动迅速、简洁美观,开发了深度文件管理器、深度音乐、深度截图、深度终端等特色软件,还与软件厂商合作开发了有道词典、网易云音乐等 Linux 原生应用。

（3）Knoppix。Knoppix 系统以 Debian 套件为主干，可以在不进行系统安装的情况下，直接在光盘上执行完整的 Linux 作业系统，并自动进行硬件检测，支持常见的显卡、声卡、SCSI、USB 设备以及其他外设。Knoppix 使用了特殊的压缩技术，将约 2GB 的文件压缩在一片 700MB 的光盘上。

（4）Ubuntu。Ubuntu 是一个基于 Debian 发行版以桌面应用为主的 Linux 操作系统，成为 Linux 发行版中的后起之秀，广受用户青睐。Ubuntu 是一款开放源代码的自由软件，用户可以登录 Ubuntu 的官方网址免费下载该软件的安装包。另外，根据不同环境下应用需要，推出了一系列基于 Ubuntu 的新版本，主要有 Linux Mint、Edubuntu、Elementary OS、Kubuntu、Lubuntu、Ubuntu Kylin 等。

2）Redhat 系

Redhat Linux 和 SUSE Linux 是最早使用 RPM 格式软件包的发行版，如今 RPM 格式已广泛运用于众多的发行版。这两种发行版后来都分为商业版本和社区支持版本。其中，Redhat Linux 的社区支持版本现称为 Fedora，商业版本则称为 Red Hat Enterprise Linux。Redhat 系的常见 Linux 发行版如下：

（1）CentOS。CentOS 是一款免费的、开源的、可以重新开发的开源操作系统，是由 Red Hat Enterprise Linux 再编译而成的一个再发行版本，系统具有较强的稳定性。

（2）Fedora。Fedora Linux（第 7 版以前为 Fedora Core）是由 Fedora 项目社区开发、Red Hat 公司赞助的一套功能完备、更新快速的免费操作系统，目前广泛应用在工作站、桌面以及服务器等领域。

（3）红旗 Linux。红旗 Linux 是由北京中科红旗软件技术有限公司开发，主要针对中国市场的一系列 Linux 发行版，包括桌面版、工作站版、数据中心服务器版、HA 集群版和红旗嵌入式 Linux 等产品。2014 年被大连五甲万京信息科技产业集团收购。

（4）Red Hat Enterprise Linux。Red Hat Enterprise Linux（RHEL）是 Red Hat 公司开发的面向商业应用（不提供免费下载和使用）的 Linux 发行版，用户需要购买 Red Hat 公司的商业服务才能合法取得，并得到商业支持。

（5）openSUSE。openSUSE 是一个基于 Linux 内核的 GNU/Linux 操作系统。openSUSE 对个人使用者完全免费（包括使用和在线更新），是欧洲最流行的 Linux 软件包之一。

需要说明的是，考虑到具体应用，如无特殊说明，本章后续内容在介绍时主要以 Linux 为主。

6.3 Linux 操作系统特性

Linux 是一套开源的类 UNIX 操作系统，是一个性能稳定的多用户、多任务、支持多线程和多 CPU 的操作系统。Linux 能够运行 UNIX 上主要的工具软件、应用程序和网络协议，支持 32 位和 64 位硬件。

6.3.1 文件系统

操作系统中用户接触最多的部分就是文件系统。取证和调查的数据不管是何种形式

(文本、二进制、音/视频等),最终都是在一个个文件里。文件系统就是用来对文件进行管理的机制。

Linux 以文件形式对计算机中的数据和硬件资源进行管理,即"一切皆文件",包括普通文件、目录文件(也就是文件夹)、设备文件、链接文件、管道文件、套接字文件(数据通信的接口)等。而这些种类繁多的文件都被 Linux 用目录树进行管理,所谓目录树就是以根目录(/)为主,向下呈现分支状的一种文件结构,让 Linux 操作系统可以方便使用系统资源。

1. Linux 的文件类型

Linux 中的文件类型,主要关注普通文件、目录文件和符号连接文件。下面介绍各个文件类型,其中,括号里的字母/符号表示使用 ls 查看文件类型时缩写。

1) 普通文件(-)

从 Linux 的角度,类似.mp4、.pdf、.html 这样的应用层文件类型都属于普通文件,Linux 用户可以根据访问权限对普通文件进行查看、更改和删除。

2) 目录文件(d,directory file)

目录文件对于用惯 Windows 用户来说不太容易理解,这是因为在 Linux 环境下目录也是文件的一种;目录文件包含各自目录下的文件名和指向这些文件的指针,打开目录事实上就是打开目录文件,只要有访问权限,用户就可以随意访问这些目录下的文件(普通文件的执行权限就是目录文件的访问权限);虽然目录文件不能修改,但是可以通过 vim 命令来查看目录文件内容,如图 6-1 所示。

图 6-1 kali Linux 里使用 vim 打开一个目录文件

3) 符号链接(l,symbolic link)

符号链接类似 Windows 操作系统中快捷方式,是指向另一个文件的间接指针,即通常所说的软链接。

4) 块设备文件(b,block)和字符设备文件(c,char)

块设备文件和字符设备文件一般隐藏在"/dev"目录下,在进行设备读取和外设交互时会被使用到。其中,块设备文件对应的设备可以随机访问,例如磁盘光驱就是块设备文件;而字符设备文件对应的设备不能随机访问,例如键盘设备则属于字符设备文件。系统中所有设备要么是块设备文件,要么是字符设备文件,无一例外。

5) 管道文件(p,pipe)

管道是一种两个进程间进行单向通信的机制。管道也是一种文件,但却和一般的文件不同。通过管道通信的两个进程,一个进程向管道写数据,另外一个从中读数据。写入的数据每次都添加到管道缓冲区末尾,读数据时都是从缓冲区的头部读出数据的。

6）套接字（s, socket）

套接字用于进程间网络通信，也可以用于本机之间非网络通信。套接字文件一般隐藏在 /var/run 目录下，用于证明相关进程的存在。

Linux 的文件是没有所谓的扩展名的，一个 Linux 文件能不能被执行与该文件的属性有关。如果文件的权限有 x（如[-rwx-r-xr-x]），就代表这个文件可以被执行，与文件名没有关系。跟在 Windows 下能被执行的文件扩展名通常是 .com、.exe 和 .bat 等。Linux 下提供专用命令 chgrp/chown 来修改文件相关的属主和组别，以及使用 chmod 命令来修改文件的读、写、执行以及特殊权限。

2．虚拟文件系统

Linux 一般可以支持多种文件系统（包括 Windows 的文件系统 NTFS 等）。为了支持多种文件系统，Linux 提供虚拟文件系统（virtual file system，VFS）。VFS 是物理文件系统与服务之间的一个接口层，它对 Linux 的每个文件系统所有细节进行抽象，使不同的文件系统在 Linux 核心以及系统中运行的其他进程看来都是相同的。严格来说，VFS 并不是一种实际文件系统。它只存在于内存中，不存在于任何外存空间。VFS 在系统启动时建立，在系统关闭时消亡。表 6-1 总结了 VFS 支持的 4 个主要的文件系统结构和对应的操作。

表 6-1　VFS 支持的 4 个主要的文件系统结构和对应的操作

对象	描述	操作
Superblock	特定的文件系统	read_inode, sync_fs
Dentry	目录项，路径的一个组成部分	create, link
I-node	特定文件	d_compare, d_delete
File	某个进程打开文件	read, write

3．Linux 文件系统概念模型

在计算机网络课程中，曾介绍过 OSI（open system interconnection，开放系统互连）七层模型。类似地，Linux 文件系统一般遵循如图 6-2 所示的五层模型。

1）物理层

物理层包含物理存储设备和结构，分区是物理层的基本功能。Linux 磁盘分区主要分为基本分区（Primary Partion）和扩充分区（Extension Partion）两种，两者的数目之和不能大于 4 个。其中，基本分区可以直接使用，但不能再在该分区上创建新的分区；扩充分区必须进行再分区后才能使用，也就是说扩展分区必须还要进行二次分区。

在 Linux 系统中，每一个硬件设备都映射到一个系统文件，对于硬盘、光驱等，IDE 或 SCSI 设备也不例外。Linux 把各种 IDE 设备分配一个由 "hd" 前缀组成的文件；而对于各种 SCSI 设备，则分配一个由 "sd" 前缀组成的文件。

需要说明的是，在 Windows 操作系统中，是先将物理硬盘进行分区，再在分区上建立目录。同时，在 Windows 操作系统中，所有路径都是从盘符开始，如 C:\Users\wq\file。而 Linux 正好相反，是先有目录，再将物理地址映射到目录中。在 Linux 操作系统中，所有路径都是从根目录开始。Linux 默认可分为 3 个分区，分别是 boot 分区、swap 分区和根分区。不过，无论是 Windows 操作系统，还是 Linux 操作系统，每个分区均可以有不同的文件系统,如 FAT32、NTFS、Yaffs2 等。

(1) boot 分区。boot 分区对应于/boot 目录,用于存放 Linux 的 Grub(Bootloader)和内核源码。用户可通过访问/boot 目录来访问该分区。也就是说,用户对/boot 目录的操作就是操作 boot 分区。

(2) swap 分区。swap 分区即为虚拟内存,所以该分区没有对应的目录,用户无法访问。虚拟内存用于当系统内存空间不足时,先将临时数据存放在 swap 分区,等待一段时间后,再将数据调入到内存中执行。所以,虚拟内存只是暂时存放数据,在该空间内并没有执行。

(3) 根分区。在 Linux 操作系统中,除/boot 目录外所有目录都对应于根分区。因此,用户可通过访问除/boot 目录外所有目录来访问根分区。

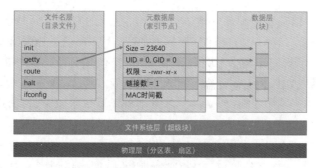

图 6-2　Linux 文件系统五层模型

2) 文件系统层

在 Linux 系统中有一个重要的概念,即"一切皆文件"。这一思想源自 UNIX。在 UNIX 系统中,把一切资源都看作是文件,包括硬件设备。UNIX 系统把每个硬件都看成是一个文件,通常称为设备文件,这样用户就可以用读写文件的方式实现对硬件访问。

当分区使用文件系统进行格式化时,在分区开始处就会创建一个数据结构来定义分区文件的系统属性。对于 UNIX 文件系统来说是超级块(Superblock)。超级块中包含了基本的文件系统信息,主要包括文件系统类型、块大小、文件系统块数和 inode 数量,未分配的块和 inode 数量等。同时还包含文件系统的使用信息,比如什么时间加载的、加载节点、是否正确卸载等。超级块一般有副本,以提供对第一个超级块中故障的容错能力。

对 EXT3 以上的 Linux 文件系统,超级块包含一个指向文件系统日志 inode 指针,这个 inode 节点号一般是 8。超级块不包含指向文件系统根的 inode 节点号,一般 inode 节点 2 保留给根目录(早期的 UNIX 文件系统一般会把 inode 节点 1 用作保存坏块地址)。

3) 文件名层

UNIX 文件系统使用包含某个文件分区的 inode 节点号和设备号来跟踪文件,但是用户很难使用数字来管理文件,而倾向于对文件命名,文件名层承担了该功能。

文件名层包含特殊文件系统对象把文件名和 inode 节点号关联起来,通常称为目录文件。目录文件是特殊的用来映射 inode 节点号到文件名的文件,包含 inode 编号、文件名、文件名长度等。

4) 元数据层

元数据层包含了用来描述文件的结构。UNIX/Linux 文件系统使用 inodes 来标识这种结构。inode 包含文件的时间戳、访问控制或者权限、文件属主的 ID 和文件大小。以上信息可以通过命令 ls-il 查看,如图 6-3 所示。

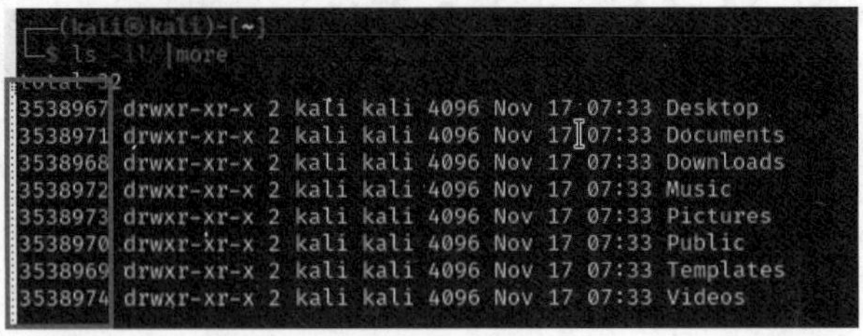

图 6-3　inode 节点号

5) 数据层

数据层是二进制信息实际存储的地方。最小可寻址的存储单元是扇区,通常情况下一个扇区占用 512 字节。Linux 文件系统里,标准的 4KB 块大小是分配给文件的最小长度单位(如果一个文件小于 4KB,那么块剩下的部分就浪费了)。在早期的 FFS(fast file system,快速文件系统)中,为提高磁盘空间利用率,可以将 4KB 分为 4 个 1KB 分片,每个分片可以单独存放一个小于 1KB 的文件。不过随着存储成本越来越低,这样做越来越得不偿失。因此,在较新版本的 Linux 操作系统中,通常分片大小就等于块大小,同时一个块只存放一个文件。当写入文件大于一个块大小时,文件系统会尝试尽量分配连续的块,这样可以提高读的效率,因为文件系统可以一次读取大片的数据。这种方式对于恢复删除数据也比较有效,如果可以定位"删除"数据块中某一个可疑字符串,就有可能抓取这个数据块的前后块,进而来恢复整个删除文件。

6.3.2　重要目录

对 Linux 系统和用户来说,所有可操作的计算机资源都存在于目录树这个逻辑结构中,对计算机资源的访问都可以认为是目录树访问。就硬盘来说,所有对硬盘的访问都变成对目录树中某个节点也就是文件夹的访问,访问时不需要知道它是硬盘还是硬盘中的文件夹。

目录树最顶层是由根目录开始,系统使用"/"来表示根目录。在根目录之下的既可以是目录,也可以是文件,而每一个目录中又可以包含子目录文件。如此反复就可以构成一个庞大的文件系统。

在 Linux 文件系统中有两个特殊目录:一个是用户所在的工作目录,也叫当前目录,可以使用一个点(.)来表示,也可以使用./来表示;另一个是当前目录的上一级目录,也叫父目录,可以使用两个点(..)来表示,也可以用../来表示。

如果一个目录或文件名以一个点(.)开始,表示这个目录或文件是一个隐藏目录或文件(如.bashrc),即以默认方式查找时,不显示该目录或文件。Linux 目录树结构示意图如图 6-4 所示。

1. Linux 目录结构

FHS(filesystem hierarchy standard,文件系统层次化标准)规定了 Linux 系统中所有一级目录以及部分二级目录(如/usr、/var 等)用途,该标准可以让用户清楚地了解每个目录

第6章 UNIX/Linux操作系统取证技术

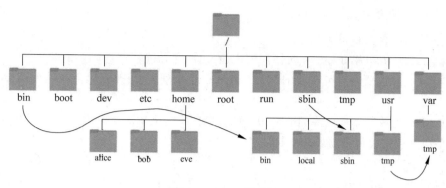

图 6-4 Linux 目录树

应该存放什么类型的文件。表 6-2 列出了 Linux 文件系统结构的顶层目录。

表 6-2 Linux 文件系统结构的顶层目录

目录	描述
/（根文件系统）	根文件系统是文件系统的顶级目录，它必须包含在挂载其他文件系统之前引导 Linux 系统所需的所有文件，必须包含启动其余文件系统所需的所有必需的可执行文件和库。在系统引导后，所有其他文件系统都将安装在标准的、定义明确的安装点上，将作为根文件系统的子目录而存在
/bin	包含用户可执行文件
/boot	包含启动 Linux 计算机所需的静态 bootloader、内核可执行文件和配置文件
/dev	该目录包含与系统相连的每个硬件设备的设备文件，这些设备文件不是设备驱动程序，而是代表计算机上每个设备并有助于访问这些设备的文件
/etc	包含主机的本地系统配置文件
/home	用户文件的主目录
/lib	包含引导系统所需的共享库文件
/meida	一个用来挂载外部可移动媒体设备（例如可能连接到主机的 U 盘）的目录
/mnt	常规文件系统的临时挂载点，可以在管理员修复或处理文件系统时使用
/opt	诸如供应商提供的应用程序等可选文件的存放目录
/root	不是根（/）文件系统，而是 root 用户的主目录
/sbin	系统二进制文件，是用于系统管理的可执行文件
/tmp	临时目录。由操作系统和一些程序用来存储临时文件，用户也可以在该目录中临时存储文件。需要注意的是，该目录存储的文件可以随时删除
/usr	该目录下保存的是可共享的只读文件，包括可执行二进制文件和库、手册文件以及其他类型的文档
/var	用于存储可变数据文件，包括日志文件、MySQL 和其他数据库文件、Web 服务器数据文件，电子邮件收件箱等

表 6-2 所示目录及其子目录被视为根文件系统组成部分。也就是说，这些目录不能创建为单独的文件系统并在启动时挂载。这是因为这些目录必须在引导时出现，以便系统正确引导加载。

其中，/media 和/mnt 目录是根文件系统的一部分，但是它们不能包含任何数据，只是临时安装点。其余目录在引导过程中不需要存在，但稍后将在启动过程中加载。

2. 取证中涉及的几个重要目录

1) 系统启动相关目录

（1）/boot：存放启动 Linux 时使用的内核文件，包括连接文件以及镜像文件。

（2）/etc：存放所有系统需要的配置文件和子目录列表，更改目录下文件可能会导致系统不能启动。

（3）/lib：存放基本代码库（比如 C++ 库），其作用类似 Windows 操作系统中的 DLL 文件。几乎所有应用程序都需要用到这些共享库。

（4）/sys：这是 Linux2.6 内核一个很大的变化。该目录下安装了 2.6 内核中新出现的一个文件系统 sysfs。sysfs 文件系统集成 3 种文件系统信息：针对进程信息的 proc 文件系统、针对设备的 devfs 文件系统以及针对伪终端的 devpts 文件系统。该文件系统是内核设备树的一个直观反映。当一个内核对象被创建时，对应的文件和目录也在内核对象子系统中。

2) 命令相关目录

（1）/bin：存放着最常用的程序和指令。

（2）/sbin：只有系统管理员能使用的程序和指令。

3) 外部文件相关目录

（1）/dev：Device（设备）的缩写，存放的是 Linux 的外部设备。需要注意，在 Linux 中访问设备和访问文件的方式是相同的。

（2）/media：类 Windows 的其他设备，例如 U 盘、光驱等，识别后 Linux 会把设备放到这个目录下。

（3）/mnt：其他文件系统的临时挂载点，例如用户可以将光驱挂载在/mnt/上，然后进入该目录就可以查看光驱里的内容。

4) 临时文件

（1）/run：是一个临时文件系统，存储系统启动以来的信息。当系统重启时，这个目录下的文件会被删掉或清除。如果用户系统上有/var/run 目录，应该让它指向 run。

（2）/lost+found：一般情况下为空，系统非正常关机后，相关信息就存放在该目录中。该目录一般在使用 UNIX 文件系统格式化后生成。

（3）/tmp：用于存放一些临时文件。

5) 账户相关目录

（1）/root：系统管理员用户主目录。

（2）/home：用户的主目录，以用户的账号命名。

（3）/usr：用户很多应用程序和文件都放在这个目录下，类似于 Windows 系统下的 C:\Program files 目录。

（4）/usr/bin：系统用户使用的应用程序与指令。

（5）/usr/sbin：超级用户使用的比较高级的管理程序和系统守护程序。

（6）/usr/src：内核源代码默认放置目录。

6) 程序运行过程相关目录

（1）/var：存放经常修改的数据，例如程序运行的日志文件（在/var/log 目录下）。

（2）/proc：伪文件系统，是系统内存的映射，用户可以直接访问这个目录来获取系统信息。这个目录内容没有存放在硬盘上,而是在内存中,用户可以直接修改里面的某些文件。

7) 扩展相关目录

(1) /opt:默认是空的,用户安装的额外软件一般存放在这里。

(2) /srv:存放服务启动后需要提取的数据(不用于服务器时为空)。

6.3.3 常用命令

Windows 平台的信息提取工具以 GUI 界面的工具,而 UNIX/Linux 平台大量的操作则依赖命令行工具。工欲善其事,必先利其器,要进行 UNIX/Linux 取证,需要对 UNIX/Linux 一些常见命令有所了解。本节简要介绍一些 Linux 环境下常见命令的功能和使用方法。

1. 文件管理

1) cat 命令

cat 命令用于连接文件并打印到标准输出设备上,语法格式为

cat [-AbeEnstTuv] [-- help] [-- version] fileName

参数说明:

-n 或--number:由 1 开始对所有输出的行数编号;

-b 或--number-nonblank:和-n 相似,只不过对于空白行不编号;

-s 或--squeeze-blank:当遇到有连续两行以上的空白行,就代换为一行的空白行;

-v 或--show-nonprinting:使用^和 M-符号,除了 LFD 和 TAB 之外;

-E 或--show-ends:在每行结束处显示 $;

-T 或--show-tabs:将 TAB 字符显示为^I;

-A,--show-all:等价于-vET;

-e:等价于"-vE"选项;

-t:等价于"-vT"选项。

示例:查看文件 textfile1

```
cat textfile1
```

把 textfile1 的文档内容加上行号后输入到 textfile2 文档里。

```
cat -n textfile1 > textfile2
```

2) file 命令

file 命令用于辨识文件类型,语法格式

file [-bcLvz][-f <名称文件>][-m <魔法数字文件>...][文件或目录...]

参数说明:

-b:列出辨识结果时,不显示文件名称;

-c：详细显示指令执行过程，便于排错或分析程序执行的情形；

-f＜名称文件＞：指定名称文件，其内容有一个或多个文件名称时，让 file 依序辨识这些文件，格式为每列一个文件名称；

-L：直接显示符号连接所指向的文件的类别；

-m＜魔法数字文件＞：指定魔法数字文件；

-v：显示版本信息；

-z：尝试去解读压缩文件的内容；

[文件或目录...]要确定类型的文件列表，多个文件之间使用空格分开，可以使用 shell 通配符匹配多个文件。

示例：显示文件类型。

```
[root@localhost ~]#file install.log
install.log: UTF-8 Unicode text
```

3) find 命令

find 命令用来在指定目录下查找文件。任何位于参数之前的字符串都将被视为需要查找的目录名。如果使用该命令时，不设置任何参数，则 find 命令将在当前目录下查找子目录与文件。并且将查找到的子目录和文件全部进行显示，语法格式为

find path -option [-print][-exec -ok command]{}

参数说明：

find 根据下列规则判断 path 和 expression，在命令列上第一个-( )，! 之前的部分为 path，之后的是 expression。如果 path 是空字串则使用目前路径，如果 expression 是空字串则使用-print 为预设 expression。

expression 中可使用的选项有 30 多个，在此只介绍与取证操作关联度最大的部分。

-mount,-xdev：只检查和指定目录在同一个文件系统下的文件，避免列出其他文件系统中的文件；

-amin n：在过去 n 分钟内被读取过的文件；

-anewer file：比文件 file 更晚被读取过的文件；

-atime n：在过去 n 天内被读取过的文件；

-cmin n：在过去 n 分钟内被修改过的文件；

-cnewer file：比文件 file 更新的文件；

-ctime n：在过去 n 天内被修改过的文件；

-empty：空的文件；

-gid n 或-group name：gid 是 n 或是 group 名称是 name；

-ipath p,-path p：路径名称符合 p 的文件，ipath 会忽略大小写；

-namename,-iname name：文件名称符合 name 的文件，iname 会忽略大小写；

-size n：文件大小是 n 单位，b 代表 512 位元组的区块，c 表示字元数，k 表示 kilo bytes，w 是二个位元组；

-type c：文件类型是 c 的文件；

d：目录；

c：字符设备文件；

b：块设备文件；

p：命名管道；

f：一般文件；

l：符号连接；

s：socket；

-pid n：process id 是 n 的文件。

用户可以使用( )将运算式分隔，并使用下列运算；

exp1 – and exp2；

! expr；

– not expr；

exp1 – or exp2；

exp1，exp2。

示例：查找系统中所有文件长度为 0 的普通文件，并列出它们的完整路径。

♯find/ – type f – size 0 – exec ls – l { }\

4）locate 命令

locate 命令用于查找符合条件的文档，它会在保存文档和目录名称的数据库内查找符合范本样式条件的文档或目录。语法格式为

locate [– d][– – help][– – version][范本样式…]

参数说明：

-b 或--basename：仅匹配路径名的基本名称；

-c 或--count：只输出找到的数量；

-d 或--database DBPATH：使用 DBPATH 指定的数据库，而不是默认数据库/var/lib/mlocate/mlocate.db；

-e 或--existing：仅打印当前现有文件的条目；

-1：如果是 1，则启动安全模式，在安全模式下，使用者不能看到在当前权限下无法看到的文档；

-0 或--null：在输出上带有 NUL 的单独条目；

-s 或--statistics：不搜索条目，只打印有关每个数据库的统计信息；

-q 或--quiet：安静模式，不会显示任何错误信息；

-n：至多显示 n 个输出；

-m 或--mmap：被忽略，为了向后兼容；

-h 或--help：显示帮助信息；

-i 或--ignore-case：忽略大小写；

-V 或--version：显示版本信息。

示例：查找 passwd 文件。

```
locate passwd
```

2. 文件处理

1) awk 命令

awk 命令是一种处理文本文件的语言,是一个强大的文本分析工具,语法格式为

awk [选项参数] 'script' var=value file(s)或 awk [选项参数] -f scriptfile var=value file(s)

参数说明:

-F fs 或--field-separator fs:指定输入文件分隔符,fs 是一个字符串或者是一个正则表达式,如-F;

-v var=value 或--asign var=value:赋值一个用户定义变量;

-f scriptfile 或--file scriptfile:从脚本文件中读取 awk 命令;

-mf nnn 或-mr nnn:对 nnn 值设置内在限制,-mf 选项限制分配给 nnn 的最大块数目;-mr 选项限制记录的最大数目,这两个功能是贝尔实验室版 awk 的扩展功能,在标准 awk 中不适用;

-W compact 或--compat,-W traditional 或--traditional:在兼容模式下运行 awk,所以 gawk 的行为和标准的 awk 完全一样,所有的 awk 扩展都被忽略;

-W copyleft 或--copyleft,-W copyright 或--copyright:打印简短的版权信息;

-W help 或--help,-W usage 或--usage:打印全部 awk 选项和每个选项的简短说明;

-W lint 或--lint:打印不能向传统 UNIX 平台移植的结构的警告;

-W lint-old 或--lint-old:打印关于不能向传统 UNIX 平台移植的结构的警告;

-Wposix:打开兼容模式,但有以下限制:不识别:/x,函数关键字,func,换码序列以及当 fs 是一个空格时,将新行作为一个域分隔符;操作符 ** 和 **= 不能代替^和^=;fflush 无效;

-W re-interval 或--re-inerval:允许间隔正则表达式的使用,参考(grep 中的 Posix 字符类),如括号表达式[[:alpha:]];

-W source program-text 或--source program-text:使用 program-text 作为源代码,可与-f 命令混用;

-W version 或--version:打印 bug 报告信息的版本。

示例:过滤文件 log.txt 第 1 列等于 2 的行。

```
$ awk '$1==2 {print $1,$3}' log.txt
```

2) sed 命令

sed 命令是利用脚本来处理文本文件。sed 主要用来自动编辑一个或多个文件、简化对文件的反复操作、编写转换程序等。语法格式为

sed [-hnV][-e<script>][-f<script 文件>][文本文件]

参数说明：

-e＜script＞或--expression＝＜script＞：以选项中指定的 script 文件来处理输入的文本文件；

-f＜script 文件＞或--file＝＜script 文件＞：以选项中指定的 script 文件来处理输入的文本文件；

-h 或--help：显示帮助信息；

-n 或--quiet 或--silent：仅显示 script 处理后的结果；

-V 或--version：显示版本信息。

脚本用到的操作的说明：

a：新增，a 后面可以接字串，而这些字串会在新的一行出现（当前行的下一行）；

c：取代，c 的后面可以接字串，这些字串可以取代 n1,n2 之间的行；

d：删除，d 后面通常不接任何其他参数；

i：插入，i 的后面可以接字串，而这些字串会在新的一行出现（当前行的上一行）；

p：打印，亦即将某个选择的数据印出，通常 p 会与参数 sed -n 一起运行；

s：替换，搭配正则表达式对文本进行替换。

示例：在 testfile 文件的第四行后添加一行，并将结果输出到标准输出，在命令行提示符下输入如下命令。

```
sed －e 4a\newLine testfile
```

3）cut 命令

cut 命令用于显示每行从开头算起 num1 到 num2 的文字。注意：不是 cat。语法格式为

```
cut [－bn] [file]
cut [－c] [file]
cut [－df] [file]
```

参数说明：

cut 命令从文件的每一行剪切字节、字符和字段并将这些字节、字符和字段写至标准输出。

如果不指定 file 参数，cut 命令将读取标准输入。必须指定-b、-c 或-f 标志之一。

b：以字节为单位进行分割。这些字节位置将忽略多字节字符边界，除非也指定了-n 标志；

-c：以字符为单位进行分割；

-d：自定义分隔符，默认为制表符；

-f：与-d 一起使用，指定显示哪个区域；

-n：取消分割多字节字符。仅和-b 标志一起使用。如果字符的最后一个字节落在由-b 标志的 List 参数指示的范围之内，该字符将被写出；否则，该字符将被排除。

示例：如果要查看系统已有的用户名，可以使用以下命令。

```
# cut -d ':' -f 1 /etc/passwd
```

4）strings 命令

strings 命令在对象文件或二进制文件中查找可打印的字符串。字符串是 4 个或更多可打印字符的任意序列，以换行符或空字符结束。strings 命令对识别随机对象文件很有用。语法格式为

strings [-a][-][-o][-t Format][-n Number][-Number][file...]

参数说明：

-a 或--all：扫描整个文件而不是只扫描目标文件初始化和装载段；

-f 或-print-file-name：在显示字符串前先显示文件名；

-min-len,-n min-len 或--bytes＝min-len：指定可打印字符序列的最小长度，默认是 4 个字符；

-t radix 或--radix＝radix：输出字符串在文件中的偏移位置，基于八进制、十进制或者十六进制；

-o：类似--radix＝o；

-T bfdname 或--target＝bfdname：指定系统默认格式以外的对象代码格式；

-e encoding 或--encoding＝encoding：选择字符大小和排列顺序：s＝7-bit，S＝8-bit，{b,l}＝16-bit,{B,L}＝32-bit；

@：读取中选项。

示例：列出 ls 程序中所有的 ASCII 文本。

strings /bin/ls

5）grep 命令

grep 命令用于查找文件里符合条件的字符串。grep 指令用于查找内容包含指定的范本样式的文件，如果发现某文件内容符合所指定的范本样式，预设 grep 指令会把含有范本样式的那一列显示出来。若不指定任何文件名称，或是所给予的文件名为-，则 grep 指令会从标准输入设备读取数据。语法格式为

grep [-abcEFGhHilLnqrsvVwxy][-A <显示列数>][-B <显示列数>][-C <显示列数>][-d <进行动作>][-e <范本样式>][-f <范本文件>][-- help][范本样式][文件或目录...]

参数说明：

-a 或--text：不要忽略二进制的数据；

-A <显示行数>或--after-context＝<显示行数>：除了显示符合范本样式的那一列之外，并显示该行之后的内容；

-b 或--byte-offset：在显示符合样式的那一行之前，标示出该行第一个字符的编号；

-B <显示行数>或--before-context＝<显示行数>：除了显示符合样式的那一行之外，并显示该行之前的内容；

-c 或--count：计算符合样式的列数；

-C <显示行数>或--context＝<显示行数>或-<显示行数>：除了显示符合样式的那一行之外，并显示该行之前后的内容；

-d<动作>或--directories=<动作>：当指定要查找的是目录而非文件时，必须使用这项参数，否则 grep 指令将回报信息并停止动作；

-e<范本样式>或--regexp=<范本样式>：指定字符串作为查找文件内容的样式；

-E 或--extended-regexp：将样式为延伸的正则表达式来使用；

-f<规则文件>或--file=<规则文件>：指定规则文件，其内容含有一个或多个规则样式，让 grep 查找符合规则条件的文件内容，格式为每行一个规则样式；

-F 或--fixed-regexp：将样式视为固定字符串的列表；

-G 或--basic-regexp：将样式视为普通的表示法来使用；

-h 或--no-filename：在显示符合样式的那一行之前，不标识该行所属的文件名称；

-H 或--with-filename：在显示符合样式的那一行之前，表示该行所属的文件名称；

-i 或--ignore-case：忽略字符大小写的差别；

-l 或--file-with-matches：列出文件内容符合指定的样式的文件名称；

-L 或--files-without-match：列出文件内容不符合指定的样式的文件名称；

-n 或--line-number：在显示符合样式的那一行之前，标识出该行的列数编号；

-o 或--only-matching：只显示匹配 PATTERN 部分；

-q 或--quiet 或--silent：不显示任何信息；

-r 或--recursive：此参数的效果和指定"-drecurse"参数相同；

-s 或--no-messages：不显示错误信息；

-v 或--invert-match：显示不包含匹配文本的所有行；

-V 或--version：显示版本信息；

-w 或--word-regexp：只显示全字符合的列；

-x 或--line-regexp：只显示全列符合的列；

-y：此参数的效果和指定"-i"参数相同。

示例：在当前目录中，查找后缀有 file 字样的文件中包含 test 字符串的文件，并打印出该字符串的行。

```
grep test *file
```

3. 磁盘管理命令

1) df 命令

df(英文全拼：disk free)命令用于显示当前在 Linux 系统中的文件系统磁盘使用情况统计。语法格式为

```
df[选项]...[FILE]...
```

参数说明：

-a 或--all：包含所有的文件系统；

--block-size={SIZE}：使用{SIZE}大小的 Blocks；

-h 或--human-readable：使用人类可读的格式(预设值是不加这个选项的)；

-H 或--si：很像-h，但是用 1000 为单位而不是用 1024；

-i 或--inodes：列出 inode 信息，不列出已使用 block；

-k 或--kilobytes：就像是--block-size=1024；

-l 或--local：限制列出的文件结构；

-m 或--megabytes：就像--block-size=1048576；

--no-sync：取得信息前不 sync(预设值)；

-P 或--portability：使用 POSIX 输出格式；

--sync：在取得信息前 sync；

-t 或--type=TYPE：限制列出文件系统的 TYPE；

-T 或--print-type：显示文件系统的形式；

-x 或--exclude-type=TYPE：限制列出文件系统不要显示 TYPE；

-v(忽略)；

--help：显示帮助信息；

--version：输出版本信息。

示例：用一个-i 选项的 df 命令输出显示 inode 信息而非块使用量。

```
df -i
```

2) du 命令

du(英文全拼：disk usage)命令用于显示目录或文件大小。du 会显示指定目录或文件所占用的磁盘空间。语法格式为

```
du [-abcDhHklmsSx][-L<符号连接>][-X<文件>][--block-size][--exclude=<目录或文件>]
[--max-depth=<目录层数>][--help][--version][目录或文件]
```

参数说明：

-a 或-all：显示目录中个别文件的大小；

-b 或-bytes：显示目录或文件大小时，以 Byte 为单位；

-c 或--total：除了显示个别目录或文件的大小外，同时也显示所有目录或文件的总和；

-D 或--dereference-args：仅取消引用命令行上列出的符号链接；

-h 或--human-readable：以 K、M、G 为单位，提高信息的可读性；

-H 或--si：与-h 参数相同，但是 K、M、G 是以 1000 为换算单位；

-k 或--kilobytes：以 1024Bytes 为单位；

-l 或--count-links：重复计算硬件连接的文件；

-L<符号连接>或--dereference<符号连接>：显示选项中所指定符号连接的源文件大小；

-m 或--megabytes：以 1MB 为单位；

-s 或--summarize：仅显示总计；

-S 或--separate-dirs：显示个别目录的大小时，并不含其子目录的大小；

-x 或--one-file-xystem：以一开始处理时的文件系统为准，若遇上其他不同的文件系统目录则略过；

-X<文件>或--exclude-from=<文件>：排除与<文件>中的任何模式匹配的文件；

--exclude=<PATTERN>：排除匹配 PATTERN 的文件；
--max-depth=<目录层数>：超过指定层数的目录后，予以忽略；
--help：显示帮助信息；
--version：显示版本信息。
示例：以直观可读的方式显示目录或者文件所占空间。

♯du －h

3) mount 命令

mount 命令是经常会使用到的命令，用于挂载 Linux 系统外的文件系统，语法格式为

mount [－hV]
mount －a [－fFnrsvw] [－t vfstype]
mount [－fnrsvw] [－o options [,...]] device | dir
mount [－fnrsvw] [－t vfstype] [－o options] device dir

参数说明：

-V：显示程序版本；

-h：显示帮助信息；

-v：显示调试信息，通常和-f 用来除错；

-a：将/etc/fstab 中定义的所有文件系统挂上；

-F：这个命令通常和-a 一起使用，它会为每一个 mount 的动作产生一个行程负责执行，在系统需要挂上大量 NFS 文件系统时可以加快挂上的动作；

-f：通常用于除错，它会使 mount 并不执行实际挂上的动作，而是模拟整个挂上的过程，通常会和-v 一起使用；

-n：一般而言，mount 在挂上后会在/etc/mtab 中写入一条记录，但在系统中没有可写入文件系统存在的情况下可以用这个选项取消这个动作；

-s：将忽略文件系统类型不支持的安装选项，并非所有文件系统都支持此选项；

-r：等于-o ro；

-w：等于-o rw；

-L：将含有特定标签的硬盘分区挂上；

-U：将分区序号为 uuid 的文件系统挂上，-L 和-U 必须在/proc/partition 这种文件存在时才有意义；

-t：指定文件系统的类型，通常不必指定，mount 会自动选择正确的类型；

-o async：打开非同步模式，所有的档案读写动作都会用非同步模式执行；

-o sync：在同步模式下执行；

-o atime、-o noatime：当 atime 打开时，系统会在每次读取文件时更新文件的「上一次调用时间」，当使用 flash 文件系统时可能会选择把这个选项关闭以减少写入的次数；

-o auto 和-o noauto：打开/关闭自动挂上模式；

-o defaults：解释/不解释文件系统上字符或块特殊设备；

-o dev 和-o noexec：允许/禁止执行档被执行；

-o suid 和-o nosuid：允许/禁止 set-user-ID 或 set-group-ID 位生效；

-o user 或-o nouser：允许/禁止普通用户挂载文件系统；

-o remount：将一个已经卸载的文件系统重新用不同的方式挂上，例如原先是只读的系统，现在用可读写的模式重新挂上；

-o ro：用只读模式挂上；

-o rw：用可读写模式挂上；

-o loop=：使用 loop 模式将一个文件当成硬盘分区挂上系统。

示例：将/dev/hda1 用只读模式挂在/mnt 之下。

```
# mount -o ro /dev/hda1 /mnt
```

4）umount 命令

umount（英文全拼：unmount）命令用于卸载删除文件系统，语法格式为

umount [-ahnrvV][-t<文件系统类型>][文件系统]

参数说明：

-a：卸载删除/etc/mtab 中记录的所有文件系统；

-h：显示帮助信息；

-n：卸载删除时不要将信息存入/etc/mtab 文件中；

-r：若无法成功卸载删除，则尝试以只读的方式重新挂入文件系统；

-t<文件系统类型>：仅卸载删除选项中所指定的文件系统；

-v：执行时显示详细的信息；

-V：显示版本信息；

[文件系统]：除了直接指定文件系统外，也可以用设备名称或挂入点来表示文件系统。

示例：下面两条命令分别通过设备名和挂载点卸载删除文件系统，同时输出详细信息。

```
# umount -v /dev/sda1                通过设备名卸载
/dev/sda1 umounted
# umount -v /mnt/mymount/            通过挂载点卸载
/tmp/diskboot.img umounted
```

5）stat 命令

stat 命令用于显示 inode 内容。语法格式为

stat [文件或目录]

示例：查看 testfile 文件的 inode 内容，可以用以下命令。

```
# stat testfile
```

6）dd 命令

dd 命令用于读取、转换并输出数据。语法格式为

```
dd [OPTION]
```

参数说明：
if＝文件名：输入文件名，默认为标准输入，即指定源文件；
of＝文件名：输出文件名，默认为标准输出，即指定目的文件；
ibs＝bytes：一次读入 bytes 个字节，即指定一个块大小为 bytes 个字节；
obs＝bytes：一次输出 bytes 个字节，即指定一个块大小为 bytes 个字节；
bs＝bytes：同时设置读入/输出的块大小为 bytes 个字节；
cbs＝bytes：一次转换 bytes 个字节，即指定转换缓冲区大小；
skip＝blocks：从输入文件开头跳过 blocks 个块后再开始复制；
seek＝blocks：从输出文件开头跳过 blocks 个块后再开始复制；
count＝blocks：仅复制 blocks 个块，块大小等于 ibs 指定的字节数；
conv＝<关键字>用指定的参赛转换文件，关键字可以有以下 11 种。
ascii：转换 ebcdic 为 ascii；
ebcdic：转换 ascii 为 ebcdic；
ibm：转换 ascii 为 alternate ebcdic；
block：把每一行转换为长度为 cbs，不足部分用空格填充；
unblock：将长度为 cbs 的记录行中尾部空格用换行符替换；
lcase：把大写字符转换为小写字符；
ucase：把小写字符转换为大写字符；
swap：交换输入的每对字节；
noerror：出错时不停止；
notrunc：不截短输出文件；
sync：将每个输入块填充到 ibs 个字节，不足部分用空(NUL)字符补齐；
--help：显示帮助信息；
--version：显示版本信息。
示例：将 testfile 文件中的所有英文字母转换为大写，然后转成为 testfile_1 文件，在命令提示符中使用如下命令。

```
dd if = testfile of = testfile_conv = ucase
```

7) fdisk 命令

fdisk 是一个创建和维护分区表的程序，它兼容 DOS 类型分区表、BSD 或者 SUN 类型的磁盘列表，语法格式为

```
fdisk [必要参数][选择参数]
```

参数说明：
必要参数：
-l：列出所有分区表；
-u：与"-l"搭配使用，显示分区数目。
选择参数：

-s＜分区编号＞：指定分区；
-v：版本信息。
菜单操作说明：
m：显示菜单和帮助信息；
a：活动分区标记/引导分区；
d：删除分区；
l：显示分区类型；
n：新建分区；
p：显示分区信息；
q：退出不保存；
t：设置分区号；
w：保存修改；
x：扩展应用，高级功能。
示例：显示当前分区情况。

```
# fdisk -l
```

8) losetup 命令

losetup 命令用于设置 loop 设备。loop 设备可把文件虚拟成块设备，以模拟整个文件系统，让用户得以将其视为硬盘驱动器、光驱或软驱等设备，并挂入当作目录来使用。语法格式为

```
losetup [-d][-e<加密方式>][-o<平移数目>][循环设备代号][文件]
```

参数说明：
-d：卸除设备；
-e＜加密方式＞：启动加密编码；
-o＜平移数目＞：设置数据平移的数目。
示例：使用 losetup 将磁盘镜像文件虚拟成块设备。

```
$ losetup /dev/loop0 floppy.img
```

挂载块设备。

```
$ mount /dev/loop0 /tmp
```

卸载 loop 设备。

```
$ umount /tmp
$ losetup -d /dev/loop0
```

4. 网络相关

1) nc 命令

TCP/IP"瑞士军刀"，用来设置路由器。语法格式为

nc/netcat[选项][参数]

参数说明：

-g<网关>：设置路由器跃程通信网关，最多设置 8 个；

-G<数目>：设置来源路由指向器，其数值为 4 的倍数；

-h：显示帮助信息；

-i<延迟秒数>：设置时间间隔，以便传送信息及扫描通信端口；

-l：使用监听模式，监控传入的资料；

-n：直接使用 ip 地址，而不对任何指定的地址、主机名或端口进行 DNS 或服务查找；

-o<输出文件>：指定文件名称，把往来传输的数据以十六进制保存在该文件中；

-p<通信端口>：设置本地主机使用的通信端口；

-r：指定源端口和目的端口都进行随机的选择；

-s<来源位址>：设置本地主机送出数据包的 IP 地址；

-u：使用 UDP 传输协议；

-v：让 nc 给出更详细的输出；

-w<超时秒数>：设置等待连线的时间；

-z：使用 0 输入/输出模式，只在扫描通信端口时使用。

示例：远程复制文件，从 server1 复制文件到 server2 上。需要先在 server2 上，用 nc 激活监听。server2 上运行。

```
[root@localhost2 tmp]# nc -lp 1234 > install.log
```

server1 上运行。

```
[root@localhost1 ~]# ll install.log
-rw-r-r- 1 root root 39693 12 月 20 2007 install.log
[root@localhost1 ~]# nc -w 1 192.168.228.222 1234 < install.log
```

2）ifconfig 命令

ifconfig 命令用于显示或设置网络设备，语法格式为

ifconfig [网络设备][down up -allmulti -arp -promisc][add<地址>][del<地址>][<hw<网络设备类型><硬件地址>][io_addr<I/O 地址>][irq<IRQ 地址>][media<网络媒介类型>][mem_start<内存地址>][metric<数目>][mtu<字节>][netmask<子网掩码>][tunnel<地址>][-broadcast<地址>][-pointopoint<地址>][IP 地址]

参数说明：

add<地址>：设置网络设备 IPv6 的 IP 地址；

del<地址>：删除网络设备 IPv6 的 IP 地址；

down：关闭指定的网络设备；

<hw<网络设备类型><硬件地址>：设置网络设备的类型与硬件地址；

io_addr<I/O 地址>：设置网络设备的 I/O 地址；

irq<IRQ 地址>：设置网络设备的 IRQ；

media <网络媒介类型>：设置网络设备的媒介类型；
mem_start <内存地址>：设置网络设备在主内存所占用的起始地址；
metric <数目>：指定在计算数据包的转送次数时所要加上的数目；
mtu <字节>：设置网络设备的 MTU；
netmask <子网掩码>：设置网络设备的子网掩码；
tunnel <地址>：建立 IPv4 与 IPv6 之间的隧道通信地址；
up：启动指定的网络设备；
-broadcast <地址>：将要送往指定地址的数据包当成广播数据包来处理；
-pointopoint <地址>：与指定地址的网络设备建立直接连线，此模式具有保密功能；
-promisc：关闭或启动指定网络设备的 promiscuous 模式；
［IP 地址］：指定网络设备的 IP 地址；
［网络设备］：指定网络设备的名称。
示例：显示网络设备信息。

```
# ifconfig
```

启动关闭指定网卡。

```
# ifconfig eth0 down
# ifconfig eth0 up
```

3）ip 命令

ip 命令与 ifconfig 命令类似，但比 ifconfig 命令功能更加强大，主要功能是用于显示或设置网络设备。ip 命令是 Linux 加强版的网络配置工具，用于代替 ifconfig 命令，语法格式为

```
ip [ OPTIONS ] OBJECT { COMMAND | help }
```

OBJECT 为常用对象，值可以是以下几种。

```
OBJECT = { link | address | addrlabel | route | rule | neigh | ntable | tunnel | maddr | mroute | mrule | monitor | xfrm | token }
```

常用对象的取值含义如下。
link：网络设备；
address：设备上的协议（IP 或 IPv6）地址；
addrlabel：协议地址选择的标签配置；
route：路由表条目；
rule：路由策略数据库中的规则。
OPTIONS 为常用选项，值可以是以下几种。

```
OPTIONS = { -V[ersion] | -s[tatistics] | -d[etails] | -r[esolve] | -h[uman-readable] | -iec | -f[amily] { inet | inet6 | ipx | dnet | link } | -o[neline] | -t[imestamp] | -b[atch] [filename] | -rc[vbuf] [size] }
```

常用选项的取值含义如下。
-V：显示命令的版本信息；
-s：输出更详细的信息；
-f：强制使用指定的协议族；
-4：指定使用的网络层协议是IPv4协议；
-6：指定使用的网络层协议是IPv6协议；
-o：输出信息每条记录输出一行，即使内容较多也不换行显示；
-r：显示主机时，不使用IP地址，而使用主机的域名；
help：显示帮助信息。
示例：

```
ip link show                              # 显示网络接口信息
ip link set eth0 up                       # 开启网卡
ip link set eth0 down                     # 关闭网卡
ip link set eth0 promisc on               # 开启网卡的混合模式
ip link set eth0 promisc off              # 关闭网卡的混个模式
ip link set eth0 txqueuelen 1200          # 设置网卡队列长度
ip link set eth0 mtu 1400                 # 设置网卡最大传输单元
ip addr show                              # 显示网卡 IP 信息
ip addr add 192.168.0.1/24 dev eth0       # 设置 eth0 网卡 IP 地址 192.168.0.1
ip addr del 192.168.0.1/24 dev eth0       # 删除 eth0 网卡 IP 地址
```

4）netstat 命令

netstat 命令用于显示网络状态，语法格式为

netstat [-acCeFghilMnNoprstuvVwx][-A<网络类型>][-- ip]

参数说明：

-a 或--all：显示所有连线中的 Socket；

-A<网络类型>或--<网络类型>：列出该网络类型连接中的相关地址；

-c 或--continuous：持续列出网络状态；

-C 或--cache：显示路由器配置的快取信息；

-e 或--extend：显示网络其他相关信息；

-F 或--fib：显示 FIB；

-g 或--groups：显示多重广播功能群组组员名单；

-h 或-help：显示帮助信息；

-i 或--interfaces：显示网络接口信息表单；

-l 或--listening：仅显示正在监听的套接口；

-M 或--masquerade：显示伪装的网络连接；

-n 或--numeric：直接使用 IP 地址，而不通过域名服务器；

-N 或--netlink 或--symbolic：显示网络硬件外围设备的符号连接名称；

-o 或--timers：显示计时器；

-p 或--programs：显示正在使用 Socket 的程序识别码和程序名称；

-r 或--route：显示 Routing Table；

-s 或--statistics：显示网络工作信息统计表；

-t 或--tcp：显示 TCP 传输协议的连接状况；

-u 或--udp：显示 UDP 传输协议的连接状况；

-v 或--verbose：显示指令执行过程；

-V 或--version：显示版本信息；

-w 或--raw：显示 RAW 传输协议的连线状况；

-x 或--UNIX：此参数的效果和指定"-A UNIX"参数相同；

--ip 或--inet：此参数的效果和指定"-A inet"参数相同。

示例：显示详细网络状况。

```
# netstat -a
```

5）ss 命令

ss 命令用来显示处于活动状态的套接字信息。ss 命令可以用来获取 socket 统计信息，它可以显示和 netstat 类似的内容。ss 的优势在于它能够显示更多更详细的有关 TCP 和连接状态的信息，而且比 netstat 更快速更高效，语法格式为

ss[选项]

参数说明：

-h：显示帮助信息；

-V：显示指令版本信息；

-n：不解析服务名称，以数字方式显示；

-a：显示所有的套接字；

-l：显示处于监听状态的套接字；

-o：显示计时器信息；

-m：显示套接字的内存使用情况；

-p：显示使用套接字的进程信息；

-i：显示内部的 TCP 信息；

-4：只显示 IPv4 的套接字；

-6：只显示 IPv6 的套接字；

-t：只显示 tcp 套接字；

-u：只显示 udp 套接字；

-d：只显示 DCCP 套接字；

-w：仅显示 RAW 套接字；

-x：仅显示 UNIX 域套接字。

示例：显示 TCP 连接。

```
[root@localhost ~]# ss -t -a
```

列出所有打开的网络连接端口。

```
[root@localhost ~]# ss -l
```

6) route 命令

route 命令用来显示并设置 Linux 内核中的网络路由表,route 命令设置的路由主要是静态路由。要实现两个不同子网之间的通信,需要一台连接两个网络的路由器,或者同时位于两个网络的网关来实现,语法格式为

route [选项][参数]

参数说明:
-A:设置地址类型;
-C:将 Linux 核心的路由缓存;
-v:详细信息模式;
-n:不执行 DNS 反向查找,直接显示数字形式的 IP 地址;
-e:netstat 格式显示路由表;
-net:到一个网络的路由表;
-host:到一个主机的路由表。
示例:显示当前路由。

```
[root@localhost ~]# route
```

5. 系统管理

1) date 命令

date 命令可以用来显示或设定系统日期与时间,语法格式为

date [-u] [-d datestr] [-s datestr] [--utc] [--universal] [--date=datestr] [--set=datestr] [--help] [--version] [+FORMAT] [MMDDhhmm[[CC]YY][.ss]]

参数说明:
-d datestr:显示 datestr 中设定的时间(非系统时间);
--help:显示帮助信息;
-s datestr:将系统时间设为 datestr 中设定的时间;
-u:显示目前的格林尼治时间;
--version:显示版本编号。
示例:显示当前时间。

```
# date
三 5月 12 14:08:12 CST 2010
```

2) timedatectl 命令

timedatectl 命令作为 systemd 系统和服务管理器的一部分,代替旧的传统的用在基于

Linux 分布式系统 sysvinit 守护进程的 date 命令，语法格式为

```
timedaterctl [选项][参数]
```

参数说明：
查看当前时间/日期/时区：timedatectl 或者 timedatectl status；
查看所有可用时区：timedatectl list-timezones；
设置时区：timedatectl set-timezone "时区信息"；
设置 UTC：timedatectl set-timezone UTC；
设置时间：timedatectl set-time HH：MM：SS；
设置日期：timedatectl set-time YYYY-MM-DD；
设置日期时间：timedatectl set-time "YYYY-MM-DD HH：MM：SS"；
设置硬件时钟为本地时间：timedatectl set-local-rtc 1；
设置硬件时钟为 UTC 时间：timedatectl set-local-rtc 0；
启动 NTP 时间同步（启用 NTP 服务或者 Chrony 服务）：timedatectl set-ntp true；
禁用 NTP 时间同步：timedatectl set-ntp false。
示例：要显示系统当前时间和日期。

```
# timedatectl status
```

3) kill 命令
kill 命令用于删除执行中的程序或工作，语法格式为

```
kill [-s <信号名称或编号>][程序] 或 kill [-l <信号编号>]
```

参数说明：
-l <信号编号>：若不加 <信号编号> 选项，则 -l 参数会列出全部的信号名称；
-s <信号名称或编号>：指定要送出的信号；
[程序]：[程序] 可以是程序的 PID 或者 PGID，也可以是工作编号。
示例：彻底杀死进程。

```
# kill -9 123456
```

4) last 命令
last 命令用于显示用户最近登录信息，语法格式为

```
# last [options] [username …] [tty …]
```

参数说明：
-R：省略 hostname 的栏位；
-n：展示前 n 个信息；
username：展示 username 的登录信息；
tty：限制登录信息包含终端代号。

示例：简略显示，并指定显示个数为 5。

```
# last -n 5 -R
```

5) lastb 命令

lastb 命令用于列出登录系统失败的用户相关信息，语法格式为

lastb [-adRx][-f <记录文件>][-n <显示列数>][账号名称...][终端编号...]

参数说明：
-a：把从何处登录系统的主机名称或 IP 地址显示在最后一行；
-d：将 IP 地址转换成主机名称；
-f <记录文件>：指定记录文件；
-n <显示列数>或-<显示列数>：设置列出名单的显示列数；
-R：不显示登录系统的主机名称或 IP 地址；
-x：显示系统关机，重新开机，以及执行等级的改变等信息。
示例：显示登录失败的用户。

```
# lastb
```

6) ps 命令

ps(英文全拼：process status)命令用于显示当前进程的状态，类似于 Windows 的任务管理器，语法格式为

```
ps [options] [--help]
```

参数说明(ps 的参数非常多，在此仅列出几个常用的参数并大略介绍其含义)：
-A：列出所有的进程；
-w：显示加宽可以显示较多的资讯；
-au：显示较详细的资讯；
-aux：显示所有包含其他使用者的进程。
aux 输出格式：
USER PID %CPU %MEM VSZ RSS TTY STAT START TIME COMMAND；
USER：进程拥有者；
PID：pid；
%CPU：进程占用的 CPU 百分比；
%MEM：进程占用的内存百分比；
VSZ：占用的虚拟内存大小；
RSS：占用的物理内存大小；
TTY：终端的次要装置号码(minor device number of tty)；
STAT：该进程的状态；
D：无法中断的休眠状态（通常 IO 的进程）；
R：正在执行中；

S：静止状态；
T：暂停执行；
Z：不存在但暂时无法消除；
W：没有足够的内存分页可分配；
<：高优先级的进程；
N：低优先级的进程；
L：有内存分页分配并锁在内存内（实时系统或捱 A I/O）；
START：进程开始时间；
TIME：执行的时间；
COMMAND：所执行的指令。
示例：显示指定用户信息。

```
# ps -u root //显示 root 进程用户信息
```

7) uname 命令

uname（英文全拼：UNIX name）命令用于显示系统信息，语法格式为

```
uname [-amnrsv][--help][--version]
```

参数说明：

-a 或--all：显示全部的信息；

-m 或--machine：显示计算机类型；

-n 或-nodename：显示在网络上的主机名称；

-r 或--release：显示操作系统的发行编号；

-s 或--sysname：显示操作系统名称；

-v：显示操作系统的版本；

--help：显示帮助信息；

--version：显示版本信息。

示例：显示系统信息。

```
# uname -a
```

8) lsb_release 命令

LSB 是 Linux Standard Base 的缩写，lsb_release 命令用来显示 LSB 和特定版本相关信息。如果使用该命令时不带参数，则默认加上-v 参数，语法格式为

```
lsb_release [参数]
```

参数说明：

-i：显示系统名称简写；

-d：显示系统全称和版本号；

-r：显示版本号；

-a：显示 LSB 所有信息。

示例：使用-a 参数显示 LSB 所有信息。

```
[root@linuxcool ~]# lsb_release -a
```

9）w 命令

w 命令用于显示目前登录系统的用户信息，语法格式为

w [-fhlsuV][用户名称]

参数说明：
-f：开启或关闭显示用户从何处登录系统；
-h：不显示各栏位的标题信息列；
-l：使用详细格式列表，此为默认值；
-s：使用简洁格式列表，不显示用户登录时间，终端机阶段作业和程序所耗费的 CPU 时间；
-u：忽略执行程序的名称，以及该程序耗费 CPU 时间的信息；
-V：显示版本信息。
示例：显示当前用户。

```
w    //显示当前用户，不显示登录位置
```

10）free 命令

free 命令用于显示内存状态。free 指令会显示内存的使用情况，包括物理内存、交换内存、共享内存以及系统核心使用的缓冲区等，语法格式为

free [-bkmotV][-s<间隔秒数>]

参数说明：
-b：以 Byte 为单位显示内存使用情况；
-k：以 kB 为单位显示内存使用情况；
-m：以 MB 为单位显示内存使用情况；
-h：以合适的单位显示内存使用情况，最大为三位数，自动计算对应的单位值。单位有：
B=bytes；
K=kilos；
M=megas；
G=gigas；
T=teras；
-o：不显示缓冲区调节列；
-s<间隔秒数>：持续观察内存使用状况；
-t：显示内存总和列；
-V：显示版本信息。
示例：显示内存使用情况。

```
# free //显示内存使用信息
```

11) dmesg 命令

dmesg 命令用于显示开机信息,语法格式为

dmesg [-cn][-s<缓冲区大小>]

参数说明:

-c:显示信息后,清除 ring buffer 中的内容;

-s<缓冲区大小>:预设置为 8196,刚好等于 ring buffer 的大小;

-n:设置记录信息的层级。

示例:显示开机信息。

```
# dmesg |less
```

12) lsmod 命令

lsmod(英文全拼:list modules)命令用于显示已载入系统的模块。执行 lsmod 指令,会列出所有已载入系统的模块。Linux 操作系统核心具有模块化特性,因此在编译核心时,必须把全部功能都放入核心。可以将这些功能编译成一个个单独模块,待需要时再分别载入,语法格式为

lsmod

示例:显示模块信息。

```
# lsmod
```

13) lsof 命令

lsof 命令可以列出当前系统已经打开的所有文件,以及找回/恢复删除文件,是十分方便的系统监视工具。因为 lsof 命令需要访问核心内存和各种文件,所以需要 root 用户执行。语法格式为

lsof [options][filename]

参数说明:

-a:列出打开文件存在的进程;

-c<进程名>:列出指定进程所打开的文件;

-g:列出 GID 号进程详情;

-d<文件号>:列出占用该文件号的进程;

+d<目录>:列出目录下被打开的文件;

+D<目录>:递归列出目录下被打开的文件;

-n<目录>:列出使用 NFS 的文件;

-i<条件>:列出符合条件的进程(协议、端口、@ip);

-p<进程号>：列出指定进程号打开的文件；

-u：列出 UID 号进程详情；

-h：显示帮助信息；

-v：显示版本信息。

示例：

[root@localhost ~]# lsof							
command	PID	USER	FD	type	DEVICE	SIZE	NODE NAME
init	1 root	cwd	DIR	8,2		4096	2 /
init	1 root	rtd	DIR	8,2		4096	2 /
⋮							

lsof 输出各列信息的意义如下。

COMMAND：进程的名称；

PID：进程标识符；

PPID：父进程标识符（需要指定-R 参数）；

USER：进程所有者；

PGID：进程所属组；

FD：文件描述符，应用程序通过文件描述符识别该文件。

6.3.4 日志分析

1. Linux 日志基础知识

操作系统日志提供大量有关计算机诊断信息，Linux 也不例外。从内核事件到用户操作所有内容都被 Linux 日志记录，几乎可以看到服务器上执行的所有操作。本节将介绍什么是 Linux 日志，在哪里可以找到它们以及如何解析它们。

2. Linux 系统日志

Linux 有一个用于存储日志的特殊目录，称为/var/log。该目录包含来自操作系统本身、服务以及系统上运行各种应用程序的日志。在典型的 Ubuntu 系统上，此目录如图 6-5 所示。

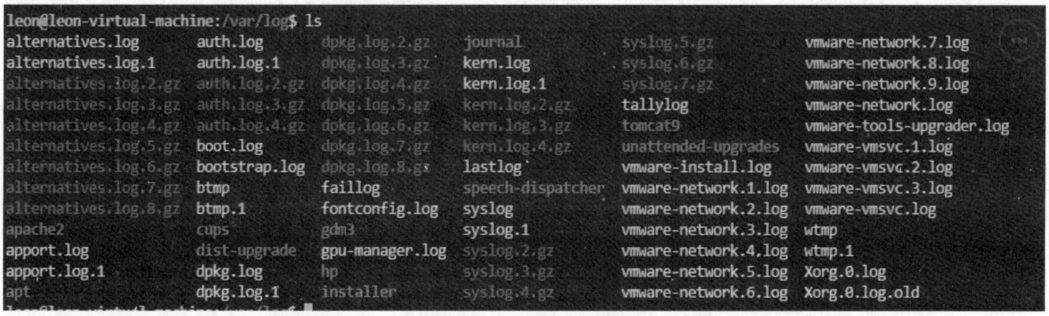

图 6-5　相关日志

一些重要的 Linux 系统日志如下：

（1）/var/log/syslog 和/var/log/messages：存储所有全局系统活动数据，包括启动消息。基于 Debian 系统如 Ubuntu 在/var/log/syslog 里存储，而基于 Red Hat 系统如 RHEL 或者 CentOS 保存在/var/log/messages 里。

（2）/var/log/auth.log 和/var/log/secure：保存与安全相关的事件，比如登录、root 用户活动和 PAM(Pluggable authentication modules,可插拔认证模块)输出的消息。Ubuntu 和 Debian 使用/var/log/auth.log，而 Red Hat 和 CentOS 使用/var/log/secure。

（3）/var/log/kern.log：保存内核事件、错误和警告日志，这对于自定义内核的排错非常有用。

（4）/var/log/cron：存储有关计划任务(cron jobs)信息。这些数据用来验证计划任务是否正确运行。

（5）/var/log/boot.log：记录系统在引导过程中发生的事件，即 Linux 系统开机自检过程显示的信息。

（6）/var/log/lastlog：记录最后一次用户成功登录的时间、登录 IP 等信息。

（7）/var/log/messages：记录 Linux 操作系统常见的系统和服务错误信息。

（8）/var/log/secure：Linux 系统安全日志，记录用户和工作组变化情况、用户登录认证情况。

（9）/var/log/btmp：记录 Linux 登录失败的用户、时间以及远程 IP 地址。

（10）/var/log/wtmp：永久记录每个用户登录、注销及系统的启动、停机事件，使用 last 命令查看。

（11）/var/run/utmp：记录有关当前登录的每个用户的信息，如 who、users、finger 等就需要访问这个文件。

某些应用程序也将日志文件写到这个目录。例如，Apache Web 服务器把日志保存在/var/log/apache2 目录（在 Debian 上），而 MySQL 把日志保存在/var/log/mysql 目录。另外，很多应用程序通过下面介绍的 syslog 来记录日志。

3. 什么是 syslog

syslog 是创建和传输日志的标准，可以表示以下内容：

（1）syslog 服务，用于接收和处理 syslog 消息。它通过创建一个位于/dev/log 的套接字来侦听事件，应用程序可以写入该套接字。它可以将消息写入本地文件或将消息转发到远程服务器。由多种不同的 syslog 实现，包括 rsyslogd 和 syslog-ng。

（2）syslog 协议(RFC5424)，是指定如何通过网络传输日志的传输协议，它也定义了消息结构的数据格式。默认情况下，它使用端口 514 传输纯文本消息，使用端口 6514 传输加密消息。

（3）syslog 消息，它是任何以 syslog 消息格式格式化(https://tools.ietf.org/html/rfc5424#section-6)的日志。系统日志消息由标准化的首部和包含日志内容的消息组成。

由于 syslog 可以将消息转发到远程服务器，因此通常用于将系统日志转发到日志管理的解决方案，例如 SolarWinds®Loggly®和 SolarWinds Papertrail™。

4. syslog 格式和字段

syslog 消息包含带有多个字段的标准化首部，包括时间戳、生成事件的应用程序名称、消息在系统中的起源及其优先级。可以在 syslog 消息的配置文件中更改此格式,但是使用标准格式可以更轻松地解析、分析和传输 syslog 消息。

下面给出了一条使用默认格式的示例日志消息,该消息来自 sshd 守护进程,sshd 守护进程控制对系统的 ssh 远程登录。此消息描述了一次失败的登录尝试,如图 6-6 所示。

```
Jan  3 10:54:20 leon-virtual-machine sshd[5865]: Failed password for leon from 192.168.201.1 port 8056 ssh2
```

图 6-6　失败登录

也可以在系统日志消息中添加其他字段。在/etc/rsyslog. conf 配置添加一些新字段后,重复上一个事件。使用以下 rsyslog 模板,其中添加了优先级(<%pri%>),协议版本(%protocol-version%)和使用 RFC 3339(%timestamp:::date-rfc3339%)格式化的日期,如图 6-7 所示。

```
<%pri%>%protocol-version%%timestamp:::date-rfc3339%%HOSTNAME%%app-name%%procid%%msgid%%msg%\n
```

图 6-7　添加字段

这将生成日志图 6-8 所示日志。

```
<85>0 2021-01-03T11:38:30.750130+08:00 leon-virtual-machine sshd 7363 -  pam_unix(sshd:auth): authentication failure; logname= uid=0 euid=0 tty=ssh ruser= rhost=  user=leon
```

图 6-8　生成日志

下面是在搜索或排除问题时一些最常用的 syslog 字段的说明。

timestamp: timestamp 字段表示发送消息的系统生成消息时的时间和日期。示例的时间戳分解如下。

(1) 2021-01-03 是年月日。

(2) T 是时间戳字段的必需元素,用于分隔日期和时间。

(3) 11:38:30.750130 是时间的 24 小时格式,包括毫秒数(750130)。

(4) +08:00 表示东八时区时间。它指示时间与 UTC 的偏移量为 8 小时。

HOSTNAME: HOSTNAME 字段(以上示例中的 leon-virtual-machine)表示最初发送消息的主机或系统名称。

app-name: app-name 名称字段(示例中为 sshd:auth)表示发送消息的应用程序名称。

priority: 优先级字段或简称 pri(上面的示例中的<85>)告诉事件的紧急程度或严重程度。它是两个数字字段组合:设施和严重性。设施指定创建事件的进程类型,范围从内核消息 0 到本地应用程序 23;严重性范围是 0~7,其中 0 表示紧急情况,7 表示调试事件。

pri 可以通过两种方式输出。第一种是单个数字 prival,它是用设施字段值乘以 8 来计算,然后将结果添加到严重性字段值中(facility)(8)+(severity)。第二种是 pri-text,它将以字符串格式"facility. severity"输出。后一种格式通常更易于阅读和搜索,但会占用更多存储空间。

5. systemd 日志

许多 Linux 发行版附带 systemd,它是一个进程和服务管理器。systemd 实现自己的日志记录服务,称为 journald,可以替代或补充 syslog。journald 日志与 systemd 日志方式大不相同。

6.3.5 Linux 日志分析

Linux 日志中存储了大量信息，挑战在于如何有效提取信息。可以使用一些工具来执行此操作，从命令行工具到更高级的分析工具，这些工具都可以在特定字段上进行搜索、计算摘要、生成图表等。

1. 使用 grep 搜索

分析日志最简单方法之一是使用 grep 执行纯文本搜索。grep 是一个命令行工具，可以搜索文件或其他命令输出中的匹配文本，具体用法可以参见前文。默认情况下，大多数 Linux 发行版中都包含该功能，Windows 和 Mac 也可以使用该功能。

要执行简单的搜索，可以输入搜索字符串，然后输入要搜索的文件。例如在身份验证日志中搜索包含 user leon 的行，如图 6-9 所示。

图 6-9 grep 命令搜索

请注意，这将返回包含完全匹配项的行，这对于想确切知道要查找的内容的搜索很有用。

2. 正则表达式

正则表达式（或 regex）是用于在文件中查找某些文本模式的语法。正则表达式比纯文本搜索灵活得多，可以使用除简单字符串匹配之外的多种技术，允许高度控制，但是构建精确的模式可能很困难。

例如，要找到在端口 5803 上的身份验证尝试，只需搜索"5803"即可匹配该端口，但也可能匹配到时间戳、URL 或其他数字。为防止这种情况，可以使用一个仅返回 5803 实例的"正则表达式"，并在其前面加上 port 和空格。使用一种称为 positive backbehind 的技术可以做到这一点。该表达式如图 6-10 所示(-P 标志表示我们正在使用 Perl 正则表达式语法）。

图 6-10 Perl 正则表达式语法

3. 周边搜索（surround search）

使用周边搜索会返回命中结果之前或之后多行。它提供每个事件上下文，跟踪导致事件发生或紧随事件发生的事件。-B 标志指定事件之前要返回的行数，-A 标志指定事件之后要返回的行数。

例如，让搜索使用无效用户名尝试登录并显示周围结果，可以看到无法登录的用户也无法通过反向映射检查。这意味着客户端没有有效的反向 DNS 记录，这在公共 Internet 连接中很常见。这并不意味着 SSH 服务器容易受到攻击，但可能意味着攻击者正在积极尝试获取对其的访问权限，如图 6-11 所示。

图 6-11　搜索使用无效用户名尝试登录

4. tail

tail 是另一个命令行工具，可以实时显示文件中的最新更改。这对于监视正在进行的进程（例如重新启动服务或测试代码更改）很有用。还可以使用 tail 来打印文件的最后几行，或将其与 grep 配对以过滤日志文件的输出，如图 6-12 所示。

图 6-12　tail 命令打印

5. cut

cut 命令允许分析剪切日志中的字段。分隔符是等号或逗号之类的字符，它们会用来分隔字段或键值对。

假设要从此日志中解析用户，如图 6-13 所示。

图 6-13　cut 命令分析字段

在 ubuntu 系统上，可以使用类似图 6-14 所示的 cut 命令得到第 8 个匹配。

图 6-14　cut 类似命令

6. 使用 awk 过滤和解析

过滤可以搜索特定字段值，而不是进行全文搜索。这将使日志分析更加精确，因为它将忽略日志消息其他部分中不希望的匹配项。为了搜索字段值，需要首先解析日志，或者至少要有一种基于事件结构的搜索方式。因此，可以使用 awk。

awk 是功能强大的命令行工具，提供完整的脚本语言，可以更有效地过滤和解析字段。例如，要从所有失败的登录尝试中提取用户名，如图 6-15 所示。

图 6-15　从所有失败的登录尝试中提取用户名

这是使用 awk 命令的方法。首先，使用正则表达式/sshd.＊invalid user/来匹配无效用户行；然后使用默认的定界符（空格字符）使用{print ＄ 11}打印第 11 个字段。这将输出用户名，如图 6-16 所示。

```
root@leon-virtual-machine:~# awk '/sshd.*invalid user/ { print $0 }' /var/log/auth.log
Jan  3 13:38:22 leon-virtual-machine sshd[8900]: Failed password for invalid user admin from 192.168.201.1 port 7978 ssh2
```

图 6-16　awk 命令

7. 使用日志管理系统搜索

日志管理系统简化了分析和搜索大量日志文件集合的过程。可以自动解析常见日志格式，例如 syslog 事件、SSH 日志和 Web 服务器日志。还可以索引每个字段，因此可以快速搜索 GB 甚至 TB 级的日志数据。经常使用诸如 Apache Lucene 之类查询语言来提供比 grep 更灵活的搜索，并提供比正则表达式更简单的搜索语法。由于不必为每个唯一的搜索创建自己的解析逻辑，因此可以节省时间和精力。

6.3.6　不同类型案件取证

1. 非法入侵

1）案情简介

2020 年 6 月 1 日 14 时，上海浦东警方接到陆家嘴环路上一家公司报案称，5 月 30 日至 31 日期间，该公司自主研发的"代付系统"遭到非法入侵，并向该公司所属银行账户发出汇款指令，先后向 7 个银行账户汇款共计人民币 730 万余元。

2）分析思路及过程

初步梳理受害公司情况后，了解到该公司"代付系统"后台使用了默认的管理账户，密码还是弱口令，所以判断极有可能为外部入侵导致案件发生。调取公司"代付系统"后台服务器的 Web 日志，根据案发时间段进行特定 url 筛选（后台登录地址），筛选所有登录成功的 IP，判断出可疑 IP，整理此 IP 登录后台的所有日志分析攻击者操作，最后根据此 IP 作案的时间段对 Web 日志进行整体分析。

3）梳理攻击过程

5 月 30 日 20 时左右国外 IP1 通过网络搜索引擎使用关键字"代付系统"发现被害公司"代付系统"网站，找到后台登录页面后进行尝试猜解密码登录，在第三次尝试时登录成功进入后台。之后对系统后台进行功能了解，于 22 时许下线。在 5 月 31 日凌晨 2 时许 IP1 用户再次登录"代付系统"后台，对支付功能继续进行研究。之后半小时左右有另外一个国外 IP2 一次性成功登录后台，对后台支付相关的功能进行研究，根据时间段及登录后的行为分析判断此 IP2 和 IP1 有关联性，在相同时间有国内 IP 通过查询被害公司服务器 IP 地址反查绑定域名方式访问被害公司服务器，之后又直接使用被害公司服务器 IP 地址直接访问 Web 服务，根据时间段及行为判断此国内 IP 和国外 IP2 具有关联性。之后国外 IP1 修改后台的企业用户账号，绑定银行卡，修改绑定手机号，进行转账，到 5 月 31 日早上 9 时 30 左右下线。

4）案件判断

国外 IP1 为主要攻击人员，进行了发现目标、后台密码破解、绑定银行卡、转账操作等。

国外 IP2 为作案同伙，进行辅助工作。

国内 IP 和国外 IP2 高度关联。

2. 提供非法服务

1）案情简介

2020 年 9 月 14 日，查获温泉镇居民罗 XX 非法使用翻墙 VPN 浏览境外网站的线索，通过对其询问得知其 VPN 翻墙软件是通过微信昵称"凡 XX-（稳定翻墙加速器）"微信号 HaoXX_goodman 的人以 240 元人民币购买一年的使用权。经过前期侦查发现，微信号 HaoXX_goodman 真实身份为郝 XX，其长期在网络上销售"翻墙"软件牟利，其行为涉嫌提供侵入、非法控制计算机信息系统程序工具罪。

2）分析思路及过程

通过查看其出售的翻墙软件网站找到节点 IP，对节点 IP 服务器进行勘察，发现使用 GOST 隧道转发提供非法服务。

3）取证过程

使用 putty 软件连接 IP 地址为 8.210.xx.xx 的服务器，查看/root/.bash_history 文件。发现有下载 gost_2.8.1_linux_amd64.tar.gz 文件和使用 screen 的命令记录；

使用命令 screen -ls 查看已创建的 screen 终端；

使用命令 screen-r20000 连接 screen_id 为 20000 的 screen 终端；

查看运行着的命令为

gost －L udp://:20000 －L tcp://:20000 －F relay＋ws://18.183.XX.XX:20000

确定了节点使用 GOST 隧道转发提供非法服务。

4）提供路由转发

查看/proc/sys/net/ipv4/ip_forward 文件，内容为 1 即开启了包转发功能。

查看/etc/sysctl.conf 文件。查看字段 net.ipv4.ip_forward 是否＝1，如是为包转发功能在系统启动时自动生效。

使用命令 iptables -t nat -L POSTROUTING 查看是否开启 NAT 转发。

使用命令 netstat -rn 查看路由表。

习题

6-1 简述操作系统的发展，对比分析单机环境与网络环境操作系统的异同。

6-2 UNIX 有哪几大流派？

6-3 按照软件包打包方式的不同，Linux 发行版大概可以分成哪四类？

6-4 Debian 系的 Linux 发行版的软件包格式是什么？常用的管理软件是什么？

6-5 UNIX/Linux 主要的文件类型有哪几类？

6-6 文件系统体系可以分为哪几个层次？每个层次的功能是什么？

6-7 Linux 下与程序运行有关的目录有哪些？

6-8 给出 Linux 下显示已载入系统的模块列表的命令。

6-9 Linux 系统日志一般保存在什么目录下？

第7章 移动终端取证技术

随着移动通信技术所提供服务水平和服务种类的不断提高和扩充,智能手机、平板电脑、POS 机等移动智能终端日益成为人们工作和生活中不可或缺的联系工具。与此同时,利用各类移动终端进行诈骗、诽谤和伪造等犯罪活动也屡见不鲜。尤其是伴随着在线支付、定位服务、移动搜索、移动浏览、移动即时通信等移动互联网应用的快速发展,各类利用移动终端的网络犯罪行为频繁发生,严重影响着良好互联网生态的形成和社会的稳定。考虑到智能移动终端种类繁多,以及智能手机应用的广泛性,本章主要以智能手机为主进行介绍。

7.1 移动通信概述

针对移动终端的取证离不开移动通信网络,而移动通信网络指为移动用户与固定用户之间或移动用户之间提供通信服务的网络。移动通信网络是整个通信网络的一个重要分支,由于无线通信具有移动性、自由性,以及不受时间地点限制等特性,广受用户欢迎。当前的移动通信网络,按照系统的覆盖范围和作业方式存在多种类型,例如双向对话式蜂窝公用移动通信、单向或双向对话式专用移动通信、单向接收式无线寻呼、家用无绳电话及无线本地用户环路等。考虑到取证工作的需要,本章主要介绍以智能手机应用为主、面向移动运营商的蜂窝移动通信技术和应用。

7.1.1 运营商的发展

移动运营商指提供移动通信业务的服务部门。目前,国内的三大通信运营商为:中国移动、中国联通和中国电信。移动运营商是网络服务的供应商,国家在通信管理方面较为严格,因此在国内只有拥有工信部颁发的运营牌照的公司才能架设移动通信网络。

1. 虚拟运营商

虚拟运营商(virtual network operator)指拥有某种或者某几种能力(如技术能力、设备供应能力、市场能力等)、与电信运营商在某项业务或者某几项业务上形成合作关系的合作伙伴,电信运营商按照一定比例的利益分成,把业务交给虚拟运营商去发展,其自身则腾出力量去做最重要的工作,当然电信运营商自己也在直接发展用户。

虚拟运营商类似于代理商,他们从中国移动、中国联通、中国电信三大基础运营商那里承包一部分通信网络的使用权,然后通过自己的计费系统、客服号、营销和管理体系把通信服务卖给消费者。

工信部在2013年底和2014年初先后向两批共19家民营企业颁发了虚拟运营商牌照,截至目前包括准虚拟运营商在内,总数已经逼近50家,分为了八大派系,分别是渠道派(苏宁、国美、迪信通、天音、乐语、话机世界、爱施德等)、互联网派(360、百度等)、电商派(阿里巴巴、京东等)、终端派(小米、联想、富士康、海尔等)、金融派(平安保险、民生银行、中期集团等)、行业派(北京华翔联信、分享通信、中麦通信、三五互联、长江时代等)、CP/SP派(北纬通信、远特通信、朗玛信息等)。

2. 网络制式

国内运营商使用和使用过的网络制式大致分为1G、2G、2.5G、3G、4G和5G。

1) 1G

1G(first generation),即第一代移动通信技术,指最初的模拟、仅限语音的蜂窝通信标准,制订于20世纪80年代,现已淘汰。

2) 2G

2G(second generation),即第二代移动通信技术,代表为GSM(global system for mobile communications,全球移动通信系统)和CDMA(code division multiple access,码分多址)。以数字语音传输技术为核心。2G网络提供的带宽是9.6kb/s。

3) 2.5G

2.5G是基于2G与3G之间的过渡类型,比2G在速度、带宽上有所提高,增加到56kb/s。代表有GPRS(General Packet Radio Service,通用无线分组业务)、HSCSD(high speed circuit switched data,高速电路交换数据)、WAP(wireless application protocol,无线应用协议)、EDGE(enhanced data rates for global evolution,全球增强型数据提升率)、蓝牙(bluetooth)等技术。

4) 3G

3G(third generation),即第三代移动通信技术,国内三大技术分别是WCDMA(wideband CDMA, CDMA direct spread)、CDMA2000和TD-SCDMA(time division-synchronous CDMA,时分同步CDMA)。3G带宽达到100~300kb/s,不仅能传输语音,还能传输数据,从而提供快捷、方便的无线应用。

5) 4G

4G(forth generation),即第四代移动通信技术,4G通信技术基于3G通信技术基础上不断优化升级、创新发展而来,融合了3G通信技术的优势,并衍生出了一系列自身固有的特征。4G的代表有:上行链路(移动台到基站)和下行链路(基站到移动台)采用两个分开的频率(有一定频率间隔要求)工作的FDD-LTE(frequency division duplexing-LTE,频分双工LTE)和通过不同的时隙(time slot)进行物理信道分配的TD-LTE(time division-LTE,时分LTE)。

其中，LTE(long term evolution，长期演进)是由 3GPP(the 3rd generation partnership project，第三代合作伙伴计划)组织制订的 UMTS(universal mobile telecommunications system，通用移动通信系统)技术标准的长期演进。4G 集 3G 与 WLAN 于一体，能够以 100Mb/s 以上的速度快速传输高质量音视频图像等数据。

6) 5G

5G(5th generation mobile networks)，即第五代移动通信网络制式。与前几代移动通信相比，5G 的业务提供能力将更加丰富；另外，面对多样化场景的差异化性能需求，5G 很难像以往一样以某种单一技术为基础形成针对所有场景的解决方案。2015 年 6 月，国际电信联盟(ITU)将 5G 正式命名为 IMT-2020，其性能目标是高数据速率(最高达 20Gb/s)、减少延迟(低于 1ms)、节省能源、降低成本、提高系统容量和大规模设备连接。

3. 意义和影响

从通信行业来说，设备生产商和运营商是相互依存的，但运营商一般更有优势。因此，为了抢占市场，越来越多的手机厂商与各大运营商展开深度合作，定制专门的手机型号和系统版本；同时，运营商为了发展和巩固客户群，推出优惠购机合约，在定制机上预装越来越多的内置程序用于广告宣传。尤其是不同运营商定制机在手机驱动和系统权限方面的限制，也给手机数据提取带来了各种未知的困难和阻碍。

7.1.2 智能手机操作系统

智能手机操作系统主要应用在智能手机上。主流的智能手机操作系统有 Google Android(安卓)和 iOS，除此之外还 Windows Phone(微软)、Symbian(诺基亚)、Black Berry OS(黑莓)、Web OS 和 Harmony(鸿蒙)等。

1. 智能手机操作系统的发展

按照源代码、内核和应用环境等的开放程度划分，智能手机操作系统可分为开放型平台(基于 Linux 内核)和封闭型平台(基于 UNIX 和 Windows 内核)两大类。

1996 年，微软发布了 Windows CE 操作系统，微软开始进军手机操作系统。2001 年 6 月，塞班公司发布了 SymbianS60 操作系统，作为 S60 的开山之作，把智能手机提高了一个概念，塞班系统以其庞大的客户群和终端占有率称霸世界智能手机中低端市场。2007 年 6 月，苹果公司的 iOS 登上了历史的舞台，手指触控的概念开始进入人们的生活，iOS 将创新的移动电话、可触摸宽屏、网页浏览、手机游戏、手机地图等几种功能融合为一体。2008 年 9 月，当苹果和诺基亚两个公司还沉溺于彼此的争斗之时，Android OS，这个由 Google 研发团队设计的小机器人悄然出现在世人面前，良好的用户体验和开放性的设计，让 Android OS 很快地打入了智能手机市场。

现在 Android OS 和 iOS 系统不仅在智能手机市场份额中维持领先，而且这种优势仍在不断增加。作为成熟稳定的手机操作系统，Symbian 仍占有一定的市场份额，有上升的潜力。而 Windows Phone 与 Windows 系统绑定的优势不容忽视。如果微软公司在手机性能和第三方软件及开发上做出提升和让步，也将是市场份额的有力竞争者。

智能手机操作系统是在嵌入式操作系统基础之上发展而来的专为手机设计的操作系

统,除了具备嵌入式操作系统的功能(如进程管理、文件系统、网络协议栈等)外,还需有针对电池供电系统的电源管理部分、与用户交互的输入/输出部分、对上层应用提供调用接口的嵌入式图形用户界面服务、针对多媒体应用提供底层编解码服务、Java 运行环境、针对移动通信服务的无线通信核心功能及智能手机的上层应用等。

2. iOS 操作系统

iOS 是由苹果公司开发的手持设备操作系统。苹果公司于 2007 年 1 月 9 日的 Macworld 大会上公布这个系统,以 Darwin(Darwin 是苹果计算机的一个开放源代码操作系统)为基础,属于类 UNIX 的商业操作系统。

迄今为止,iOS 平台上的应用总量达到近 60 万个。其中,游戏、书籍和娱乐分别排名前 3 位。

3. Android 操作系统

Android 英文原意为"机器人",Andy Rubin 于 2003 年在美国创办了一家名为 Android 的公司,其主要经营业务为手机软件和手机操作系统。Google 斥资 4000 万美元收购了 Android 公司。Android OS 是 Google(谷歌)与由包括中国移动、摩托罗拉、高通、宏达和 T-Mobile 在内的 30 多家技术和无线应用的企业组成的开放手机联盟合作开发的基于 Linux 的开放源代码的开源手机操作系统,并于 2007 年 11 月 5 日正式推出了基于 Linux2.6 标准内核的开源手机操作系统,命名为 Android,成为首个为移动终端开发的真正的开放的和完整的移动软件。

Android 平台最大优势是开发性,允许任何移动终端厂商、用户和应用开发商加入到 Android 联盟中来,允许众多的厂商推出功能各具特色的应用产品。平台提供给第三方开发商宽泛、自由的开发环境,由此会诞生丰富的、实用性好、新颖别致的应用。产品具备触摸屏、高级图形显示和上网功能,界面友好,是移动终端的 Web 应用平台。

7.1.3 移动终端的发展

移动终端也称为移动通信终端,指可以在移动中使用的计算机设备。广义地讲,移动终端包括手机、笔记本电脑、平板电脑、POS 机甚至包括车载计算机,但是大部分情况下主要指具有多种应用功能的智能手机以及平板电脑。

1. 取证工作中常见的移动终端

自 2007 年开始,智能化引发了移动终端基因突变,从根本上改变了终端作为移动网络末梢的传统定位。移动智能终端几乎在一瞬间转变为互联网业务的关键入口和主要创新平台。移动智能终端引发的颠覆性变革揭开了移动互联网产业发展的序幕,开启了一个新的技术产业周期。随着移动智能终端的持续发展,其影响力将比肩收音机、电视和互联网(PC),成为人类历史上第 4 个渗透广泛、普及迅速、影响巨大、深入到人类社会生活方方面面的终端产品。

目前常见的移动终端有如下几类:

1) 手机

手机,全称为移动电话或无线电话,原本只是一种通信工具,早期有"大哥大"的俗称,是可以在较广范围内使用的便携式电话终端,最早是由美国贝尔实验室在1940年制造的战地移动电话机发展而来。

智能手机指像个人计算机一样,具有独立的操作系统和独立的运行空间,可以由用户自行安装游戏、导航等第三方服务商提供的程序,并可以通过移动通信网络来实现无线网络接入的手机类型的总称。目前智能手机的发展趋势是充分加入了人工智能、5G、定位等多项专利技术,使智能手机成为了用途最为广泛的移动通信产品。

2)平板电脑

平板电脑也叫便携式计算机(tablet personal computer, Tablet PC),是一种小型、方便携带的个人计算机,以触摸屏作为基本的输入设备。平板电脑拥有的触摸屏(也称为数位板技术)允许用户通过触控笔或数字笔来进行作业而不是传统的键盘或鼠标。用户可以通过内建的手写识别、屏幕上的软键盘、语音识别或者一个真正的键盘(如果该机型配备的话)实现输入。

3)智能手环

智能手环是一种穿戴式智能设备。通过智能手环,用户可以记录日常生活中的锻炼、睡眠(部分还有饮食)等实时数据,并将这些数据与智能手机、平板电脑以及苹果的iPod touch等设备同步,通常用于通过数据来指导健康生活。

4)车载电视

车载移动数字电视(简称车载电视)是移动数字电视的一种,通常安装在公交车、地铁和出租车等公共交通工具上,采用数字电视技术,通过无线发射、地面接收的方式进行电视节目转播。

2. 移动终端的特点

可以从硬件和软件体系、通信能力、应用功能等方面来对移动终端进行较为全面系统的分析。

1)硬件体系

从硬件体系来看,移动终端具备中央处理器、存储器、输入部件和输出部件,也就是说,移动终端往往是具备通信功能的微型计算机设备。另外,移动终端可以具有多种输入方式,例如键盘、鼠标、触摸屏、送话器和摄像头等,并可以根据需要调整输入。同时,移动终端往往具有多种输出方式,如受话器、显示屏等,也可以根据需要进行调整。

2)软件体系

从软件体系来看,移动终端都具有功能完备的操作系统,如 Windows Mobile、Symbian、Palm、Android、iOS 等。同时,这些操作系统越来越开放,基于这些开放的操作系统平台开发的个性化应用软件层出不穷,如通信簿、日程表、记事本、计算器以及各类游戏等,极大地满足了个性化用户的需求。

3)通信能力

从通信能力来看,移动终端具有灵活的接入方式和高带宽通信性能,并且能够根据所选择的业务和所处的环境,自动调整所选的通信方式,从而方便用户使用。移动终端可以支持 GSM、WCDMA、CDMA2000、TDSCDMA、WiFi 以及 WiMAX 等通信方式,从而适应多种制式网络,不仅支持语音业务,更支持多种无线数据业务。

4)功能实现

从功能使用来看,移动终端更加注重人性化、个性化和多功能化。随着计算机技术的发展,移动终端从"以设备为中心"的模式进入"以人为中心"的模式,集成了嵌入式计算、控制技术、人工智能技术以及生物认证技术等,充分体现了以人为本的宗旨。由于软件技术的发展,移动终端可以根据个人需求调整设置,更加个性化。同时,移动终端本身集成了众多软件和硬件,功能也越来越强大。

7.2 取证对象

从概念上讲,手机取证就是从手机 SIM 卡、手机内/外置存储卡以及移动网络运营商数据库中收集、保全和分析相关的电子证据,并最终从中获得具有法律效力、能被法庭所接受的证据的过程。目前牵涉到手机的犯罪行为大致有三种:①在犯罪行为的实施过程中使用手机来充当通信联络工具;②手机被用作一种犯罪证据的存储媒质;③手机被当作短信诈骗、短信骚扰和病毒软件传播等新型手机犯罪活动的实施工具。这些都充分地表明进行手机取证技术的相关研究对于维持社会稳定、保障人民权益和打击犯罪行为具有充分的必要性和极大的迫切性。

7.2.1 用户识别卡

在手机取证的过程中,第一步的工作是从手机各个相关证据源中获取有线索价值的电子证据。手机的 SIM 卡、内存、外置存储卡和移动网络运营商的业务数据库一同构成了手机取证中的重要证据源。

1. SIM 卡

在移动通信网络中,手机与 SIM 卡共同构成移动通信终端设备。SIM 也称为用户身份识别卡。移动通信网络通过 SIM 卡来对用户身份进行鉴别,同时对用户通话时的语音信息进行加密。目前,常见 SIM 卡的存储容量有 8kB、16kB、32kB 和 64kB 几种。从内容上看,SIM 卡中所存储的数据信息大致可分为 5 类。

(1) 由移动运营商在将卡发放给用户时存入的网络参数和用户数据。主要包括鉴权和加密信息、算法、参数。同时,包括用户自己存入的数据,如短消息、通讯录、通话记录等。

(2) 手机存储的固有信息。主要包括各种鉴权和加密信息、GSM 的 IMSI 码、CDMA 的 MIN 码、IMSI 认证算法、KI 手机鉴权密钥算法。

(3) 在手机使用过程中存储的个人数据。主要包括短消息、电话簿、行程表和通话记录等信息。

(4) 移动网络数据。主要包括用户在使用 SIM 卡过程中自动存入和更新的网络服务和用户信息数据,如设置的周期性位置更新间隔时间和最近一次位置登记时手机所在位置识别号。

(5) 其他的相关手机参数。主要包括个人身份识别号(PIN),以及解开锁定用的个人解锁号(PUK)等信息。

2. UIM 卡

UIM(user identity module,用户识别模块)是由中国电信倡导并得到国际 CDMA 组织

(CDMA development group，CDG)支持的移动通信终端用户识别及加密技术。它支持专用的鉴权加密算法和 OTA(over the air，空中接口)技术，可以通过无线空中接口方式对卡上的数据进行更新和管理。

UIM 卡的功能类似于全球通(GSM)手机中使用的 SIM 卡，可进行用户的身份识别及通信加密，还可以存储电话号码、短信息等用户个人信息。同时，UIM 卡采用了一卡一号的便利使用方式，用户只需拥有一张属于个人的 UIM 卡，插入任何一部配有 UIM 卡接口的手机即可应用。

UIM 卡是一个装有微处理器的芯片卡，它的内部有 5 个模块，并且每个模块分别对应一个 16 位或 32 位的微处理器(CPU)、3~8kb 大小的程序存储器(ROM)、6~16kb 大小的工作存储器(RAM)、128~256kb 的数据存储器(EEPROM)和串行通信单元。这 5 个模块被胶封在 UIM 卡上，其封装方式与普通 IC 卡类似。这 5 个模块集成在一块集成电路中，以提高安全性。

3. USIM 卡

USIM(universal subscriber identity module，全球用户识别卡)即第三代手机卡，也是 SIM 卡的升级产品。相对于 SIM 卡，USIM 卡在安全性方面对算法进行了升级，并且增加了卡对网络的认证功能，其安全性比 SIM 卡更高。相对于 SIM 卡而言，USIM 卡最大的特色是支持 4G 网络，而且还向下兼容 3G 网络以及 GSM 网络。与 SIM 卡相比较，USIM 卡的特点如下：

(1) 支持 4G 网络并向下兼容 3G 网络和 GSM 网络，而 SIM 卡无法兼容 4G 网络，仅支持 3G、2G 和 GSM 网络。

(2) 拥有高等级的加密功能，安全性更高。

(3) 拥有更大的容量，能够支持更多的手机应用，USIM 卡的电话簿最大可以保存 500 个电话号码和其他的信息(如电子邮件等)。

7.2.2 鉴权码

手机鉴权码是电信交换设备用于识别用户号码的一类特殊代码。电信网络通过鉴权码来判断用户的合法性。

1. IMEI

IMEI(international mobile equipment identity，移动设备国际识别码)即通常所说的手机序列号或手机"串号"(图 7-1)，用于在移动电话网络中识别每一部独立的手机等移动通信设备，相当于移动电话的身份证。手机 IMEI 码由 15~17 位数字组成。

第 1 部分为 TAC(type allocation code，类型分配码)，由 8 位数字组成(早期为 6 位)，是区分手机品牌和型号的编码，该代码由 GSMA 及其授权机构分配。其中，TAC 码前 2 位又称为分配机构标识(reporting body identifier)，是授权 IMEI 码分配机构的代码，如"01"为美国无线通信和互联网协会(CTIA)，"35"为英国通信认可委员会(BABT)，"86"为中国电信终端产业协会(TAF)等。

第 2 部分为 FAC(final assembly code，最终装配地代码)，由 2 位数字构成，仅在早期

图 7-1 手机 IMEI

TAC 码为 6 位的手机中存在,所以 TAC 和 FAC 码合计一共 8 位数字。FAC 码用于生产商内部区分生产地代码。

第 3 部分为 SNR(serial number,序列号),由第 9 位开始的 6 位数字组成,用于区分每部手机的生产序列号。

第 4 部分为 CD(check digit,验证码),由前 14 位数字通过 Luhn 算法计算得出。

第 5 部分为 SVN(software version number,软件版本号),用于区分同型号手机出厂时使用的不同软件版本,仅在部分品牌的部分机型中存在。

Android 和 iOS 系统手机都可以通过拨打 *♯06♯ 来查看本机的 IMEI 号。

2. IMSI

IMSI(international mobile subscriber identification,国际移动用户识别码)是存储在 SIM 卡中用于区分不同移动用户的标识。IMSI 的总长度不超过 15 位,同样使用 0~9 的数字。一个典型的 IMSI 号码类似于 460030912121001,IMSI 共有 15 位,其结构为:MCC+MNC+MSIN。

(1) MCC。MCC(mobile country code,移动国家码)是由国际电信联盟(ITU)在全世界范围内统一分配和管理,用于唯一识别移动用户所属的国家,即移动用户所属国家代号,共 3 位,中国为 460。

(2) MNC。MNC(mobile network code,移动网络号码)用于识别移动用户所归属的移动通信网,由 2~3 位数字组成。一般情况下,一个国家的一个运营商对应一个 PLMN(public land mobile network,公共陆地移动网)。在同一个国家内,如果有多个 PLMN,可以通过 MNC 来进行区分,即每一个 PLMN 都要分配唯一的 MNC。例如,中国移动系统使用 00、02、07,中国联通 GSM 系统使用 01、06,中国电信 CDMA 系统使用 03、05,电信 4G 使用 11,中国铁通系统使用 20 等。

(3) MSIN(mobile subscriber identification number,移动用户识别号码)用于识别某一移动通信网中的移动用户,共有 9~10 位。

可以看出,利用 MCC 可以区分出每个用户来自的国家,可以实现国际漫游;在同一个国家内,如果有多个 PLMN,可以通过 MNC 来进行区分。

3. ICCID

ICCID(Integrate Circuit Card Identity,集成电路卡识别码)固化在手机 SIM 卡中,是 IC 卡的唯一识别号码,共由 20 位数字组成,其编码格式为:XXXXXX 0MFSS YYGXX XXXXP。其中,前 6 位(XXXXXX)为运营商代码,例如中国移动为 898600、898602、

898604、898607，中国联通为 898601、898606、898609，中国电信为 898603、898611 等。以 89860 0MFSS YYGXX XXXXP 为例，表 7-1 是中国移动对 ICCID 编码格式的定义，中国电信和中国联通对 ICCID 的定义可参阅相关说明。

表 7-1　中国移动对 ICCID 编码格式的定义

编　码	说　明	举　例
89	国际编号	
86	国家编号	86 为中国
00	运营商编号	00 为中国移动
M	号段，对应用户号码前 3 位	0 为 159，1 为 158，2 为 150 等
F	用户号码第 4 位	
SS	省编号	01 为北京，02 为天津，03 为河北，04 为山西等
YY	编制 ICCID 时年号的后两位	
G	SIM 卡供应商代码	0 为雅斯拓，2 为武汉天喻，5 为大唐微电子通等
XXXXXX	用户识别码	
P	校验位	

7.2.3　手机存储卡

随着手机功能的增强，手机内置的存储芯片容量呈现不断扩充的趋势。手机内存根据存储数据的差异可分为动态存储区和静态存储区两部分，如图 7-2 所示。其中，动态存储区主要存储执行操作系统指令和用户应用程序时产生的临时数据，而静态存储区保存着操作系统、各种配置数据以及一些用户个人数据。

图 7-2　静态与动态存储区

从手机调查取证的角度，静态存储区中的数据往往具有更大的证据价值。GSM 手机识别号 IMEI、CDMA 手机识别号 ESN、电话簿资料、收发与编辑的短信息、主/被叫通话记录、手机的铃声、日期时间以及网络设置等数据都可在此存储区中获取。但是，在不同的手机和移动网络中，这些数据在读取方式和内容格式上会有差异。另外，为了满足人们对于手机功能的个性化需求，许多品牌型号的手机都提供了外置存储卡来扩充存储容量。当前市面上常见的外置存储卡有 SD、MiniSD 和 Memory Stick。外置存储卡在处理涉及版权或著作权的案件时是一个重要的证据来源。

7.2.4　备份与云服务

手机备份指将手机内的通信录、短信、通话记录、应用软件、游戏等重要资料进行备份，以防数据丢失。手机云服务是指以手机终端为载体,通过服务器、网络、终端全部实时连接形成一个统一的生态系统,在这个系统内服务器进行大量的运算和信息存储,而高速的网络则负载整个信息的传输。针对手机备份和云服务的取证内容主要涉及以下几方面:

1. 联系人同步功能

手机上大量联系人信息的导入/导出是一个经常困扰用户的操作。针对用户信息的管理问题,手机上联系人同步功能就显得非常重要。云计算最先解决了联系人同步这一问题,通过云计算提供的网址,用户可以在计算机上进行同步操作,将联系人上传至服务器,然后通过手机同步功能再下载到本机。目前,几乎所有的手机云服务商都支持此项操作。

2. 个人资料备份功能

邮件、短信等信息是很多用户非常关心的个人资料,所以在很多情况下需要对重要的短信、邮件等信息进行实时备份。云服务提供了很好的备份功能,在具体应用中只需要简单的操作就可以完成同步、备份等操作,使用非常便捷。

3. 推送功能

在手机通信中,大多智能手机都支持推送功能。例如,用户手机上有一个即时信息软件,它在运行时会与后台服务器实时连接。在很多情况下,当用户关闭了软件操作界面后,软件转向后台运行。这些后台运行的软件经常会提供推送服务,例如提醒用户进行软件升级、实时更新消息等。

现在用户使用的手机基本都是智能手机,很多人以为,不上网就不会有流量,其实不然。智能手机都有推送功能,邮件、天气、部分程序等都会自动更新,这也就是很多用户反映的"偷流量"问题。即便是用户在休息时,手机还是通过后台在悄悄产生流量。

推送功能成为智能手机的一大标志。推送功能可以为使用者根据个人兴趣和爱好提供推荐服务,也可以给用户提供一些在线选择。例如,在使用地图服务时,会根据用户当前的地理位置来推荐周边的服务等。

4. LBS 定位

基于位置的服务(location based service, LBS)指移动终端利用各种定位技术获得当前位置信息,再通过无线网络得到某项服务。

1) LBS 定位的实现方法

图 7-3 描述了 LBS 系统的一般性架构。先进的定位技术可以实时获取用户或移动对象的位置信息,并发送到 LBS 系统中去。当前应用最广泛的定位技术是 GPS,此外还包括其他定位技术,例如 GSM、Wi-Fi、RFID(radio frequency identification,射频识别)等。LBS 系统将这些位置信息保存在 MOD(moving object database,移动对象数据库)中,通过构建特定的索引来提高访问效率。此外,LBS 系统还需要保留一些静态 GIS(geographic information system,地理信息系统)信息。用户向 LBS 系统发出服务请求,并获取服务。LBS 系统的查询处理引擎访问移动对象数据库和静态数据库,从而提供用户所需的服务。为了保护用户的隐私,LBS 系统一般还有位置隐私保护模块,从而不会在向用户提供服务的过程中泄露用户的隐私。位置隐私保护模块有时也涉及与第三方可信机构之间的交互。

2) 定位技术

基于位置的服务的基础是高质量地获取位置信息。定位技术主要有 3 类:卫星定位技

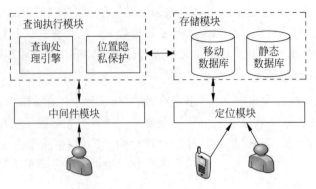

图 7-3　LBS 系统架构

术、基于网络的定位技术和感知定位技术。

（1）卫星定位技术。卫星定位技术指利用太空中的人造卫星对移动对象进行定位，典型代表是 GPS(global positioning system，全球定位系统)。

（2）基于网络的定位技术。基于网络的定位技术指利用网络基站（或者接入点）等基础设施对移动对象进行定位。当移动终端被某一网络覆盖区域感知时，由网络基站或控制点计算出该移动终端的位置，典型代表是移动通信网络（如 GSM、CDMA、TD-LTE 等）。

（3）感知定位技术。感知定位技术指在指定空间内部署传感器，当移动对象进入传感器的检测区域时，则能判定该对象的位置，典型代表是无线射频识别技术（RFID）。

3) LBS 的分类

根据服务信息的投递是否需要用户的直接交互，LBS 可以分为拉动服务（pull services）和推送服务（push services）。

（1）拉动服务。拉动服务指由用户主动发送明确的服务请求，服务提供商把所需信息返回给用户，就如同用户把所需要的信息从服务提供商那里"拉"到用户自己这里。例如，用户发送一个请求"离我最近的饭店在哪里？"给服务提供商，服务提供商根据用户当前位置，找到最近的饭店返回给用户。

（2）推送服务。推送服务则和拉动服务相反，用户没有明确发送服务请求，而是当某一条件满足时，服务提供商自动将相关信息返回给用户。推送服务又可以分为用户事先同意和用户事先未同意两类。其中，用户事先同意的服务通常是通过向服务提供商订阅（subscription）实现，如用户订阅根据当前位置提供天气预报信息的服务。当用户从上海到达北京时，服务提供商就将北京的天气资料发给该用户。用户未事先同意的服务一般指的是广告投递服务，如服务提供商将某商场的促销信息发送给周边的用户。

7.2.5　取证流程

根据现有的法律规范，在行政执法过程中，处理现场的手机数据通常应按照以下的流程进行：现场处置→证据识别→证据先行登记保存→现场分析→实验室分析→结果校验→出具报告。

1．取证前准备

针对智能手机的取证工作，取证前应做好以下准备：

(1) 确保手机处于屏蔽状态或飞行模式,防止取证过程中新数据的接收,造成手机原始数据的破坏。

(2) 确保手机电量充足,切记不能因为手机电量不足而意外关机,从而造成数据的不必要损坏。同时,要注意智能手机有些数据在删除后并不会立即清除,只有在下次重启以后,才会被完全清除掉。

(3) 数据备份/复制。按取证要求,在取证过程中需确保证据原始数据的完整性和取证过程的可重复性,因此在取证分析前需对手机 SIM 卡、SD 卡和内存原始数据进行备份。

(4) 成功备份数据后,综合使用专用取证工具,分析备份数据。

2. 注意事项

手机取证操作要视具体手机类型、品牌及操作系统版本的不同而选择不同的操作方法,本节就非智能手机和智能手机中几款典型的手机品牌介绍取证操作中的注意事项。因为智能手机的发展非常迅速,取证人员在具体操作之前一定要先确定手机品牌、型号和操作系统的当前版本号,然后再根据具体的操作流程进行操作。

1) 非智能手机

(1) Lenovo 和 Amoi 系列手机。在手机连接到计算机之后,首先在手机上选择串口或 PC 通信方式。

(2) Philips 系列手机。在手机连接到计算机之后,首先在手机上选择 COM 端口。

(3) LG 系列手机。在手机连接到计算机之后,手机端设置:菜单→设置→连接→调制解调器,或菜单→连接性→USB 连接→数据服务。根据手机具体情况进行设置,部分手机要求在获取过程中保持滑盖状态或保持设置的界面,否则数据信息获取不全。

(4) 三星系列手机。在手机连接到计算机之后,手机端设置:功能表→设定→话机设定→USB 设定→调制解调器,或功能表→设定→手机设定→USB 设定→三星 PC Studio。需要根据手机具体情况进行设置,否则数据信息获取不全。

(5) Sharp 系列手机。在手机连接到计算机之后,手机端设置:设置→连接性→计算机连接→数据电缆。在获取过程中,要保持数据电缆界面,否则数据信息获取不全。需要注意的是,在获取过程中,要插入一张有效的 SIM 卡,否则获取信息不全。

(6) MTK 平台和 Philips 系列手机。在获取过程中,会出现提示"询问是否获取电话本附加信息,选择'是'将影响对删除数据的恢复"。出现该提示信息的原因是在获取过程中,手机用户存储器上会进行文件交换,可能会覆盖手机上已删除的图片、铃声等,但对通话记录、短信及文件系统没有影响。其中,电话本附加信息包括电话本中的类型、位置、所属群组等。另外,如果出现"手机磁盘不可写,无法读取附加信息"提示,是因为少部分手机是没有用户存储器的,需要插入一张外部存储器(SD 卡)。这时,根据提示应插入一张 SD 卡,重新获取。

2) Linux 平台的智能手机

针对基于 Linux 平台的智能手机,在取证时需要注意以下事项:

(1) 在手机开机时,选择开启电话功能,否则 SIM 卡中的短信将获取不到。

(2) 在获取过程中,系统会提示插入相应的 SD 卡。

3) Windows CE 平台的智能手机

针对 Windows CE 平台的智能手机,取证时应注意以下事项:

（1）在获取信息时系统会出现提示信息，需要用户在手机内存上加载插件。此时，只需要选取"是"，以便获取手机中所有用户信息。如果选择"否"，将无法获取短信、部分设备信息等内容。另外，通话记录全部显示在拨出电话中。

（2）在获取信息时，请确认手机不在飞行模式。

（3）在获取开始时，手机端会出现类似"正在运行未知程序"的提示，选择让程序继续运行即可。

（4）安装在手机中的插件文件包括 TEMP/ServerSetup 和 SMLog，以及 Windows 下的 EdbRapiServer.dll。其中，需要选择"显示隐藏的文件、文件夹和驱动器"，使 Windows 下的文件都能够显示出来。

4）塞班 S60 智能手机

针对塞班 S60 智能手机，在取证时需要注意以下事项：

（1）在手机连接到计算机之前，首先在手机上设置数据连接方式为 PC 套件或 Ovi Suite（不同版本的手机数据连接设置菜单会有所区别）。

（2）如果已经运行诺基亚 PC 套件，需要退出诺基亚 PC 套件后，再执行盘古石 SafeMobile 进行获取，避免产生冲突。

（3）S60 第 3 版（不包含 FP2 版本），目前已实现插件免签功能，由盘古石 SafeMobile 系统下载 SafeMobileS603.sisx 文件到手机其他文件夹中，执行数据信息获取。

（4）S60 第 3 版 FP2 版本和 S60 第 5 版，目前已实现插件免签功能，由盘古石 SafeMobile 系统下载 SafeMobileS605.sisx 到手机其他文件夹中，执行数据信息获取。

5）Android 系统手机

针对目前大量使用的基于 Android 系统的智能手机，在取证操作时需要针对不同的版本选择不同的操作方式。

（1）Android 3.2 及以下系统。在应用程序列表选择"设置"→"应用程序"→"开发"→"USB 调试"选项，并且确认。

（2）Android 4.0 和 4.1 系统。在应用程序列表选择"设置"→"开发者选项"→"USB 调试"选项，并且确认。

（3）Android 4.2 以上系统。在应用程序列表选择"设置"→"关于"→反复单击"版本号"→"开发者选项"→"USB 调试"选项，并且确认。

（4）Android 4.2.2 以上系统。Android 4.2.2 系统在首次连接时会弹出允许 USB 调试连接提示，务必选中"一律允许使用这台计算机进行调试"选项，否则手机将无法与主机正常通信。

7.2.6 取证方法

手机作为一类当前使用最为广泛的通信工具，对其数据的获取通常指将手机中的信息读取出来，供后续分析使用。智能手机数据的获取，常见的有逻辑获取、备份提取、逻辑镜像获取和物理镜像获取四种方法。

1. 逻辑获取

逻辑获取是通过对手机的逻辑分区中已有的文件及文件夹进行对位的复制，具体通过原始设备制造商的应用程序接口将手机中的数据同步到计算机中。一般的手机取证工具均支持逻辑获取方法。在逻辑获取过程中,由于不涉及二进制对象,所以取证过程相对简单。然而,有经验的取证人员从物理获取中获取的数据远远多于逻辑获取。

2. 备份提取

随着手机系统版本及软件版本的提高,应用程序的数据越来越难以提取。备份提取是在保留程序缓存配置数据的情况下,将不支持备份的高版本应用程序替换为支持备份的低版本应用程序,从而得到备份数据进行解析。

3. 逻辑镜像获取

逻辑获取通常无法得到被删除的数据,因为这些数据从文件系统中已经被移除。然而,在很多情况下,尤其是基于 SQLite 建立的操作系统中(例如苹果公司的 iOS 和 Google 公司的 Android),手机将数据存放在数据库文件中,因此不会被即时覆盖,而是被标记为被删除的空间用于此后新数据的覆盖。在这种情况下,如果手机能够在同步界面中允许文件系统的访问权限,就有可能恢复出已删除的数据。文件系统获取有助于理解文件结构、上网记录及相关应用程序的安装使用情况,也使得调查人员可以利用传统的取证分析工具进行综合分析。

4. 物理镜像获取

物理镜像获取是将整个手机的物理存储区域(闪存)进行对位复制,这种操作非常类似于对计算机硬盘的获取过程。物理镜像获取的优势在于发现已删除的文件以及挖掘文件碎片。物理镜像获取需要直接访问闪存芯片并从中获取数据。总的来说,这非常困难,因为手机的原始设备制造商对于从闪存芯片中读取数据有严格的限制,甚至有可能造成手机被锁定。为了绕过这个安全机制,手机取证工具厂商为了获取闪存数据分别开发了各自的 boot loader(用于破解或绕过屏幕密码及手势密码)。

一般来说物理镜像获取有以下三种获取方式:

(1)不拆机镜像。可以通过取证工具对手机进行不拆机条件下的镜像文件提取。

(2)芯片提取。对手机机身进行拆解,获取手机芯片后用专用工具对芯片进行数据固定,获得镜像文件。

(3)微读技术。在电子显微镜下对 NAND 或 NOR 芯片存储进行外观状态的观察,并借助均衡磨损原理等固态介质存储理论进行数据还原。

7.3 iOS 设备取证

iOS 是由苹果公司开发的移动操作系统。苹果公司最早于 2007 年 1 月 9 日的 Macworld 大会上公布这个系统,最初是设计给 iPhone 使用的,后来陆续套用到 iPod touch、iPad 上。iOS 与苹果的 macOS 操作系统一样,属于类 UNIX 的商业操作系统。

7.3.1 iOS 设备取证概述

在介绍具体取过操作之前,先介绍与 iOS 设备取证相关的一些基础知识,为后续的取证操作提供基础。

1. iOS 的发展

2007 年 1 月 9 日,苹果公司在 Macworld 展览会上公布,随后于同年的 6 月发布第一版 iOS 操作系统,最初的名称为"iPhone Runs OS X"。

2007 年 10 月 17 日,苹果公司发布了第一个本地化 iPhone 应用程序开发包(SDK),并且计划在第 2 年 2 月发送到每个开发者以及开发商手中。

2008 年 9 月,苹果公司将 iPod touch 的系统也换成了 iPhone OS。

2010 年 6 月,苹果公司将 iPhone OS 改名为 iOS,同时还获得了思科 iOS 的名称授权。

2012 年 9 月 20 日,苹果发布 iOS 6 正式版,本次更新拥有超过 200 项新功能。其中尤其加强了针对中国用户的定制功能,包括 Siri 开始支持中文语言,系统整合新浪微博、163 邮箱等。

2013 年 9 月 19 日,苹果发布 iOS 7 正式版,带来超过 200 项全新功能。

2014 年 6 月 3 日(西八区时间 2014 年 6 月 2 日),苹果公司在 WWDC 2014 上发布了 iOS8,并提供了开发者预览版更新。

2014 年 9 月 17 日,苹果发布 iOS 8 正式版。

2015 年 9 月 17 日,苹果发布 iOS 9 正式版。

2016 年 9 月 14 日,苹果发布 iOS 10 正式版,这是苹果推出移动操作系统以来最大的一次更新,尤其增加了很多特别适应中国国情的功能,比如骚扰电话识别、苹果地图进一步本地化等。

2017 年 9 月 20 日,苹果发布 iOS 11 正式版。

2018 年 9 月 18 日,苹果发布 iOS 12 正式版,主要为旧 iPhone 设备带来性能提升,以及带来了部分全新功能。

2019 年 12 月 11 日,苹果发布 iOS 13.3 正式版。

2020 年 12 月 15 日,苹果发布 iOS 14.3 正式版,包括对 Apple Fitness+ 和 AirPods Max 的支持,还新增了在 iPhone 12 Pro 上拍摄 Apple ProRAW 照片的功能,在 App Store 中引入了"隐私"信息,以及包括针对 iPhone 的其他功能和错误修复。

2. 越狱

iOS 越狱(iOS jailbreaking)是用于获取苹果公司便携装置操作系统 iOS 最高权限的一种技术手段,用户使用这种技术及软件可以获取到 iOS 的最高权限,甚至可以进一步解开运营商对手机网络的限制。

1) 越狱的用途

越狱操作主要提供了以下的功能:

(1) 解除 iOS 上的限制,安装 App Store 以外以及未经 Apple 许可的社群软件和自由软件,甚至自行编译软件。

(2) 改装操作系统。

(3) 使用命令行 shell 程序。

(4) 访问 root 内部的文件,可读写重要文件。

2) 越狱后可获取的数据

在对 iOS 设备进行了越狱操作后,可以获取如下数据:

(1) 关于设备的信息(XML)和已安装的应用程序列表(文本文件),使用任意一款 XML 或文本查看器进行分析。

(2) iTunes 格式的本地备份。

(3) 崩溃日志。iOS 设备上的应用闪退(在打开或使用应用程序时出现的突然退出,类似于 Windows 的应用程序崩溃)时,操作系统会生成一个崩溃报告,也叫崩溃日志,保存在设备上。崩溃日志上有很多有用的信息,包括应用是什么情况下闪退的。通常,崩溃日志中有每个正在执行线程的完整堆栈跟踪信息,所以取证人员能够从中了解到闪退发生时各线程都在做什么,并分辨出闪退发生在哪个线程上。

(4) 媒体文件。EXIF(exchangeable image file format,可交换图像文件格式)是专门为数码相机的照片设定的文件格式,可以记录数码照片的属性信息和拍摄数据。取证人员可以通过 EXIF 信息提取工具,提取地理标记等信息,以恢复嫌疑人的历史位置记录。

(5) 共享文件。共享文件可以是任何格式,最常见是有 plist、XML 或 SQLite。

(6) 钥匙串。钥匙串(keychain)是苹果公司 macOS 中的密码管理系统,自 macOS 8.6 引入后一直在后续的版本中使用。钥匙串是"钥匙串访问"中使用的已锁定和已加密的容器,一个钥匙串可以包含多种类型的数据,主要有密码(包括网站、FTP 服务器、SSH 账户、网络共享、无线网络、群组软件、加密磁盘镜像等)、私钥和数字证书。用户也可以使用钥匙串存储涉密信息,如信用卡号码或银行账户的个人身份号码(PIN)等。

(7) 文件系统映像。

3. 启动模式

目前苹果手机一般具备正常模式、恢复模式和 DFU 模式 3 种启动模式。

1) 正常模式

正常模式即正常打开手机后进入的工作模式。用户经常使用的手机功能一般都在正常模式环境下执行。

2) 恢复模式

恢复模式(recovery mode)专门用于重新恢复系统,也就是通常所说的刷机,它会清空原来手机上所有的数据,然后重新为设备恢复系统。苹果手机进入恢复模式时,首先需要将手机通过数据线连接到计算机,并打开 iTunes 或爱思助手,然后进行以下的操作:

(1) 按下并释放音量调高按钮。

(2) 按下并释放音量调低按钮。

(3) 按住电源按钮,并在设备重新启动时继续按住。即使出现苹果标志后,仍继续按住电源按钮。

(4) 直到看到"连接到 iTunes"的提示后,释放"电源"按钮。

3) DFU 模式

DFU 模式(developer/development firmware upgrade mode,固件的强制升降级模式)一般在恢复或降级固件时使用。在进入 DFU 模式时,首先需要将手机通过数据线连接到计算机,并打开 iTunes 或爱思助手,然后进行以下的操作:

(1) 按下并释放音量调高按钮。

(2) 按下并释放音量调低按钮。

(3) 按住电源按钮 10s,直到 iPhone 的屏幕变黑。

(4) 在继续按住电源按钮的同时,按住音量调低按钮 5s,然后松开电源按钮,同时继续按住音量调低按钮 10s。如果正确执行,屏幕应保持黑色。

如果成功进入 DFU 模式,iTunes 会出现相关提示;如果连接的是爱思助手,在"刷机越狱"→"一键刷机/专业刷机"→"设备连接状态"中会显示"DFU 模式"。

7.3.2 文件系统

文件是信息或数据保存在介质时使用的基本方式,不同的操作系统对文件的保存有其严格的规定,这些规定由文件系统来规范。

1. 加密机制

自 iOS 4 发布以后,iOS 一直沿用着复杂的软硬件相结合的数据加密架构,仅随着软硬件的升级对架构略有调整。iOS 在传统的 FDE 和 FBE 基础上采用了多级加密来保护数据安全,这样可以针对用户数据的保密需求实现各种级别的高级加密。数据加密保护是通过构建和管理密钥层次结构来实现的,且建立在每台 iOS 设备的硬件加密技术基础之上。它可以实现对每个文件设置不同的保护类别来对文件进行逐个控制,结合锁屏密码、指纹识别、面部识别等技术来控制文件的访问许可。

iOS 设备的应用处理器内都内置了两个特别的 256 位 AES 密钥,其中一个称为 UID(user identify,用户标识),每台设备的 UID 都不一样;另一个称为 GID(group identify,组标识),同一种应用处理器类型的 GID 一样。这两个密钥是 iOS 加密体系的基础。苹果公司通过硬件保护,确保这两个 AES 密钥不会被 iOS 系统本身(软件层)、其他协处理器(内部硬件)以及 JTAG(硬件调试)等手段获取。64 位 iOS 设备上配备 SEP(secure enclave processor,安全协处理器),SEP 模块本身也具备单独的 UID 和 GID,用于支持 SEP 固件解密、数据保护等。

每台 iOS 设备上都配有 AES 256 硬件加/解密模块,该模块位于系统闪存(flash storage)与系统内存(main system memory)的 DMA 通道上,以支持快速的文件加/解密操作。只有该硬件模块可以直接使用 UID 和 GID 密钥。

2. 安全机制

如图 7-4 所示,iOS 安全架构主要由软件以及硬件和固件两部分组成。其中,硬件和固件主要包括设备密钥、组密钥、Apple 根证书、加密引擎、内核(secure enclave,安全元件)组成,而软件主要包括文件系统、操作系统分区、用户分区(已加密)、应用沙盒和数据保护类。

1) 硬件和固件

加密引擎用于对设备密钥、组密钥和 Apple 根证书进行加密,secure enclave 模块用来进行加密和解密。例如,苹果 Touch ID 会对用户的指纹数据进行加密,并保存在芯片内置的 secure enclave 模块

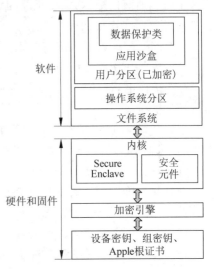

图 7-4 硬件和固件架构图

中。而且加密的数据只能直接由处理器存取,无法经由手机硬体读取。即使攻击者能够访问设备的 RAM 或磁盘存储,secure enclave 仍可以保护此类数据不会到达 RAM,也不会被操作系统或用户空间中的程序访问。另外,除指纹、人脸识别等生物特征数据外,secure enclave 还可以存储加密密钥。

2) 软件

(1) 用户分区。用户分区中的数据是完全加密的,并且加密功能不能关闭。苹果的 iOS 加密采用硬件级别,所有进出存取都要通过苹果的 iAS 进行加密,而且 iAS 引擎进行加密的密钥是跟硬件相关的。所以,用户无法将一个设备加密的数据拿到另外一个设备上去解密。

(2) 应用沙盒。应用沙盒(沙盒也称为沙箱)是一种实现数据保护的安全机制,为运行中的程序提供隔离环境。沙盒通常用于为一些来源不可信、具破坏力或无法判定程序意图的程序提供实验和测试。

(3) 数据保护类。数据保护类可以保护应用数据的安全性,例如用户在应用沙盒里写入的数据。用户可以通过数据保护类限定,只有在用户解锁了设备之后才能读取这个数据。

3) iOS 的安全特点

iOS 安全机制有以下几个特点:

(1) 安全启动链。设备启动时,确保系统启动时的操作是受信任的。

(2) 系统软件授权机制。能保障用户的系统更新之后就不能退回到原来的老版本。

(3) 应用代码签名。所有运行的代码都要通过苹果的签名才能运行。

(4) 沙盒机制(sandbox)。让应用程序运行在沙盒中,实现与其他程序的隔离。

(5) 数据执行保护(DEP)。能够区别哪些是数据,哪些是代码。数据是不能运行的,代码才可以运行。

(6) 地址空间布局随机化(ASLR)。每一次程序加载时,它的地址都是变化的。例如,针对代码复用的攻击会试图得到被攻击者的内存布局信息,这样就可以知道代码或者数据放在哪里,进而来定位并进行攻击。而 ASLR 让这些内存区域随机分布,以提高攻击的难度。

(7) 数据加密保护。保护应用数据的安全性。

3. 卷与分区

苹果设备使用基于自己硬件平台的操作系统,是一种基于 UNIX 内核的操作系统。同时,苹果设备所使用的 Apple 分区体系也与众不同,它与 DOS 分区体系相比要简单得多。Apple 分区体系广泛应用于苹果手机、iPod 及用来传递文件的 Mac 磁盘镜像文件。在 Apple 分区体系中,分区表不只描述文件系统分区,对分区表本身所处的区域也使用一个分区表项进行描述,甚至磁盘中的空闲空间也会有分区表项对其进行描述。

需要说明的是,Mac 磁盘镜像文件类似于 Windows 下的 zip 或者是 UNIX 下 tar 压缩文件,被传递的文件保存在镜像文件中的文件系统中,而这个文件系统则需要存在于一个分区中。

在 Apple 磁盘中,并不是所有的分区都是有文件系统的,只有用于存储用户数据的分区才会建立相应的文件系统。苹果手机使用单独的区域存放硬件驱动,这部分区域不会建立文件系统,但会在分区表中对其位置及大小进行描述。

4. 系统分区

系统分区是一个只读卷，可以通过查看 private/etc/fstab 文件的路径来判断。使用文本编辑器打开 fstab 文件，可以看到如图 7-5 所示的信息。其中，分区可分为磁盘和子区块（Slice，每个 Slice 可以用于建立文件系统）。物理磁盘是 Disk0，iPhone 中只有一个磁盘，因此只能看到 Disk0。系统分区是 Disk0s1，数据分区是 Disk0s2；/dev/disk0s1 之后可以看到/HFS，表示这是一个 HFS 卷，/HFS 后面显示的 ro 表示此卷是只读卷。数据分区/dev/Disk0s2 是一个可读写的 HFS 卷。由于系统分区是只读的，因此这个卷中的所有数据通常都是系统自带的，基本上不会存在任何具有证据作用的数据，除非手机已经越狱，才可能在系统区域中保存数据。因此，分析这个文件时，如果看到 disk0s1 显示为/dev/disk0s1/HFS rw，则表示该系统已被越狱。这也可以用于证明在创建镜像过程中，是否使用 UNIX 越狱方式改动了苹果移动设备。表 7-2 对 iOS 设备系统的分区进行了描述。

图 7-5 磁盘信息

表 7-2　iOS 设备系统分区功能描述

目录名称	描述
Application	链接至/var/stacsh 目录
Etc	链接至/private/etc
Tmp	含一个链接
User	含一个链接
Var	链接至/private/var
Damaged files	可能包含上一次越狱的痕迹
Bin	包含一个可执行命令
Cores	空目录
Dev	空目录
Developer	空目录
Library	总与 OS X 系统一同存在，包含系统插件和设置，其中： Application support：蓝牙型号和 PIN 码 Audio：包含音频插件 Caches：空目录 File systems：空目录 Internet Plug-Ins：空目录 LaunchAgents：空目录 LaunchDaemons：空目录 Managed Preferences：链接至 Mobile 目录 Printers：空目录 Ringtones：包含系统预装的铃声 Updates：空目录 Wallpaper：包含一些 PNG 文件和缩略图（无证据价值）

续表

目录名称	描述
private	包含 Etc 和 Var 目录,其中, Etc:包含 fstab、master.passwd、passwd 文件(同时包含 master 和 passwd;same) Var:空
sbin	包含命令行程序
System	包含系统设置等,如/System/Library/ CoreServices/SystemVersion.plist:固件版本
Usr	包含更多的命令行程序和时区数据

7.3.3 SQLite 数据库

苹果移动设备操作系统使用 SQLite 数据库格式存储信息。通过对逻辑获取的数据分析,可以看到大量手机操作及应用程序产生的 SQLite 数据库。iPhone 还可以交叉引用一些数据库中的信息,并将结果显示到屏幕界面中。这些数据库相互配合,给用户提供了丰富的信息结果。

1. 重要数据库

针对 SQLite 数据库,在取证中涉及三个主要的数据库:通讯录、短信息和通话记录,分别如表 7-3～表 7-5 所示。其中,表 7-5 中介绍的通话记录数据库是一个更为简单的数据库,并且是唯一有限制条件的数据库。通话记录数据库只能存储 100 条通话记录。通讯录数据库是一个与其他苹果应用软件交换数据的中心,很多数据的相互关系发生于通讯录数据库和其他数据库之间。例如,通话记录数据库里记录呼出和打入的电话号码,而这些号码与通讯录数据库中的姓名和电话号码直接关联。

表 7-3 通讯录数据

表名称	相关数据
AB Group	分组信息
ABGroupChanges	非证据
ABGroupMembers	分组联系人
ABMultiValue	联系人包含的其他信息,如电话号码、邮件、公司网址等
ABMultiValueEntry	联系人地址信息
ABMultiValueEntryKey	非证据
ABMultiValueLabel	非证据
ABPerson	姓名、单位、部门、备注等
ABPersonChanges	非证据
ABPersonMultiValueDeletes	非证据
ABPersonSearchKey	非证据
ABPhoneLastFour	非证据
ABRecent	最近使用的邮件地址
ABStore	非证据

续表

表 名 称	相 关 数 据
FirstSortSectionCount	非证据
FirstSortSectionCount	非证据
_SqliteDatabaseProperties	非证据
Sqlite_sequence	非证据(但包含有关数据库结构的丰富信息)

表 7-4 短信数据库中的表及相关数据

表 名 称	相 关 数 据
_SqliteDataBaseProperties	包含数据库属性(非证据)
Group_member	为接收的短信设置分组 ID,将所有机主与通信方的短信分组保存
Message	包含短信内容、日期时间以及收发状态、群组归属 ID
Msg_group	分配分组 ID 和某一条短信的分组 ID
Msg_Pieces	追踪所有彩信
Sqlite_sequence	包含数据库中的所有表

表 7-5 通话记录数据库

表 名 称	相 关 数 据
_SqliteDataBaseProperties	包含数据库属性(非证据)
Call	包含电话号码、日期时间和通话时长,还包含呼叫标识,如打入、打出、未接和语音邮件
Data	包含 iPhone 发送和接收的字节数
Sqlite_sequence	包含数据库中的所有表

2. Plist 文件

Plist(property list,属性列表文件)是一种文件形式,通常用于存储用户设置信息。Plist 文件有两种形式:一种是明文的 XML 形式,另一种是二进制形式的文件,这两种形式通过 ituens 的导出函数可以相互转换。iOS 数据分区中有大量包含有价值信息的 Plist 文件,表 7-6 列出了包含有价值信息的 Plist 文件。

表 7-6 Plist 文件有部分有取证价值的数据

目 录	Plist 文件及有价值数据
Managed preferences	Com. apple. springboard. plist:添加的信息
Mobile/library/Cookies	Cookies. plist:Web 相关的数据信息
Mobile/Library/Mail	Accounts. plist:E-mail 账户 Metadata. plist:邮件的日期和时间

续表

目 录	Plist 文件及有价值数据
Mobile/Library.Maps	Bookmarks.plist：用户创建的地图标记 History.plist：所有路线和搜索记录
Mobile/Library/Preferences	Com,apple.BTserver,airplane.plist：飞行模式时默认的蓝牙设备 Com.apple.commcenter,plist：保存的 ICCID 和 IMSI 编码 Com.apple.maps.plist：最近搜索的地图及经纬度 Com.apple.mobilehpone.settings.plist：呼叫转移号码 Com.apple.mobilephone.speeddial.plist：所有一键拨号联系人 Com.apple.mobilesafari.plist：Safari 浏览器搜索记录 Com.apple.MobileSMS.plist：未发送的短信息 Com.apple.mobiletimer.plist：所使用的世界时钟列表 Com.apple.preference.plist：所使用的键盘语言 Com.apple.springboard.plist：显示手机界面中显示的程序、密码保护标志、某系统版本 Com.apple.weather.plist：天气预报的城市设置、更新的日期时间 Com.apple.youtube.plist：Youtube 中收藏地址、观看的视频地址、搜索的视频
Library/Safari	Bookmarks.plist：所有收藏的地址，包括用户创建的或预置的 History.plist：浏览器历史记录 Suspendedstate.plist：网页标题及后台保存的页面，以便用户快速切换（可最多同时保存 8 个页面）

7.3.4 加密与解密

苹果设备采取了大量的安全技术和手段来加强对设备和数据的安全管理，掌握这些技术和方法对取证工作非常重要。

1. 锁屏密码

在日常生活中，用户通常会把自己的东西按贵重级别进行分类：最贵重的物品（例如钻戒）放进保险箱里严密保护起来，而没那么贵重的物品（比如手机）放在上锁的抽屉里就足够安全了。

当用户的 iOS 设备锁屏时（图 7-6），用户的所有数据都受到加密保护，但是 iOS 也会使用分类的方法将用户的文件区别保护。例如，一款专门保存隐私照片的保险箱 App 可能会要求用户的设备对存放在其中的文件进行"完全保护"，这样一旦锁屏，只有用户正确输入锁屏密码之后才能重新解密这些文件。相比之下，用户的微博客户端中下载的图片可能就没那么敏感，它可能只会要求设备对它进行"重启之后保护"，设备第一次开机并输入正确锁屏密码解锁之后，iOS 就会一

图 7-6 屏幕锁

直把密钥放在内存里以便随时解密用户微博里的资料。

由于内存的特性,设备断电(比如关机、重启,甚至被别有用心的人暴力拆掉电池)之后存放在内存中的信息就会消失,因此"重启之后保护"能够针对一些需要重启的攻击提供保护。除此之外,iOS 中还有其他的保护等级,比如"邮件"App 使用的"按需保护",只在打开文件时解密文件。iOS 这样的设计,有效平衡了能耗(完全加密显然更加耗费系统资源的)和安全性。

2. Touch ID 与 Face ID

Touch ID 与 Face ID 是苹果设备采取的两类生物识别技术。

1) Touch ID

Touch ID 是苹果公司的一种指纹识别技术。它作为 iPhone 5s 上的"杀手级"功能,早已为用户所熟知。iPhone SE、iPhone 6、iPhone 6 Plus、iPhone 6s、iPhone 6s Plus、iPhone 7、iPhone 7 Plus、iPhone 8、iPhone 8 Plus、iPad Pro、iPad mini 4、iPad mini 3、第五代 iPad 和 iPad Air 2、第六代 iPad 以及第二代 iPhone SE 也使用了 Touch ID。苹果把用户的指纹数据存放在处理器的安全区域(Secure Enclave)中,充分保护用户的数据安全。

iPhone 上的指纹传感器做到了"一机一触控 ID",即如果用户把一台机器上的触控 ID 传感器拆卸下来装到另一台 iPhone 上,那么这个触控 ID 就无法使用了。除了更换触控 ID 传感器之外,测试人员还尝试更换接口、更换主板,但是依然无法使用。

当触控 ID 传感器被装回原来的机器上时,它又能正常使用了,这是苹果此前从未披露过的技术:硬件锁定。为了验证这一技术,在实验室中测试人员用两台此前从未打开指纹识别功能的 iPhone 5s,将它们的触控 ID 传感器互相交换,结果两台都无法使用指纹识别功能。随后再换回原来的手机,它们的指纹识别功能又正常。因此可以确定,每个触控 ID 组件只与一个处理器匹配。

苹果在 2015 新品发布会上提及全新的 iPhone 6s、iPhone 6s Plus 采用第二代触控 ID。新的触控 ID 识别速度更快;实际体验中只要轻轻触碰一下即可,以往要按压半秒钟的指纹识别过程,现在基本是一触即发。iPhone 7 和 iPhone 7 Plus 上也采用了第二代触控 ID。

需要说明的是,苹果手机也存在如下指纹失效的情况:

(1) 连续输错 5 次以上。

(2) 设备重启后。

(3) 自上次解锁后 48 小时以上。

(4) 进入"Touch ID 与密码"设置。

2) Face ID

Face ID 是 iPhone x 用于替代 Touch ID 而推出的刷脸认证方式,搭载环境光传感器、距离感应器,还集成了红外镜头、泛光感应元件(flood camera)和点阵投影器,多种配置共同搭建用户 3D 脸部模型。2017 年 9 月 13 日,苹果发布的 iPhone x 支持 Face ID 登录解锁功能。

Face ID 的功能特点:首先是 Face ID 的录入动画,当 Face ID 在录入过程中识别到人脸时,会从灰色笑脸酷炫变身成蓝色笑脸;其次是录入方式,根据 iOS 11 的提示,用户必须在 iPhone 前上下左右环视一周,才能完成脸部信息录入的工作;最后是 Face ID 的设置界面,也透露出了更多的内容,Face ID 不仅可以解锁 iPhone,甚至能代替密码在 iTunes 和 App Store 购物,这已经完全替代了指纹识别 Touch ID 的工作。

以下是 Face ID 失效,重新输入密码的情形:
(1) 连续输错 5 次以上。
(2) 设备重启后。
(3) 电量低于 10%。
(4) 处于锁定状态超过 48 小时。
(5) 过去的 6 天半内没有使用密码解锁,且在过去 4 小时内没有通过面部解锁。
(6) 受到光线等其他因素的影响。

3．iTunes 备份密码

iTunes 是一款供 Mac 和 PC 使用的免费数字媒体播放应用程序,能够管理和播放数字音乐和视频。iTunes 用于管理苹果计算机 iPod 数字媒体播放器上的内容。此外,iTunes 能够连线到 iTunes Store(假如网络连接存在),以便下载购买的数字音乐、音乐视频、电视节目、iPod 游戏等资源。

1) iTunes 备份

备份指将某些文件和设置从 iPhone、iPad 或 iPod touch 复制到计算机中。备份是确保 iTunes 设备上的信息在受损或错误放置时不会丢失的最佳方式之一。备份过程如下:

(1) 将设备连接到用户通常用于同步的 PC。可以使用 USB 或 USB-C 连接线,或者 Wi-Fi 网络来连接设备。

(2) 在 PC 上的 iTunes App 中,单击 iTunes 窗口左上方附近的"设备"按钮,如图 7-7 所示。

(3) 在出现的如图 7-8 所示的窗口中单击"摘要"。

图 7-7　单击"设备"按钮

图 7-8　选取"摘要"

(4) 然后在出现的窗口中单击"立即备份"即可。

如果要加密备份,可选择"给[设备]备份加密",然后在设置了一个密码后单击"设定密码";如果要查看存储在计算机上的备份,可选取"编辑"→"偏好设置",然后单击"设备"即可。加密的备份会在备份列表中有一个锁图标。

2) iTunes 备份加密

备份加密从 iOS 3 开始支持,加密是设备特性,与 PC 无关,如图 7-9 所示。

需要注意的事项如下:

(1) 只有 iOS 11 以上版本才允许重置备份密码。

(2) 可通过"设置"→"通用"→"还原"还原所有设置。

(3) 重置备份密码一般不影响用户数据。

一旦 iTunes 备份文件进行了加密,在没有密码的情况下,用户无法获取到备份文件中的数据信息。

图 7-9　iTunes 备份密码

4. Apple ID

Apple ID 是用于访问 App Store、iTunes Store、iCloud、iMessage 信息、Apple Store 在线商店和 FaceTime 通话等 Apple 服务的个人账户。Apple ID 中包含用户登录所需的信息，以及用户在所有 Apple 服务中使用的联系信息、付款信息和安全详细信息。Apple ID 的主要功能包括如下：

（1）使用 Apple ID 访问 App Store，下载免费 App 或购买收费 App。对于收费 App 而言，只要曾经在某一 Apple ID 账号下购买，则使用同一账号的设备都可以免费共享此 App。

需要注意的是，不论免费或收费 App，在没有登录 Apple ID 的情况下是无法在 App Store 下载应用软件的。

（2）从 iTunes Store 购买歌曲、影片和电视节目。当然，这一条对于绝大多数人而言都是无用的，因为目前 iTunes Store 的内容只能使用美国区域的账号购买下载。

（3）实现多设备连接。在 Mac、iPhone、iPad 上使用同一个 Apple ID 登录 iMessage 信息时，无须手机 SIM 卡，就可以用这两款 App 进行文字或视频等信息沟通。

（4）远程锁定手机。当手机丢失时，可通过 Apple ID 远程锁定手机。同时，可以在其他手机下载"查找 iPhone"，用丢失手机的 Apple ID 登录，用相同 Apple ID 绑定了 iCloud 的在线设备都可以被实时监控。

（5）Apple ID 与 iCloud ID 区别。通俗来讲，Apple ID 就是一个苹果用户用来登录的用户名。使用者既可以在使用 MacBook、iPhone 或 iPad 时利用这个账户使自己被识别，也可以利用它从苹果的数据库中获取所需要的信息。而 iCloud ID 作为被建立的一个账户，主要负责的功能是"同步"，让用户在使用多个设备时，可以通过 iCloud 账户直接访问不同设备上积累下来的数据与信息，在地址簿、日历、文件、照片和视频的使用上省去多设备间的传送步骤，提供便利性。

5. iCloud

iCloud 是苹果公司为苹果用户提供的一个私有云空间，以方便苹果用户在不同设备间共享个人数据。iCloud 支持用户设备间通过无线方式同步和推送数据，比苹果传统的 iTunes 方案（需要数据线连接）更加容易操作，用户体验更好。iCloud 的主要功能包括如下：

（1）iCloud 平台可以将用户的个人信息存储到苹果的服务器，通过无线网络这些信息会自动推送到用户的每个设备上，这些设备包括 iPhone、iPod Touch、iPad，甚至是 Mac 计算机。

（2）在邮件方面，用户只需要拥有一个@me账号，无论用户在什么设备上登录，这些信息都会自动同步推送到用户账号登录的设备上。

（3）应用软件、电子书与备份。当用户在iPhone上下载一款新应用软件时，同时会自动出现在用户的iPad上。用户不必担心多部设备同步的问题。假如用户在很久以前购买过一款应用软件，这款应用需要安装在用户全新的iPod touch上。这时，iCloud可以让用户在App Store上查看之前已经购买的历史记录，并下载已经支付过费用的应用软件。另外，用户一旦从iBookstore下载了电子书，iCloud会自动将其推送到用户的其他设备。在用户的iPad上开始阅读，加亮某些文字，记录笔记或添加书签，iCloud就会自动更新到iPhone和iPod touch。下载书籍后，相关信息会出现在用户的iBookstore历史记录中。另外，在用户的iPhone、iPad和iPod touch设备上，存放着用户大量的信息。在设备通电的情况下，iCloud每天都会通过Wi-Fi对这些信息进行自动备份。一旦接通电源，即可快速、高效地备份一切内容。当用户设置一部全新的iOS设备，或在原有的设备上恢复信息时，iCloud云备份都可以担此重任。只要将用户的设备接入Wi-Fi，再输入用户的Apple ID和密码，用户的个人数据以及用户从iTunes购买的应用软件和下载的电子书，都将出现在用户的设备上。

（4）自动备份。通过Wi-Fi等无线网络，可实现每天自动备份。备份的内容包括音乐、照片、视频、应用程序、书籍等。

（5）云端文档。在iWork等程序上创建的文档，可以自动同步到云端，所修改的记录也能同步。开发者也能利用iCloud API给自己的程序添加云同步功能。

（6）云端照片。任何设备的照片都能自动同步到云端。iCloud上会自动保存最近30天的照片，iOS设备上保存最新的1000张照片，而Mac和PC上保存所有照片。这个功能也支持Apple TV。

（7）云端iTunes。用户购买的音乐可以在任一相同Apple ID的设备上多次下载。

6. lockdown 文件

lockdown文件是iPhone手机与PC连接并解锁时，通过双方建立信任关系后，在PC上生成的一个文件。信任关系会因iOS版本升级、重启、时间等因素失效，但与密码内容无关。lockdown文件存放路径如下。

Windows XP：

C:\Documents and Settings\All Users\Application Data\Apple\Lockdown

Windows 7/8/10：

C:\ProgramData\Apple\Lockdown

macOS：

/private/var/db/lockdown/

7. Checkm8

Checkm8是苹果手机的一个漏洞。这一漏洞的发现较之上次在iPhone4上发现类似漏洞已经有差不多10年的时间。Chechm8漏洞位于苹果手机的Bootrom代码中，是硬件设计的漏洞。

具体来讲，Bootrom 是固化在 iPhone 只读区域中的一段代码，该区域中的代码是启动链及启动信任链的起点，主要负责加载后续的启动链，该区域中的代码无法通过系统更新来更新。iOS 设备在启动载入初始代码时，Bootrom 是无法写入只能读取的，有了 Checkm8 这个漏洞后，可以绕过 iPhone 的信任机制，加载定制的启动代码。Bootrom 的漏洞由于是存在于硬件只读固件内，除非用户更换手机的硬件，否则 Apple 怎么对系统进行升级都无法修补该漏洞，因此所有受影响的设备将一直可以被利用，无视设备上运行的 iOS 版本。

Bootrom 是嵌入处理器芯片内的一小块掩模 ROM 或写保护闪存，设备在启动载入初始代码时，Bootrom 是无法写入只能读取的，通过 Checkm8 漏洞可以让原本无法写入的 ROM 可以读写。

7.3.5 数据的提取与固定

当取证人员需要对 iPhone 手机进行数据提取与固定时，通常采取的方式有两种，即备份提取与逻辑镜像文件提取。从本质上讲两种方式获取的原理以及最终获取的数据均有差别。

1. 备份提取

iPhone 手机的备份其实是借助了第三方 iTunes 的同步功能，将手机里支持 iTunes 备份的应用程序数据及基本信息，完整地备份到 PC 端生成一个备份文件，再利用专用的取证软件对备份文件进行分析。

1) iTunes 备份可获取到的信息

照片和图片：相机拍摄、屏幕截图、线上下载/保存的图片、桌面壁纸等；

媒体文件：电影、音乐、视频(其他 App)、铃声等；

短信和通话记录：iMessage、SMS、语音信息、联系人、通话记录等；

应用数据：版本、日志、账号、消息记录、附件等；

备忘录、提醒事项、日历；

设置：网络设置、VPN 设置等。

2) 备份数据的限制

针对关键数据的备份，在具体取证过程中存在一些限制，具体如表 7-7 所示。

表 7-7 备份数据的限制说明

目 录 名	数据分类	功 能 说 明	管 理 特 点
/Documents	关键数据	用户创建的数据文件，无法在删除后自动重新创建	iOS 系统即使遇到存储空间不足的情况下，也不会清除，同时会备份到 iTunes 或 iCloud 中
/Library/Caches	缓存数据	可用于离线环境，可被重复下载重复生成，即使在离线时缺失，应用本身也可以正常运行	在存储空间不足的情况下会清空，并且不会被自动备份到 iTunes 和 iCloud 中
/tmp	临时数据	应用运行时，为完成某个内部操作临时生成的文件	随时可能被 iOS 系统清除，且不会自动备份到 iTunes 和 iCloud，在文件不再使用时，根据自己情况，避免对用户设备空间的浪费

另外，位于/Documents 中的离线数据，或/Library/自定义文件夹中的数据，与缓存数据类似，可以被重新下载和重建，但是用户往往希望在离线时数据依然能够保存。与关键数据类似，即使在存储空间不足的情况下也不会清除，应用程序会自动清除已经不再使用的文件，以免浪费用户设备空间。

2. 逻辑镜像

顾名思义，逻辑镜像提取就是利用专门的技术与手段，获取到 iPhone 手机内全盘逻辑的数据，此种提取方式相比较备份提取，所获取的数据更加全面。

1）全盘镜像获取的条件及数据内容

（1）需要越狱或者提权提取：公开的越狱支持版本有限，而且在联网环境下存在风险。

（2）全盘文件系统提取：比备份提取可获得更多的系统文件、App 文件。

（3）绕过备份加密限制：可解析因备份加密，备份中断或失败而无法解析的手机。

（4）可提取备份密码。

（5）解密所有 Keychain 数据。

例如，针对一部 iPhone 7S 内存 256GB，已使用空间为 200GB 的手机进行数据提取。备份提取所获取的数据大小通常远远小于 200GB，因为手机内不支持备份的数据无法正常获取。而逻辑镜像方式获取的数据大小会无限接近于 200GB，从实现原理上这种方式可以完全获取手机内所有的现有数据。

2）与备份提取的数据区别

（1）系统应用或第三方应用不允许备份的目录（缓存目录/临时目录等），主要有浏览器缓存页面、已阅读的邮件内容及附件、Twitter 等类似的应用（因为登录后数据文件可以重新生成）等。

（2）系统日志数据。

（3）数据库 WAL 文件。可能恢复删除的记录。

（4）系统记录的地理位置信息。

（5）应用程序本身，例如添加了外挂功能的微信。

（6）使用了 ThisDeviceOnly 属性的 Keychain 内容，例如苹果很多核心的账号/密码/Token 等数据。

（7）应用最后一屏的截图。

（8）文件系统新增、修改、删除的记录。

7.3.6 数据的恢复

在取证操作中，进行各种统计、计算、科学研究或技术设计等所依据的数值都称为数据。早期的计算机主要用于科学计算，所以加工的对象主要是表示数值的数字。现代计算机的应用越来越广，能够加工处理的对象包括数字、文字、字母、符号、文件、图像等数据。手机中的数据通常指的是聊天记录、多媒体文件以及其他应用产生的数据。

1. 数据删除恢复

当存储介质出现损伤或由于人为误操作、操作系统本身故障所造成的数据看不见、无法读取、丢失等，技术人员可以通过特殊的手段读取在正常状态下不可见、不可读、无法读的数据。

数据恢复指通过技术手段，将保存在台式机硬盘、笔记本硬盘、服务器硬盘、存储磁带库、移动硬盘、U盘、数码存储卡、MP3等设备上丢失的电子数据进行抢救和恢复的技术。

2. 手机中的数据恢复

理论上，已删除的数据在未被覆盖的情况下才能进行数据的删除恢复，主要包括以下两种类型。

1）文件级数据

理论上苹果手机中的文件层级数据一旦抹除后，在目前的技术手段情况下，没有任何可能性进行数据恢复。

2）记录级数据

记录层级的数据往往指保存在数据库文件中的文本数据，此类数据被删除且未被覆盖时，可以通过专用的恢复技术和手段进行尝试性恢复。

7.3.7 数据的分析

移动终端中，可供分析的数据主要包括以下类型。

1. 关键信息

iPhone手机中关键信息存放路径为

通信录：private/var/mobile/Library/AddressBook/AddressBook.sqlitedb

联系人图片：

/private/var/mobile/Library/AddressBook/AddressBookImages.sqlitedb

通话记录：/private/var/mobile/Library/CallHistoryDB/CallHistory.storedata

短信：/private/var/mobile/Library/SMS/sms.db

日历：/private/var/mobile/Library/Calendar/Calendar.sqlitedb

备忘录：/private/var/mobile/Library/Notes/notes.sqlite

Safari浏览器书签：/private/var/mobile/Library/Safari/Bookmarks.db

Safari浏览器缓存：/private/var/mobile/Library/Caches/com.apple.mobilesafari/Cache.db

照片元数据：/private/var/mobile/Media/PhotoData/Photos.sqlite

整合的GPS缓存：private/var/mobile//Library/Caches/locationd/consolidated.db

2. 钥匙串

钥匙串（keychain）是苹果公司提供的一种用于存储密码、序列号、私钥、token、证书等敏感数据的安全方式，加密存储在 SQLite 数据库中，具体为/private/var/Keychains/keychain-2.db。

1）钥匙串 iCloud 同步

公钥：同步身份（具体到设备）

私钥：源自 iCloud 密码

每个同步项目都是基于设备加密的（不能被其他设备解密），只有包含 kSecAttrSynchronizable 的设备才会被同步。

2）钥匙串的恢复条件

（1）安全托管服务（可选）。

（2）需要 iCloud 安全代码（非 2FA）。

（3）硬件安全模块。

3．位置信息

苹果手机中存放的数据包含大量的位置信息，具体如下。

1）基站

基站即公用移动通信基站，是无线电台站的一种形式，指在一定的无线电覆盖区中，通过移动通信交换中心，与移动电话终端之间进行信息传递的无线电收发信电台。简单来说，基站用来保证我们在移动的过程中手机可以随时随地保持信号，可以保证通话以及收发信息等需求。我们日常中看到的尖尖的高高的铁塔上面的带有移动标志的设备就是基站。基站通过天线来进行消息的收发。通过话单信息可以分析出基站信息从而获取地理位置信息。

2）手机 GPS

手机 GPS 由手机和 GPS 组成，也就是说它既要具有一般手机的通信功能又要具有 GPS 功能。通常目前的智能手机均具备 GPS 功能，该功能只要开启，手机内所有可支持 GPS 功能的应用都会留下使用痕迹，从而获取到地理位置信息。其他功能也包括地理位置信息，WiFi、钱包、日历等，如图 7-10 所示。

图 7-10　重要地点

整合的 GPS 缓存：

private/var/mobile/Library/Caches/locationd/consolidated.db

基站位置：

private/var/mobile/Library/Caches/locationd/h-cells.plist

private/var/mobile/Library/Caches/locationd/cache_encryptedA.db

Wi-Fi 热点位置：

private/var/mobile/Library/Caches/locationd/h-wifis.plist

private/var/mobile/Library/SystemConfiguration/com.apple.wifi.plist

private/var/root/library/caches/locationd/cache_encryptedB.db（WifiLocation 表）

private/var/mobile/Library/Caches/com.apple.routined/Cache.sqlite（ZRTWIFIAC-CESSPOINTMO 表）

分析此类信息后在取证工具中会显示类似于如图 7-11 所示的信息。

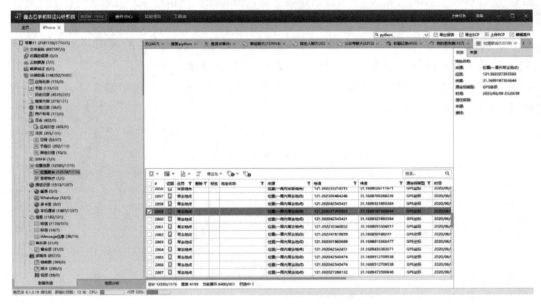

图 7-11　地理位置分析

4. 操作系统日志

iPhone 手机中部分操作系统日志内容如下。

1）连接 Wi-Fi 的日志：时间/SSID/BSSID

2018-06-06 00:49:46.328089＋0800 0x5b82b   Default   0x0 1156   0   configd:（IPConfiguration）[com.apple.IPConfiguration:Server] en0: SSID test-guest BSSID 40:93:11:84:A3:38

2018-05-19 11:15:11.217511＋0800 0x46f58 Default   0x0   1008   0 wifid:[com.apple.SystemConfiguration:] WiFi:[548392511.214213]: __WiFiLQAMgrSetCurrentNetwork: Joined SSID: Telecom BSSID: 2c:5d:93:0d:c0:8a RSSI: -75 Chan: 3 ApEnv: 1

2）Keychain 增加/删除/修改/读取日志

2018-05-19 10:26:49.091737＋0800 0x4018d   Default   0x725c6   115   0 securityd:[com.apple.securityd:ds] Conflict resolver chose peers item:<inet,rowid=null,cdat=2018-03-29 02:25:50 +0000,mdat=2018-03-29 02:25:50 +0000,desc=Web form password,icmt=default,crtr=null,type=null,scrp=null,labl=www.google.com (testlog@gmail.com),alis=null,invi=null,nega=null,cusi=null,prot=null,acct= testlog@gmail.com,sdmn=,srvr=www.google.com,ptcl=htps,atyp=form,port=0,………

3）账号信息

2018-05-19 13:58:03.196843+0800 0x5a441 Default 0xa28e1 98 0 accountsd:(ContactsDonation)[com.apple.contacts.donation:accounts] Account changed: testlog@gmail.com（A9EA216D-F7D8-4035-8AC9-41F17330C5B8）

4）靠近地理位置标记网络

2018-05-18 20:22:31.388925+0800 0x1dc51 Default 0x0 528 0 wifid:[com.apple.SystemConfiguration:] WiFi: In proximity of Geotagged Network Wifi-1

2018-05-18 20:22:31.389608+0800 0x1dc51 Default 0x0 528 0 wifid:[com.apple.SystemConfiguration:] WiFi: In proximity of Geotagged Network Wifi-2

2018-05-18 20:22:31.389689+0800 0x1dc51 Default 0x0 528 0 wifid:[com.apple.SystemConfiguration:] WiFi: In proximity of Geotagged Network Wifi-3

5）基站信息

2018-06-11 14:38:52.172279+0800 0x248c Default 0x0 88 0 CommCenter:(libCommCenterBase.dylib)[com.apple.CommCenter:5wi.sd] #I Index: 0, MCC: 460, MNC: 01, Band info: 0, Area code: 43022, Cell ID: <private>, UARFCN: 0, Latitude: <private>, Longitude: <private>

6）翻墙软件记录

2018-06-12 15:25:08.114859+0800 0x11b6 Default 0x0 224 0 Preferences:(VPNPreferences)[com.apple.networkextension:VPN Settings] FirstWingy state is now Disconnected

7）设备发现

2018-05-19 14:48:02.665145 + 0800 0x5de53 Default 0x0 1404 0rapportd:(CoreUtils)[com.apple.rapport:CLinkD] Bonjour unauth peer found <76:2B:3A:C6:9D:F8>: CUBonjourDevice 76:2B:3A:C6:9D:F8, 'DLXC87TNG5VJ-Apple Device'

2018-05-19 14:45:11.223625 + 0800 0x5de53 Default 0x0 1404 0rapportd:(CoreUtils)[com.apple.rapport:CLinkD] Bonjour unauth peer found <C9:73:8A:FA:76:76>: CUBonjourDevice C9:73:8A:FA:76:76, 'MacBook Air -C2MW2DQ9J1WL'

5. 文件系统日志

日志功能有助于保护文件系统，使其不会因断电或硬件组件故障而损坏，从而减少修复目录的需求。一个完整的系统日志内容应该包含：

完整路径：记录发生变化的文件系统对象的唯一完整路径。

事件 ID：记录事件的 ID。

事件标志：对应着变化的种类，完整路径指向文件、目录等，具体如表 7-8 所示。

表 7-8 事件标志的描述

记录标志	名称	描述	可能的场景
0×00000001	对象是文件夹	（路径表示的）对象指向一个文件夹	
0×00000002	挂载	一个卷被挂载	已连接网络驱动器或共享 已插入可移动驱动器 通过双击挂载了 DMG 终端中使用了 mount 命令 系统启动时内部磁盘挂载
0×00000004	卸载	一个卷被卸载	已断开连接网络驱动器或共享 已卸载可移动驱动器 DMG 文件被卸载 终端中使用了 unmount 命令 系统关闭或重新启动时已挂载的卷被卸载
0×000000020	事务结束	已卸载卷，并指示挂载的事务结束	

7.4 Android 设备取证

Android 这一词最先出现在法国作家利尔亚当 1886 年发表的科幻小说《未来夏娃》中，作者将外表像人类的机器起名为 Android，这也就是 Android 小人名字的由来。Android 是基于 Linux 系统的开源操作系统，是由 Andy Rubin 于 2003 年在美国加州创建，后被 Google（谷歌）公司于 2005 年收购。在 2008 年发布了第一部 Android 智能手机，随后 Android 不断发展更新，占据了全球大部分的手机市场。

7.4.1 Android 设备取证概述

Android 设备的取证不仅涉及常规的对硬件的基本操作，还包括对 Android 系统功能的掌握，以及对取证手段的应用。

1. root

root，也称为根用户，是 UNIX（如 Solaris、AIX、BSD）和类 UNIX 系统（如 Linux、QNX 等），以及 Android 和 iOS 移动设备系统中唯一的超级用户，利用该用户身份可以对根目录实施读写和执行操作。root 用户相当于 Windows 系统中的 SYSTEM（Windows XP 及以下）或 TrustedInstaller（Windows Vista 及以上）用户，其具有系统中的最高权限，如启动或停止一个进程，删除或增加用户，增加或者禁用硬件，添加文件或删除所有文件等。

root 用户是系统中唯一的超级管理员。类似于广告阻挡等应用，都需要 root 权限。不过，root 比 Windows 的系统管理员的权限更大，足以把整个系统的大部分文件删掉，导致系统完全毁坏，不能再次使用。所以，用 root 进行不当的操作是相当危险的，轻微的可以死机，严重的甚至不能开机。所以，在 UNIX、Linux 及 Android 中，除非确实需要，一般情况下都不推荐使用 root。最好单独建立一个普通的用户，作为日常使用。

2. 启动模式

Android 系统有多种启动模式,每种启动模式都通过相应的组合键才可以进入,表 7-9 列出了几种常见的启动模式。

表 7-9 Android 系统几种常见启动模式的功能描述

启动模式	进入方法	功能描述
一般启动模式(normal mode)	按电源键启动	正常启动手机的方法
安全模式(safe mode)	按住 menu 键,按电源键启动手机,直至手机启动完成松开 menu 键	和正常启动一样,但没有登记 Google,所以不能访问 Market 或使用用户的 Google 账号
引导模式(bootloader mode)	按住照相键,按电源键启动手机	可以从 SD 卡上安装新的系统映像(DREAIMG.NBH),只需再按一次电源键。为获取 root 权限,对手机进行降级,就是使用这个模式
恢复模式(recovery mode)	按住 Home 键,按电源键启动手机	可以打开命令解释程序(shell),刷新映像文件(flash image),执行备份等。当然这一切取决于用户手机上的 recovery image 版本
诊断模式(diagnostic mode)	按住轨迹球,按电源键启动手机	用于测试(按音量键选择项目)
快速启动模式(fastboot mode)	按住返回键,按电源键启动手机,直至屏幕出现 FASTBOOT 字样后松开返回键	可以在计算机上使用 fastboot 命令来刷新映像文件,同时按通话键、menu 键、电源键重启手机

3. adb 工具

adb(android debug bridge,安卓调试桥)是一个命令行窗口,用于通过计算机端与模拟器或真实设备交互,实现对 Android 程序的调试。adb 是 Android sdk 里的一个工具,用这个工具可以直接操作管理 Android 模拟器或者真实的 Android 设备,其主要功能包括:

(1) 运行设备的 shell(命令行)。
(2) 管理模拟器或设备的端口映射。
(3) 计算机和设备之间上传/下载文件。
(4) 将本地 apk 软件安装至模拟器或 Android 设备。

adb 是一个 C/S(客户端/服务器端)程序,其中客户端是用来操作的计算机,服务器端是 Android 设备。adb 工具的常用命令如表 7-10 所示。

表 7-10 adb 工具的常用命令及功能描述

功能	命令	描述
查看设备	adb devices	查看当前连接的设备,连接到计算机的 android 设备或者模拟器将会列出显示
安装软件	adb install < apk 文件路径>	将指定的 apk 文件安装到设备上
卸载软件	adb uninstall [-k]<软件名>	加-k 参数,为卸载软件但是保留配置和缓存文件

续表

功　能	命　令	描　述
登录设备 shell	adb shell 或 adbshell < command 命令>	将登录设备的 shell，后面加< command 命令>将是直接运行设备命令，相当于执行远程命令
从计算机上发送文件到设备	adb push <本地路径> <远程路径>	用 push 命令可以把本地计算机上的文件或者文件夹复制到设备(手机)
从设备上下载文件到计算机	adb pull <远程路径> <本地路径>	用 pull 命令可以把设备(手机)上的文件或者文件夹复制到本机计算机
显示帮助信息	adb help	将显示 adb 工具的帮助信息

4．手机取证中重要命令

通用备份命令：adb backup [-f <file>] [-apk|-noapk] [-shared|-noshared] [-all] [-system|-nosystem] [<packages…>]

一般命令：adb backup -f D:\backup.ab -noapk -noshared -all

特定命令(如备份 QQ)：adb backup -f D:\backup.ab com.tencent.mobileqq

5．取证注意事项

针对 Android 设备取证的注意事项主要包括以下几点：

1) 防止数据丢失

(1) 不要轻易修改手机的系统时间。

(2) 不要长时间将手机与电池分离。

(3) 对手机或 SIM 卡进行检验。

(4) 不要胡乱尝试手机屏幕密码。

2) 防止数据覆盖

(1) 不要轻易更换手机中的 SIM 卡。

(2) 屏蔽信号。

3) 防止设备锁死

(1) 不要胡乱尝试手机或 SIM 卡密码。

(2) 屏蔽信号。

6．取证难点

针对 Android 设备取证的难点主要包括以下几方面：

(1) Android 高版本手机屏幕解锁风险大，需拆机、刷机等，且耗时较长，覆盖范围有限。

(2) 2019 年发布的 Android 中高端手机，几乎无法再通过传统的解锁方式解除或绕过屏幕锁。

(3) 无法有效提取重要数据。

(4) 多数手机不支持拆机、刷机风险大、破解密码时间长、存储空间小、备份困难等。

7.4.2 文件系统

Android 的开放性使其得到快速发展,并给人们带来开发和使用上的便利,但也给个人信息安全带来了安全威胁,个人私密文件面临着被窥视与窃取的风险,特别是一些社会公众人物的信息更是被窃取的主要对象,被窃取的信息主要包括电话本、通话记录、短信等,以及机主的照片、录音、视频等手机内存储的文件信息。

1. 加密机制

信息被窃取的主要原因是 Android 是一个开放的系统,其存储和信息没有采用相应的加密方法。所以,针对 Android 系统的数据加密就成为一个关键的焦点和研究方向。

加密是使用对称加密密钥对 Android 设备上的所有用户数据进行编码的过程。设备经过加密后,所有由用户创建的数据在存入磁盘之前都会自动加密,并且所有读取操作都会在将数据返回给调用进程之前自动解密数据。加密可确保未经授权方在尝试访问相应数据时无法进行读取。Android 有两种设备加密方法,即全盘加密和文件级加密。

1) 全盘加密

从 Android 4.x 到 Android 9 支持全盘加密。全盘加密(full disk encryption,FDE)是使用单个密钥(由用户的设备密码加以保护)来保护设备的整个用户数据分区。在启动时,用户必须先提供其凭据,然后才能访问磁盘的任何部分。

采用 FDE 技术的 Android 手机在每次开机时,首先都需要输入一个简陋的密码,然后才能进入系统。进入了系统后,又需要输入一次密码来解锁屏幕。这样操作,主要是因为采用了全盘加密后,在进入系统前必须先解密才能启动系统。这种操作方式有些类似于个人计算机设置了 BIOS 密码后的情况。

虽然 FDE 加密方式非常有利于确保安全性,但这也意味着当重新启动设备时,用户无法立即使用手机的大多数核心功能。

需要说明的是,从 Android 5.0 开始,为了防止针对 FDE 的离线暴力破解,增加了硬件可信执行环境(trusted execution environment,TEE)签名过程。TEE 结合多次 scrypt 算法来产生加密密钥,以此密钥来加密磁盘文件和主密钥,除非攻击者获得了 TEE 中的 RSA 私钥,并清楚特定硬件平台 HAL(hardware abstraction layer,硬件抽象层)中的 Keymaster 模块,否则是很难破解的。

2) 文件级加密

Android 7.0 及更高版本支持文件级加密(file based encryption,FBE)。采用文件级加密时,可以使用不同的密钥对不同的文件进行加密,也可以对加密文件单独解密。支持文件级加密的设备还可以支持直接启动。该功能处于启用状态时,已加密设备在启动后将直接进入锁定屏幕,从而可让用户快速使用重要的设备功能,例如无障碍服务和闹钟等。

在启用了 FBE 的设备上,每位用户都有两个可供应用使用的存储位置。

(1) 凭据加密(CE)存储空间: 这是默认存储位置,仅在用户解锁设备后可用。

(2) 设备加密(DE)存储空间: 该存储位置在直接启动模式下和用户解锁设备后均可使用。

这种对数据进行分类加密保存的方式,可以根据具体要求来提高系统和数据的安全性。

因为加密不再只基于启动密码,从而能够同时保护多位用户数据信息。

Android 9 引入了对存在硬件支持的元数据加密的支持。采用元数据加密时,启动时出现的单个密钥会加密未通过 FBE 进行加密的任何内容(例如目录布局、文件大小、权限和创建/修改时间)。该密钥受到 Keymaster 的保护,而 Keymaster 受到启动时验证功能的保护。

2. Android 系统分区

Android 设备中的各个分区都有具体的名称,不同的芯片组和制造商还会使用不同的分区,甚至会给功能完全一样的分区取不同的名称。

1) 标准 Android 分区

标准 Android 分区都有一个共同的特性:它们被硬编码到 Android 系统中,并出现在源码树的各个不同的位置上。这些分区构成了操作系统的核心。标准 Android 分区作用描述如表 7-11 所示。需要说明的是,标准分区中,除了 boot 和 recovery 分区外,其他分区上都是可以 mount。

表 7-11 标准 Android 分区的功能描述

分 区	文件系统	作 用
boot	bootimg	内核 + initramfs。含有内核和 1 个默认启动过程中所需的 initramfs
cache	Ext4	用来进行系统升级或 recovery
recovery	bootimg	用于把系统启动到 recovery 模式下,内核将系统启动至 recovery 模式的 initramfs
system	Ext4	用于存放操作系统的二进制可执行文件和框架
data	Ext4/F2FS	存放用户数据和配置文件

Android 设备中有一张文件系统 mount 表,位于/system/etc/vold. fstab 或/fstab. hardware 目录下,在系统启动过程中会被 vold(卷守护进程)加载并指出哪些分区应该被自动 mount 上来。

2) system 分区

以只读模式 mount 上来的/system 分区图 7-12 所示,存放的是 Android 的重要组件,所属的用户及组基本都是 root,权限基本上也是 755。由于文件系统是以只读方式 mount 的,所以其中 Android 系统组件就不会被破坏和修改。

3) data 分区

data 分区是所有用户个人数据的存放地点,在取证过程中,data 分区具有以下特点:

(1) 系统升级和恢复时会擦除或者重写整个/system 分区,但不会以任何方式影响用户数据。通过格式化 data 分区,可以快速重置设备,并擦除所有用户个人数据。

(2) 在用户需要时,可以对 data 进行加密。在系统设计中,由于 system 分区中不存在敏感数据,所以也就没有必要加密该分区。

(3) data 也可以被设置为不可执行(用 noexec 参数 mount 该分区,或者强制执行 SELinux)。能加大恶意软件的攻击难度。因为在设置了不可执行后,恶意软件就不存在可写又可执行的分区,因此也就无法将恶意的可执行文件写在该分区中再执行。

```
1  127|hammerhead:/system $ ls -al
2  total 88
3  drwxr-xr-x  17 root  root    4096 1969-12-31 13:00 .
4  drwxr-xr-x  18 root  root       0 1970-04-29 10:11 ..
5  drwxr-xr-x   2 root  root    4096 2019-02-25 21:18 addon.d
6  drwxr-xr-x  43 root  root    4096 2019-02-25 21:31 app
7  drwxr-xr-x   2 root  shell   8192 2019-04-14 20:49 bin
8  -rw-r--r--   1 root  root    4768 2019-04-14 20:49 build.prop
9  drwxr-xr-x  17 root  root    4096 2019-04-14 20:49 etc
10 drwxr-xr-x   2 root  root    4096 2019-02-25 21:36 fake-libs
11 drwxr-xr-x   2 root  root    8192 2019-02-25 21:36 fonts
12 drwxr-xr-x   2 root  root    4096 2019-02-25 21:44 framework
13 drwxr-xr-x   5 root  root   12288 2019-02-25 21:44 lib
14 drwx------   2 root  root    4096 1969-12-31 13:00 lost+found
15 drwxr-xr-x   3 root  root    4096 2019-02-25 21:44 media
16 drwxr-xr-x  55 root  root    4096 2019-02-25 21:43 priv-app
17 drwxr-xr-x   3 root  root    4096 2019-02-25 21:44 tts
18 drwxr-xr-x   8 root  root    4096 2019-02-25 21:44 usr
19 drwxr-xr-x   6 root  shell   4096 2019-02-25 21:44 vendor
20 drwxr-xr-x   2 root  shell   4096 2019-04-14 20:49 xbin
```

图 7-12 /system 分区

（4）data 目录下所有的应用是可执行但不可读的，这样 shell 就无法使用 ls 命令来查看 data 目录中的内容。

data 区分中的目录及其功能描述如表 7-12 所示。

表 7-12　data 区分中的目录及其功能描述

目　　录	功　能　描　述
anr	dumpstate 用来记录失去响应的 Android 应用的函数调用栈当前状态的地方。根据 dalvik.vm.stack-trace-file 属性的默认设置，函数调用栈的当前状态会被记录在 traces.txt 文件中
app	用户自己安装的下载下来的 .apk 文件都可以在这里被找到
app-ascc	存放 asec 容器，当一个应用使用了 asec 保护技术时，它就会被进行加密，然后放入一个 asec 容器，每个应用占用一个 asec 容器
app-lib	应用（不论是系统应用，还是用户自己安装的应用）的 JNI 库都可以在这里找到
app-private	提供应用私有存储空间，不过在实践中已经很少使用，因为 asec 提供了更高的安全性
backup	供备份服务使用
bugreports	bugreport 专用，用来存放 bugreport 生成的报告，每份报告中均含有一个文本文件和一张屏幕截图（png），这两个文件均以 bugreport-yyyy-mm-dd-hh-mm-ss 的格式命名
dalvik-cache	用于存放优化过的系统应用和用户安装的应用的 classes.dex。每个应用的 dex 文件名都是其 apk 包的存放路径，并用"@"替换掉了路径分隔符（例如，system@framework@bu.jar@classes.dex）
data	各个已经安装应用的数据目录，目录名为逆 DNS 格式
dontpanic	现未使用
drm	供 Android 的数字版权管理器（digital rights management）使用
local	供 uid shell 使用的一个可读/可写的临时目录（也会在 ADB 会话中使用）
lost＋found	对 data 分区执行 fsck 操作时自动生成目录。一般为空（除非文件系统崩溃。在这种情况下，其中可能含有未知上级目录的 inode）
media	供 sdcard 服务把 SD 卡 mount 到这个 mount 点上
mediadrm	供 Media DRM 服务使用

续表

目 录	功 能 描 述
misc	供各个组件存放"各式各样的"数据和配置文件的目录
nfc	存储 NFC 参数
property	存放持久性属性(persistent properties,即设备重启后仍被保留下来的属性)。每个属性都被保存在它自己的文件中,文件名就是属性名
resource-cache	供 AssetManager 使用的资源缓存
security	通常为空
ssh	供那些提供 ssh(secure shell)服务的设备使用(一般为空)

4) cache 分区

系统在升级过程中使用 cache 分区,该分区中的目录及其用途如表 7-13 所示。系统升级包会被下载到 cache 分区,启动管理器(boot manager)时(特别是在 recovery 升级模式下启动时),需要该分区的支持。除此之外,在正常情况下,cache 分区是空的。如果用户最近下载过 OTA 升级包,在它被安装之前,该升级包将保存在该分区中。另外,recovery 这个 elf 文件和系统(特别是 android.os.RecoverySystem 类)在启动到 recovery(或系统升级)模式时,也会使用这个分区交换信息。

表 7-13　cache 分区中的目录及其用途

recovery 中的宏定义	路　径	用　途
CACHE_LOG_DIR	/cache/recovery	二进制可执行文件 recovery 的专用目录
LAST_LOG_FILE	/cache/recovery/last_log	上一次 recovery 升级操作的日志
LOG_FILE	/cache/recovery/log	当前 recovery 升级操作的日志
COMMAND_FILE	/cache/recovery/command	传递给 recovery 的命令行参数
INTENT_FILE	/cache/recovery/intent	recovery 完成之后要发出的 intent
LAST_INSTALL_FILE	/cache/recovery/last_install	最近一次安装日志
LAST_LOCALE_FILE	/cache/recovery/last_locale	存放再次启动时使用的语言设置

5) vendor 目录

vendor 目录中存放的是厂商对 Android 系统的修改信息,其目的是在必要时能够有效地进行系统的更新或升级操作(不会将厂商对系统的修改一起擦除)。专门指定的系统组件在添加/system 路径之前时,会先去检查事先被写入程序 vendor 中的路径,具体哪些组件会去检查哪些路径,如表 7-14 所示。

表 7-14　vendor 目录中的组件及其搜索路径

组 件 名	会被搜索的路径
Package Manager	/vendor/app
Fonts	/vendor/ect/fallback_fonts.xml
Shared Libraries	/vendor/lib
DRM libraries	/vendor/lib/drm/vendor/lib/mediadrm
eGL libraries	/vendor/lib/egl
Frameworks	/vendor/overlay/framework
Firmware	/vendor/firmware
Audio Effects	/vendor/etc/audio_effects.conf

6）芯片组专用分区

芯片组制造商经常需要一些分区用来存储支持芯片组工作的程序和数据。以高通为例，它的 MSM 芯片组分区如表 7-15 所示。

表 7-15　高通 MSM 芯片组专用分区说明

名　　称	文件系统	用　　途
aboot	Bootldr	application processor boot，其中含有 Android 启动加载器（boot loader）。需要注意的是，有些设备会用定制的启动加载器（例如 HTC 的 HBoot）把它替换掉
Modem	MSDOS	含有一些用以支持设备调制解调器正常工作的 ELF 格式进制程序和数据文件
Modemst[1|2]	专用文件系统	调制解调器的断电不丢失（non-volatile）数据
rpm	ELF32 位	资源电源管理（resource power management），它提供了第一阶段的启动加载器（boot loader）
sbl[123]	专用文件系统	次级 Boot Loader（secondary boot loader），这是移动设备启动时由 boot ROM 加载的代码，它执行结束后会去加载 Boot Loader，根据具体设备型号的不同，这个 sbl 可能会被分为 sbl1、sbl2 和 sbl3 三个阶段
tz	ELF32 位	ARM 可信区域（trustzone）

7）厂商专用分区

Android 设备的厂商专用分区是根据不同厂商自己的需要（大多用于设备配置维护和升级操作）来创建的分区，这些分区使用的文件系统格式多为专用格式，表 7-16 列出了常见的设备厂商所使用的分区名称。

表 7-16　常见的设备厂商使用分区名称

名　　称	文件系统	用　　途
aboot	Bootldr	application processor boot，其中含有 Android 启动加载器（boot loader）。需要注意的是，有些设备会用定制的启动加载器（例如 HTC 的 HBoot）把它替换掉
Modem	MSDOS	含有一些用以支持设备调制解调器正常工作的 ELF 格式进制程序和数据文件
Modemst[1|2]	专用文件系统	调制解调器的断电不丢失（non-volatile）数据
rpm	ELF32 位	资源电源管理（resource power management），它提供了第一阶段的启动加载器（boot loader）
sbl[123]	专用文件系统	次级 boot loader（secondary boot loader），这是移动设备启动时由 boot ROM 加载的代码，它执行结束后会去加载 boot loader，根据具体设备型号的不同，这个 sbl 可能会被分为 sbl1、sbl2 和 sbl3 三个阶段
tz	ELF32 位	ARM 可信区域（trustzone）

3．Android 文件系统

文件系统是建立在物理存储介质上的一套存储和检索系统，所以文件系统的设计好坏也会明显影响整个文件读取和写入的性能表现。常见的 Android 文件系统有以下两类：

1）ext4

Android 操作系统依托于 Linux，所以主要的文件系统也是从 Linux 中发展而来，包括 exFAT、ext3、ext4 等，目前大多数手机仍使用 ext4。相比 ext3 而言，ext4 最大的改动是文件系统的空间分配模式。默认情况下，ext4 不再使用 ext3 的块映射（Block Mapping）分配方式，而改为区间（extent）分配方式。从专业的数据恢复原理看，基于块映射分配文件的分配方式在数据删除后就已经很难恢复，如果基于区间的文件分配方式，可参考的信息就更少，如何有效地恢复 ext4 误删除的数据，在技术实现上将更加困难。

2）F2FS

F2FS(flash friendly file system)最早是由三星公司在 2012 年研发设计的，其目的就是更好地适应基于 NAND 的存储设备（例如固态硬盘、eMMC 和 SD 卡等），在 F2FS 中采用了日志结构文件系统的概念，使它更适合用于存储容量较小的文件。

与 ext4 相比，F2FS 随机读写速度更快，同时减少了写的次数，延长了固件的寿命。另外，由于 F2FS 小文件的读写速度更快，这样可以有效降低整理碎片开销。

7.4.3 加密与解密

1. 屏幕锁

从 API Level 8(Android 2.2)开始，Android 提供了 DevicePolicyManager 类，可以让用户的应用程序也能执行屏幕锁定等操作。Android 提供的屏幕锁操作方式基本如图 7-13 所示。

2. BootLoader 锁

BootLoader(启动加载)是在操作系统内核运行之前运行的一段小程序。其实，Bootloader 就相当于个人计算机上的 BIOS，通过这段小程序进行硬件初始化、获取内存大小信息等，调整手机到适配状态。所以，如果没有 Bootloader，手机就无法正常启动和使用。只有在成功运行了 BootLoader 后，用户的按键组合才能进入到某种启动模式（例如用户熟知的电源键和音量键的组合），可以进入到 Recovery、Fastboot 或者正常开机。

值得注意的是，bootloader 被锁的手机必须要破解才能刷第三方 ROM。如果不破解 bootLoader，就无法初始化手机硬件，手机也就无法使用。如果一部手机上了 bootLoader 锁，就不能使用 recovery 刷第三方 ROM 包，官方自带的 recovery 也不允许用户刷入第三方 ROM 包，需在解了 bootLoader 并替换 recovery 才行。

图 7-13　常见屏幕锁类型

3. 应用程序锁

Android 手机为安装大量应用程序提供了兼容性。兼容性在为应用带来便利的同时，也存在大量的安全隐患，有时甚至是不受信任的第三方应用程序或安卓恶意软件都可能有权读取个人数据，而防范这些攻击需要大量工作。

应用程序锁的功能是加强对应用程序的安全管理。个人应用程序（如 WhatsApp、Instagram、Facebook、邮件等）和金融应用程序（如 Gpay、Paytm 等）以及银行应用程序等，都可以通过应用程序锁来保护用户信息和数据的安全。

4. 账户锁

所谓用户锁就是用户在使用设备之前首先需要对用户身份的合法性进行认证，以提高用户隐私的安全性。例如，苹果手机使用了 Apple ID，用户在激活手机时都要输入正确的 Apple ID 账号和密码；再如，OPPO 出于安全考虑，为了防止恶意安装行为，除了渠道和商店类应用外，都会要求输入 OPPO 账号密码才允许安装。另外，一些品牌的 Android 手机，为了防止未知来源软件可能在不知情的情况下进行静默安装，增加了安装软件账号验证功能，当手机通过一些下载渠道安装软件时，会提示账号验证/指纹验证（图 7-14），可有效防止恶意软件静默安装。

账户锁在刷机激活后使用手机时需要登录用户注册时的账户和密码才能正常使用手机，如账户或密码错误都无法激活使用手机。对于屏幕锁和账户锁，都可以利用一些特殊的工具进行解锁（破解），但一般情况下，解锁后手机中的资料都被消除，所以在取证时一定要注意。

5. FPR 锁

图 7-14　账户锁

FPR 锁（FPR LOCK，谷歌锁）是从 Android 5.1 开始引入的一种安全机制，是专为绕过出厂重置保护而设计的应用程序。手机通过非正常的恢复出厂或刷机之后，在开机出现导航页面时，必须登录恢复出厂或刷机前手机登录的 Google 账号才能使用这部手机。这是 Google 原生的手机防盗功能，国内版的手机为"手机找回"（查找我的手机）功能。

7.4.4　数据的提取、固定与分析

Android 手机中数据的提取、固定和分析方法，其解决方法和思路与 iPhone 有些类似。为此，本节在前文内容的基础上，针对 Android 系统的特点，对需要注意的一些事项进行必要的说明。

1. 备份提取

Android 操作系统的备份分为两种：adb 命令备份和自备份，其中前文提到过利用 adb 通用命令，即可获取 adb 备份文件；自备份是利用各自厂商手机出厂时的自带功能，对手机内支持备份的应用数据进行备份，从而获取到数据进行解析。

2. 逻辑镜像获取

与 iPhone 系统原理相同，Android 系统逻辑镜像提取就是利用专门的技术与手段，获

取到 Android 手机内全盘逻辑的数据。逻辑镜像获取相对备份提取，所获取的数据更加全面。

3. 数据的恢复

与 iPhone 系统恢复原理基本相同，在其基础上，还需要了解 Android 系统在文件层级数据恢复上存在一定恢复概率，当遇到多媒体文件需要数据恢复时，可以先采取逻辑镜像提取方式获取手机完整的镜像文件，再利用专用取证恢复工具进行特征文件的恢复。理论上讲，恢复的概率非常低。

4. 数据分析

下面结合大家较常使用的微信平台，介绍取证过程中的数据分析方法。

1）微信数据库

微信的大量数据存储在本地，这些数据主要包括联系人（主要有好友地区、电话、通过哪种方式添加）、聊天内容（图片、文字、语音、视频、位置、名片、其他 App 分享链接）、聊天室、收藏信息、朋友圈内容（主要有好友详情、点赞、评论）、摇一摇、附近人、最近联系人、好友请求、图片存放路径、微信内置的表情包等。图 7-15 所示是微信联系人数据库信息，图 7-16 所示是微信聊天信息。

微信本地存储路径：/data/data/com.tencent.mm/MicroMsg/账号私有目录，通过 ES 分享到 QQ 或微信，通过计算机端接收。另外，在其他地方也有微信存储的数据，不过都跟隐私关系不大，例如 com.tencent.mm\databases 下的单 *.db 文件。微信数据库文件名如图 7-17 所示，各文件存放位置如下：

图 7-15　联系人

/data/data/com.tencent.mm/MicroMsg/"字符串"/EnMicroMsg.db（数据库加密）

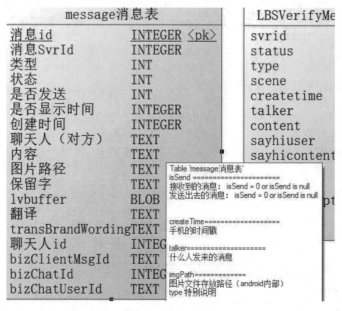

图 7-16　聊天记录

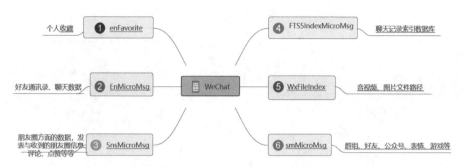

图 7-17 微信数据库信息

/data/data/com.tencent.mm/MicroMsg/"字符串"/enFavorite.db
/data/data/com.tencent.mm/MicroMsg/"字符串"/SnsMicroMsg.db
/data/data/com.tencent.mm/MicroMsg/"字符串"/IndexMicroMsg.db
/data/data/com.tencent.mm/MicroMsg/"字符串"/CommonOneMicroMsg.db
/data/data/com.tencent.mm/MicroMsg/"字符串"/EnResDown.db

2）数据库解密

EnMicroMsg.db 数据库密码为 MD5(IMEI+UIN 码)取前七位，如图 7-18 所示。

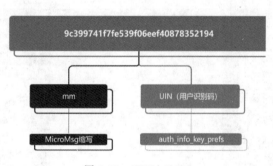

图 7-18 UIN+IMEI

其中，UIN 的历史记录存储在 app_brand_global_sp.xml.xml，最后一次登录账户存储在 /data/data/com.tencent.mm/shared_prefs/auth_info_key_prefs.xml 中。

IMEI 手机拨号键为 *♯06♯，存储在 /data/data/com.tencent.mm/shared_prefs/DENGTA_META.xml 中。

3）微信分身

自从 360 奇酷手机发布后，国内的手机通常都会提到应用分身、微信双开等类似的概念，有一些第三方应用也以分身或双开作为亮点抢占市场，一时间分身类应用成为主流手机的一个必备功能。其中，微信分身一般可通过以下 3 种方法来实现：

（1）通过系统设置中的自带功能"应用分身"（应用双开）来实现微信的多开，如小米、华为、OPPO、vivo 等品牌都支持微信分身功能，如图 7-19 所示。

（2）通过三方应用来实现微信双开，常见的应用有分身大师、全面微商等，如图 7-20 所示。

（3）通过系统分身功能进行微信多开，如图 7-21 所示。该功能部分手机不支持。

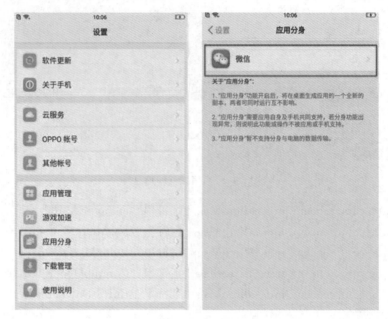

图 7-19　系统应用分身

图 7-20　第三方应用分身

4）分身数据提取

可以通过一部已经 root 的手机来查看微信分身的数据包路径（图 7-22）。可以看出，系统应用多开的这种方式存放的微信数据包路径为/data/user/999/com.tencent.mm，不同于官方微信数据包的路径/data/data/com.tencent.mm，大部分备份取证的方法均无法获取到该路径下的微信分身数据包，而只能通过 root 或者镜像的方式获取。当然，也可以通过微信迁移方式来未尝试。

除分身微信的数据包外，取证过程中还需要关心分身微信的附件包路径。手机厂家自带双开微信分身附件为路径"系统设置"→"应用双开"→"微信"，具体在/data/media/999/

图 7-21　系统分身功能

图 7-22　微信数据包内容

tencent/MicroMsg 中。

需要说明的是，不同品牌手机分身路径可能会有细微区别，但获取方式基本相同。

5. Android 模拟器

随着虚拟化技术的不断成熟，越来越多的厂商加入到虚拟化应用中，而安卓模拟器就是应用虚拟化技术中的一种。安卓模拟器，指能在计算机上模拟安卓操作系统，并能安装、使用、卸载安卓应用的软件，它使用户在台式计算机上也能体验操作安卓系统的全过程。目前比较常见的安卓模拟器有 Android SDK、BlueStacks、逍遥安卓模拟器等。

由于安卓模拟器操作简单，成本低，所以一些不法分子就选择利用安卓模拟器进行诈骗等违法犯罪行为。对安卓模拟器数据进行提取分析时，最关键的就是找到对应的虚拟机文

件,这样就可以获取到相应的安卓应用数据,进而通过手机取证分析软件解析数据。获取 vmdk 虚拟机文件的方式有以下两种:

1) 直接查找

启动安卓模拟器后,默认会在模拟器的安装目录下生成存储数据的 vmdk 虚拟磁盘文件,可以通过专用取证软件对这些虚拟磁盘文件进行解析、提取分析。

2) ova 格式镜像文件提取分析

部分安卓模拟器可以导出便于保存和携带的 ova 格式的镜像文件,将 ova 格式镜像进行解压就可以获得 vmdk 的虚拟磁盘文件,再通过数据取证工具对解压后的 vmdk 虚拟磁盘文件提取分析即可,具体过程如图 7-23 所示。

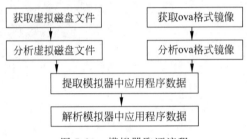

图 7-23 模拟器取证流程

7.5 其他智能设备取证

智能穿戴设备是物联网(Internet of things,IoT)设备中普及度最高的类型之一,其中以智能手环和智能手表最为常见。智能手环和智能手表通常具备心率监测、运动计数等基本功能,与手机进行蓝牙配对后通过相应 App 进行数据管理和同步,部分功能强大的手环或手表具备 GPS 功能,可以实时记录运动轨迹,连接手机后还可以同步接收手机消息的推送,包括一些 App 消息,这些数据很可能在手机端被删除,但在手环或手表的内部存储中仍然存在,这将成为手机机身数据取证的有效补充。

7.5.1 Apple Watch 取证

苹果公司在 2015 年 3 月正式发布了智能手表 Apple Watch,包括 Apple Watch、Apple Watch Sport 以及 Apple Watch Edition 三种版本。

1. Apple Watch 取证思路

目前,智能手表中所有 App 均来源于与之配对的 iPhone 手机,开发者可以将自己的 App 进行 Apple Watch 适配并发布在 App Store,在 iOS 安装后,可在 iPhone 手机上的 Apple Watch 应用中选择推送安装至 Apple Watch,这是目前 Apple Watch 唯一的应用安装方式;Apple Watch 系统的升级和还原也仅能够通过配对的 iPhone 手机进行。

另外,Apple Watch 应用程序的数据多数来源于 iPhone 手机上对应的程序,且这些程序的通信和数据存储都依赖于配对的 iPhone 手机(iMessage 例外,Apple Watch 上的 iMessage 服务可脱离 iPhone 独立连接 Wi-Fi 进行通信),Apple Watch 内部存储主要用于保存手机同步的数据。

综合上述特点，可以初步确定对 Apple Watch 的取证思路：与多数智能可穿戴设备取证类似，对 Apple Watch 的取证工作实际上还是要基于对应的 iPhone 手机，而目前 iPhone 手机的取证依赖于 iTunes 备份进行，所以取证工作也将主要利用 iPhone 的备份进行分析。

2. 取证方式

以 Apple Watch 为例，iPhone 通过系统自带的 Watch App 进行配置管理，在手机连入 Wi-Fi 环境时，配对的手表自动进行数据备份，该备份存储在手机的机身中。智能手表相关的数据可以通过常规的 iPhone 取证方式（如备份解析、全盘逻辑镜像等）获得。智能手表数据普遍存储在 Plist 文件中（图 7-24），包括智能手表的基本信息（所有人、版本、区域和语言、序列号、UDID、Wi-Fi/蓝牙 MAC 地址及存储容量等）、同步的手机消息等，可以通过 PlistEdit Pro 查看，如图 7-25 所示。

图 7-24　智能手表数据的存储

Key	Class	Value
▶108	Dictionary	3 key/value pairs
▶109	Dictionary	2 key/value pairs
110	String	2.1
▶111	Dictionary	3 key/value pairs
▶112	Dictionary	2 key/value pairs
▶113	Dictionary	3 key/value pairs
▶114	Dictionary	2 key/value pairs
115	String	MJ2X2
▶116	Dictionary	3 key/value pairs
▶117	Dictionary	2 key/value pairs
▶118	Dictionary	3 key/value pairs
▶119	Dictionary	2 key/value pairs
120	String	"Steven"的 Apple Watch
▶121	Dictionary	3 key/value pairs
▶122	Dictionary	2 key/value pairs
▶123	Dictionary	3 key/value pairs
▶124	Dictionary	2 key/value pairs
125	String	Watch1,1

图 7-25　利用工具查看信息

同样，手机端对应的 App 记录也蕴藏着大量线索，可以通过查看 App 数据库得到，图 7-26 所示是通过盘古石手机取证分析系统对三星健康数据进行解析的显示结果，其中对运动轨迹进行了时空展现。

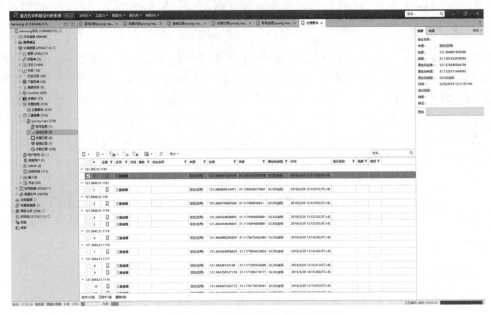

图 7-26　运动轨迹的时空分析

7.5.2　小米手环取证

小米手环建立连接时数据被发送到手机上，手环在连接过程中发生的事件记录会存储在手机的日志文件中，可以针对日志文件进行分析并找出涉案线索。以睡觉为例，在睡前将手环设置为睡眠模式，并通过低功耗蓝牙与智能手机实时同步，便可看到入睡时间、清醒时间、深睡/浅睡、整体的睡眠质量等信息。图 7-27 所示是以文本方式查看日志文件后的显示信息，通过分析可以找出涉案线索。

```
2017-07-17 15:13:19.516  MyRealtimeStepCallback   type:MILI,step:[,totalStep:3211,totalDis:0,totalCal:0,running
2017-07-17 15:13:19.650  MyRealtimeStepCallback   type:MILI,step:[,totalStep:3212,totalDis:0,totalCal:0,running
2017-07-17 15:13:20.149  MyRealtimeStepCallback   type:MILI,step:[,totalStep:3213,totalDis:0,totalCal:0,running
2017-07-17 15:13:20.475  MyRealtimeStepCallback   type:MILI,step:[,totalStep:3214,totalDis:0,totalCal:0,running
2017-07-17 15:13:21.108  MyRealtimeStepCallback   type:MILI,step:[,totalStep:3215,totalDis:0,totalCal:0,running
2017-07-17 15:13:21.352  MyRealtimeStepCallback   type:MILI,step:[,totalStep:3216,totalDis:0,totalCal:0,running
2017-07-17 15:13:21.839  MyRealtimeStepCallback   type:MILI,step:[,totalStep:3217,totalDis:0,totalCal:0,running
2017-07-17 15:13:22.181  MyRealtimeStepCallback   type:MILI,step:[,totalStep:3218,totalDis:0,totalCal:0,running
2017-07-17 15:13:29.445  MyRealtimeStepCallback   type:MILI,step:[,totalStep:3228,totalDis:0,totalCal:0,running
2017-07-17 15:13:30.030  MyRealtimeStepCallback   type:MILI,step:[,totalStep:3229,totalDis:0,totalCal:0,running
2017-07-17 15:13:30.420  MyRealtimeStepCallback   type:MILI,step:[,totalStep:3230,totalDis:0,totalCal:0,running
2017-07-17 15:13:30.858  MyRealtimeStepCallback   type:MILI,step:[,totalStep:3231,totalDis:0,totalCal:0,running
2017-07-17 15:13:31.395  MyRealtimeStepCallback   type:MILI,step:[,totalStep:3232,totalDis:0,totalCal:0,running
2017-07-17 15:13:31.834  MyRealtimeStepCallback   type:MILI,step:[,totalStep:3233,totalDis:0,totalCal:0,running
2017-07-17 15:13:32.175  MyRealtimeStepCallback   type:MILI,step:[,totalStep:3234,totalDis:0,totalCal:0,running
2017-07-17 15:13:32.711  MyRealtimeStepCallback   type:MILI,step:[,totalStep:3235,totalDis:0,totalCal:0,running
2017-07-17 15:13:33.540  MyRealtimeStepCallback   type:MILI,step:[,totalStep:3236,totalDis:0,totalCal:0,running
2017-07-17 15:13:35.003  MyRealtimeStepCallback   type:MILI,step:[,totalStep:3237,totalDis:0,totalCal:0,running
2017-07-17 15:13:35.685  MyRealtimeStepCallback   type:MILI,step:[,totalStep:3238,totalDis:0,totalCal:0,running
2017-07-17 15:13:36.319  MyRealtimeStepCallback   type:MILI,step:[,totalStep:3239,totalDis:0,totalCal:0,running
2017-07-17 15:13:37.556  MyRealtimeStepCallback   type:MILI,step:[,totalStep:3240,totalDis:0,totalCal:0,running
2017-07-17 15:13:38.610  MyRealtimeStepCallback   type:MILI,step:[,totalStep:3241,totalDis:0,totalCal:0,running
2017-07-17 15:13:39.585  MyRealtimeStepCallback   type:MILI,step:[,totalStep:3242,totalDis:0,totalCal:0,running
2017-07-17 16:16:59.836  HMActivity              onActivityCreated:HMMiLiSettingActivity
2017-07-17 16:17:00.392  HMDeviceManager         getDeviceInternal:MILI,isCreate:false
2017-07-17 16:17:00.431  HMActivity              onActivityStarted:HMMiLiSettingActivity
```

图 7-27　查看日志内容

在如今万物互联的时代，IoT设备遍布在日常生活的方方面面，可谓种类繁多、形式多样，除了前文中提到的智能穿戴手环外，在未来智能设备取证中，还可能遇到以下几类：

智能家居设备：主要包括传感器、温湿度计、门锁、门铃、摄像头、音箱、家电、卫浴、扫地机器人、Wi-Fi路由器、电源开关、照明、闹钟、按摩椅、跑步机、医疗设备（如影像工作站、麻醉工作站、心脏起搏器等）。

交通工具：主要包括汽车、飞机、火车、平衡车等。

公共设施：主要包括自助结账设备、智能贩卖机、智能仪表、智能园艺、环境检测等。

专用设备：主要包括无人机、儿童/成人玩具等。

习题

7-1　运营商的不断发展可能会对移动智能终端取证带来什么影响？

7-2　手机取证对象中，哪类数据相对会更难获取一些，为什么？

7-3　智能机和非智能机取证过程中，流程上有什么不同？

7-4　iOS系统9.0版本相对前一版本有什么里程碑式的改变？

7-5　苹果手机的锁屏类型有哪些？哪种锁屏方式可以用技术手段进行破解？如果有请举例。

7-6　iOS系统手机内，音/视频文件完全抹除后是否可以成功恢复数据？

7-7　Android手机内加密类型有哪些？

7-8　简述Android系统内FDE与FBE加密对取证可能带来的影响或困难。

7-9　Android系统手机内，多媒体文件被完全抹除后是否可以成功恢复数据？如果是微信聊天记录（文本）呢？

7-10　简述微信分身的取证难点。

7-11　物联网取证与传统移动终端取证有什么异同点？

7-12　苹果取证目前可能面临哪些技术瓶颈？

7-13　有屏幕密码的苹果手机是否可以正常提取？

7-14　iTunes备份提取与镜像文件提取数据有什么区别？

第8章

网络取证技术

随着信息技术的快速发展和网络应用领域的不断拓宽,利用互联网犯罪或以计算机为目标的犯罪活动越来越多,严重损害了人们的合法权益,因此打击和防范计算机网络犯罪已成亟待解决的一大难题。网络犯罪如同病毒一样不断蔓延和增多,危及网络的生存和安全运行,同时也给国家安全、公共安全和人们的生命、财产造成重大影响。网络安全环境逐渐成为社会关注的焦点问题,网络犯罪行为的隐蔽性和网络环境的虚拟性等特点,增加了网络犯罪侦查的困难。本章将介绍网络取证技术的概念、模型、相关技术、方法及原则和步骤,并结合 Web 取证、云取证、网络数据包分析取证为范例对网络取证的一般过程和工具、方法等进行分析与介绍。

8.1 网络取证定义

网络取证(network forensics)属于广义的计算机取证,是网络环境中的计算机取证,指以现有的法律法规为依据,以计算机网络技术为手段,对网络事件进行抓取、记录和分析并以此作为法律证据的过程。

8.1.1 网络取证的特点

网络取证不同于传统的计算机取证,主要侧重于对网络设施、网络数据流以及使用网络服务的电子终端中网络数据的检测、整理、收集与分析,主要针对攻击网络服务(Web 服务等)的网络犯罪。

计算机取证属于事后取证,当事件发生后,才会对相关的计算机或电子设备有针对性地进行调查取证工作。而网络取证技术则属于事前或事件发生中的取证。在入侵行为发生前,网络取证技术能够监测、评估异常的数据流与非法访问。网络取证中的电子证据具有多样性、易破坏性等特点,网络取证过程中须考虑以下问题:

(1) 查明案件情况，收集其他相关的电子数据，防止电子证据被更改或破坏。

(2) 严禁直接在要被取证的网络或磁盘上进行数据采集。

(3) 使用的取证工具具备相关机构出具的检测资质。

网络取证的重点是证据链的生成，其过程一般都是层次性的或基于对象的，一般可分为证据的确定、收集、保护、分析和报告等阶段，每个阶段完毕后都会为下一个阶段提供信息，下一个阶段得到的结果又为前一个阶段的取证提供佐证。网络取证的每个阶段都是相互联系的。

在一定程度上讲，网络取证是对网络攻击过程的再现。为此，网络取证需要掌握网络攻击的相关知识，攻击者实施网络攻击的步骤主要分为以下几个过程。

(1) 信息收集(information gathering)：攻击者事先汇集目标信息，进行知识和情报准备以及策划，此时尚未触及受害者。

(2) 踩点(footprinting)：扫描目标系统，对其网络结构、网络组成、接入方式等进行探测。

(3) 查点(enumerating)：搜索目标系统上的用户和用户组名、路由表、共享资源、SNMP 信息等。

(4) 探测弱点(probing for waknesses)：尝试目标主机的弱点、漏洞。

(5) 突破(penetration)：针对弱点、漏洞发送精心构造的数据，完成对目标主机的访问权由普通用户到 root 权限的提升，达到对受害者系统的窃取、破坏等目的。

(6) 创建后门、种植木马(back dooring, trojans)等：方便攻击者下次重新侵入主机。

(7) 清除(cleanup)、掩盖入侵踪迹，包括禁止系统审计、清空事件日志、隐藏作案工具以及用 Rookit 替换操作系统文件等。

8.1.2 网络取证模型

随着计算机网络技术的发展以及人们对取证的认知不断加深，网络取证相关模型也经历了从参考一般计算机取证的基本过程模型到理论与实践相结合的过程抽象模型的发展。

针对网络取证模型，首先要了解网络犯罪行为是如何实施的，最典型的网络犯罪行为就是网络入侵。无论攻击者的技术水平如何，网络攻击通常遵循同一种行为模式，一般都要经过目标信息收集、入侵、破坏和擦除入侵足迹等几个攻击阶段。

进行网络入侵时，攻击者首先会对目标网络的拓扑结构、网络架构以及相关权限与安全设置进行初步了解。这一阶段主要包括使用端口扫描、嗅探、抓包等进行数据的获取，以及后续的数据分析。在此期间，攻击者会根据要进行攻击的目标与网络环境状态信息设计出可行的攻击方案。

信息收集阶段为进入目标系统访问目标对象提供了充分的信息。例如，目标系统存在 SQL 注入漏洞，就可以利用 SQL 语句获取系统的相关权限，上传网页木马拿到 Webshell，从而获得访问权限。获得初始访问权限后，攻击者将利用其获得的身份在目标系统里进行提权，或者利用系统配置错误和弱点来获得一些额外的权限，如获得 root 权限。入侵系统之后，攻击者会根据其目的对目标进行破坏。获得足够的访问权限之后，攻击者就可以利用比较高的访问权限来安装木马程序，记录密码、删除文件、监控屏幕、内网渗透或者进行其他的恶意行为。

TCP/IP 提供了点对点的链接机制,规定了如何对数据打包(转换成称为数据包的信息包)、发送和接收,以及如何传输到指定对象。TCP/IP 通信协议是 1978 年由 Bob Kahn 和 Vint Cerf 开发的。图 8-1 所示是 TCP/IP 的四层次模型,从上到下依次为应用层、传输层、网络层和数据链路层。

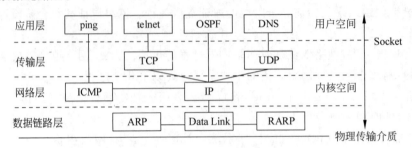

图 8-1　TCP/IP 的四层模型

1. TCP/IP 模型

1) 数据链路层

数据链路层实现了网卡接口的网络驱动程序,以处理数据在网络传输介质(如以太网、FDDI 等)上的传输。数据链路层两个常用的协议是 ARP(address resolve protocol,地址解析协议)和 RARP(reverse address resolve protocol,反向地址解析协议)。它们实现了 IP 地址和机器物理地址(MAC 地址、以太网、令牌环和 802.11 无线网络都使用 MAC 地址)之间的相互转换。另外,数据链路层还有以下几种协议。

(1) MAC:介质接入控制,主要功能是调度,把逻辑信道映射到传输信道,负责根据逻辑信道的瞬时源速率为各个传输信道选择适当的传输格式。MAC 层主要有 3 类逻辑实体,第一类是 MAC-b,负责处理广播信道数据;第二类是 MAC-c,负责处理公共信道数据;第三类是 MAC-d,负责处理专用信道数据。

(2) RLC:无线链路控制,不仅能承载控制面的数据,也能承载用户面的数据。RLC 子层有三种工作模式,分别是透明模式、非确认模式和确认模式,针对不同的业务采用不同的模式。

(3) BMC:广播/组播控制,负责控制广播与组播业务。

(4) PDCP:分组数据汇聚协议,负责对 IP 包的报头进行压缩和解压缩,以提高空中接口无线资源的利用率。

2) 网络层

网络层实现数据包的选路和转发。WAN(wide area network,广域网)通常使用众多分级的路由器来连接分散的主机或 LAN(local area network,局域网),通信的两台主机一般不是直接连接的,而是通过多个中间节点来连接。网络层的任务就是选择这些节点,以确定两台主机间的通信路径。同时,网络层对上层协议隐藏了网络拓扑连接的细节,在传输层和网络应用程序看来,通信的双方是直接相连的。网络层有以下几种协议。

(1) IP(Internet protocol,网际协议):负责主机间数据的路由和网络上数据的传输,同时为 ICMP、TCP、UDP 提供分组发送服务。用户进程通常不需要涉及这一层。

（2）ARP：此协议将网络地址映射到硬件地址，即将 IP 地址映射为 MAC 地址。

（3）RARP：允许局域网的物理机器从网关的 ARP 表或者缓存上请求其 IP 地址，局域网网关中存有一个表以映射 MAC 地址和与其对应的 IP 地址。

（4）IGMP(Internet control message protocol，网际报文控制协议)：此协议处理网关和主机间的差错及传送控制。

（5）ICMP(Internet control message protocol，Internet 控制报文协议)：用于在 IP 主机和路由器节点之间传递控制消息，控制消息指网络通不通、主机是否可达、路由是否可用等网络本身的消息。

（6）BGP(border gateway protocol，边界网关协议)：是一个用于自治系统之间的路由协议，其主要功能是在各 GBP 实体之间交换网络可达性信息。其中，自治系统(autonomous system, AS)是一个有权自主地决定在本系统中应采用何种路由协议(如 OSPF 或 RIP)的小型网络。

（7）RIP(routing information protocol，路由信息协议)：是一种分布式的基于距离矢量的路由选择协议。

3）传输层

传输层主要为两台主机上的应用程序提供端到端(end to end)的通信。与网络层使用逐跳通信方式不同，传输层关心通信的起始端和目的端，而不关注数据包的中转过程。在 TCP/IP 协议族中，有两个性能不相同的传输层协议：TCP(传输控制协议)和 UDP(用户数据报协议)，具体连接方式如图 8-2 所示。

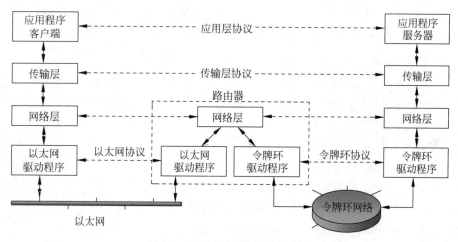

图 8-2　TCP/IP 网络的连接方式

图 8-2 中，垂直的实线箭头表示 TCP/IP 协议族各层之间的实体通信(数据包确实是沿着这些线路传递的)，水平的虚线箭头表示逻辑通信线路。传输层协议有三个：TCP、UDP 和 SCTP。

（1）TCP(transmission control protocol，传输控制协议)。TCP 为应用层提供可靠的、面向连接的和基于流的服务。

（2）UDP(user datagram protocol，用户数据报协议)。UDP 与 TCP 完全相反，它为应用层提供不可靠、无连接和基于数据报的服务。

（3）SCTP(stream control transmission protocol)。SCTP 是一个面向连接的流传输协议，它可以在两个端点之间提供稳定、有序的数据传递服务。

4）应用层

应用层负责处理应用程序的逻辑。应用层是 TCP/IP 模型的最顶层，主要负责程序间的沟通，如 TELNET（远程登录）协议、SMTP（简单邮件传输协议）、FTP（文件传输协议）、HTTP（超文本传输协议）等。应用层包含以下几种协议：

（1）HTTP(hyper text transfer protocol，超文本传输协议)。HTTP 基于 TCP，是用于从 WWW 服务器传输超文本到本地浏览器的传输协议。

（2）SMTP(simple mail transfer protocol，简单邮件传输协议)。SMTP 是一组用于由源地址到目的地址传送邮件的规则，由它来控制信件的中转方式。

（3）SNMP(simple network management protocol，简单网络管理协议)。SNMP 由一组网络管理的标准组成，包含一个应用层协议、数据库模型和一组资源对象。

（4）FTP(file transfer protocol，文件传输协议)。FTP 用于两台或多台计算机之间的信息传输。一台计算机可以直接向另一台计算机发送或接收数据。

（5）TELNET 协议(TELNET protocol，远程登录协议)。TELNET 协议是 Internet 远程登录服务的标准协议和主要方式。在终端使用者的计算机上可以使用 Telnet 程序连接到服务器。

（6）SSH(secure shell，安全外壳)协议。SSH 协议是建立在应用层和传输层基础上的安全协议。

（7）NFS(network file system，网络文件系统)协议。NFS 协议是 FreeBSD 支持的文件系统中的一种，允许网络中的计算机之间通过 TCP/IP 网络共享资源。

2. TCP/IP 特点

TCP/IP 的核心部分是传输层协议（主要有 TCP 和 UDP）、网络层协议（主要有 IP）、数据链路层，这三层通常是在操作系统内核中实现的。用户服务则通常是由核外的应用程序来实现的，而底层和应用层之间是由套接字（Socket）建立连接的。TCP/IP 核心与应用程序的关系如图 8-3 所示，主要特点如下：

（1）TCP/IP 不依赖于任何特定的计算机硬件或操作系统，是一种开放的协议标准，即使不考虑 Internet，TCP/IP 也获得了广泛的支持。所以 TCP/IP 成为一种可联合各种硬件和软件的实用系统，既可以提供硬件间的协议，也可以是软件间的连接，还可以是软硬件之间的交互。

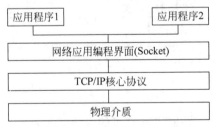

图 8-3　TCP/IP 核心与应用程序的关系

（2）TCP/IP 并不依赖于特定的网络传输硬件，所以 TCP/IP 能够集成类型不同的网络。例如，用户能够使用以太网(Ethernet)、令牌环网(token ring network)、拨号线路(dial-up line)、X.25 网以及所有的网络传输硬件。

（3）统一的网络地址分配方案，使得整个 TCP/IP 设备在网中具有唯一的地址，便于精准传输信息和相互连接。

（4）标准化的高层协议，如 HTTP、FTP 等，可以提供多种可靠的用户服务。

8.1.3 网络证据数据源

网络取证的对象是可能记录了网络犯罪行为所遗留下来数据的多个网络数据源。不管是使用 Web 服务，还是云服务或社交网络服务，都会涉及服务提供端（如云服务器）、客户端（PC、手机等智能终端设备）以及网络数据流三个方面。

1. 数据源的获取

网络证据的数据源来源主要有：网络数据流，网络设备（网卡、路由器、网关等），网络安全设备或软件（包括 IDS、防火墙、反病毒软件日志、网络系统审计记录、网络流量监控记录等），网站服务器日志记录，相关动态数据（如寄存器、进程表、ARP 缓存等），以及传统静态数据。

网络取证需要监测网络环境信息与网络流，进行数据包的捕获与分析。在进行网络数据包捕获时，可使用基于 Libpcap 库、PF_RING 接口、直接使用系统调用等多种技术。

在被捕获的网络流中，网络数据包会按照其在网络中传输的顺序显示，相关网络取证工具可以对这些数据包进行重组，即将这些数据包组织成两个网络连接点之间的传输层数据。虽然很多取证工具可以对未重组的原始数据进行分析，但是这样会造成非标准端口协议的丢失以及无法应对数据编码与加密传输干扰的问题。

2. 数据相关性分析

由于网络攻击行为往往是分布、多变的，所以需要对网络取证数据进行相关性分析。对结果的认定需要将各个取证设备和取证手段得到的数据结合起来进行关联分析，以了解其中的相关性以及对结果产生的因果关系进行确认，才可以重构整个攻击过程。网络取证的重点，主要有以下几方面：

（1）周界网络（perimeter network）。指在本地网络的防火墙以外，与外部公网连接的所有设备及其连接。

（2）端到端（end-to-end）。指攻击者的计算机到受害者的计算机的连接。

（3）日志相关（log correlation）。指各种日志记录在时间、日期、来源、目的甚至协议上满足一致性的匹配元素。

（4）环境数据（ambient data）。特指删除后仍然存在，以及存在于交换文件和 slack 空间的数据。

（5）攻击现场（attack scenario）。指将攻击再现、重建并按照逻辑顺序组织起来的事件。

特别注意对日志文件数据的处理。日志信息是证据的重要组成部分，包含许多系统被攻击过程的历史记录。例如，通过对主机日志系统的分析，可以发现许多与该主机相关的证据信息。因为入侵者的行为都是与计算机的各种操作紧密相关，会在系统日志中留下相应的记录。通过分析，可以了解哪些远程主机访问了本地主机，在入侵过程中执行了哪些操作等信息。日志文件主要包含主机日志文件、防火墙日志、网络监测日志（入侵检测日志、蜜罐日志、认证系统、DHCP 等）及其他日志（如路由器、交换机等网络设备日志等）。

8.1.4 网络证据分析

网络犯罪的电子证据隐匿于海量的正常访问数据中,加之网络电子证据的动态性特点,使得如何利用大数据技术来快速有效地发现电子证据成为网络取证技术迫切需要解决的问题。这类似于网络入侵检测中的异常检测,因为网络取证技术要求不仅能检测已知的网络攻击并实时取证,也要对未知的网络攻击或背离正常行为模式的非法行为具有识别和取证能力。

在取证过程中,经常遇到相关电子证据因为物理故障或人为因素被删除的情况,这就需要应用数据恢复技术进行证据的恢复,以便提取。数据恢复技术主要有两种方式:一种是根据要恢复数据的存储载体特征,利用数据删除的原理,重建数据的存储结构;另一种是利用系统日志,日志记录了所有文件或数据的更改信息,利用这些更改信息可还原出被删除数据的某些相关信息。传统的数据恢复技术都是根据硬盘结构、文件系统以及存储结构的可恢复原理与分配策略进行文件名、文件簇以及文件数据的恢复。目前的研究已经不局限于传统计算机硬盘的数据恢复,互联网、物联网、移动网络等技术的发展及取证的需要对数据恢复提出新的研究挑战。

网络取证中证据链的开端是被入侵网站记录的非法访问数据。由于针对网络服务的犯罪往往是以窃取网络服务管理员的权限为突破口,在进行网络取证工作时,首先要针对用户权限以及用户访问点进行调查。

调查人员可以进入程序管理模块调查用户账户的可疑记录。例如,是否用管理员账户还是用万能密码登录的,后台是否有错误的管理员账户登录记录以及可疑的文件记录,是否有用户加载了 XSS(cross site script execution)跨站脚本等异常脚本。另外,还要对边界数据进行监测,如文件的上传与下载等用户活动。在进行证据收集的过程中,分析电子证据反映出的可疑行为,从而推断攻击者的攻击方式与信息,以作为下一步取证活动的指导。

发现有可疑行为的用户记录后,收集该用户访问点的所有访问记录,包括认证用户的权限与对应的会话管理等,记录该用户的所有会话 ID。对于可疑的行为记录,以截图、录屏、存储等方式将证据固化到取证设备中,并使用 Hash 函数对数据进行计算得到信息摘要并保存在基准数据库中。在进一步分析之前,对要分析的证据再做一次 Hash 计算,比较两者的结果,如果相同则说明数据完整性未被破坏。分析并固定用户与会话 ID 之后,则以其作为指示信息收集网络服务器及应用服务器日志中有关该用户的所有会话信息记录。

如果后台应用管理模块中的可疑信息已经被攻击者删除而无法取得可疑会话信息时,则以收集与分析可疑访问的日志作为取证主体。可疑的访问包括记录的访问频率异常、错误信息处理记录、日志审核报告、网站重定向、管理员监控报警、收集站点信息的爬虫记录以及表单隐藏域等。

收集分析日志信息的最大难点在于如何在网站庞大的日志数据中检索出有应用价值的信息。日志分析主要是根据攻击者发生的时间等违法信息作为筛选信息进行日志筛选;另外,还可以有针对性地查找特定的攻击手段留下的痕迹。在出现攻击时,可以考虑攻击发生前后出现的某些系统漏洞,也可以考虑当时是否存在某种流行的攻击手段。用这种针对性比较强的调查方法会取得更好的取证效果。

针对网站日志的分析是 Web 取证在网站服务器端的主要应用,除此之外,取证人员还可以应用其他技术作为辅助手段协助完成证据链的建立过程。

8.1.5 对取证人员的要求

电子数据取证人员应能够善于处理涉网案件中电子证据的取证工作,要求调查人员能够严格按照法律法规要求,合法合规且熟练地发现、提取、固定、转移、分析、提交电子数据证据,这就需要取证人员掌握特定技术、方法、程序、思维,即具备一定的学科交叉知识。对取证人员的基本要求如下:

(1) 具备一定的侦查技能。网络数据量非常庞大,信息非常丰富,在特定时间内很难通过人工手段收集完备的证据,这就需要电子数据取证调查人员善于发现网络现场中与案件相关的证据。计算机网络证据获取是在特定案件的背景下实施的,调查人员只有对案件性质有一定的了解,才能在犯罪现场有目的地搜查相应的证据,并结合计算机信息检索技术发现相关的案件线索和证据信息。

(2) 掌握过硬的计算机技术。在涉网案件中,有时通过对现有侦查人员的简单培训便可以满足需求,但在复杂的案件中,一般侦查人员很难发现隐蔽的犯罪信息,这就需要专业的电子数据取证人员利用掌握的专业知识有针对性地进行取证工作。

(3) 具有较强的逻辑推理能力。在计算机中很难找到直接证明案件事实的直接证据,一般取得的都是间接证据,只有通过将多个间接证据进行组合,形成一个逻辑紧密联系在一起的证据链时,才能证明案件事实。因此,在进行案件分析时,需要调查人员善于采用逻辑推理等思维方法,把表面上不相关的证据之间内部的关系建立起联系,从而发现案件事实,证实案件事实。

(4) 具备一定的法律知识。取证工作像其他司法活动一样,都是法律活动的一个组成部分。电子取证工作只有按照法律的规定完成才是真正合法的。要进行计算机取证,必须掌握与案件相关的刑法、民法、诉讼法、法律、司法鉴定、犯罪学知识。

因此,对电子数据取证人员的知识结构要求是综合性和交叉性的,是计算机科学、法学、法庭科学等多学科的交叉。

8.2 服务提供端取证

在 Web 服务入侵案件中,大多数都是利用网站程序存在的漏洞从而得到 Webshell,再利用 Webshell 进行主机的内部入侵。

8.2.1 日志信息的主要功能

在取证时,可以利用日志文件得到攻击者的入侵过程和采取的入侵方法及相关的操作。

1. 日志消息的类型

日志消息可以分成以下几种通用类型:

（1）信息。这种类型的消息用于向用户和管理员通告发生了一些没有风险的事情。

（2）调试。软件系统在应用程序代码运行时发出调试信息，给软件开发人员提供故障检测和定位问题的帮助。

（3）警告。警告消息是在系统需要或者丢失某些对象，而又不影响系统运行的情况下发生的。

（4）错误。错误日志消息是用来传达在计算机系统中出现的各种级别的错误。例如，操作系统在无法同步缓冲区到磁盘时会生成错误信息。

（5）警报。警报表明发生了一些有可能危害系统正常运行的操作。一般情况下，警报是属于安全设备和安全相关系统的，但并不是硬性规定。例如，在计算机网络中配置了一个入侵防御系统IPS，IPS会检查所有入站的流量。它将根据数据包的内容判断是否允许其进行网络连接。如果IPS检测到一个恶意连接，可能会采取任何预先配置的处置。IPS会记录下检测结果以及所采取的行动。

2. 网站服务器被攻击的表现

网站服务器被攻击的特征如下：

（1）网站被攻击。网站被跳转到赌博网站，网站首页被篡改，百度快照被改，网站被植入Webshell脚本木马，网站被DDoS、CC压力攻击。

（2）服务器被黑。服务器系统中木马病毒，服务器管理员账号密码被改，服务器被攻击者远程控制，服务器的带宽向外发包，服务器被流量攻击，ARP攻击（目前这种攻击比较少，现在都是基于阿里云、百度云、腾讯云、华为云、西部数码等云服务器）。

日志消息就是计算机系统、设备、软件等在某种条件触发下生成的用于记录事件信息的数据。例如，操作系统会记录用户登录和注销的消息，防火墙将记录ACL通过和拒绝的消息，磁盘存储系统在故障发生或者在某些系统认为将会发生故障的情况下会生成日志消息。

3. 服务器被攻击后如何检查

服务器被攻击后，用户该如何检查呢？主要有以下几种方式：

（1）账号密码安全检测。

（2）服务器端口、系统进程安全检测。

（3）服务器启动项、计划任务安全检测。

（4）服务器的后门木马查杀。

出于安全考虑，网站日志和服务器日志一定要提前开启，并开启审核策略，其中包括一些服务器系统的问题、安装的软件出错、管理员操作日志、登录服务器日志等，以方便后期出现服务器被攻击事件后，可以进行分析查找并溯源。

8.2.2 Web服务器日志和配置文件分析

随着互联网的飞速发展，Web安全问题也越来越受到人们的重视。一方面黑客针对Web的攻击越来越普遍，另一方面Web网站本身提供的网络钓鱼、CSRF攻击以及虚假和暴力信息也对互联网环境安全造成了极大威胁。

1. Web 取证

Web 取证是针对 Web 安全威胁发展起来的取证技术,其主要针对与 Web 有关的违法操作,例如 DDoS 攻击、SQL 注入、XSS 攻击等。随着技术手段的不断发展,Web 攻击的手段越来越隐蔽,但是所有的行为都是有迹可循的。Web 取证就是查询所有相关的痕迹记录,以还原攻击者的活动轨迹,并把电子数据证据固化为可以当作呈堂证供的证据的取证活动。Web 取证的着眼点在于针对 Web 网页的攻击手段以及 Web 站点本身提供的非法服务,根据这种目标特性,Web 取证主要针对的是网站服务器、嫌疑人计算机以及网络数据流。

Web 取证的基本流程遵从于一般意义的取证模型,在取证之前首先要完成前期相关的司法工作、保护现场以及制订取证计划等准备工作。在对证据的收集分析方面,要从 Web 服务器、客户端以及网络数据流等方面着手进行取证工作。下面给出服务器端证据收集和分析、客户端证据收集和分析,并在此基础上给出了基本的 Web 取证模型。

2. Web 服务器日志

服务器日志(server log)是一个或多个由服务器自动创建和维护的日志文件,其中包含在服务器上所执行活动的所有信息。服务器日志的典型例子是网页服务器的日志,其中包含页面请求的历史记录。

Web 网站日志详细记录了服务器运行期间客户端对 Web 应用的访问请求和服务器的运行状态。攻击者对 Web 网站的入侵行为也会被记录到 Web 日志中,在网站日常运营和安全应急响应过程中,可以通过分析 Web 日志并结合其他相关信息来跟踪攻击者,还原攻击过程。

通过对日志进行统计和综合分析,就能够有效地掌握服务器的运行状况,发现并排除错误原因,了解 Web 客户端访问分布等,更好地加强系统的维护和管理。Web 服务模式主要有以下三个步骤:

(1) 服务请求。包含 Web 用户端的众多基本信息,如 IP 地址、浏览器类型及版本、目标 URL 等。

(2) 服务响应。Web 服务器接收到请求后,按照用户要求运行相应的功能,并将信息返回给用户,如果出现错误,将返回错误代码。例如,当服务器返回错误代码为 503 时,表示服务不可用。

(3) 追加日志。服务器将用户访问过程中的相关信息以追加的方式保存到日志文件中。

3. Web 日志分析原理

Web 网站服务器日志记录了 Web 服务器接收和处理请求,以及运行时出现的错误等各种原始信息。Web 服务模型包含以下内容:

(1) Web 客户端(浏览器)和 Web 服务器建立 TCP 连接以后,Web 客户端向 Web 服务器发出访问请求(如 get 命令)。根据 HTTP,该请求中包含了客户端的 IP 地址、浏览器的类型、请求的 URL 等一系列信息。

(2) Web 服务器收到请求后,将客户端要求的页面内容返回到客户端。如果出现错误,则返回错误代码。

(3) Web 服务器端将访问信息和错误信息记录到日志文件中。

Web 日志会记录客户端对 Web 应用的访问请求，通过对这些信息的统计和分析就能有效地掌握服务器运行状况，包括正常用户的访问请求和攻击者的恶意行为。那么，在具体实践中应如何区分正常用户和恶意攻击者呢？通过大量的分析，发现攻击者在对网站入侵时，向网站发起的请求中一般会带有特定的攻击特征。例如，利用 Web 扫描器在对网站进行漏洞扫描时往往会产生大量的 404 错误日志；再如，当对网站进行 SQL 注入漏洞探测时，就会生成 Web 访问日志，这时通过分析 Web 日志中是否存在特定的攻击特征就能够区分攻击者和正常用户的访问行为。

需要说明的是，Web 访问日志并不是万能的，有些攻击行为并不会被记录到 Web 访问日志中。例如，POST 型 SQL 注入就不会记录在 Web 访问日志中，需要通过其他手段来监测。

4. Web 日志分析思路和方法

Web 访问日志记录了 Web 服务器接收处理请求及运行时错误等各种原始信息。通过对 Web 日志进行的安全分析，不仅可以定位攻击者，还可以还原攻击路径，找到网站存在的安全漏洞并进行修复。对 Web 日志进行安全分析时，一般可以按照两种思路展开，逐步深入还原整个攻击过程。

第一种：确定入侵的时间范围，以此为线索，查找这个时间范围内可疑的日志，进一步排查，最终确定攻击者，还原攻击过程。

第二种：攻击者在入侵网站后，通常会留下后门来维持权限以方便再次访问，这时可以找到该文件，并以此为线索展开分析。

Web 日志文件通常都比较大，包含的信息也比较丰富。为此，在对 Web 日志进行分析时，通常只需要关注包含攻击特征的日志，其他的日志对于取证者来说是没有价值的。在具体取证过程中，可以通过手工或借助工具来将关注的日志内容提取出来单独分析，以提高效率。

常用的 Web 日志分析工具有：Window 下，可以使用 EmEditor 进行日志分析，该工具支持大文本且搜索效率高；Linux 下，可以使用 Shell 命令组合查询分析。

在 Shell + Linux 命令实现日志分析时，一般可以结合 grep、awk 等命令来实现。Web 正确日志格式分析如表 8-1 所示。

表 8-1 Web 日志格式

域	内容	含义
$1	192.168.1.5	远程主机 IP %h
$2	—	占位符 %l
$3	—	占位符 %u
$4	21/Mar/2020:16:34:53	服务器完成请求处理时间，日/月/年:小时:分钟:秒:时区 %t
$5	800	时区
$6	GET	方法
$7	/noindex/css/bootstrap.min.css	资源 URL
$8	HTTP/1.1	协议
$9	200	返回状态
$10	19341	发送给客户端部字节

（1）日志统计举例：

[root@master ~]# cat /etc/httpd/logs/access_log |awk '{print $1}'

（2）对 IP 排序：

[root@master ~]# cat /etc/httpd/logs/access_log |awk '{print $1}'|sort

（3）打印每一个重复出现 IP 的次数：

[root@master ~]# cat /etc/httpd/logs/access_log |awk '{print $1}'|sort|uniq -c

（4）排序并统计行数：

[root@master ~]# cat /etc/httpd/logs/access_log |awk '{print $1}'|sort|uniq -c|sort -rn |wc -l

（5）显示访问前 10 的 IP 地址：

[root@master ~]# cat /etc/httpd/logs/access_log |awk '{print $1}'|sort|uniq -c|sort -rn |head -10

（6）显示指定时间以后的日志：

[root@master ~]# cat /etc/httpd/logs/access_log | awk ' $4 >= "15/Dec/2020:18:50:55" {print}'

（7）找出访问最大的 IP 地址并封掉：

[root@master ~]# cat /etc/httpd/logs/access_log |awk '{print $1}'|sort|uniq -c|sort -rn |more

（8）简单统计流量：

[root@master ~]# cat /etc/httpd/logs/access_log |awk '{sum += $10}'

（9）统计 401 访问拒绝的数量：

[root@master ~]# cat /etc/httpd/logs/access_log |awk '(/401/)'|wc -l
[root@master ~]# cat /etc/httpd/logs/access_log |awk '{print $9}'|sort|uniq -c|sort -rn

（10）查看某一时间的 IP 连接数：

[root@master ~]# grep "2020:16:47" /etc/httpd/logs/access_log |awk '{print $4}'|sort| uniq -c|sort -rn

5．Web 取证模型

通过上述几个阶段的证据收集与分析，可以完整重现攻击者的攻击手段，形成完整清晰的证据链。Web 取证思路源于网络发展，融合了网络取证与计算机取证两个知识领域，既有计算机取证思路，又体现出网络取证的特点，综合考虑了相互联系的数据环境中有针对性的数据分析方法。基本的 Web 取证步骤如下：

（1）事前取证。攻击事件发生时，网站取证系统与相关安全设备（IDS、蜜罐系统等）识别非法访问并记录相关数据，将数据传输到远程数据库中以防止入侵者擦除访问痕迹，并做哈希计算。

（2）司法通知与授权。接受司法通知并取得司法授权，根据案情制订取证计划，并准备取证工具。

（3）获取 Web 后台数据。登录后台应用程序管理模块，获取异常用户访问点记录。

（4）收集服务器端日志数据。以异常访问记录为依据，收集网站服务器日志文件、防火墙日志、取证系统、本地记录等数据。

（5）证据固定。将证据固定到取证设备，加上时间戳并计算哈希值，对所有数据进行备份。

（6）证据完整性分析。计算哈希值并做比较。

（7）分析数据。使用脚本、取证工具等分析数据，得到攻击方式与攻击源的逻辑地址。

（8）确定攻击源。根据逻辑地址确定攻击源，监听并记录网络数据流，分析其活动规则。

（9）控制攻击源机器。根据取证需要，对实施攻击的计算机进行控制。

（10）收集客户端数据。根据攻击方式，收集客户端易失性的动态数据与固态硬盘数据。

（11）分析数据。分析客户端数据并与服务端数据相结合形成证据链。

（12）报告。得出案件结论，并提交书面报告。

Web 取证模型综合考虑了计算机取证与网络取证两种取证思路的特点与方式，真正意义上将取证过程扩展到入侵事件发生之时，证据相对完备，取证过程中将数据收集与分析结合起来，准确度较强，在数据分析时采用自动化处理方法，提高了取证效率；综合应用了数据流、服务器日志、本地文件、取证系统等不同证据源的数据，使入侵者难以使用反取证技术删除或篡改数据。

8.2.3 Apache 日志的配置文件分析

Apache 是一款主流的网站服务器端软件，可以在大多数操作系统中运行，由于其具有多平台和安全性，所以被广泛使用，是目前最流行的 Web 服务器软件之一。Apache 起初由美国 Illinois 大学 Urbana-Champaign 的国家高级计算程序中心开发，开始 Apache 只是作为 Netscape 网页服务器之外的选择。选用 Apache 搭建网站时，Apache 日志是运维网站的重要信息。

在安装了 Apache 后，服务器一旦运行就会产生两个日志文件，分别是 access_log 和 error_log（在 Windows 操作系统上为 error.log）；采用默认安装方式时，这些文件在/usr/local/apache/logs 下，在 Windows 系统中，这些日志文件将保存在 Apache 安装目录的 logs 子目录。

如果使用 SSL 服务时，还可能存在 ssl_access_log、ssl_error_log 和 ssl_request_log 三种日志文件。

默认安装的情况下，Apache 的配置文件和日志文件分别存储在以下路径中。

（1）Apache 的配置文件。

Windows:C:\Program Files\Apache Software Foundation\Apache2.2\conf\httpd.conf

```
Linux:/etc/httpd/conf/httpd.conf
Ubuntu:/etc/syslog.conf
```

（2）Apache 的日志文件。

```
Windows:C:\Program Files\Apache Software Foundation\ Apache2.2\logs\access.txt
Linux:/var/log/apache2/access.log
Ubuntu:/var/log/apache2/
```

1. access_log 日志

access_log 为访问日志，记录对客户端访问服务器的所有请求信息，其位置和内容由 CustomLog 指令控制，LogFormat 指令可以用来简化该日志的内容和格式，其指令语法如下：

```
$ CustomLog "logs/access_log" common
```

设置 access_log 日志文件格式可以使用 LogFormat 指令，日志的格式设置参数如图 8-4 所示。

```
LogFormat "%h %l %u %t \"%r\" %>s %b \"%{Referer}i\" \"%{User-Agent}i\"" combined
LogFormat "%h %l %u %t \"%r\" %>s %b" common
```

图 8-4　日志格式

日志格式设置有两种：common 和 combined。一般是默认使用 common 格式。格式是由百分号和相关指令组成，每个指令都表示服务器的一条特定的日志信息，文字字符也以字符串复制到日志输出中，如果要表示引号字符必须使用反斜杠进行转义，以防止将其解释为格式字符串的结尾。

2. error_log 日志

error_log 为错误日志，记录了任何错误的处理请求，其位置和内容由 ErrorLog 指令控制，通常服务器出现什么错误，可通过查阅 error_log 日志找到原因。

error_log 记录两类错误信息，即文档类的错误信息和 CGI 编译类的错误信息。error_log 是重要的日志文件之一，错误日志命名和位置是由 ErrorLog 指令来设置，error_log 日志文件会记录处理请求时遇到的任何与错误相关信息，当启动服务器或服务器操作出现问题时，首先应分析 error_log 日志文件，分析错误的详细信息以及如何解决问题。

为了便于分析 Apache 的访问日志，Apache 的默认配置文件中，按记录的信息不同将访问日志分为 4 类。

（1）普通日志格式（common log format，CLF）。大多数日志分析软件都支持这种格式。

（2）参考日志格式（referer log format）。记录客户访问站点的用户身份。

（3）代理日志格式（agent log format）。记录请求的用户代理。

（4）综合日志格式（combined log format）。结合以上三种日志信息。

访问日志的类型如图 8-5 所示。

在使用 LogFormat 和 CustomLog 命令时，为了说明要记录的日志内容，可以使用的常用格式说明符如表 8-2 所示。

```
LogFormat "%h %l %u %t \"%r\" %>s %b \"%{Referer}i\" \"%{User-Agent}i\"" combined
LogFormat "%h %l %u %t \"%r\" %>s %b" common
LogFormat "%{Referer}i -> %U" referer
LogFormat "%{User-agent}i" agent
```

图 8-5　访问日志类型

表 8-2　常用格式说明符

格式说明符	说　　明
%v	提供服务的服务器的标准名字 ServerName，通常用于虚拟主机的日志记录中
%h	客户机的 IP 地址
%l	从 identd 服务器中获取远程登录名称，目前基本已废弃
%u	来自认证的远程用户
%t	连接的日期和时间
%r	HTTP 请求的首行信息，典型格式是 METHOD RESOURCE PROTOCOL，即"方法、资源、协议"。经常出现的 METHOD 是 GET、POST 和 HEAD；RESOURCE 指浏览者向服务器请求的文档或 URL；PROTOCOL 通常是 HTTP，后面再加上版本号，通常是 HTTP/1.1
%>s	响应请求的状态代码。一般这项的值是 200，表示服务器已经成功地响应浏览器的请求，一切正常；以 3 开头的状态代码表示由于各种不同的原因用户请求被重定向到了其他位置；以 4 开头的状态代码表示客户端存在某种错误；以 5 开头的状态代码表示服务器遇到了某个错误
%b	传送的字节数（不包含 HTTP 头信息），将日志记录中的这些值加起来就可以得知服务器在一天、一周或者一月内发送了多少数据
%{Referer}i	指明了该请求是从哪个网页提交过来的
%U	请求的 URL 路径，不包含查询串
"%{User-Agent}i\"	此项是客户浏览器提供的浏览器识别信息

3．Apache 日志记录格式

1）Linux 系统配置方法

（1）ErrorLog "| /usr/local/apache/bin/rotatelogs /home/logs/www/％Y_％m_％d_error_log 86400 480"

（2）CustomLog "| /usr/local/apache/bin/rotatelogs /home/logs/www/％Y_％m_％d_access_log 86400 480" common

2）Windows 系统配置方法

（1）＃ErrorLog "|bin/rotatelogs.exe logs/vicp_net_error-％y％m％d.log 86400 480"

（2）CustomLog "|bin/rotatelogs.exe logs/vicp_net_access-％y％m％d.log 86400 480" common

rotatelogs 最后一个 offset 参数，表示相对于 UTC 的时差分钟数，中国时区是东八区，相差 480 分钟，86400 是表示 1 天。

错误日志记录了服务器运行期间遇到的各种错误，以及一些普通的诊断信息，比如服务器何时启动、何时关闭等。

ErrorLog 命令指定了当服务器遇到错误时记录错误日志的文件名。其格式为

格式 1：ErrorLog 错误日志文件名
格式 2：ErrorLog 管道程序名

LogLevel：用于调整记录错误日志信息的详细程度，如表 8-3 所示：

表 8-3 LogLevel 详细程度

等　　级	应　用　说　明	级　　别
emerg	出现紧急情况，使得该系统不可用，如系统宕机等	1
alert	需要立即引起注意的情况	2
crit	危险情况的警告	3
error	除了 emerg、alert、crit 的其他错误	4
warn	警告信息	5
notice	需要引起注意的情况，但不如 error、warn 重要	6
info	值得报告的一般消息	7
debug	由运行于 debug 模式的程序所产生的消息	8

与 IIS 服务器格式略有不同，Apache 服务器日志记录通常不包含字段说明。默认情况下单条记录通常分为 5 部分(图 8-6)，分别是请求 IP 与时间、请求方式与内容、请求状态与大小、请求资源来路、请求代理字符串。

```
192.168.1.66 - - [06/Sep/2020:20:55:05 +0800] "GET /index.html
HTTP/1.1" 404 287 "-" "Mozilla/5.0 (Windows NT 6.1; rv:15.0) Gecko
/20201201 Firefox/83.0"
```

图 8-6 日志记录字段说明

下面，来看一条 Apache 的访问日志，具体的解释如下：

(1) 请求 IP 与时间。192.168.1.66 - - [06/Sep/2020：20：55：05 +0800]请求客户端 IP 地址与时间，此时间记录包含时区标识，中间两个"-"分别为访问者的标识与身份验证，通常为空以"-"代替。

(2) 请求方式与内容。GET/index.html HTTP/1.1 请求方式与请求资源绝对路径，之后为请求协议类型。

(3) 请求状态与大小。404 287 请求资源返回 HTTP 状态码与发送文件大小(字节)。

(4) 请求来路。该资源请求是由哪台主机发起的。

(5) 请求代理字符串。Mozilla/5.0(Windows NT 6.1；rv：15.0)Gecko/20101201 Firefox/83.0 用户代理字符串。

其中，GET 表示数据包提交方式为 GET 方式(常见的数据包提交方式有 GET 和 POST 两种类型)；/index.html 表示客户端访问的 URL；HTTP/1.1 表示协议版本信息；404 表示 Web 服务器响应的状态码；200 表示响应正常；500 表示服务器错误；287 表示此次访问传输的字节数。

4. Apache 状态码介绍

Apache 状态码基本上可以分为以下 5 种类型。

(1) 1xx。1xx 为消息类，该类状态代码用于表示服务器临时回应。

① 100 Continue 表示初始的请求已经被服务器接受，浏览器应当继续发送请求的其余

部分。

② 101 Switching Protocols 表示服务器将遵从客户的请求转换到另外一种协议。

(2) 2xx。2xx 表示浏览器端请求被处理成功。

① 200 OK 表示一切正常。

② 201 Created 表示服务器已经创建了文档，Location 头给出了它的 URL。

③ 202 Accepted 表示已经接受请求，但处理尚未完成。

④ 203 Non-Authoritative Information 表示文档已经正常地返回，但一些应答头可能不正确，因为使用的是文档的复制。

⑤ 204 No Content 表示没有新文档，浏览器应该继续显示原来的文档。这个与下面的 304 非常相似。

⑥ 205 Reset Content 表示没有新的内容，但浏览器应该重置它所显示的内容，用来强制浏览器清除表单输入内容。

⑦ 206 Partial Content 表示客户发送了一个带有 Range 头的 GET 请求，服务器接受该请求。需要注意的是，通过 Range 可以实现断点续传。

(3) 3xx。3xx 表示重定向。

① 300 Multiple Choices 表示客户请求的文档可以在多个位置找到，这些位置已经在返回的文档内列出。如果服务器要提出优先选择，则应该在 Location 应答头指明。

② 301 Moved Permanently 表示客户请求的文档在其他地方，新的 URL 在 Location 头中给出，浏览器应该自动地访问新的 URL。

③ 302 Found 类似于 301，但新的 URL 应该被视为临时性的替代，而不是永久性的。在 HTTP1.0 中对应的状态信息是"Moved Temporatily"。出现该状态代码时，浏览器能够自动访问新的 URL，因此它是一个很有用的状态代码。注意这个状态代码有时候可以和 301 替换使用。例如，如果浏览器错误地请求 http://host/user，有的服务器返回 301，有的则返回 302。严格地讲，用户只能假定只有当原来的请求是 GET 时浏览器才会自动重定向（参见 307）。

④ 303 See Other 类似于 301/302，不同之处在于，如果原来的请求是 POST，Location 头指定的重定向目标文档应该通过 GET 提取。

⑤ 304 Not Modified 表示客户端有缓冲的文档并发出了一个条件性的请求（一般是提供 If-Modified-Since 头表示客户端只需要指定日期后面的文档）。服务器告诉客户，原来缓冲的文档还可以继续使用。

⑥ 305 Use Proxy 表示客户请求的文档应该通过 Location 头所指明的代理服务器提取。

⑦ 307 Temporary Redirect 和 302(Found) 相同。许多浏览器会错误地响应 302 应答进行重定向，即使原来的请求是 POST，或者即使它实际上只能在 POST 请求的应答是 303 时才能重定向。由于这个原因，HTTP 1.1 新增了 307，以便更加清楚地区分几个状态代码：当出现 303 应答时，浏览器可以跟随重定向的 GET 和 POST 请求；如果是 307 应答，则浏览器只能跟随对 GET 请求的重定向。

(4) 4xx 表示客户端错误。

① 400 Bad Request 表示请求出现语法错误。

② 401 Unauthorized 表示客户试图未经授权访问受密码保护的页面。应答中会包含一个 WWW-Authenticate 头，浏览器据此显示用户名字/密码对话框，然后在填写合适的 Authorization 头后再次发出请求。

③ 403 Forbidden 表示资源不可用。服务器理解客户的请求，但拒绝处理它。通常由于服务器上文件或目录的权限设置导致。

④ 404 Not Found 表示无法找到指定位置的资源。这也是一个常用的应答。

⑤ 405 Method Not Allowed 表示请求方法（GET、POST、HEAD、Delete、PUT、TRACE 等）对指定的资源不适用。

⑥ 406 Not Acceptable 表示指定的资源已经找到，但它的 MIME 类型与客户在 Accpet 头中所指定的不兼容。

⑦ 407 Proxy Authentication Required 类似于 401，表示客户必须先经过代理服务器的授权。

⑧ 408 Request Timeout 表示在服务器许可的等待时间内，客户一直没有发出任何请求。客户可以在以后重复同一请求。

⑨ 409 Conflict 通常和 PUT 请求有关。由于请求和资源的当前状态相冲突，因此请求不能成功。

⑩ 410 Gone 表示所请求的文档已经不再可用，而且服务器不知道应该重定向到哪一个地址。它和 404 的不同在于，返回 407 表示文档永久地离开了指定的位置，而 404 表示由于未知的原因文档不可用。

⑪ 411 Length Required 表示服务器不能处理请求，除非客户发送一个 Content-Length 头。

⑫ 412 Precondition Failed 表示请求头中指定的一些前提条件失败。

⑬ 413 Request Entity Too Large 表示目标文档的大小超过服务器当前愿意处理的大小。如果服务器认为自己能够稍后再处理该请求，则应该提供一个 Retry-After 头。

⑭ 414 Request URL Too Long 表示 URL 太长。

⑮ 416 Requested Range Not Satisfiable 表示服务器不能满足客户在请求中指定的 Range 头。

（5）5xx。5xx 表示服务器错误，其中：

① 500 Internal Server Error 表示服务器遇到了意料不到的情况，不能完成客户的请求。（服务端的程序错误）。

② 501 Not Implemented 表示服务器不支持实现请求所需要的功能。例如，客户发出了一个服务器不支持的 PUT 请求。

③ 502 Bad Gateway 表示服务器作为网关或者代理时，为了完成请求访问下一个服务器，但该服务器返回了非法的应答。

④ 503 Service Unavailable 表示服务器由于维护或者负载过重未能应答。例如，Servlet 可能在数据库连接池已满的情况下返回 503。服务器返回 503 时可以提供一个 Retry-After 头。

⑤ 504 Gateway Timeout 由作为代理或网关的服务器使用，表示不能及时地从远程服务器获得应答。

⑥ 505 HTTP Version Not Supported 表示服务器不支持请求中所指明的 HTTP 版本。

5. HTTP 错误代码介绍

HTTP 常见的错误代码如下：

100:Continue
101:witching Protocols
200:OK
201:Created
202:Accepted
203:Non-Authoritative Information
204:No Content
205:Reset Content
206:Partial Content
300:Multiple Choices
301:Moved Permanently
302:Found
303:See Other
304:Not Modified
305:Use Proxy
307:Temporary Redirect
HTTP 400:请求无效
HTTP 401.1-未授权:登录失败
HTTP 401.2-未授权:服务器配置问题导致登录失败
HTTP 401.3:ACL 禁止访问资源
HTTP 401.4-未授权:授权被筛选器拒绝
HTTP 401.5-未授权:ISAPI 或 CGI 授权失败
HTTP 403:禁止访问
HTTP 403:对 Internet 服务管理器(HTML)的访问仅限于 Localhost
HTTP 403.1-禁止访问:禁止可执行访问
HTTP 403.2 -禁止访问:禁止读访问
HTTP 403.3 -禁止访问:禁止写访问
HTTP 403.4 -禁止访问:要求 SSL
HTTP 403.5 -禁止访问:要求 SSL 128
HTTP 403.6 -禁止访问:IP 地址被拒绝
HTTP 403.7 -禁止访问:要求客户证书
HTTP 403.8 -禁止访问:禁止站点访问
HTTP 403.9 -禁止访问:连接的用户过多
HTTP 403.10-禁止访问:配置无效
HTTP 403.11-禁止访问:密码更改
HTTP 403.12-禁止访问:映射器拒绝访问
HTTP 403.13-禁止访问:客户证书已被吊销
HTTP 403.15-禁止访问:客户访问许可过多
HTTP 403.16-禁止访问:客户证书不可信或者无效
HTTP 403.17-禁止访问:客户证书已经到期或者尚未生效
HTTP 404.1:无法找到 Web 站点
HTTP 404:无法找到文件
HTTP 405:资源被禁止
HTTP 406:无法接受
HTTP 407:要求代理身份验证
HTTP 410:永远不可用
HTTP 412:先决条件失败

HTTP 414:请求 URL 过长
HTTP 500 :内部服务器错误
HTTP 500.100 :内部服务器错误,ASP 错误
HTTP 500-11:服务器关闭
HTTP 500-12:应用程序重新启动
HTTP 500-13 :服务器太忙
HTTP 500-14:应用程序无效
HTTP 500-15:不允许请求 global.asa
Error 501:未实现
HTTP 502 :网关错误

6．Apache 日志分析

虽然日志文件中包含着大量有用的信息,但这些信息只有在经过深入挖掘之后才能最大限度地发挥作用。为了管理和规划网站,一般情况下用户需要知道:有多少人浏览了网站,他们在看些什么,停留了多长时间,他们从哪里得知这个网站,等等。所有这些信息都隐藏于(或者可能隐藏于)日志文件之中。

对网站的经营者而言,还希望知道浏览者的姓名、性别、地址、手机号码,甚至还有浏览者的银行卡号码,这些信息不可能从日志文件中得到。作为调查人员,就必须知道如何向这些经营者解释清楚:这部分信息不仅不可能从日志文件获得,而且要获得这些信息的唯一方法是直接向浏览者本人询问,并做好被拒绝的准备。

有许多信息可以用日志文件来记录,其中包括:

(1) 远程机器的地址。"远程机器的地址"和"谁在浏览网站"所代表的信息基本上相似,但并不完全相同。

(2) 浏览时间。浏览者何时开始访问网站?从这个问题的答案中我们能够了解不少情况。如果大多数浏览者都在早上 9:00 到下午 4:00 之间访问这个网站,那么可以相信网站的浏览者大多数总在工作时间进行访问;如果访问记录大多出现在下午 7:00 到午夜之间,可以肯定浏览者一般在家里上网。当然,从单个访问记录能够得到的信息非常有限,但如果从数千个访问记录出发,就可以得到非常有用和重要的统计信息。

(3) 用户所访问的资源。网站的哪些部分最受用户欢迎?这些最受欢迎的部分就是调查人员应该重点关注的部分。网站的哪些部分总是受到冷落?网站中这些受到冷落的内容或许隐藏得太深,或许它们确实没有什么具体的价值,此时就需要想办法加以改进。

(4) 无效链接。日志文件还能够告诉用户哪些内容不能按照自己所想象的运行。网站中是否存在错误的链接?其他网站链接过来时提供的 URL 是否正确?是否存在不能正常运行的 CGI 程序?是否有搜索引擎检索程序每秒发出数千个请求,从而影响了本网站的正常服务?这些问题的答案都可以从日志文件找到线索。

7．日志文件分析工具

一般分析日志文件有两种方法:一是使用分析工具 Apache Logs Viewer;二是使用命令进行统计。

1) Apache Logs Viewer

Apache Logs Viewer(ALV)是一个免费且功能强大的工具,可以使取证人员方便地监视、查看和分析 Apache/IIS/nginx 日志。该工具为日志文件提供搜索和筛选功能,并根据

其状态代码突出显示各种 HTTP 请求。该工具还带有生成报告功能,因此取证人员可以在较短的时间内生成一个饼图/条形图。与此相关的还有统计信息,取证人员可以设置相关的筛选条件对日志信息进行筛选和统计。

2) UNIX/Linux 命令统计

除了使用工具进行信息统计外,还可以使用一些常见的命令对日志文件进行分析与统计。以下是一些常见的用于监控和统计日志文件的命令。

(1) 动态查看日志文件:

tail – f access_log

(2) 查看 apache 的进程数:

ps aux | grep 'httpd' | wc – l

(3) 分析某天所有的请求数:

cat access_log | grep '21/Dev/2020' | awk '{print $ 2}'|sort | uniq – c

(4) 分析某天指定的 IP 访问的 URL 情况:

cat access_log | grep '21/Dev/2020' | grep '192.168.1.100' | awk '{print $ 7}' | sort | uniq – c | sort – nr

(5) 查看当天访问排行前 10 的 URL:

cat access_log | grep '21/Dev/2020' | awk '{print $ 7}' | sort | uniq – c | sort – nr | head – n 10

(6) 查看访问次数最多的时间点:

awk '{print $ 4}' access_log | cut – c 14 – 18 | sort | uniq – c | sort – nr | head

8.2.4 IIS 日志和配置文件分析

IIS(Internet information server,Internet 信息服务)Web 日志是 IIS 下架设网站的运行记录,每次访问者向网站发送一个请求,不管这个访问是否成功,日志都会进行记录。IIS 提供了一套相当有效的安全管理机制,并且也提供了一套强大的日志文件系统,而 IIS 日志文件一直都是网站管理人员查找"病源"的有力工具,通过对日志文件的监测,可以找出有疑问的痕迹,得到网站的访问、操作记录以及系统的问题所在。IIS 日志记录了网站服务器接收、处理请求以及运行错误等各种原始信息。IIS 日志可以记录访问者的一举一动,不管访问者是访问网站还是上传文件,不管是成功还是失败,日志都会进行记录。

IIS 日志主要包括谁访问了站点、访问者查看了哪些内容以及最后一次查看信息的时间等。由于 IIS 记录了所有访问 Web 服务的相关记录,因此充分利用日志信息就可以进行入侵检测、流量统计分析,解决 IIS 服务器故障以及页面故障。

1. IIS 日志文件保存路径

不同版本的 IIS,其日志文件的默认存放路径不尽相同。例如,IIS6.0 的 Web 日志文件默认存放位置为%systemroot%\system32\LogFiles,默认每天一个日志。如果平时不对日志文件进行备份,很容易会被入侵者找到并把日志中的痕迹去掉,因此建议在实际应用中更换记录日志的路径,不同时设置日志文件访问权限,只允许管理员和SYSTEM为完全控制的权限。

由于日志(图8-7)是不断增长的,它会占满整个硬盘分区,因此要做好日志的清理或备份工作,现在一般采用轮循的办法读取并保留指定时间内的日志信息。

图8-7　日志记录属性

如图8-8所示,IIS7.5的Web日志文件默认存放位置为％SystemDrive％\inetpub\logs\LogFiles,其中％SystemDrive％表示系统安装位置,一般指C盘,单击"浏览"按钮可自定义存放IIS日志目录。

图8-8　日志路径

2. IIS日志文件的含义

对Web日志进行安全分析之前,需要先了解Web日志的结构,从目前主流Web服务器支持的日志类型来看,常见的有两类:Apache 采用的 NCSA 日志格式和 IIS 采用的 W3C 日志格式。其中,NCSA 日志格式又分为 NCSA 普通日志格式(CLF)和 NCSA 扩展日志格式(ECLF)两类,具体使用哪一种可以在 Web 服务器配置文件中定义。Apache 也支持自定义日志格式,用户可以在配置文件中自定义日志格式,如在 Apache 中可以通过修改 httpd.conf 配置文件来实现;IIS 日志建议使用默认的 W3C 扩充日志文件格式(图 8-9),可以指定每天记录客户 IP 地址、用户名、服务器端口、方法、URI 资源、URI 查询、协议状态、用户代理等信息。

图 8-9　W3C 日志记录字段

日志文件的名称格式是:ex+年份的末两位数字+月份+日期,例如 2020 年 12 月 12 日的 Web 日志文件是 ex201212.log。IIS 的日志文件都是文本文件,可以使用任何编辑器打开,例如记事本,建议使用 UltraEdit 编辑器进行编辑。

如图 8-10 所示,日志主体是一条一条的请求信息,请求信息的格式是由字段定义的,每个字段间用空格隔开。其中,日志记录是固定的 ASCII 格式,开始 4 行都是日志的说明信息。

图 8-10　日志说明信息

♯Fields 列为日志内容各字段列说明(不同服务器配置略有差异),常用字段解释如下。

(1) Date:日期。

(2) Time：时间，这两个字段组成资源请求详细时间，该时间通常为服务器端时间。注意，服务器采用时区可能与本地时区不一致。

(3) s-ip：服务器的 IP 地址，资源处理服务器 IP 通常是服务器本机 IP 地址。

(4) cs-method：请求方式，常见的有 GET 与 POST 请求。

(5) cs-uri-stem：请求资源路径，网站根目录下的绝对路径位置。

(6) cs-uri-query：请求参数。

(7) s-port：使用端口，通常 HTTP 端口是 80，HTTPS 协议端口是 443。

(8) cs-username：客户端用户名，通常为空或-。

(9) c-ip：客户端 IP 地址。这是判断唯一用户的重要依据，也是判断搜索网络爬虫真伪的依据。

(10) cs(User-Agent)：用户代理字符串，用户使用的设备与浏览器类型，以及是否是爬虫程序。但该数据可以通过模拟实现，所有具体应用中需要结合客户端 IP 地址才能准确判断是否是爬虫程序。

(11) sc-status：请求资源返回状态码。HTTP 状态码通常 200 为正常，301 为跳转，404 为资源不存在，500 为服务器错误等。

(12) sc-substatus：协议子状态，通常为 0。

(13) sc-win32-status：Win32 状态，通常为 0。

(14) time-taken：花费时间，单位为毫秒。

(15) cs-version：协议版本。

(16) cs(Referer)：请求访问路径，指从哪个页面单击链接进入到该系统。通常情况下，如果存在该字段，可判断出搜索引擎与搜索词。

(17) sc-bytes：发送文件的大小，单位为字节。一般为所请求资源文件的大小。

(18) s-sitename：服务器站点名称，用于区分同一服务器下的多个站点。

(19) s-computername：服务器计算机名称。

(20) cs(Cookie)：客户端请求 Cookie。

(21) cs-host：客户端请求主机名。

3. IIS 日志的作用

(1) 通过 IIS 日志了解搜索引擎的到访记录。用 UltraEdit 打开后，按 Ctrl+F 组合键，输入 Googlebot，按 Enter 键，在新窗口中显示的页面就是 Google 机器人的到访记录，选中其中之一双击，可以看到访问的时间和页面。继续查找 Baduspider 可以看到 baidu 网络爬虫的爬行记录。其他搜索引擎通过查找 Yahoo、Sogou、msnbot、YodaoBot 等可以找到。

(2) 通过 IIS 日志查找网站是否存在程序错误。输入 500 进行查找，如果查找到相关页面，说明网站的程序在运行过程中出现了错误，需要对程序进行修改。

(3) 通过 IIS 日志查找网站是否被入侵过。通过 IIS 日志可以判断网站是否曾经被 SQL 注入过，并告诉是怎样被入侵的。在网站 IIS 日志搜索一下%20 和单引号(半角的)，看看是否有相关的页面存在，当然不是所有包括%20 和单引号的页面都是被注入页面，但一般的 SQL 注入都是通过%20(空格的 ASC 码的十六进制值是 20)和单引号进行的。此方法可以判断出程序上的漏洞，也就可以通过修改程序防止 SQL 注入。

4. 网站中 Web 日志挖掘

针对网站中 Web 日志的挖掘，主要包括以下内容：

（1）网站的概要统计。网站的概要统计包括分析覆盖的时间、总的页面数、访问数、会话数、唯一访问者，以及平均访问、最高访问、上周访问、昨日访问等结果内容。

（2）内容访问分析。内容访问分析包括最多及最少被访问的页面、最多访问路径、最多访问的新闻、最高访问的时间等。

（3）客户信息分析。客户信息分析包括访问者的来源统计、访问者使用的浏览器及操作系统分析、访问来自的页面或者网站、来自的 IP 地址以及访问者使用的搜索引擎等。

（4）访问者活动周期行为分析。访问者活动周期行为分析包括一周 7 天的访问行为、一天 24 小时的访问行为、每周的最多的访问日、每天的最多访问时段等。

（5）主要访问错误分析。主要访问错误分析包括服务端错误、页面找不到错误等。

（6）网站栏目分析。网站栏目分析包括定制的频道和栏目设定，统计出各个栏目的访问情况，并进行分析。

（7）商务网站扩展分析。商务网站扩展分析是专门针对专题或多媒体文件或下载等内容的访问分析，可分为以下 4 方面的内容：

① 对用户单击行为的追踪。

② 对网页之间的关联规则的分析。

③ 对网站中各个频道的浏览模式的分析。

④ 根据用户浏览行为，对用户进行聚类和细分。

（8）发现用户访问模式。通过分析和探究 Web 日志记录中的规律，可以识别电子商务的潜在客户，提高对最终用户的服务质量，并改进 Web 服务器系统的性能。

（9）反竞争情报活动。反竞争情报是企业竞争情报活动的重要组成部分。

8.2.5 数据库日志和配置文件分析

数据库一般具有事务日志，用于记录所有事务以及每个事务对数据库所做的修改。事务日志是数据库的重要组件，如果系统出现故障，则需要使用事务日志将数据库恢复到一致状态。

1. 日志的作用

修改数据库时，客户端发送一个 update 命令，数据库服务器收到该 update 请求，数据库引擎首先会把表中的数据先按照每 8 页一个盘区的方式读到缓存中，读入缓冲区后，就需要在硬盘的日志文件中记录数据修改的操作过程以及原始参数，然后根据客户端的要求修改缓冲区中的数据，最后检查程序向数据库中写入已经提交的事务（一次或者多次数据的修改，也就是批处理数据的修改，这样可以减少写盘的次数，提高效率）。如果内存中的数据经过了修改，但是没有写入磁盘，也就是没有和磁盘中的数据同步，这就是脏数据。

当数据在内存中，但还没有写入硬盘的数据库中时，如果突然发生了断电现象，会产生什么情形的？假如，有个银行账户的转账，如果发生这种情况，银行系统一般如何处理呢？以前是通过手工填写单子的方式来保证避免这种问题，现在都是通过日志来保证的。因为，所有的操作都是先写入日志,然后才在内存中修改数据,日志中有个叫作检查点(checkpoint)的信息,这个检查点后面的数据就是脏数据块,证明没有写入硬盘,下一次启动系统后,会检查日志中的脏数据块记录,然后把它们再重新写一遍。

Oracle 中使用的是还原模式,不是归档模式。在执行删除操作时,如果是完全还原模式,删除的所有数据都必须记录日志;MS SQL Server 中全表的删除是不写入日志的,只是简单的还原模式,所以无法进行还原。

2. 日志的分类

数据库日志主要分为普通日志和重点日志两种类型,如图 8-11 所示。其中,MySQL 数据库日志类型如表 8-4 所示。

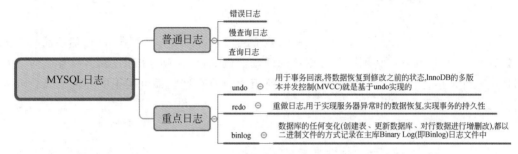

图 8-11 数据库日志类型

表 8-4 数据库日志类型

MySQL 日志类型	解析说明
错误日志(error log)	当数据库启动、运行、停止时产生的日志
普通查询日志(general query log)	客户端连接数据库执行语句时产生的日志
二进制日志(binary log)	当数据库内容发生改变时产生的日志,该类型日志也被用来实现主从复制功能
中继日志(relay log)	从数据库中收到主库的数据更新时产生的日志
慢查询日志(slow query log)	SQL 语句在数据库查询超过指定时间时产生的日志
DDL 日志(metadata log)	执行 DDL 语句操作元数据时产生的日志

3. Linux 下 MySQL 数据库日志分类

Linux 操作系统下的 MySQL 数据库日志分为以下几种类型。

(1)慢查询日志(slow query log):SQL 语句在数据库查询超过指定时间时产生的日志。

(2)二进制日志(binary log):当数据库内容发生改变时产生的日志,也被用来实现主从复制功能。

(3)错误日志(error log):当数据库启动、运行、停止时产生的日志。

(4)普通查询日志(general query log):客户端连接数据库执行语句时产生的日志。

(5)中继日志(relay log):从数据库中收到主库的数据更新时产生的日志。

(6)DDL 日志(metadata log):执行 DDL 语句操作元数据时产生的日志。

默认情况下，以上所有的日志都处于非激活状态（Linux 环境）。当激活日志时，所有的日志都默认配置在数据文件的目录下。管理员也可以对上述日志进行轮询切割，实现该功能常用的命令是 mysqladmin flush-logs、mysqldump 的-F 或-master-data 参数等。

8.3 客户端取证

在网络环境中，取证工作主要集中在服务器端和客户端，而且不同的对象取证工作的关注点不尽相同。

8.3.1 注册表分析

本书第 5 章已经介绍了 Windows 操作系统的核心数据库——注册表，虽然注册表是为了配置系统而设计的，但它可以跟踪用户的活动。例如，连接到系统的设备，在什么时间利用什么软件从事过什么操作，都会记录在注册表中。所有这些都可用于取证人员分析溯源用户的恶意或非恶意行为。

1. 注册表取证

许多攻击者会通过攻破目标网络来实施入侵，这种情况如果调查人员对提取的 IP 进行溯源，往往会最终定位在周边的网络。

例如，2012 年 1 月，一位匿名者成员 John Borrell Ⅲ，就曾入侵了盐湖城和犹他州警察局的计算机系统。最终联邦调查局通过追踪，定位到了俄亥俄州托莱多的祝福圣礼教堂的无线 AP 的地址。攻击者显然是破解了教堂无线 AP 的密码，然后利用该 IP 进行攻击，以达到隐藏自己的目的。最终，联邦调查局还是通过各种侦查技术找到了他。最终 Borrell 被定罪，并被判处两年有期徒刑。

在收缴了 Borrell 的计算机后，调查人员通过检查其系统注册表获取到他此前连接过教会无线 AP 的证据。具体可以通过查看注册表位置获取：HKEY_LOCAL_MACHINE\SOFTWARE\Microsoft\Windows NT\CurrentVersion\NetworkList\Profiles。

1）RecentDocs 键

Windows 注册表会跟踪用户活动的大量信息。通常情况下，这些注册表项旨在使 Windows 运行更加高效和顺利。对于调查调查人员来说，这些键值就好比是用户或攻击者活动的线路图。

在键值中有一个名为 RecentDocs 的键，可以通过文件扩展来跟踪系统上使用或打开的最新文档。可以在位置 HKEY_CURRENT_USER\Software\Microsoft\Windows\CurrentVersion\Explorer\RecentDocs 找到。

查看用户最近使用的 Word 文档，可以在.doc 或.docx 扩展名下进行查找，这取决于他们创建的 Word 文档的版本（每个键可以容纳最近 10 个文档）。例如，单击.docx 扩展的键，可以看到最近使用过的 10 个文档，如图 8-12 所示。

2）TypedURLs 键

当用户在 Internet Explorer 中输入 URL 时，该值将被存储在注册表的 HKEY_CURRENT_USER\Software\Microsoft\Internet Explorer\TypedURLs 中。当打开该键

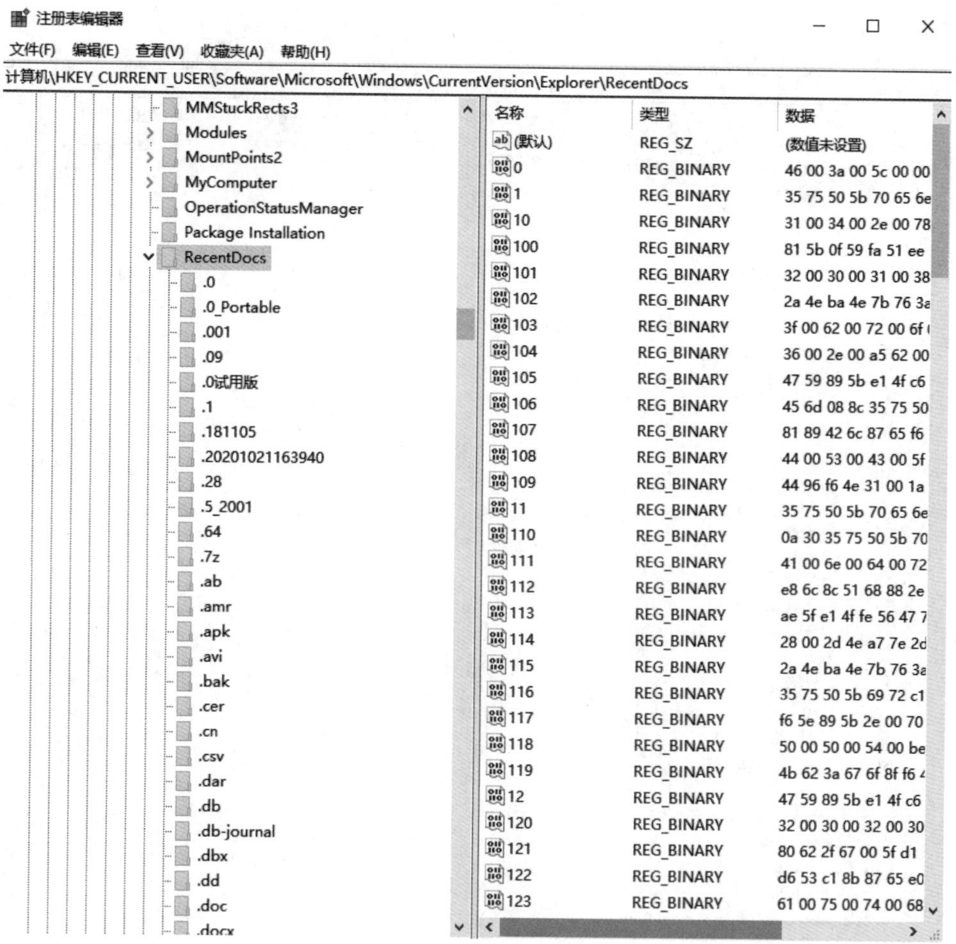

图 8-12 注册表编辑器内容

时,会列出用户使用 IE 访问的最后 URL 浏览记录。在这些记录中或许可以找到恶意软件的来源,或在企业合规调查中获知用户正在浏览的内容,如图 8-13 所示。

3) IP 地址

注册表还会跟踪用户接口的 IP 地址。接口可能有多个,HKEY_LOCAL_MACHINE\System\Services\CurrentControlSet\services\Tcpip\Parameters\Interfaces 注册表项将跟踪每个接口的 IP 地址及相关信息。用户可以找到分配给接口的 IP 地址、子网掩码以及 DHCP 服务器租用 IP 的时间,这样就可以判断嫌疑人在入侵或犯罪时是否使用了某个特定的 IP,如图 8-14 所示。

4) 启动项在注册表中的位置

作为一名调查人员,经常需要找到哪些应用程序或服务会在系统启动时被加载。因为攻击者很可能会通过这种方式来启动他们在目标机器上种植的木马程序,以便与远程服务器建立连接。可以在位置 HKEY_LOCAL_MACHINE\Software\Microsoft\Windows\CurrentVersion\Run 找到该启动项。这些子项中指定的任何软件/位置都将在每次系统启动时启动。Rootkit 和其他恶意软件通常会被放置在这里,如图 8-15 所示。

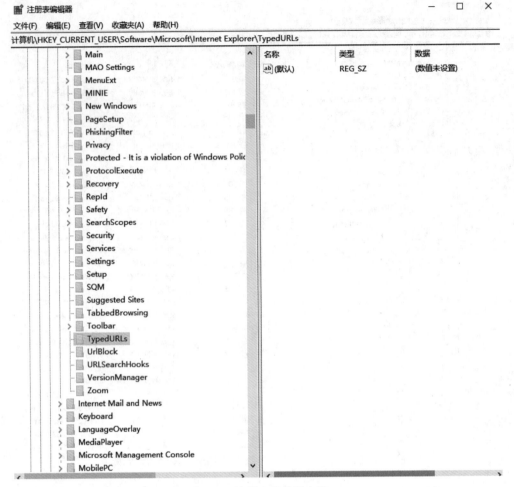

图 8-13　注册表编辑器内容

5）RunOnce 启动

如果攻击者只是希望软件在启动时运行一次，则可以在 HKEY_LOCAL_MACHINE\Software\Microsoft\Windows\CurrentVersion\RunOnce 处设置子键。

6）启动服务

HKEY_LOCAL_MACHINE\System\CurrentControlSet\Services 下面的键列出了系统启动时将会启动的所有服务。如果键值设置为 2，服务将自动启动；如果设置为 3，则必须手动启动服务；如果设置为 4，则该服务被禁用。

7）特定用户登录时启动

在 HKEY_CURRENT_USER\Software\Microsoft\Windows\CurrentVersion\Run 键中，键值将在特定用户登录时运行。

8）注册表中的存储设备证据

攻击者常常会使用 Flash 驱动器或硬盘驱动器进行恶意攻击，然后将其移除，以避免留下任何的证据。对于调查人员而言，仍然可以在注册表中找到这些存储设备的证据。不同版本的 Windows 系统，注册表可能也有所不同。

第8章 网络取证技术

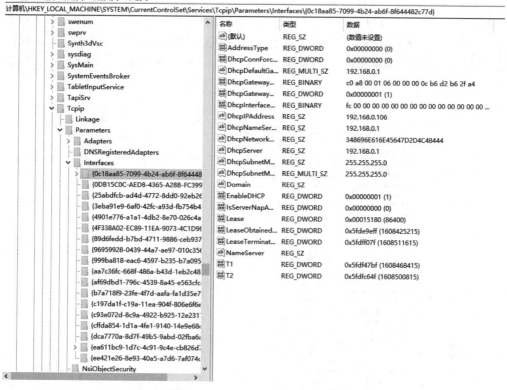

图 8-14 注册表编辑器 IP 地址内容

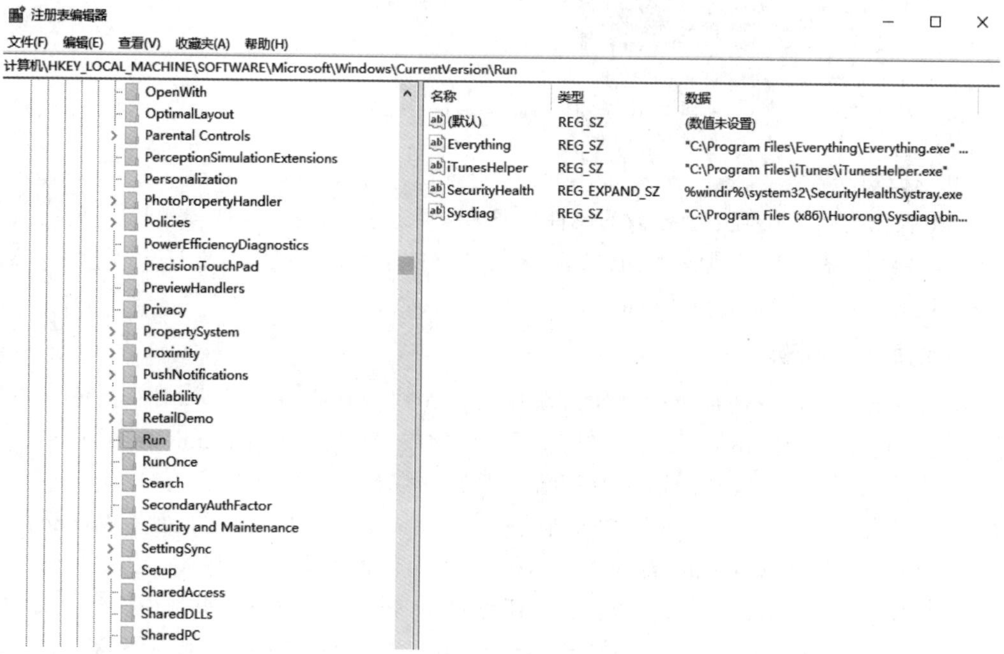

图 8-15 启动项在注册表中的位置

9) USB 存储设备

在某些场景中,攻击者可能在用户的计算机插入了一个 USB 设备,并复制了用户的大量重要数据文件。这时,可以通过 HKEY_LOCAL_MACHINE\SYSTEM\CurrentControlSet\Enum\USBSTOR 键值,来查找 USB 存储设备插入和使用的证据。展开 USBSTOR 可以查看到所有曾经连接过该系统的 USB 存储设备列表。单击 USB 存储标识符时,它会在右侧窗口中显示全局唯一标识符(GUID)、FriendlyName 和硬件 ID 等,如图 8-16 所示。

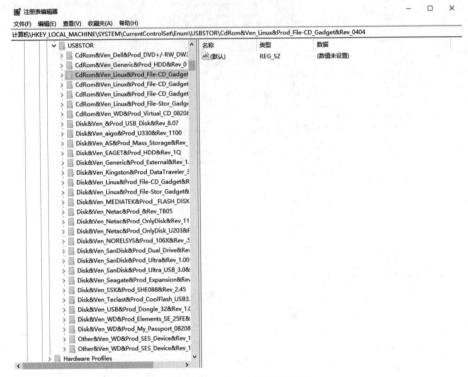

图 8-16 USB 存储设备列表

10) 挂载设备

如果攻击者使用任何必须挂载的硬件设备来读取或写入数据(CD-ROM,DVD,硬盘驱动器,闪存驱动器等),注册表将记录已挂载的设备,该信息存储在 HKEY_LOCAL_MACHINE\System\MountedDevices。

2. 注册表的备份

RegIdleBackup 是 Windows 操作系统中有一个可以周期性备份系统注册表的工具。RegIdleBackup 默认每隔 10 天运行 1 次,最近备份的数据保存在%SystemRoot%\System32\config\RegBack 中,这些数据对系统的最近活动取证非常有用。

需要说明的是,RegIdleBackup 特征最早是 Windows vista 中引入的,但是 Windows 10 操作系统中并不是默认运行的,即使手动运行,也不会创建备份。

除了 RegIdleBackup 工具,注册表数据还可以用 System Restore 来备份。当软件安装或卸载后,包括 Windows 更新后,默认会创建 System Restore 快照。

3. 注册表关键位置分析①

1) 基本分析路径

（1）Windows 版本、安装日期等：SOFTWARE\Microsoft\Windows NT\CurrentVersion。

（2）时区信息：SYSTEM\CurrentControlSet\Control\TimeZoneInformation。

2) 网络链接记录

（1）SOFTWARE\Microsoft\Windows NT\CurrentVersion\NetworkList\Profiles\(Network GUIDs)和…\NetworkList\Signatures[7]。

（2）NTUSER.DAT\SOFTWARE\Microsoft\Windows\CurrentVersion\Internet Settings\Wpad[7]。

（3）SOFTWARE\Microsoft\Windows\CurrentVersion\HomeGroup\NetworkLocations[7]。

（4）System\(Control Sets)\services\Tcpip\Parameters\Interfaces[XP\7]。

（5）SOFTWARE\Microsoft\WZCSVC\Parameters\Interfaces\(Interfaces GUID)[XP]。

3) 实际到过的地理位置

（1）SOFTWARE\Microsoft\Windows NT\CurrentVersion\NetworkList[7]。

（2）SOFTWARE\Microsoft\WZCSVC\Parameters\Interfaces\(Interfaces GUID)[XP]。

4) 远程访问

（1）远程桌面协议（RDP）：SOFTWARE\Microsoft\Terminal Server Client\Degault[XP\7]。

（2）RealVNC：

V3:NTUSER.DAT\SOFTWARE\ORL\VNCiviewer\MRU[XP\7]
V4:NTUSER.DAT\SOFTWARE\RealVNC\VNCiviewer\MRU[XP\7]
V5:NTUSER.DAT\SOFTWARE\ RealVNC \vnciviewer\MRU[XP\7]

5) 文件和文件夹

（1）My Recent Documents：NTUSER.DAT\SOFTWARE\Microsoft\Windows\CurrentVersion\Explorer\RecentDocs[XP\7]。

（2）Shellbags：

Opening,repositioning,resizing,changing options of Explorer windows
Contains list window contents with DOS Date/Times
NTUSER.DAT\SOFTWARE\Microsoft\Windows\Shell[XP\7]
USRCLASS.DAT\Lpcal Settings\SOFTWARE\Microsoft\Windows\Shell[XP\7]

（3）通过 Windows Open/Save 对话框存储或打开的文件：

NTUSER.DAT\SOFTWARE\Microsoft\Windows\CurrentVersion\Explorer\ComDlg32\OpenSaveMRU[XP]
NTUSER.DAT\SOFTWARE\Microsoft\Windows\CurrentVersion\Explorer\ComDlg32\OpenSavedPidMRU[7]

---

① 注：不同的 Windows 版本注册表会有区别。本书以"[ ]"进行说明，[XP]表示 Windows XP，[7]表示 Windows 7，[8+]表示 Windows 8 以上。

（4）用于打开或存储以上文件的应用：

NTUSER.DAT\SOFTWARE\Microsoft\Windows\CurrentVersion\Explorer\ComDlg32\LastVisitedMRU[XP]
NTUSER.DAT\SOFTWARE\Microsoft\Windows\CurrentVersion\Explorer\ComDlg32\LastVisitedPidMRU[7]

（5）Microsoft Office：NTUSER.DAT\SOFTWARE\Microsoft\Office\(Ver)

14.0 = Office 2010
12.0 = Office 2007
11.0 = Office 2003
10.0 = Office XP

6）程序执行记录

（1）NTUSER.DAT\SOFTWARE\Microsoft\Windows\CurrentVersion\Explorer\UserAssist[XP/7]。
（2）System\(Control Sets)\Control\Session Manager\AppCompatCache[XP]。
（3）System\(Control Sets)\Control\Session Manager\AppCompatCache[7]。
（4）(Windows Root)\AppCompat\Programs\Amcache.hve。
（5）SOFTWARE\Microsoft\Windows NT\CurrentVersion\SRUMeXTENSIONS[8+]。

7）Amcache

Application Experience & Compatibility 存储有最近运行程序的信息，GUIDs 卷里存有的信息。

（1）MFT 记录和序列号。
（2）PE(portable executable)明细。
（3）该应用程序的 SHA1 值：

C:\Windows\appcompat\Programs\Amcache.hve

8）系统资源管理器

管理器应用、服务、聊天记录、每小时更新等，在 ESE 数据库内永久储存数据：

（1）C:\Windows\System32\sru\SRUDB.dat。
（2）注册表临时数据：SOFTWARE\Microsoft\Windows NT\CurrentVersion\SRUM\Extensions[8+]。

8.3.2 日志分析

在获取了日志文件后，就需要针对不同的日志类型对其进行分析，以获得所需要的信息。

1. Windows 事件日志分析

Windows 系统日志记录系统中硬件、软件和系统问题的信息，同时还可以监视系统中发生的事件。用户可以通过日志文件中存储的信息来检查错误发生的原因，或者寻找受到攻击时攻击者留下的痕迹。表 8-5 显示了 Windows 操作系统常见安全日志信息的 ID 和对应的说明。

表 8-5 安全事件信息

ID	安全事件信息
4608	Windows 正在启动
4609	Windows 正在关闭
4622	本地安全机构已加载安全包
4624	账户已成功登录
4625	账户无法登录
4626	用户/设备声明信息
4627	集团会员信息
4634	账户已注销
4646	IKE DoS 防护模式已启动
4647	用户启动了注销
6005	表示计算机日志服务已启动,如果在事件查看器中发现某日的事件 ID 号为 6005,就说明这天正常启动了 Windows 系统
6006	表示事件日志服务已停止,如果没有在事件查看器中发现某日的事件 ID 为 6006 的事件,就表示计算机在这天没有关机或没有正常关机
6144	组策略对象中的安全策略已成功应用
6277	网络策略服务器授予用户访问权限,但由于主机未满足定义的健康策略而将其置于试用期
6278	网络策略服务器授予用户完全访问权限,因为主机符合定义的健康策略

2. Linux 日志分析

Linux 操作系统拥有非常灵活和强大的日志功能,可以保存几乎所有的操作记录,并可以从中检索出需要的信息。

1) Linux 日志文件

大部分 Linux 发行版默认的日志守护进程为 syslog,位于/etc/syslog 或/etc/syslogd 或/etc/rsyslog.d,默认配置文件为/etc/syslog.conf 或 rsyslog.conf,任何希望生成日志的程序都可以向 syslog 发送信息。

Linux 系统内核和许多程序会产生各种错误信息、警告信息和其他的提示信息,这些信息对管理员了解系统的运行状态是非常有用的,所以应该把它们写到日志文件中去。完成这个过程的程序就是 syslog,syslog 可以根据日志的类别和优先级将日志保存到不同的文件中,下面的日志文件都是由 syslog 服务生成的。

(1) /var/log/boot.log:记录了系统在引导过程中发生的事件,即 Linux 系统开机自检过程显示的信息。

(2) /var/log/lastlog:记录了最后一次用户成功登录的时间、登录 IP 等信息。

(3) /var/log/messages:记录 Linux 操作系统常见的系统和服务错误信息。

(4) /var/log/secure:Linux 系统安全日志,记录了用户和工作组变化情况、用户登录认证情况等信息。

(5) /var/log/btmp:记录了 Linux 登录失败的用户、时间以及远程 IP 地址。

(6) /var/log/syslog:只记录警告信息,常常是系统出现问题的信息,可以使用 lastlog 查看。

(7) /var/log/wtmp:该日志文件永久记录了每个用户登录、注销及系统的启动、停机的事件信息,可以使用 last 命令查看。

(8)/var/run/utmp:该日志文件记录有关当前登录的每个用户的信息,如 who、w、users、finger 等就需要访问这个文件。

(9)/var/log/syslog 或/var/log/messages:存储所有的全局系统活动数据,包括开机信息。基于 Debian 的系统(如 Ubuntu)在/var/log/syslog 中存储这些日志信息,而基于 RedHat 的系统(如 RHEL 或 CentOS)则在/var/log/messages 中存储这些日志信息。

(10)/var/log/auth.log 或/var/log/secure:存储来自可插拔认证模块(PAM)的日志,包括成功的登录、失败的登录尝试和认证方式。Ubuntu 和 Debian 在/var/log/auth.log 中存储认证信息,而 RedHat 和 CentOS 则在/var/log/secure 中存储该信息。

为了方便查阅,可以把内核信息与其他信息分开,单独保存到一个独立的日志文件中。默认配置下,日志文件通常都保存在"/var/log"目录下。

表 8-6 所示是 Linux 常见的日志类型(并不是所有的 Linux 都包含这些类型),表 8-7 所示是 Linux 常见日志的优先级。

表 8-6 常见日志类型

类　型	说　明
auth	用户认证时产生的日志,如 login 命令、su 命令
authpriv	与 auth 类似,但是只能被特定用户查看
console	针对系统控制台的消息
cron	系统定期执行计划任务时产生的日志
daemon	某些守护进程产生的日志
ftp	FTP 服务
kern	系统内核消息
local0.local7	由自定义程序使用
lpr	与打印机活动有关
mail	邮件日志
mark	产生时间戳。系统每隔一段时间向日志文件中输出当前时间,每行的格式类似于 May 26 11:17:09 rs2 - MARK -,可以由此推断系统发生故障的大概时间
news	网络新闻传输协议(nntp)产生的消息
ntp	网络时间协议(ntp)产生的消息
user	用户进程
uucp	UUCP 子系统

表 8-7 常见日志优先级

优　先　级	说　明
emerg	紧急情况,系统不可用(例如系统崩溃),一般会通知所有用户
alert	需要立即修复,例如系统数据库损坏
crit	危险情况,例如硬盘错误,可能会阻碍程序的部分功能
err	一般错误消息
warning	警告
notice	不是错误,但是可能需要处理
info	通用性消息,一般用来提供有用信息
debug	调试程序产生的信息
none	没有优先级,不记录任何日志消息

2）常见的日志文件

（1）/var/log/boot.log：该文件记录了系统在引导过程中发生的事件，即 Linux 系统开机自检过程显示的信息。

（2）/var/log/syslog：默认情况下，Centos 和 Fedora 系统不会生成该日志文件，但可以配置/etc/syslog.conf 让系统生成该日志文件。该日志文件和/etc/log/messages 日志文件不同，它只记录警告信息，常常是系统出现问题时的信息，所以更应该关注该文件。

另外，该日志文件记录最近成功登录的事件和最后一次不成功的登录事件，由 login 生成。在每次用户登录时被查询，该文件是二进制文件，需要使用 lastlog 命令查看（该命令只能以 root 权限执行），根据 UID 排序显示登录名、端口号和上次登录时间等信息。如果某用户从来没有登录过，就显示为 ** Never logged in **。

（3）/var/log/wtmp：该日志文件永久记录每个用户登录、注销及系统的启动、停机的事件信息。因此随着系统正常运行时间的增加，该文件也会越来越大，增加的速度取决于系统用户登录的次数。该日志文件可以用来查看用户的登录记录，last 命令便是通过访问这个文件获得这些信息，并以反序从后向前显示用户的登录记录，last 命令也能根据用户、终端 tty 或时间显示相应的记录。

（4）/var/run/utmp：该日志文件记录有关当前登录的每个用户的信息。因此这个文件会随着用户登录和注销系统而不断变化，它只保留当时联机的用户记录，不会为用户保留永久的记录。系统中需要查询当前用户状态的程序，如 who、w、users、finger 等都需要访问这个文件。需要说明的是，该日志文件并不能包括所有精确的信息，因为某些突发错误会终止用户登录会话，而系统没有及时更新 utmp 记录，因此该日志文件的记录不能完全值得信赖。

以上提及的/var/log/wtmp、/var/run/utmp 和/var/log/lastlog 三个文件是日志子系统的关键文件，都记录了用户登录的情况。这些文件的所有记录都包含了时间戳，都是以二进制形式保存，因此不能用 less、cat 等命令直接查看这些文件，而需要使用相关命令。同时，utmp 和 wtmp 文件的数据结构是一样的，而 lastlog 文件则使用另外的数据结构，这 3 个文件的具体数据结构可以使用 man 命令查询。

3. 日志分析工具

1）Log Parser

Log Parser 是微软公司开发的日志分析工具，其功能较为强大，而且使用简单，可以分析基于文本的日志文件、XML 文件、CSV（逗号分隔符）文件，以及操作系统的事件日志、注册表、文件系统、Active Directory 等。Log Parser 可以像使用 SQL 语句一样查询分析这些数据，甚至可以把分析结果以各种图表的形式展现出来。

2）LogParser Lizard

对于 GUI 环境的 Log Parser Lizard，其特点是比较易于使用，不需要记忆烦琐的命令，只需要做好设置，写好基本的 SQL 语句，就可以直观地得到结果。

3）Event Log Explorer

Event Log Explorer 是一款非常好用的 Windows 日志分析工具，可用于查看、监视和分析事件记录，包括安全、系统、应用程序和其他 Windows 的记录被记载的事件，其强大的过滤功能可以快速过滤出有价值的信息。

8.3.3 浏览器取证

对浏览器进行取证是打击计算机犯罪的有力工具及手段。为了提高打击计算机犯罪的能力,需要对浏览器取证领域进行深入的研究,不但需要有效的取证方法,也需要对浏览器取证领域的取证定义、取证标准、取证程序等进行研究。

常见的浏览器包括 IE、Edge、360、搜狗、QQ、Chrome、Firefox 等。不同的浏览器,其取证的方式各有不同,可以通过系统缓存文件进行取证,也可以通过浏览器系统本身机制产生的临时文件进行取证,如日志文件等。

当 Cache 文件以及日志文件已被计算机操作系统或是犯罪分子删除时,只要磁盘管理系统尚未重新分配磁盘空间,或是写入的数据未覆盖原有数据,那么磁盘上依然存在着这些已删除文件数据,而这些数据可能存在于磁盘的未分配存储空间上,可以通过读取未分配磁盘区域物理镜像来恢复或提取数据。

1. 浏览器的特点

对于互联网上的 Web 应用来说,每一条信息、每一个资源都有统一的且在网上唯一的地址,该地址称为 URL(uniform resource locator,统一资源定位器),它是 WWW 的统一资源定位标志,即网络地址。URL 由资源类型、存放资源的主机域名和资源文件名 3 部分组成,也可以表示为:协议、主机、端口、路径。

URL 的一般语法格式为:protocol://hostname[:port]/path/[:parameters][?query]#fragment。其中,带方括号[]的为可选项。

根据计算机勘查取证工作的需要,可以针对浏览器数据的特点,对计算机中的 Web 浏览器相关数据进行分析、提取和搜索,以此来寻找犯罪证据或网络入侵行为。具体来说,主要从以下几方面进行考虑:

(1)能够从原始证据文件中提取浏览器的相关数据,并对特殊格式的文件进行解析,对 Web 页面进行预处理。

(2)能够把数量巨大且分布零散的浏览器数据按照一定的方式整合起来,方便调查人员查看。

(3)能够从浏览器数据中提炼出可能的用户浏览路径。

(4)能够根据调查人员输入的敏感关键词搜索相关的数据,并对结果进行多维度的相关性排序。

(5)能够在取证分析结束后生成 Web 取证报告,详细介绍取证的过程和结果。

2. 浏览器的 Cookie

Cookie 指在 HTTP 下,服务器或脚本可以维护客户端计算机上信息的一种方式。通俗地讲,Cookie 是一种能够让网站 Web 服务器把少量数据存储到客户端的硬盘或内存里,或是从客户端的硬盘里读取数据的一种技术。Cookie 文件则指在浏览某个网站时,由 Web 服务器的 CGI 脚本创建的存储在浏览器客户端计算机上的一个小文本文件,其格式为:用户名@网站地址[数字].txt。

Cookies 是用户浏览某网站时 Web 服务器保存硬盘上的一个非常小的文本文件,它用于记录用户 ID、密码、浏览过的网页、停留的时间、用户在 Web 站点购物的方式或用户访问该站点的次数等信息。当用户再次链接 Web 服务器时，浏览器读取 Cookie 信息并传递给 Web 站点。图 8-17 显示了 IE 浏览器记录和保存 Cookies 信息的格式。

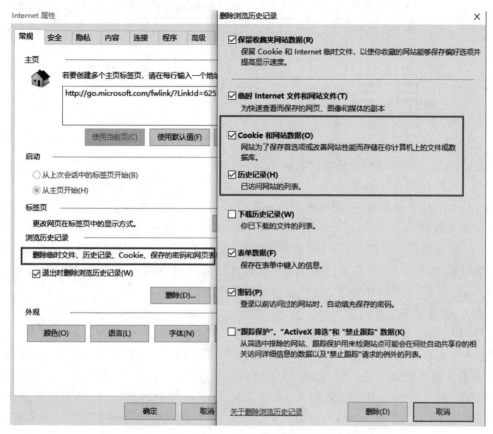

图 8-17 Cookie 信息

Cookie 是一段不超过 4KB 的小型文本数据，由一个名称（Name）、一个值（Value）和其他几个用于控制 Cookie 有效期、安全性、使用范围的可选属性组成。

Cookie 文件的存放位置与操作系统和浏览器密切相关，这些文件在 Windows 操作系统中称为 Cookie 文件，在 Mac 计算机中称为 MagicCookie 文件。

1) Cookie 的工作原理

Cookie 使用 HTTP Header 传递数据。Cookie 机制订义了两种报头：Set-Cookie 报头和 Cookie 报头。Set-Cookie 报头包含于 Web 服务器的响应头（ResponseHeader）中，Cookie 报头包含在浏览器客户端请求头（RequestHeader）中，如图 8-18 所示。

Cookie 运行的主要步骤如下：

（1）客户端在浏览器的地址栏中输入 Web 服务器的 URL，浏览器发送读取网页的请求。

（2）服务器接收到请求后，产生一个 Set-Cookie 报头，放在 HTTP 报文中一起回传客户端，发起一次会话。

（3）客户端收到应答后，如果要继续该次会话，则将 Set-Cookie 中的内容取出，形成一

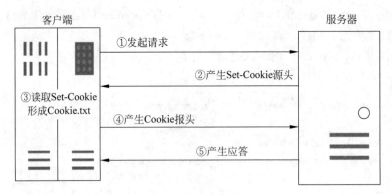

图 8-18 Cookie 的工作机制

个 Cookie.txt 文件存储在客户端计算机里。

（4）当客户端再次向服务器发出请求时，浏览器先在计算机里寻找对应该网站的 Cookie.txt 文件。如果找到，则根据此 Cookie.txt 产生 Cookie 报头，放在 HTTP 请求报文中发给服务器。

（5）服务器接收到包含 Cookie 报头的请求，检索其 Cookie 中与用户有关的信息，生成一个客户端所请示的页面应答传递给客户端。浏览器的每一次网页请求，都可以传递已存在的 Cookie 文件，例如浏览器的打开或刷新网页操作。

2）Cookie 的安全性问题

使用 Cookie 的目的是为用户带来方便，为网站带来增值，一般情况下不会造成严重的安全威胁。Cookie 文件不能作为代码执行，也不会传送病毒，它为用户所专有并只能由创建它的服务器来读取。另外，浏览器一般只允许存放 300 个 Cookie，每个站点最多存放 20 个 Cookie，每个 Cookie 的大小限制为 4KB，因此，Cookie 不会塞满硬盘，更不会被用作"拒绝服务"攻击手段。但是，Cookie 作为用户身份的替代，其安全性有时决定了整个系统的安全性，Cookie 的安全性问题不容忽视。

（1）Cookie 欺骗。Cookie 记录了用户的账户 ID、密码之类的信息，通常使用 MD5 方法加密后在网上传递。经过加密处理后的信息即使被网络上一些别有用心的人截获也无法直接看清具体的内容。然而，现在存在的问题是，Cookie 在被截获后不需要知道这些字符串的含义，只要把别人的 Cookie 向服务器提交，并且能够通过验证，就可以冒充受害人的身份登录网站，这种行为叫作 Cookie 欺骗。

非法用户通过 Cookie 欺骗获得相应的加密密钥，从而访问合法用户的所有个性化信息，包括用户的 E-Mail 甚至账户信息，对个人信息造成严重危害。

（2）Cookie 截获。Cookie 以纯文本的形式在浏览器和服务器之间传送，很容易被他人非法截获和利用，任何可以截获 Web 通信的用户都可以读取 Cookie。Cookie 被非法用户截获后，会在其有效期内重放，使非法用户"享有"合法用户的权益。例如，对于在线小说网站，非法用户可以不支付费用即可享受在线阅读各种类型小说内容。

3. 浏览器的历史记录

历史记录不仅记录了用户访问网页的信息，还记录了用户打开本地磁盘文件的行为操作，历史记录以"URL"关键词开头，包含一个标识历史记录的关键词。Chrome、IE、Firefox、360、

QQ、搜狗等浏览器的历史记录都是以 sqlite.db 文件形式保存,通过 SQLiteSpy 工具可轻易查看该数据库文件。

4. 浏览器的缓存记录

缓存文件是用户曾经访问过的网页内容(包括图片、视频及其他类型文件),存放位置因操作系统类型而异。

不同的浏览器的缓存机制是有所区别的,浏览器的缓存文件包含了丰富的信息,存留的时间十分短暂,即便这样也可以获得有效的信息,比如缓存文件删除后,在磁盘的未分配区域,就可能存在这些缓存文件的原数据,缓存文件中保存了访问网页的完整信息,包括图片、网页数据、网页 js 代码、CSS 代码都会存在。

在磁盘的未分配区域,记录中包含了唯一标识记录的关键词"HTTP",它指明了记录是缓存记录。缓存记录有 3 种类型:URL、LEAK 和 REDR。其中,当信息中包含 REDR 类型关键词时,表示只有网页地址信息;而信息中包含 URL 或是 LEAK 类型关键字时,记录信息就比较多,包括用户名、网址、最后访问时间、最后修改时间、单击数、部分缓存文件路径、网络协议、缓存文件类型以及缓存文件长度等。缓存记录的数据记录了完整的网页 URL 信息(以 http:// 字符串开头的网址信息)。

8.4 局域网取证

随着计算机技术的发展,网络已日益成为人们生活中不可或缺的工具,随之而来的非法入侵也威胁着计算机网络系统的安全。由于局域网中采用广播方式,因此,在某个广播域中可以监听到所有的信息包。而攻击者通过对数据包进行分析,就能获取局域网上传输的一些重要信息。现实环境中,很多攻击者入侵网络时都把局域网扫描和侦听作为其最基本的步骤和手段,原因是想用这种方法获取其想要的密码等信息。另外,对攻击者入侵活动和其他网络犯罪进行侦查、取证时,也可以使用网络监听技术来获取必要的信息。因此,了解局域网监听技术的原理、实现方法和防范措施就显得尤为重要。

8.4.1 局域网监听的基本原理

根据 IEEE 的描述,局域网技术是"把分散在一个建筑物或相邻几个建筑物中的计算机、终端、大容量存储器的外围设备、控制器、显示器,以及为连接其他网络而使用的网络连接器等相互连接起来,以很高的速度进行通信的手段"。具体来讲,局域网是在一个局部的地理范围内(如政府单位、院校、工厂和机关内)将各种计算机、外部设备和数据库等互相连接起来组成的计算机通信网。它可以通过数据通信网或专用数据电路与远方的局域网、数据库或处理中心相连接,构成一个大范围的信息处理系统。

需要说明的是,虽然存在令牌网、FDDI、ATM 等多种局域网技术类型,但目前主要使用的是以太网(主要包括百兆以太网、千兆以太网和万兆以太网等)组网技术,所以本节主要针对以太网环境进行取证技术的介绍。

1. 网络监听

网络监听技术本来是提供给网络安全管理人员进行网络管理的工具或手段,可以用来监视网络的状态、数据流动情况以及网络上传输的信息等。当信息以明文形式在网络上传输时，使用监听技术进行攻击并不是一件难事，只要将网络接口设置成监听模式，便可以源源不断地将网上传输的信息截获。网络监听可以在网上的任何一个位置实施，如局域网中的一台主机、网关或远程 VPN 设备上。

2. 在局域网实现监听

对于目前流行的以太网协议，其工作方式是：将要发送的数据包发送到连接在一起的所有主机，数据包中包含着应该接收该数据包主机的正确地址，只有与数据包中目标地址一致的那台主机才能接收。但是，当主机工作在监听模式时，无论数据包中的目标地址是什么，主机都将接收(当然只能监听经过自己网络接口的数据包)。

目前，组成 Internet 的局域网主要使用以太网技术，许多主机通过线缆(铜缆、光缆等)、连接设备(集线器、交换机等)连在一起。当同一网络中的两台主机之间进行通信时，源主机将写有目的主机地址的数据包直接发给目主机。但这种数据包不能在网络层以 IP 分组的形式直接发送，必须从 TCP/IP 的网络层交给网络接口，也就是数据链路层，而网络接口是无法识别 IP 地址的，因此网络接口的数据包又增加了一部分有关以太网帧头的信息。在帧头中有两个域，分别为只有网络接口才能识别的源主机和目的主机的物理地址，这是一个与 IP 地址相对应的 48 位的地址。

传输数据时，包含物理地址的帧从网络接口(网卡)发送到物理的线路上，如果局域网是由一条粗缆或细缆连接而成，则数字信号在电缆上传输，能够到达线路上的每一台主机。当使用集线器时，由集线器再发向连接在集线器上的每一条线路，数字信号也能到达连接在集线器上的每一台主机。当数字信号到达一台主机的网络接口时，正常情况下，网络接口读入数据帧，进行检查，如果数据帧中携带的物理地址是自己的或者是广播地址，则将数据帧交给上层协议软件，也就是 IP 层软件，否则就将这个帧丢弃。对于每一个到达网络接口的数据帧，都要进行这个过程。

然而，当主机工作在监听模式下，所有的数据帧都将被交给上层协议软件处理。另外，当连接在同一条电缆或集线器上的主机被逻辑地分为几个子网时，如果一台主机处于监听模式下，它还能接收到发送到与自己不属于同一子网(使用了不同的掩码、IP 地址和网关)的主机的数据包。也就是说，在同一条物理信道上传输的所有信息都可以被接收到。另外，现在网络中使用的大部分协议都是很早设计的，许多协议的实现都是基于一种非常友好的、通信的双方充分信任的基础之上，许多信息以明文发送。因此，如果用户的账户名和口令等信息也以明文的方式在网上传输，而此时一个攻击者正在进行网络监听，只要具有初步的网络和 TCP/IP 知识，便能轻易地从监听到的信息中提取出感兴趣的内容。同理，正确地使用网络监听技术也可以发现入侵行为，并对入侵者进行追踪定位，在对网络犯罪进行侦查取证时获取有关犯罪行为的重要信息，成为打击网络犯罪的有力手段。

8.4.2 局域网监听的实现及取证方法

要使主机工作在监听模式下，需要向网络接口发出 I/O 控制命令，将其设置为监听模式。在 UNIX 系统中，发送这些命令需要超级用户的权限。在 Windows 系列操作系统中，则没有这个限制。要实现网络监听，用户可以自己用相关的计算机语言和函数编写出功能强大的网络监听程序,也可以使用一些现成的监听软件。

局域网取证的主要对象是对数据进行转发的设备(如集线器、交换机等),同一局域网中不同子网之间的信息交换都要通过三层交换机路由器来进行,需要对三层交换机或路由器上的端口进行监听。因此,在进行取证操作时,需要把监听软件部署在侦听端口(镜像端口)上进行数据获取。

网络监听技术一直在扮演着正反两方面的角色。对于入侵者来说,最喜欢的莫过于用户的口令,通过网络监听可以很容易地获得这些关键信息;而对于入侵检测和追踪者来说,网络监听技术又能够在与入侵者的对抗中发挥重要的作用。

8.5 无线网络取证

随着移动互联网应用的普及,无线网络的安全问题也越来越重要。由于数据无线传输,所以窃听、身份假冒和信息篡改等攻击对无线局域网构成了严重的威胁,无线网络逐渐成为犯罪分子进行违法犯罪活动的平台。由于无线网络传播介质的共享性,攻击者可以轻易地监听网络,并向网络中发送攻击数据包。其中,在 IEEE 802.11 无线网络中,针对 WEP 和 WPA 的破解是一种常见攻击,可以为攻击者带来非法利益。

8.5.1 无线网络取证的基本思路

无线网络既包括允许用户建立远距离无线连接的全球语音和数据通信网络,也包括为近距离无线连接进行优化的红外线技术及射频技术。与有线网络的用途十分类似,无线网络最大的不同在于传输介质和数据传输方式的不同。

目前,无线网络加密方式主要分为两种:WEP(wired equivalent privacy,有线等效保密)和 WPA(WiFi protected access,WiFi 保护访问)。其中,WEP 目前的密钥破解成功率较高,基本上在很短时间内就可以实现对 WEP 加密的破解;相对来讲,WPA 密钥破解的成功率较低。

根据无线网络技术的不同,目前针对无线网络的取证可以分为广义无线网络和狭义无线网络两类。其中,广义无线网络技术领域涵盖的不仅仅是 IEEE 802.11a/b/g/n 等,还包括 Bluetoothi、3G/4G/5G 等领域,涉及无线技术的各方面,内容较为丰富;而狭义无线网络技术适用的范围则如表 8-8 所示,主要针对的仍然是基于 IEEE 802.11a/b/g/n 等标准的无线局域网。

表 8-8 适用范围

802.11 标准	标准频宽/GHz	实际速度(最大)/(Mb/s)	实际速度(最大)/(Mb/s)	范围(室内)/m	范围(室外)/m
802.11a	5.19~5.35 5.47~5.725 5.729~5.875	25	54	约 30	约 45
802.11b	2.4~2.5	6.5	11	约 30	约 100
802.11g	2.4~2.5	25	54	约 30	约 100
802.11n	2.4 或 5	200	540	约 30	约 300

8.5.2 无线网络的取证对象

1. 无线网络终端取证

无线网络终端取证具体指在无线网络客户端中的取证。取证对象包括用户在访问无线网络时使用的笔记本电脑、台式计算机、智能手机、PDA等终端设备,取证内容包括无线网络连接记录、无线网络配置内容、无线Hacking工具使用痕迹等。

2. 无线网络设备取证

无线网络设备取证是针对无线网络设备的取证,取证对象主要分为无线网络节点设备和无线网络管理设备两类。其中,无线网络节点设备主要有无线路由器、无线AP等;无线网络管理设备主要有无线网络控制器(access controller, AC 或 wireless access point controller),取证内容包括DHCP及登录等各类日志的提取,以及AC配置项的核对等。

3. 无线网络数据取证

无线网络数据取证是指针对无线网络数据的提取与分析,从中搜索相关的证据,包括无线数据包截获及还原无线注入攻击报文识别、无线劫持攻击报文识别、无线DoS攻击数据报文识别等。

8.5.3 无线网络的取证种类

根据无线网络的组网技术和应用特点,可以确定相关的取证类别,从而有针对性地进行取证操作。

1. 移动设备取证

移动设备取证的对象主要包括笔记本电脑、智能手机、PDA、PAD、触摸屏设备等,取证内容主要如下:

(1) 无线网络配置(加密方式、密钥内容、SSID、历史记录等)。

(2) 蓝牙连接配置及记录。

(3) 无线Hacking工具检查。

(4) 数据恢复。

(5) 溢出攻击代码。

(6) 病毒、木马。

(7) 未经验证用户。

(8) WI-FI/CPRS/3G/GSM网络的连接记录。

(9) 短信/彩信。

(10) 聊天及通话记录。

2. 无线网络设备取证

无线网络设备取证对象主要包括无线路由器、各类无线AP、无线AC等,取证内容主要包括如下:

(1) 无线网络连接记录。
(2) 无线设备升级记录。
(3) DHCP 分配记录。
(4) 防火墙日志。

3．流量监控

针对无线网络的流量监控内容主要包括如下：
(1) 无线加密流量截获及分析。
(2) 无线拒绝服务攻击行为分析。
(3) 实时分析无线上网行为。
(4) 无线蜜罐流量截获及分析。

4．日志分析

针对无线网络的日志分析主要包括以下内容：
(1) 无线路由器登录/退出登录日志。
(2) 无线路由器 DHCP 分配日志。
(3) 无线客户端访问日志。

8.5.4　移动客户端的痕迹分析

移动客户端指通过无线方式接入网络的客户端，不管是普通网络用户，还是网络攻击者，在使用各类移动客户端的过程中都会留下操作痕迹，对这些痕迹的分析是取证工作重要的组成部分。

1．Linux 磁盘镜像取证

在对磁盘数据进行备份中，比较常见的有 dd、img、raw 等方式。在提取了磁盘镜像后（如 dd 镜像），使用镜像加载工具可以详细地分析查找各种可用的数据。

在一般的数据取证工作中，为了证据保全，确保取证工作不会造成数据丢失，在获取到证据介质后，首先要做的就是对介质数据进行全盘镜像备份。在制作完镜像备份后，接下来要做的就是对镜像进行数据的提取。提取磁盘镜像后，便可以进行数据的深度分析。

在对磁盘数据进行取证时，会进行多个层面的分析，包括文件系统层、数据层、inode 层和文件层分析。这些不同的分析层面互相之间有着紧密的关联。

1) 文件系统层分析

文件系统层分析，就是了解磁盘分区的文件系统信息。获取文件系统信息不是为了直接获取数据，而是为了给后续的数据层分析和文件层分析提供分析依据。这些分析依据包括扇区信息、数据区域信息、目录区域信息和簇信息等。

2) 数据层分析

数据层分析简单来说就是分析磁盘镜像中基于簇的数据信息。数据层包含了文件的真实内容。分析数据层的目的是在磁盘的簇信息中查找目标相关的数据线索。

3) inode 层和文件层分析

Inode 层对于系统来说，文件名只是 inode 号码便于识别的别称或者绰号。表面上，用户通过文件名来打开文件。实际上,系统内部这个过程分为三步:首先,系统找到这个文件名对应的 inode 号码;其次,通过 inode 号码,获取 inode 信息;最后,根据 inode 信息,找到文件数据所在的 block,读出数据。通过 inode 层能够了解到数据存储单元与文件属性信息的联系。

文件层的分析主要是根据 inode 信息来收集文件的具体内容。

2. Windows 下的 SSID 记录

无线 Hacking 的取证,首先要考虑确定目标主机上已连接或者曾经连接过的无线网络保存的 SSID(service set identifiers),这些 SSID 都以列表的形式保存在注册表 HKEY_LOCAL_MACHINE \ SOFTWARE \ Microsoft \ Windows NT \ CurrentVersion \ NetworkList\Signatures\Unmanaged 中,如图 8-19 所示。

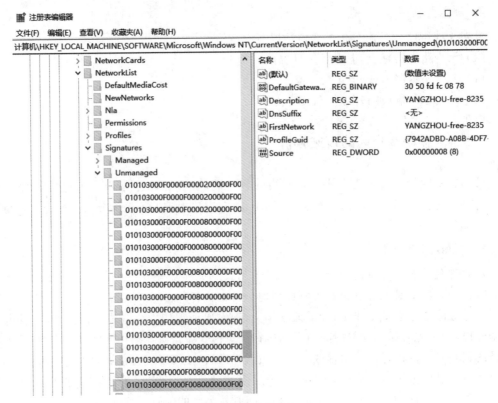

图 8-19　SSID 记录

单击该无线网卡的 GUID,可以看到在右侧的窗口中出现了大量的带有 Description 的提示,这里显示的就是该无线网卡曾经连接的全部无线网络,现场勘查人员可根据这些 SSID 来鉴定该移动终端用户是否连接过某些特定的无线网络,有没有出现过非法连接的情况。

3. Windows 下无线网络的加密密钥

在无线网络的取证中,获取目标笔记本电脑用户曾经使用过的全部无线网络连接密钥,是一项十分重要的工作。Windows 操作系统在默认情况下将曾经连接过的所有无线网络 SSID、加密类型及具体密码全部记录了下来。

WirelessKeyView 是用于获取无线网络连接 WEP/WPA 密钥的工具（操作界面如图 8-20 所示），它对于 Windows 系统下保存的密钥获取有显著效果，运行该工具可以看到左侧 SSID 中出现了大量的无线网络 SSID，这些都是当前主机从安装系统以来所访问过的所有无线网络列表，调查人员可以通过 SSID 来判断是否存在敏感的或者可疑的无线网络访问记录。

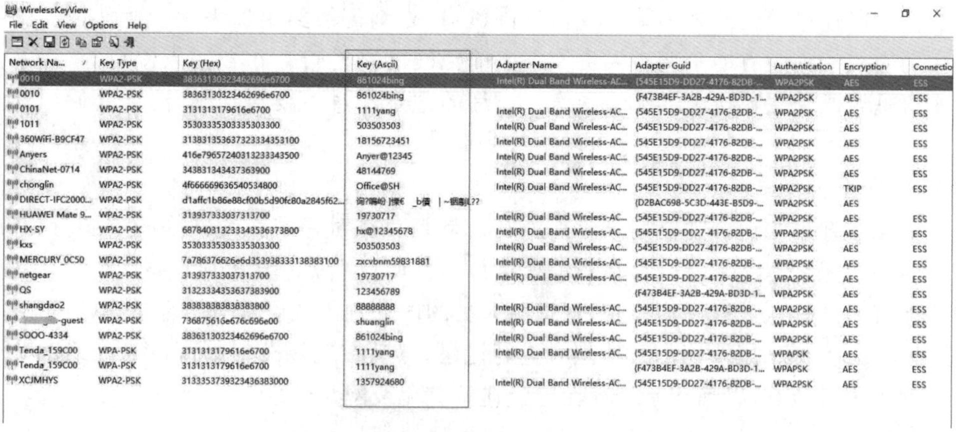

图 8-20　WirelessKeyView 操作界面

在 SSID 栏的右侧是该无线网络加密类型、密码对应 WEP、密钥原文、对应无线网卡名称及无线网卡的 GUID 等，其中 WEP 解密的密钥原文都已经一一列出，这也可以作为数字证据的重要参考，而对应的无线网卡名称和 GUID 则有助于调查人员在分析时区别出可能的手脚，例如伪造无线网卡名称等。

4. 浏览器中的无线网络缓存信息

1）密码的自动记录

一些经常需要修改无线网络设备或者怕麻烦的用户，为了方便起见或者仅仅是因为懒惰，会将无线路由器的登录账户及密码记录在浏览器中，用户在使用 IE 进行登录操作时会选择窗口上"记住我的密码"复选项。这样以后每一次登录无线路由器的时，不会再被要求输入密码。

2）查询浏览器的缓存记录

在进行现场分析时，一般来说，用户都存在使用浏览器对无线网络设备进行配置的可能，所以可以对浏览器工具进行分析。

3）查询保存于浏览器缓存中的密码

现场绝大多数浏览器都能够记录下用户访问的账户名及密码，而且个别浏览器还不会给用户提示，对于不能显示出保存密码的浏览器，调查人员还可以对浏览器进行分析，查看其中的自动登录设备，并进一步查询对应的账户及密码。

8.5.5　无线网络设备的痕迹分析

随着移动互联网的广泛应用，各类无线网络设备在为用户提供接入服务的同时，也在实时记录着用户的上网行为。

1. 无线客户端连接记录

无线客户端连接记录主要分为三类：当前在线无线客户端记录、历史无线客户端记录和 DHCP 请求及分配记录。

1）当前在线无线客户端记录

当前已经连接的无线客户端记录，是可以通过查询无线路由器来进行确认的。无线路由器中的客户端列表有助于调查人员检查当前无线网络是否存在非法入侵行为，以及当前嫌疑主机是否已非法连接内部无线网络。详细的记录信息主要包括 IP 地址、MAC 地址以及主机名。

2）历史无线客户端记录

历史无线客户端记录主要用于鉴别嫌疑人是否存在对特定无线网络的攻击行为，或者用于查明当前无线网络中是否存在非法连接行为。调查人员应对无线设备内部存储的无线客户端连接历史信息进行仔细检查，把嫌疑人员的内外置无线网卡的当前 MAC 地址、原厂 MAC 地址、厂商标识以及网卡具体型号进行记录，然后在现场分析时可以与无线客户端连接历史列表进行核查，以确认是否存在曾经连接该无线网络的事实。

3）DHCP 请求及分配记录

DHCP 请求和分配记录主要是用于查询当前正在连接的客户端是否通过 DHCP 获取 IP 地址等参数，以便使调查人员能够通过查询无线路由器中的记录进行确认。

2. 会话劫持攻击的记录

在攻击者实施无线设备认证会话劫持攻击时，会造成受害方主机出现"IP 地址冲突"的提示，而在功能较全面的无线设备上能够记录到相应的内容。调查人员可以通过对无线路由器上系统日志或出错日志的分析，从而发现一些可疑行为。

3. 注入攻击记录

对于一些通过 XSS 跨站等注入攻击进入内部网络设备的攻击者，可能会因为遗忘或无法清除等原因，留下一些注入痕迹，在现场分析时，应对无线网络设备 Web 配置页面中可能存在注入点的几个位置进行详细检查。常见注入检查点如表 8-9 所示。

表 8-9 检查点

配置页面位置	可能注入点	存在此安全隐患
DDNS 配置页面	主机名称栏	IPTime、Dlink、Linksys
主机名称配置页面	主机名称栏	较多
多 SSID 配置页面	SSID 栏	IPTime、TP-link
WDS 配置页面	描述栏	Dlink、IPTime、Belkin

4. 防火墙记录

为了增加安全性，一些厂商在旗下的高性能无线路由器中加入了 SPT（SQL passthrough）防火墙组件。这些防火墙使得无线路由器的防御能力大大提高，熟练的用户也能根据实际情况添加不同的规则到 SPT 防火墙中，以完善无线网络的防范能力。对于防火墙而言,能够记录下已经发生的攻击或疑似攻击的行为,这些行为被记录到防火墙日志中。作为现场勘查的调查人员,只需要调用这些日志,进行细致的对比查看,就能够找寻到一些有帮助的参考依据。

5. 路由器原有配置信息

对于很多无线攻击者而言,破解 WEP/MPA-SR 加密只是其中第一步而已,最终目的仍然是控制整个无线网络。而占据无线网络设备就是其中重要的一环,一旦无线攻击者攻入了内部无线网络,并接管了无线网络设备,就会修改设备上原有的配置,以便于之后自己能够再次进入。在取证研究中,通过模仿无线攻击行为,给出最有可能被修改的位置,将有助于调查人员判断是否存在攻击行为。

8.6 网络数据包分析

网络数据包分析,通常也称为网络数据包嗅探或协议分析,指捕获和解析网络上在线传输数据的过程,通常目的是能更好地了解网络上正在发生的操作。数据包分析过程通常由数据包嗅探器来执行,而数据包嗅探器则是一种用来在网络传输介质上捕获原始传输数据的工具。网络数据包协议解析,既可以是实时解析,也可以是先对网络数据进行抓包存储,然后再进行事后解析。

8.6.1 数据包嗅探器工作原理

数据包嗅探过程中涉及软件和硬件之间的协作,这个过程可以分为 3 个步骤。

1. 收集

收集指数据包嗅探器从网络中(主要是线缆上)收集原始二进制数据的过程。通常情况下,通过将选定的网卡设置成混杂模式来完成数据包的抓取。在这种模式下,网卡将抓取一个网段上所有的网络通信流量。

2. 转换

转换指将捕获到的二进制数据转换成可读形式数据的过程。高级的命令行数据包嗅探器就支持转换操作。通过转换过程,网络上的数据包将以一种非常基础的解析方式进行显示,这样可以将大部分的分析工作留给最终用户。

3. 分析

分析指对捕获和转换后的数据进行深入分析的过程。数据包嗅探器以捕获的网络数据作为输入,识别和验证这些数据所使用的协议,然后开始分析每个协议的特定属性。

8.6.2 数据包捕获

数据包捕获指捕获数据链路层所收到的数据包的过程。目前,许多网络安全产品(如 IPS、IDS 等)都需要使用数据包捕获技术来收集信息源。

1. 数据包捕获方法

1) 本地捕获方法

本地捕获的数据包存储在 WAP(wireless application protocol,无线应用协议)设备上的文件中。WAP 设备可以将文件传输到 TFTP 服务器,或者通过 HTTP/HTTPS 下载到计算机,该文件为.pcap 格式,可使用 Wireshark 等工具进行检查。WAP 设备可以捕获以下类型的数据包:

(1) 无线射频接口接收和发送的 IEEE 802.11 数据包。无线射频接口捕获的数据包包含 IEEE 802.11 报头。

(2) 以太网接口接收和发送的 IEEE 802.3 数据包。

(3) 内部逻辑接口(例如 VAP 和 WDS 接口)接收和发送的 IEEE802.3 数据包。

2) 远程捕获方法

远程捕获指通过网络对远端设备或系统中的数据进行捕获。远程捕获的数据包可以实时重新定向到运行 Wireshark 程序的外部计算机。

2. 数据包捕获的应用

1) 流量分析与统计

通过对捕获的数据包进行分析和统计,可以分析出单位时间中网络的数据包数目及数据字节数,应用这个特性可以分析出网络中的许多异常情况。例如,当一台主机受到其他主机攻击时,进入该主机的数据流量会异常高,不可到达报文也会快速增多,因此对网络流量进行检测可以发现网络存在的配置问题或安全隐患,并进行故障定位。

2) 协议及数据内容分析

在数据包捕获过程中,可以根据需要设置针对 IP 地址和协议类别的包过滤器,专门捕获某一协议或某一主机的数据包。对数据进一步分析可以了解该类协议的工作过程及协议内容。

3) 路由器及各种网络设备仿真软件开发

通常情况下,网络编程指 Socket 编程,它是基于 IP 地址及端口号的应用级编程,而路由器及各种网络设备大多工作在传输层以下,它要处理网络中 IP 目的地址而不是本身的许多数据包,因此其控制软件必须捕获及修改链路层数据帧,而数据包捕获操作正好位于链路层,可以用来开发此类软件。

8.6.3 典型数据包分析

结合 Internet 的应用,本节重点介绍 HTTP、E-Mail、FTP、IM、P2P、Telnet、VoIP、HTTPS/SSL、WLAN 等典型数据包的分析方法。

1. HTTP 数据包分析

超文本传输协议(HTTP)是 Web 客户向 Web 服务器请求页面的方式,以及服务器向客户传送页面的方式。TCP 是传输层一种可靠的协议,而 HTTP 是无状态的,对于交互场景没有记忆能力。

HTTP 既可以采用持续连接,也可以使用非持续连接,默认状态下使用持续连接形式,即每个请求和响应都通过相同的 TCP 连接传输。图 8-21 所示是利用 Wireshark 工具对 HTTP 进行分析的显示内容。

图 8-21　HTTP 分析

文件上传或 HTTP 上传指允许使用标准格式发送文件到 Web 服务器。当然也可以用同样的方式在一定的格式中输入文字，或从格式表单选项中选择某个文件。

HTTP 下载指从 Web 服务器进行文件下载或 HTTP 下载。所有 Web 浏览器都具备从 Web 服务器下载或获得文件或信息的功能。

2. 电子邮件数据包分析

电子邮件（electronic mail，E-Mail）是 Internet 上的最广泛使用、最受欢迎的网络应用之一，也是 Internet 中出现较早的信息交换方式。

电子邮件来源于专有电子邮件系统。早在 Internet 出现时，电子邮件就已经存在。随着 Internet 的发展，电子邮件也进行了功能的扩展。到今天，电子邮件已经演变成为一个更加复杂并丰富的系统，可以传送声音、图片、图像、文档等多媒体信息，以至于如数据库或 Web 页面等更加专业化的文件都可以电子邮件附件的形式在网上分发。现在，电子邮件已成为许多商家和组织机构的生命血脉。

一旦某个组织的电子邮件系统运行在支持 TCP/IP 的网络上，或具有支持 SMTP（simple mail transfer protocol，简单邮件传输协议）和 POP（post office protocol，邮局协议）之一的 Internet 网关，它的邮件用户就能够连接到任何具有相似连接的电子邮件地址上，并且不论其电子邮件账户在何处。

当前常用的电子邮件协议有 SMTP、POP3、IMAP4，它们都隶属于 TCP/IP 协议簇，默认状态下，分别通过 TCP 端口 25、110 和 143 建立连接。

SMTP 是一种基于 TCP 的提供可靠且有效电子邮件传输的应用层协议，SMTP 的工作流程如下：

（1）SMTP 客户端和 SMTP 服务器建立 TCP 连接，客户端发起连接请求。

（2）连接建立后，服务器向客户发送响应报文，其应答码为 220，表示服务准备就绪。

（3）客户端收到响应报文后，发送 HELO 命令，启动客户端和服务器之间的 SMTP 会话。

（4）服务器发送响应报文，其应答码是 250，通知客户端：请求建立的邮件服务会话已经实现。

（5）服务器发送应答码 334，等待用户输入验证信息；用户输入验证信息后，服务器发送应答码 235,表示用户验证成功。

(6) 客户端通过 mail from 向服务器发送发信人的邮箱和域名。

(7) 服务器响应应答码 250,表示请求命令完成。

(8) 客户端通过 rept to 命令向服务器发送收件人的邮箱和域名。

(9) 服务器响应应答码 250,表示请求命令完成。

(10) 服务器通过 data 命令对报文的传送进行初始化。

(11) 服务器响应应答码 354,表示可以进行邮件传输。

(12) 客户端向服务器传送数据。

(13) 传输完成,服务器响应应答码 250,表示请求命令完成。

(14) 客户端发送 QUIT 命令,终止连接。

(15) 服务器响应应答码 221,表示 SMTP 服务关闭,结束会话。

(16) 客户端和服务器关闭 TCP 连接。

SMTP 数据包解析如图 8-22 所示。针对图 8-22 所示的 SMTP 数据包解析过程,对一些技术细节进行如下描述。

图 8-22　SMTP 数据包解析

首先,将[账户@域]分割成域和用户账户(用户名);然后,查询域名邮件服务器的 IP 地址。采用 TCP 3 次握手的连接方式连接到邮件服务器,实现 SMTP 服务。

连接阶段：交换服务器和客户端信息。

邮件服务器：220. Smtp. clients. netdns. net ESMTP ……

客户端：EHLO PC name

响应阶段：指定发送端和接收端信息。

客户端：邮件＜sender_account@domain＞

邮件服务器：235 ok,go ahead

客户端：RCTP TO：＜receiver_account@domain＞

邮件服务器：250 ok

传送数据阶段：客户端给邮件服务器发送数据信息。

客户：数据……

邮件服务器：354 go ahead

断开连接阶段：客户端给邮件服务器发送断开命令。

客户端：退出。

需要说明的是，不仅基于专用软件的 Web 客户端访问可以解析，基于 Web 页面的 Web-Mail 方式也一样可以完整解析。

3. 即时通信数据包分析

即时通信(instant messaging,IM)是一种实时通信服务，是在两个或两个以上的联系人之间主要基于文字输入的通信方式(目前已经扩展到能够传输图片、视频、语音等多种类型的信息)。文本信息的传递通过连接在网络(如 Internet)上的设备实现。图 8-23 显示的是对 QQ 文本聊天信息数据包的解析过程。

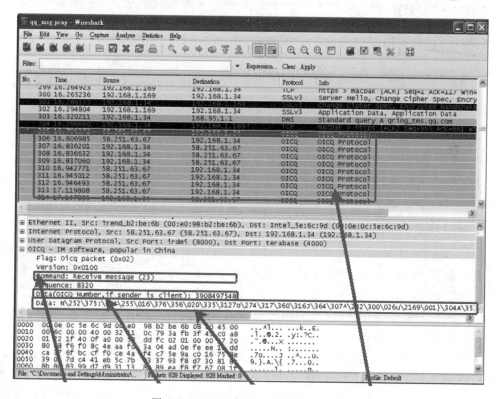

图 8-23　QQ 文本聊天信息数据包解析

4. FTP 数据包分析

文件传输协议(file transfer protocol, FTP)是一个标准的网络协议,被用来在使用 Internet 协议的计算机网络上实现文件交换和文件处理。FTP 建立在客户端/服务器(client/server)结构上,在客户端和服务器应用程序之间使用单独控制和数据连接。客户端应用程序最初采用互动命令行工具,使用标准化的语法命令,但如今所有桌面操作系统中都使用了图形化用户界面。FTP 也经常被用来作为实现程序内部功能的一个程序组件(如各种浏览器内置的 FTP 功能),这个组件可以自动传输文件。FTP 既可被应用了密码验证的用户访问,又可被匿名用户访问。

常用的 FTP 客户端软件有 FileZilla、FireFTP、CuteFTP、CoreFTP 等。FTP 上传数据包解析示例分别如图 8-24 和图 8-25 所示。

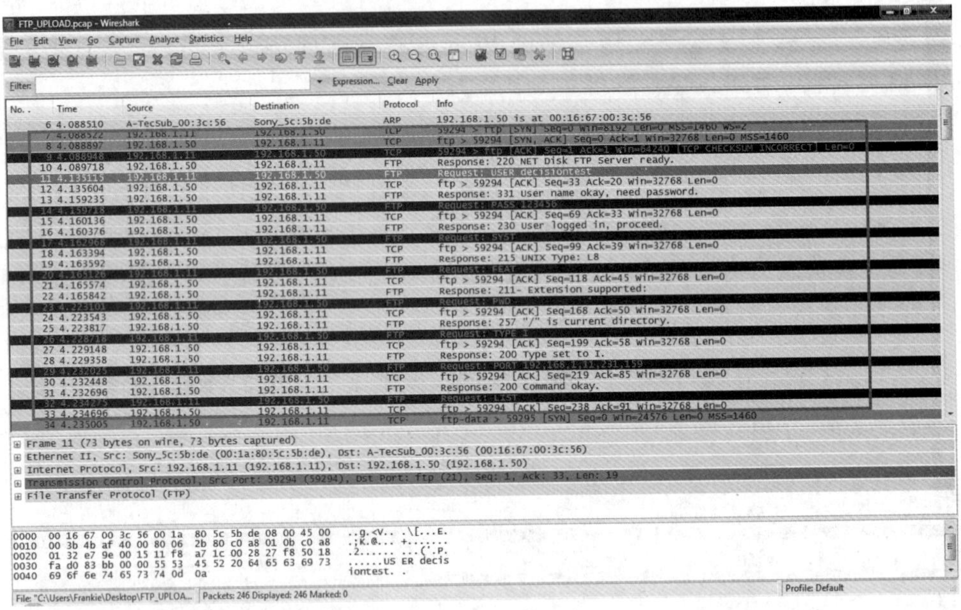

图 8-24 FTP 上传数据包解析

trivial file transfer protocol(TFTP)是一种与 FTP 相似,但比 FTP 要简单,不能交互操作,主要用于对路由器、交换机等网络设备系统软件的升级。

5. P2P 共享文件数据包分析

在 Internet 上共享文件有多种选择,其中最流行的是点对(point to point, P2P)方式。采用 P2P 协议的典型网络应用有 FastTrack、Gnutella、eDonkey、BitTorrent(BT)等。其中,BT 是一款流行的 P2P 软件,用户在下载(download)的同时,也在为其他用户提供上传(upload)服务,从而形成一种"互相帮助"的分布式服务模式,所以不会随着用户数的增加而降低下载速度。

就 HTTP、FTP 等下载方式而言,一般都是首先将文件放到服务器上,然后再由服务器传送到每位用户的机器上。因此,下载速度会随着同一时刻下载用户数的增多而下降。BT 服务器将一个文件分成了 N 个部分,当有多个用户同时下载时,BT 并不会完全从服务器下载这个文件的所有部分,而是根据实际情况有选择地从其他用户的机器中下载已下载完成

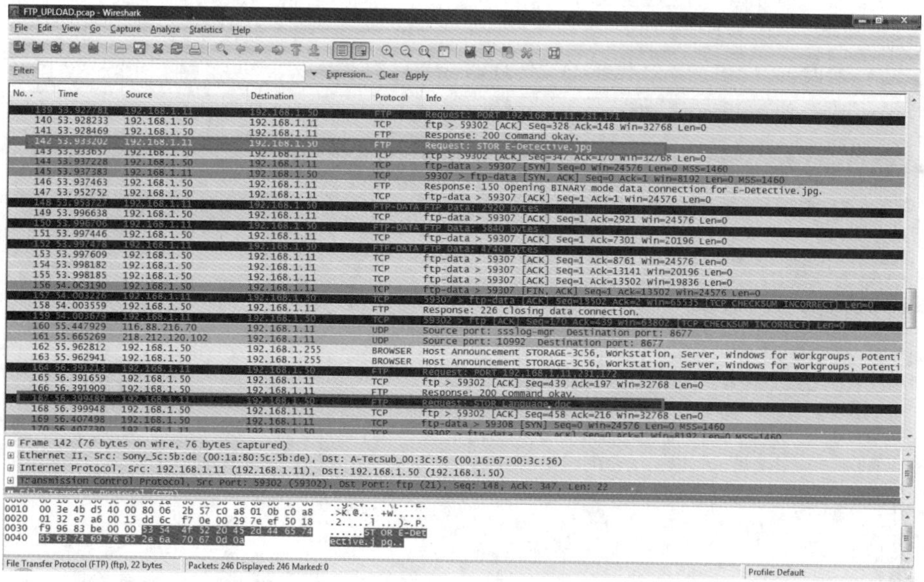

图 8-25　FTP 上传数据包解析

的部分。例如，A 已经下载了文件第 1 部分，B 已经下载了第 2 部分，那么 C 就可能会从 A 的机器中下载第 1 部分、从 B 的机器中下载第 2 部分等。这种文件下载方式大大减轻了 BT 服务器的负荷，同时也加快了参与下载计算机的下载速度，也就是说每台参与下载的计算机既从其他用户的计算机上下载文件，同时自身也向其他用户提供下载，因此参与下载的用户数量越多，下载速度也越高。BitTorrent 文件下载数据包解析示例如图 8-26 所示。

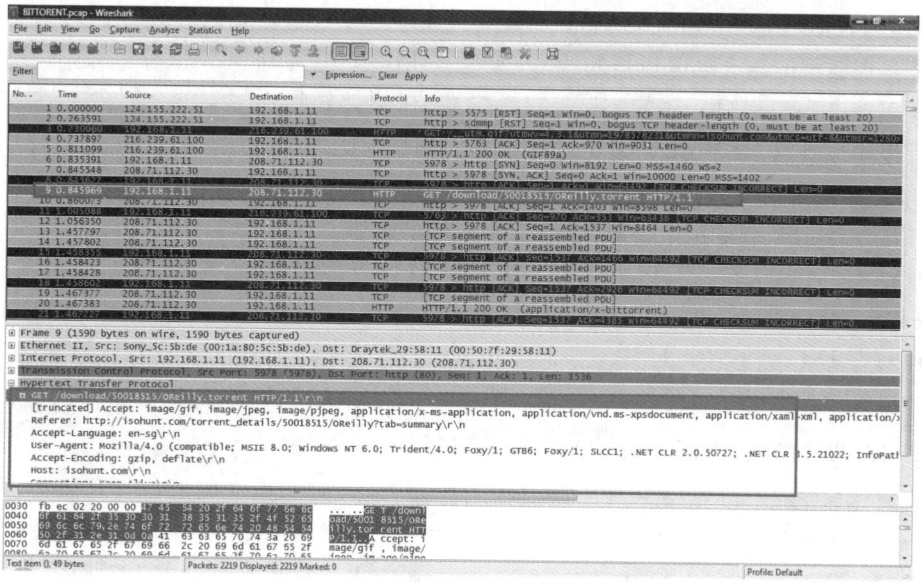

图 8-26　BitTorrent 文件下载数据包解析

6．Telnet 数据包分析

远程登录 Telnet 是一种用于在互联网或局域网上提供双向交互通信的协议。通常情况下，Telnet 通过虚拟终端方式连接到远程主机，以命令行方式进行操作。具体来说，Telnet 是一个面向 8 位字节数据的 TCP 连接，用户数据与 Telnet 控制信息分别在带内传送。Telnet 数据包解析示例如图 8-27 所示。

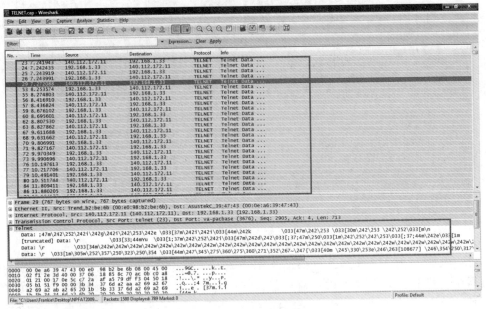

图 8-27　Telnet 数据包解析

7. VoIP 数据包分析

VoIP(voice over Internet protocol，IP 电话)是一种利用互联网或其他使用 IP 技术的网络来实现新型的语音电话通信的技术，即在 IP 网络上使用 IP 协议以分组方式传输语音。一个使用 VoIP 的网络中，语音信号经过数字化，压缩并转换成 IP 分组包，然后在 IP 网络中进行传输。所以，对 VoIP 取证的思路就是对网络上的数据包进行获取和还原。

图 8-28 是基于 SIP-RTP 的 VoIP 语音呼叫会话数据包解析示例。其中，SIP(session initiation protocol，会话初始化协议)是一种支持多媒体会话的信令控制协议，用于创建、修改以及终止一个或多个参与者参加的会话进程，该协议简单灵活、易于实现，已得到广泛应用；RTP(real-time transport protocol，实时传输协议)是在 Internet 上处理多媒体数据流的一种网络协议，能够在一对一(unicast，单播)或者一对多(multicast，多播)的网络环境中实现传流媒体数据的实时传输。

8. HTTP 视频流数据包分析

流媒体(streaming media)指的是媒体的传输方法，而不是媒体本身。具体来讲，流媒体指将一连串的媒体数据首先进行压缩，然后将其分段发送出去，在网络上即时传输影音以供观赏的一种技术与过程，此技术使数据包得以像流水一样进行发送(即流式传输)。如果不使用流媒体技术时，用户必须在观赏前下载整个媒体文件。流式传输可传送现场影音或预存于服务器上的影片，当观看者在收看这些影音文件时，影音数据在送达观看者的计算机后暂时保存在缓存中，或立即由特定播放软件播放。视频流传输可使用 RTP、RTCP、RTSP、HTTP 等协议。

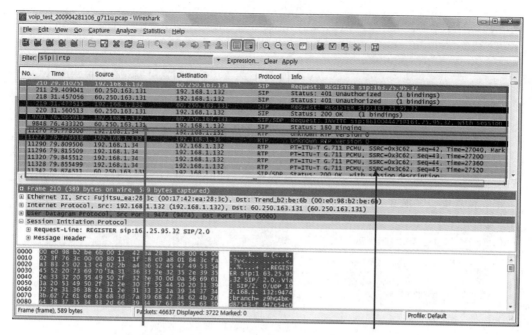

图 8-28 VoIP SIP-RTP 语音呼叫会话数据包解析

1) RTCP

RTCP(real-time transport control protocol,实时传输控制协议)需要与 RTP 一起配合使用,当应用程序启动一个 RTP 会话时将同时占用两个端口,分别供 RTP 和 RTCP 使用。因为 RTP 本身并不能为按序传输数据包提供可靠的保证,也不提供流量控制和拥塞控制,而这些操作或机制全部由 RTCP 来负责完成。通常情况下,RTCP 会采用与 RTP 相同的分发机制,向会话中的所有成员周期性地发送控制信息,应用程序通过接收这些数据,从中获取会话参与者的相关资料,以及网络状况、分组丢失概率等反馈信息,从而能够对服务质量进行控制或者对网络状况进行诊断。

2) RTSP

RTSP(real time streaming protocol,实时流传输协议)是一个流媒体表示协议,主要用来控制具有实时特性的数据发送。RTSP 本身并不传输数据,它必须依赖于下层传输协议所提供的某些服务。RTSP 可以对流媒体提供播放、暂停、快进等操作,它负责定义具体的控制消息、操作方法、状态码等,此外还描述了与 RTP 间的交互操作。RTSP 在制订时较多地参考了 HTTP/1.1 协议。

由于 RTSP 会被防火墙拦截,所以在互联网中经常使用 HTTP 来传输流媒体文件。不过,使用 HTTP 传输,只能在整个流下载完成后,播放器软件再模拟 RTSP 的工作过程。另外,虽然 RTSP 能够使用 TCP 或 UDP,但是 RTSP 控制经常与 RTP 联合使用,以最好的服务质量传送实际的媒体数据。图 8-29 所示是 HTTP 视频流(Youtube 数据包)的解析示例。

9. HTTPS/SSL 数据包分析

HTTPS(hyper text transfer protocol over securesocket layer,安全套接字层超文本传输协议)是 HTTP 的安全版本。简单讲,HTTPS 是在 HTTP 下层加入 SSL 层,通过 SSL

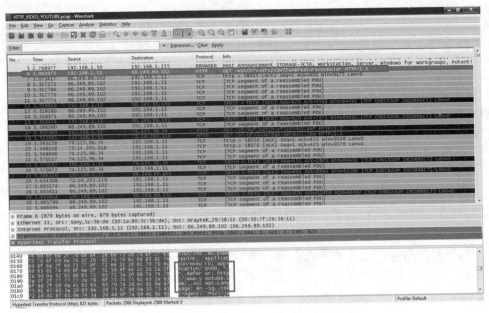

图 8-29　HTTP 视频流-Youtube 数据包解析

协议实现其安全性。

1）SSL/TLS 握手协议

（1）客户端给出协议版本号，并产生一个随机数（client random），以及客户端支持的加密方式。

（2）服务端确认双方使用的加密方式，并给出数字证书，以及一个服务器生成的随机数（server random）。

（3）客户端确认证书有效，然后生成一个新的随机数（premaster secret），并使用数字证书的公钥加密这个随机数，发送给服务端。

（4）服务端使用自己的私钥，获得客户端发送的随机数。

（5）客户端和服务端根据约定的加密方式，使用前面的 3 个随机数，生成一个对话密钥（session key）以及共享密钥，然后使用该密钥加密整个数据交互过程。

2）SSL 加密技术

（1）共享对称密钥加密。客户端和服务端使用相同的密钥加密，以提高数据加密处理的效率。其缺点是共享对称密钥的分发和管理存在安全隐患。

（2）公开密钥加密。公开密钥加密即非对称加密，其中公钥向外公开，而私钥由申请者安全保存。公开密钥加密的应用，首先是发送公钥给加密一方，需要发送密文的一方在得到对方的公钥后用该公钥加密数据，对方收到密文后，使用自己的私钥进行解密。

（3）混合加密。使用公开密钥加密方式传递共享密钥，再使用共享密钥加密传递的数据。

HTTPS 协议的主要作用可以分为两类：一是建立一个信息安全通道，来保证数据传输的安全；二是确认网站的真实性，凡是使用了 HTTPS 的 Web 网站，都可以通过单击浏览器地址栏的安全标志来查看网站认证之后的真实信息，也可以通过 CA 机构颁发的安全签章来查询。图 8-30 所示是 HTTPS 数据包解析示例。

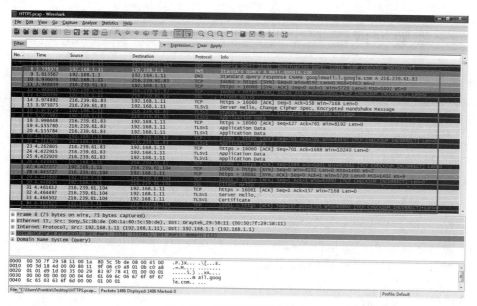

图 8-30　HTTPS 数据包解析

10. WLAN 数据包介绍

无线局域网(wireless local area network，WLAN)指应用无线通信技术实现计算机及设备之间的互联，从而构成可以互相通信和实现资源共享的网络体系。与有线网络相比，无线局域网用无线方式替代通信电缆(如双绞线、光纤等)来连接计算机设备，从而使网络的构建和终端的移动更加灵活。WLAN 的应用，使得用户能够方便地在无线信号覆盖范围内移动，并仍然保持网络连接的移动性。WLAN 信号主要分为承载数据的信号和进行网络连接探测的信标(beacon)信号两类。图 8-31 显示的是对 IEEE 802.11 WLAN Beacon Frames 的解析示例。

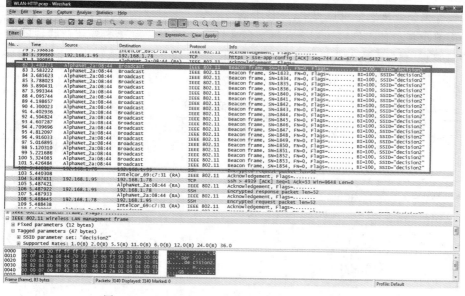

图 8-31　IEEE 802.11 WLAN Beacon Frames 解析

8.7 云端数据取证

随着大规模互联网应用的迅猛发展，云计算模式应运而生并得到广泛应用。根据美国国家标准与技术研究院的定义，云计算是一种利用互联网实现随时随地、按需、便捷地访问共享资源池的计算模式。从云计算的定义和发展历程来看，云计算的关键技术包含了虚拟化技术、分布式处理技术、海量分布式存储技术、协作技术等。云计算的吸引力在于其经济上的可扩展性、资源复用、低成本和高效率。为了支撑这种优势，云供应商提供的服务必须足够灵活，与此同时这种灵活性会降低其对安全控制的能力。由于云计算巨大的规模以及前所未有的开放性与复杂性，云计算环境的安全性面临着比 Web 网站更为严峻的考验。

云计算环境下最常见安全风险表现为滥用和恶意使用云计算、不安全的接口、内部员工的滥用、基础设施共享问题、数据丢失或泄露、账号或服务劫持以及其他未知的风险。因此，针对云计算的网络攻击的取证难度也会加大，主要表现在组织、法律与技术等方面。

8.7.1 云取证概述

云取证的概念主要有两种层次的理解：一是利用云计算的基础设施或平台进行取证工作；二是以针对云计算的犯罪活动为目标的取证工作。

第一种云取证概念主要是利用云计算的协作技术构建，提高网络取证中数据采集的智能性和主动性，加强证据分析过程中数据处理的各主机和服务器集群的处理效率与协作，将通过单机不易获得的电子证据在云取证端协作分析，并通过分析时间戳将证据串联起来，形成证据链，因此以云计算集群完成需要进行大数据处理的网络取证工作，缩短取证时间并提高取证的效率。

云设施将基础设施层的各主机、分布式存储、网络和关系数据库通过虚拟化技术，在服务器集群中生成多个虚拟机，单独构建了一层虚拟层，云中网络取证的功能主要放在这一层；在数据采集及日志分析过程中，使各主机与服务器集群协同工作，以比较小的代价及较高的效率来完成取证工作。利用云计算平台进行取证工作一般作为取证中的辅助工作，并因为取证目标、目标结构以及目标数据的改变而采用不同的模式，很难用一个概括的模型概述其思路。因此本节将重点放在针对云计算攻击的取证工作上，云取证分类如表 8-10 所示。

表 8-10 云取证分类

云取证分类	对象	证据源	方法工具	挑战
云设备	分布网络设备集群	设备日志	协作技术、数据挖掘	数据格式分散、带宽限制
云服务提供商	数据库服务器	网络与关系、数据库记录	司法授权、开发者 API、查询语句	不确定证据源、证据依赖
云服务端	云计算服务器、数据库服务器	租户日志	规则分析、关联逻辑等	数据分散、破裂，多租户污染、访问控制、虚拟化边界等
		服务记录	服务替换、入侵检测技术	
		云计算数据	数据迁移、快照	

续表

云取证分类	对象	证据源	方法工具	挑战
客户端	计算机操作系统	动态信息（进程、内存等）	快照、内存镜像	数据覆盖、污染，远程控制，时间戳冲突，管理软件清理
		文件、历史记录	注册表、Cookie、文件系统	
	手机操作系统	备份文件	root 提取	

8.7.2 证据来源及重点关注的问题

由于云计算环境的特点性，致使其面临着比传统网络更大的安全威胁。与此同时，针对云计算攻击事件的频频发生，取证难度也不断加大。目前，可将云取证面临的问题分为 3 个方面：技术方面、取证对象方面和法律方面。

1. 技术方面

在技术方面，云计算面临的问题主要涉及云计算环境下取证的工具与过程。

1) 数据采集

云取证数据采集指在云计算环境下可能的数据源中鉴别、标识、记录和获得电子数据的过程。在跨管辖区时，云环境中的数据不再是保存在一个确定的物理节点上，而是由云计算提供者动态提供存储空间，尤其在公有云环境下更是如此。云环境中数据的分散存储性以及数据存放位置的不确定性，使得对证据的获取变得相当困难，尤其是针对数据存放位置的溯源存在较大难度。与此同时，云环境中数据高度复杂性以及数据的交叉污染都会给数据的原始性、完整性和有效性带来挑战。

2) 数据分析

由于云环境中的数据所具有的不同于传统网络环境下的特性，因此在云环境下需要确定一套用来描述被收集数据的时间和空间的特征参数，并对两者之间的相关性进行分析。无论是传统的网络环境，还是云环境，任一数据的存在都必须具有时间和空间（位置）两个参数，只是在云环境下文件存储位置有可能随着时间变化而发生变化。

按照电子数据取证的要求，云环境中数据的语义必须与数据本身具有同样的信任程度。在云环境下，收集到的数据中，很多数据格式和描述都是专有的，或者是分布式系统中发现的一些敏感的瞬时数据，此时，获取语境和系统状态等将非常重要。

2. 取证对象方面

在云取证过程中，至少要涉及两个主体：云服务提供者和客户端。事实上，云服务提供者和云计算客户端（用户）也是云计算组织结构中重要的组成部分。

不同的云服务提供者在向用户提供云计算服务时，受其技术实现细节、服务提供能力、云计算环境部署等因素的影响，在涉及具体取证时，针对云服务提供者的取证较为复杂，需要考虑的问题较多，取证工作一般要在云服务提供者的技术支撑下完成。对于云计算客户端来说，与云服务提供者之间存在着依存关系（云计算机客户端是云服务提供者的租户），所以对客户端的取证也需要在云服务提供者的帮助和技术支持下完成。

3. 法律方面

在电子数据取证中，多管辖区和多租户带来许多法律问题。在云计算环境下，这种情况更为突出。根据法律要求，电子数据取证不得违反当地管辖区的法律法规，也不能威胁到其他合法租户的数据安全以及用户隐私。

8.7.3 证据源的收集及分析

在云计算环境中，犯罪分子利用云应用（云网盘）来存储和传输违法犯罪数据，执法人员无法直接通过犯罪嫌疑人手机或计算机获取云端数据，传统电子数据取证技术和工具无法解决云环境下的取证问题，需要使用云应用取证技术和相关取证工具进行数据提取。与其他取证形式相似，云取证的第一步也是确定证据源。依据云计算环境下数据的分布式存储特性，在确定数据源时，需要选择的主要数据来源分为云计算开发方、云应用本地数据获取和云端数据获取3个部分，取证人员需要同时在这3方面进行网络与主机信息采集和应用服务记录。

1. 本地数据获取

犯罪嫌疑人在云中从事犯罪活动时，本地客户端（个人计算机、笔记本、手机及其他智能终端）会遗留部分残余电子数据，可以根据已有证据从中查找相关证据。云计算的客户端会存在很多的动态信息，例如内存信息、进程状况、缓冲区信息、文件碎片、内存映射等，对于这类动态信息，要确保首先提取 RAM 镜像等动态性较高的证据，对于内存映像等易失性的数据，可以通过建立快照的形式进行证据收集。对于本地客户端的静态数据，可以使用传统的取证方法采集磁盘镜像以进行进一步的分析。如果本地客户端为手机客户端，在取得 root 权限后就可以查找并收集手机中的备份文件；如果本地客户端为计算机，则首先对内存信息等使用快照技术等对内存数据进行实时取证，继而对易失性数据如登录文件、历史记录以及手机备份文件等进行收集。

在云计算环境中，在对收集到的数据进行分析时，注意分析数据是否有使用云服务的痕迹，如果判断该用户使用了云服务并提取到服务凭据信息（如 ID、密码等），就可以根据以后的服务凭据信息寻求云服务提供商的技术援助或者在法律许可的范围内利用口令字典、重点猜测、穷举破解、口令搜索等方法破解该账户，以收集并分析云存储中的数据。由于云服务的获取必定是通过网络完成，所以收集和分析客户终端的相关网络数据也是十分必要的。一般情况下，通过 Web 浏览器文件，取证人员可以详细了解用户的活动，如用户如何登录或访问云存储服务等信息。

云计算环境下，本地终端调查取证的工作方式和工作原理与传统的取证方式相同，需要确定本地终端的角色，使用现场取证工具收集本地终端的用户活动，根据文件系统的存储原理从残留区、未分配簇和碎片里查找相关的证据。很多用户会使用本地数据与云数据的同步机制，在采用本地取证调查时，了解用户使用了哪些云服务和资源。本地终端调查数据可以与云端调查数据相互佐证和补充。

2. 云端数据获取

针对云计算环境下云端数据的获取，可以根据有没有设备访问权限来分别考虑，然后再对痕迹进行分析。

1) 有访问权限的情况

在有访问权限限制的情况下,可以通过客户端或第三方工具访问云应用,直接进行云端数据的提取。

2) 无访问权限的情况

在无访问权限限制且无法通过客户端直接获取访问信息的情况下,需要采用脱壳逆向与网络协议破解的方式获取登录信息。这种方式的操作步骤如下:首先对应用的本地数据进行提取,包括用户基础信息、本地缓存数据等;然后,通过对应用进行分析,解析出其所使用的网络协议,摸清其运行机制,还原出其协议报文的组织方式,理清其与服务器的交互方式,为仿真模拟应用提供基础条件,并通过数据接口还原、解密数据,并对云数据进行解析固定;在此基础上,建立应用仿真程序,还原应用与服务器数据交互过程,同时保证服务器无法察觉仿真程序的存在;最后,利用仿真程序模拟登录服务器,获取到应用的云端数据。

3) 云应用的痕迹分析

除了对应用程序的云端数据进行提取以外,针对云应用进行痕迹分析也是目前一个较为重要的取证步骤。云应用的操作痕迹取证主要是分析客户端应用的账号信息、上传下载记录以及上传、下载记录中对应的本地文件位置、账户密码等数据。近年来,随着云应用的用户数量增大,云应用平台的数量也呈现出快速增长的趋势。目前,市面上的取证工具支持大部分云应用的数据解析。云应用的痕迹分析主要是利用现有的取证分析软件,如公安部第三研究所的取证先锋-手机取证软件、美亚手机云勘大师、盘古石手机云取证系统、散仁智能终端采集分析系统等。这些软件对于市面上大多数云应用平台(如百度云、腾讯云等)都能进行较为全面的解析。

但是少数情况下,因为应用程序的通信协议及数据加密的方式不同,所以导致应用账号与密钥提取难、App 脱壳逆向难度较大等问题。同时,应用程序的操作志加密难易程度不同,取证人员可能无法获取应用的登录信息。在无法获取用户访问信息的情况下,对应用的云数据提取较难,所以在这种情况下,如需要对云数据进行取证,必须寻求云服务提供者的授权,从云服务提供者处获取涉案数据。

3. 云取证的方法及步骤

相对传统的取证流程和取证对象,云计算取证环境相对封闭,外来数据很难对其造成影响。而在云计算环境下,数据资源丰富,用户数量大,用户之间共享资源和服务,临时文件和临时数据复杂。云取证范围和海量的数据信息带给取证人员新的挑战,如证据的时效性强、证据发现、定位难,证据的分析处理工作量大等。

因此,在证据的发现、固定、提取、处理和分析等各个阶段都需要充分考虑云计算环境的特殊性,并针对其特点,采取与之相适应的工具与技术或者综合利用各类工具和技术,既需要在细节上缜密考虑,又要使环节处理依规合法,逐步将取证工作从传统的少推理方式转变为能有效适应云计算环境并兼具高效证据提取和复杂数据挖掘的新型取证方式。

云计算取证方法主要步骤如下:

(1) 前期工作。获取访问权限,通过最高权限访问取证系统数据库,获取非法访问发生时获得的相关数据并将其固化到取证设备中。

（2）向云服务提供者请求节点数据并做固化。

（3）原始数据调查。云计算环境下的网络系统中，在避免发生系统损毁、数据破坏的前提下保存现场，对系统做原始镜像备份。

（4）数据迁移。对云计算虚拟机做数据迁移，将其迁移到可信的云环境中。

（5）数据采集。在云服务器端和迁移后的云计算虚拟机进行网络与主机信息采集、应用服务记录采集等。

（6）格式化。格式化采集的数据并定义入侵检测规则。

（7）根据云架构与数据集，采用合适的数据挖掘算法进行全局数据挖掘，并对结果进行关联分析。

（8）对结果进行人工分析，重构入侵场景并确认攻击来源。

（9）收集并固化攻击者的动态数据、网络数据与硬盘数据，进行分析形成证据链。

（10）提交报告。

习题

8-1 网络取证分析对调查取证人员的要求包含哪些？

8-2 黑客的攻击步骤可分为哪几步？包含什么内容？

8-3 服务提供端的取证分为哪几类日志分析？分别包含什么内容？

8-4 客户端的取证通常关注哪些重点数据？

8-5 Apache、IIS 分别采用了什么样的日志格式？

8-6 针对浏览器数据的特点，具体来说，要实现哪些目标？

8-7 简述局域网取证思路是什么。

8-8 简述无线网络取证对象都有哪些。

8-9 无线网络取证的种类有哪些。

8-10 无线网络设备的痕迹分析会记录哪些类型？

8-11 什么是离线网络取证？

8-12 网络数据包分析的概念及工作原理是什么？

8-13 数据包捕获的应用有哪些？

8-14 简要说明电子邮件数据包的分析流程。

8-15 什么是云端数据？所面临的取证问题都有哪些？

8-16 云端数据取证的方法及步骤有哪些？

参考文献

[1] 刘守芬,孙晓芳.论网络犯罪[J].北京大学学报(哲学社会科学版),2001,38(3):114-122.
[2] 经济犯罪侦查 police.网络犯罪的特点与趋势[EB/OL].(2019-10-07)[2020-09-02].https://www.sohu.com/a/345328337_100008263.
[3] 李毅.电子数据取证发展概况[J].中国信息安全,2019,12(5):44-47.
[4] 金波,杨涛,吴松洋,等.电子数据取证与鉴定发展概述[J].中国司法鉴定,2016,84(1):62-74.
[5] HOOG A.Android取证实战——调查、分析与移动安全[M].何泾沙,译.北京:机械工业出版社,2013.
[6] 隆波,肖扬,麦永浩.QQ取证及其司法鉴定方法研究[J].中国司法鉴定,2012,61(2):43-47.
[7] 李岩,施少培,杨旭,等.电子邮件真实性鉴定方法探索[J].中国司法鉴定,2012,63(4):94-99.
[8] 郭弘.电子数据取证标准体系综述[J].计算机科学,2014,41(10):134-138.
[9] 许榕生,杨英.国内外计算机取证发展[J].保密科学技术,2011,2(11):6-9.
[10] 丁丽萍.计算机取证的研究现状分析[J].信息网络安全,2010,10(11):8-11.
[11] 尹鹤晓.电子数据侦查取证程序研究[D].北京:中国人民公安大学,2019.
[12] 余贵忠.我国电子数据证明力研究[D].贵阳:贵州大学,2017.
[13] 周加海,喻海松.《关于办理刑事案件收集提取和审查判断电子数据若干问题的规定》的理解与适用[J].人民司法,2017,61(28):31-38.
[14] 全国律协.中华全国律师协会律师办理电子数据证据业务操作指引[EB/OL].(2017-11-16)[2020-09-30].http://www.acla.org.cn/article/page/detailById/21919.
[15] 吉根林,王必友,殷长友,等.大学计算机教程[M].2版.北京:高等教育出版社,2018.
[16] 罗军舟,金嘉晖,宋爱波,等.云计算:体系架构与关键技术[J].通信学报,2011,32(7):3-21.
[17] 冯登国,张敏,李昊.大数据安全与隐私保护[J].计算机学报,2014,37(1):246-258.
[18] 钟义信.人工智能:概念·方法·机遇[J].科学通报,2017,62(22):2473-2479.
[19] 李晓理,张博,王康,等.人工智能的发展及应用[J].北京工业大学学报,2020,46(6):583-590.
[20] 李生.自然语言处理的研究与发展[J].燕山大学学报,2013,37(5):377-384.
[21] 孟庆春,齐勇,张淑军,等.智能机器人及其发展[J].中国海洋大学学报(自然科学版),2004,34(5):831-838.
[22] 范会敏,王浩.模式识别方法概述[J].电子设计工程,2012,20(19):48-51.
[23] 杜树新,吴铁军.模式识别中的支持向量机方法[J].浙江大学学报(工学版),2003,37(5):25-31.
[24] 吴腾奇.数码相机成像技术[J].照相机,2005,27(4):34-35.
[25] 张学军,唐思熠,肇恒跃,等.3D打印技术研究现状和关键技术[J].材料工程,2016,44(2):122-128.
[26] 李小丽,马剑雄,李萍,等.3D打印技术及应用趋势[J].自动化仪表,2014,35(1):1-5.
[27] 孙爱萍,王金英.计算机语音合成系统的研究与应用[J].电声技术,2009,33(6):48-51.
[28] 马铁驹.数据仓库及多维分析[D].大连:大连理工大学,2000.
[29] 王光宏,蒋平.数据挖掘综述[J].同济大学学报(自然科学版),2004,32(2):246-252.
[30] 龙丹,周学军,田燕妮.加密文件系统(EFS)技术研究[J].微计算机信息,2006,22(5):50-51,239.
[31] 张平,陶运铮,张治.5G若干关键技术评述[J].通信学报,2016,37(7):1-15.
[32] 周傲英,杨彬,金澈清,等.基于位置的服务:架构与进展[J].计算机学报,2011,34(7):1155-1171.
[33] 中国计算机学会.CCF2019-2020中国计算机科学技术发展报告[M].北京:机械工业出版社,2020.
[34] 丁秋峰,孙国梓.云计算环境下取证技术研究[J].信息网络安全,2011,11(11):36-38.

图书资源支持

感谢您一直以来对清华版图书的支持和爱护。为了配合本书的使用,本书提供配套的资源,有需求的读者请扫描下方的"书圈"微信公众号二维码,在图书专区下载,也可以拨打电话或发送电子邮件咨询。

如果您在使用本书的过程中遇到了什么问题,或者有相关图书出版计划,也请您发邮件告诉我们,以便我们更好地为您服务。

我们的联系方式:

地　　址:北京市海淀区双清路学研大厦 A 座 714

邮　　编:100084

电　　话:010-83470236　010-83470237

客服邮箱:2301891038@qq.com

QQ:2301891038(请写明您的单位和姓名)

资源下载: 关注公众号"书圈"下载配套资源。

资源下载、样书申请

书圈

图书案例

清华计算机学堂

观看课程直播